한국 치과의 역사
History of Dentistry in Korea

한국 치과의 역사
HISTORY OF DENTISTRY IN KOREA

초판 1쇄 2021년 4월 20일
초판 2쇄 2025년 4월 10일

지은이 치과의사학교수협의회와 연구팀
펴낸이 주혜숙
펴낸곳 역사공간
등록 2003년 7월 22일 제6-510호
주소 04000 서울특별시 마포구 동교로19길 52-7 PS빌딩 4층
전화 02-725-8806
팩스 02-725-8801
이메일 jhs8807@hanmail.net

ISBN 979-11-5707-422-8 93510

◆
이 책은 치과의료정책연구원의 연구비 지원을 통해
연구와 집필을 하였습니다.

HISTORY
OF
DENTISTRY
IN KOREA

한국
치과의
역사

치과의사학교수협의회와 연구팀 지음

역사
공간

머리말

『한국 치과의 역사』 책이, 급성감염병인 코로나바이러스19의 세계적인 확산 속에도 세상에 나오게 되어 기쁩니다. 코로나 팬더믹은 21세기 인류의 생존을 위협하고, 일상을 변화시킨 역사적 사건으로 전염병의 역사에도 큰 획을 그었습니다. 코로나19의 국가별 감염률과 치사율이 실시간으로 보도되면서, 우리는 세계 각국의 보건의료 체계의 실상과 정치·경제·문화의 차이를 다각적으로 실감할 수 있었습니다. 바이러스의 변이 속에 집단면역 획득이 지연되고 있지만, 인류는 곧 방역의 경험과 백신 보급을 통해 위기를 극복하고 향후 사태에 대비하게 될 것입니다.

구강병 역시 코로나19 처럼 "식이 문화와 생활환경, 면역, 보건의료체계, 시민의식" 등의 복합적인 요인이 크게 작용하는 사회적 질병입니다. 구강병의 역사는 생명체의 탄생과 함께 시작되어 장구하며, 문명과 치의학의 발달에 따라 다른 양상을 나타내고 있습니다. 21세기 들어 구강병이 만성질환으로 분류되는 것처럼, 구강병 치료와 관리는 사람들의 일상생활과 치과의료인의 전문역량, 소속 국가 및 사회의 제도와 운영의 영향을 더욱 많이 받습니다. 최근 한국인들은 세계에서 인구대비 가장 많은 치아 임플란트 식립과 잇몸병 치료를 받고 있습니다. 그러함에도 한국인의 구강병 발생률은 아직도 높은 편이며, 한국 치과의료의 역사에 대한 체계적인 연구와 교육도 부족했습니다.

역사학자 카(E. H. Carr, 1892~1982)는 "역사는 과거와 현재와의 끊임없는 대화이며, 이러한 상호관계는 양자를 더욱 깊게 이해하게 한다"고 말했습니다. 역사는 끊임없는 되새김을 통해 과거를 재해석하고 오늘의 문제 상황과 우리 자신을 돌이켜보게 만드는, 지속적인 성찰의 과정입니다. 역사적 사고는 비판적 이해를 바탕으로 우리를 일깨워, 새로운 시각으로 오늘을 궁구(窮究)하고 탐구하여, 미래를 예측하고 대비하며, 창조하는 것이라 생각합니다.

향후 바람직한 치과의료의 방향은 치과의료인과 관계 당국이 국민의 구강병 수요와 요구, 치의학술의 변화를 면밀히 파악하고 협의하여, 시의적절하게 치과의료체계를 변화시켜 효율적으로 운영하는 데 있습니다. 한국 사회가 당면한 치과의료의 문제를 올바로 바라보고 해결하기 위해서는, '한국 치과의 역사'를 온전히 교육하고 함께 토론할 수 있는 역사적 기록을 담은 책이 필요하다는 공감대가 형성되었습니다. 이 책은 한국인의 구강병과 치과의료의 변화를 선사시대부터 현재까지 사료를 바탕으로 체계적으로 다룬 치과의료인과 학생들의 교과서이며, 일반인들의 교양서로 기획되었습니다. 대한치과의사협회 산하 치과의료정책연구원에서 연구용역을 발주하여, 2년에 걸쳐 21명의 치과대학과 치의학전문대학원 교수 및 연구자가 집필하였습니다.

이 책을 통해 전국의 치과대학 및 치의학전문대학원 학생과 치과의료인들이 한국의 치의학과 치과 의료의 역사를 종합적으로 파악하여 전문직업인으로서 삶의 방향과 의미를 찾고, 한국 치과 의료가 당면한 다양한 문제를 미래 지향적으로 해결할 역량을 키울 수 있기를 바랍니다. 더불어 이 책이 우리의 미래세대인 중·고등학교 학생과 여러 독자에게 치과의 역사와 상식을 이해하고, 미래를 예측할 수 있는 교양도서로 활용될 수 있기를 기원합니다.

이 책을 처음부터 본문 내용을 차근차근 다 읽어나갈 수도 있겠지만, 먼저 각 장에 포함된 그림과 상자 내용(에피소드, 인물탐구 및 쟁점과 토론)을 전체적으로 빠르게 한 번 훑어본 후에 본문 내용을 살펴보면 역사적 흐름을 더 흥미롭고 체계적으로 이해하는 데 도움이 될 것 같습니다.

최근 한국의 음악과 영화, 드라마 등에서 이질적 문화가 창조적으로 융합되어 세계적으로 한류의 명성을 높이고 있습니다. 특히 코로나19에 대한 우리나라의 창조적인 대응은 세계적인 모범 사례로 소개되어 우리나라의 국격을 한층 높여준 것으로 평가되고 있습니다. 한국 치과의 역사에서도 개선해야 할 문제도 많지만, 세계를 이끄는 영역이 출현하고 있습니다. 아무쪼록 이 책이 한국 치과의사학 교육을 활성화하고, 한국 치과 역사에 대한 이해를 높이는 데에도 조금이나마 도움이 되기를 바랍니다.

끝으로 이 책을 쓸 수 있게 연구비를 지원해 준 치과의료정책연구원과 연구 자문을 해 준 김종열 명예교수님과 김철위 명예교수님, 권경환 교수님, 이 책을 출판해 준 역사공간 여러분께 깊은 감사의 인사를 올립니다.

2021년 4월,
집필자 일동을 대표하여
치과의사학교수협의회 회장 박병건

차례

4   머리말

서장 **한국 치과의 역사**
15   세계사 속의 한국 치과의 역사
19   한국 치과의 역사의 개념
21   한국 치과의 역사의 시기 구분과 구성

1장 **석기시대부터 삼국시대의 치의학**
29   선사시대의 원시 의술과 주술사
32   청동기시대의 구강병의 특징
34   철기시대의 구강병의 특징
45   요약

2장 **통일신라, 고려, 조선시대의 치의학**
53   통일신라 치의학
57   고려시대 치의학
62   조선시대 치의학
76   조선 중기 중국을 통한 서양(치)의학 지식의 수용
83   요약

3장 **조선말과 대한제국기의
서양 치의학 수용과정(1876~1910)**
93   서양 치과 의술이 들어오다
98   요약

4장 일제강점기 식민지 조선의 치과의업(1910~1945)

- 105 치과의사 규칙과 입치영업취체규칙
- 115 최초의 한국인 치과의사 함석태와 한국인 치과의사 단체
- 119 일제의 군국주의적 치과산업
- 122 요약

5장 해방기 한국 치과의료의 형성과 북한의 구강의학(1945~1950)

- 129 해방과 분단
- 132 농민을 위한 치과의학
- 134 국립서울대학교 설치안(국대안) 파동
- 136 구강학, 치과학
- 139 요약

6장 대한민국수립 이후 한국 치과의료체계의 변화(1948~1977)

- 143 대한민국 정부수립기와 한국전쟁기(1948~1953)
- 148 전후 복구와 치과의사들의 독점확보 (1953~1960)
- 159 1960~1970년대 경제개발기(1959~1980)
- 170 1970년대 치과의사들의 전문직 위상 확립
- 176 요약

7장 의료보험의 시작과 확장기(1977~1989)

- 179 임의보험의 시대(1963~1976)
- 180 사회보험으로서의 의료보험의 시작
- 181 1980년 대학 졸업정원제도가 치과대학교육에 미친 영향
- 184 세계 최단기 전국민 의료보험으로의 확장
- 186 전국적 치과의료전달체계의 구축
- 190 요약

8장 **치과의료체계의 고도화**(1990년대)

193 구강병 증가와 치의학술 및 단체의 도약
207 보험제도와 구강보건법의 구축
213 요약

9장 **세계화 시대의 치의학교육과 윤리**(1997~2000년대 초)

219 세계화 시대의 치과교육의 변화
228 치과보조인력의 역사와 현재 실태
232 21세기, 전문가주의와 상업주의에서의 윤리교육
239 요약

10장 **의료영리화에 대한 구강건강보장성 강화 노력**
(2000~2020)

243 경제양극화 시기, 영리추구형 네트워크 치과와의 공방
251 치과보장성 강화를 위한 정책, 보험, 학술단체의 노력
252 건강보험의 치과 보장성 확장과 관련 분과학회 활동
254 3대 구강병: 한국인이 가장 많이 치료받는
　　치은염과 치주질환(풍치)
262 요약

11장 **치과의료 갈등과 보건의료법의 변화**(2000~2020)

269 보건의료기본법 제정과 의료법
274 치과전문의와 의료광고 관련 법
278 의·치·한의학 간 분쟁 및 협력
282 요약

12장 최신 치의학계의 추이와 국제교류

- 293 최신 치의학 추이와 사회공헌
- 311 한국 치의학의 국제교류(교육, 학술, 산업)
- 314 요약

13장 치의학과 미래

- 317 4차 산업혁명과 치의학의 변화
- 323 디지털 치과 임플란트, 틀니, 구강외과 시술
- 335 치의학의 미래와 구강보건 리더십
- 358 요약

14장 대한민국의 치의학박물관

- 363 서울대학교 치의학박물관
- 364 연세대학교 치의학박물관
- 365 조선대학교 치의학박물관
- 366 전남대학교 치의학역사관
- 367 경기도 치과의사회 치의학역사관

부록

- 370 치과사학 연표
- 381 참고문헌
- 387 저자 소개
- 388 색인

서장

한국 치과의 역사

세계사 속의 한국 치과의 역사

현재 세계 인구 약 77억 8천여 명 중 절반 이상인 39억 명 가량이 구강병으로 고통받고 있다. 한국에서도, 2019년 국민이 잇몸병으로 인해 건강보험을 활용한 빈도가 감기나 배탈에 의한 경우보다 높았다. 사람들은 구강병을 관리하는 데 많은 정성을 들이고 있다. 구강병의 흔적은 생물체의 탄생과 함께 나타나 동물 화석으로 남아있으며, 선사시대의 원시 인류에서도 발견된다. 이처럼 구강병은 생명체와 인류를 지속해서 괴롭혀 온 질환이며, 이에 대한 사회적 대응과 활동인 치과 의료가 발달해 온 과정 역시 오랜 역사를 지닌다.

한국 치과의 역사에 관한 일반인의 인식이나 치과대학과 치의학전문대학원 학생에게 교육하는 내용은 단편적이다. 치과의사조차 한국 치과의 역사를 서구 근대 치의학 도입 이후에 이루어진 치의학문의 변화나 전문직의 발달사 정도로 이해하고 있다. 하지만 한국 치과의 역사는 한반도에 인류가 살기 시작하면서 생겨난 구강병이나 구강 건강과 관련된 생활습관이나 인식, 치료자의 기술과 같은 문화적 산물들이 다른 문명권과의 교류나 침탈의 세계사 속에서 전형적으로 반복되기도 하고, 의식적으로 변화되면서 연속되어 온 한국 치과 문명의 발달사로 보아야 한다.

따라서 한국 치과의 역사는 선사시대까지 거슬러 올라간다. 기원전 70만 년 전에 한반도에 정착해 살았던 사람의 턱뼈 화석에서 치아의 마모와 치아우식증(충치)이 발견되었기 때문이다. 고대 치의학은 동·서양을 막론하고 인류의 출현과 이동, 부족 국가 간 무역과 전쟁, 고대 국가의 탄생, 종교의 발상과 전파 등을 통해 국제화하였다. 한반도에 존재했던 고대 국가들은 대륙의 종교와 문물을 받아들여 일본과 같은 해상지역으로 의료문화를 전파하였다. 고대 바빌로니아의 신화에서 유래한 치아 벌레 이야기와 인도의 스님이 사용하던 나뭇가지 칫솔은 불교를 통해 삼국시대에 우리나라에 들어왔다. 통일신라시대에는 수와 당나라의 의관(醫官) 제도가 들어왔고, 이비인후과나 안과와 함께 치과가 이목구치(耳目口齒)라는 하나의 분과를 이룬다는 인식이 일본에 전해졌다.

이렇게 치과를 안면부(얼굴 부위) 인접 기관과 관련된 증상으로 파악하거나, 치료방법에 따라 한 분야로 인식한 현상은 중세 서구에도 나타났다. 중세 초기에는 수도원 의학과 별도로 떠돌이 발치사(tooth-drawer)가 장터를 돌아다녔다. 수도사들의 수술이 금지된 중세 후기에는 이발외과의(barber-surgeon)가 길드를 조직하고 발치와 백내장 수술, 종기 절개나 치루 수술과 같은 외과 술식을 담당하였다.

고려와 조선은 향약에 기반을 둔 자주적인 의서들을 편찬하면서, 치아우식증의 진단과 치료에 중국의 음양오행설과 도교의 양생설 및 치아벌레설을 적용했다. 서양도 치아우식증의 원인에 대해서는 1890년 밀러(W. D. Miller)가 구강 내 세균이 생성한 산에 의한 부식임을 밝혀내기 전까지 치아벌레설이나, 히포크라테스(Hippocrates)의 사체액설 등에 의존한 진단과 치료를 하였다.

이처럼 중세까지의 치과의학은 동양과 서양 모두 국왕이나 봉건 군주, 종교의 지배 아래 고대 의설(醫設)에 기초한 경험적인 술식과 처방이 전형적으로 반복되는 정체 상태에 있었다. 십자군 전쟁이 일어나면서 유행한 흑사병으로 중세 서구 봉건 질서가 무너지는 동안 방역법과 의사법, 의과대학이 생겨나기 시작하였다.

동양과 서양의 차이는 16세기 이후 더 벌어졌다. 동양은 중국을 중심으로 봉건적 왕도정치를 지속하였다. 그와 비교해, 서양에선 문예 부흥과 계몽주의 시대를 거쳐 인체 해부학과 약리학, 생리학 등의 기초의학과 실증주의에 입각한 자연과학이 발달하기 시작하였다. 또한, 서유럽의 국가들이 아프리카와 남아메리카에서 식민지를 개척하면서 발달한 중상주의와 외과적 기술이 치과 분야에도 영향을 끼쳤다. 18세기 초반, 프랑스의 피에르 포샤르(Pierre Fauchard)가 『치과의사』(1728)라는 책을 집필하여 치의학문을 집대성하고 치과의사라는 직업을 독립시켰다. 18세기 말, 프랑스 혁명과 그에 따른 전쟁은 치의학의 발전을 저해하였다. 그리하여, 치의학의 중심은 독립전쟁에서 승리한 미국으로 옮겨가게 되었다.

19세기 초반, 산업혁명을 거치면서 자본주의 국가로 거듭난 서구 열강들은 군사력과 산업 생산력을 높이기 위해 공중구강보건과 치과 진료 및 기자재 산업의 발달을 촉진하였다. 19세기 중엽, 서구 제국주의는 동아시아로 진출하였고, 일본이 1868년 메이지유신을 통해 독일의 군국주의적 의학을 받아들여 군대에 의사와 치과의사를 배치하였다.

19세기 말까지 조선은 중국의 문화적 영향력을 수용하면서 정치적 주권을 유지하였다. 그러나 일본과 구미 제국들의 문호개방 압력에 의해 1876년 강화도 조약을 시작으로 부국강병이라는 근대적 국제질서를 문명사적 표준으로 삼는 대전환을 맞았다. 고종은 서양의학의 전염병 방역과 외과술을 높이 평가하고 이를 주체적으로 도입하고자 하였다. 서양 치의학은 구미 기독교 선교의사와 치과의사, 일본의 식민지정책을 통해 조선에 유입되기 시작하였다.

따라서, 한국 치과의 역사를 서구 근대 치의학 도입 이후의 역사로 보는 것은 선사시대부터 이어져 온 한국 치과의 면모를 부정하거나, 조선 중기 이후 실학자에 의한 서양 의서 번역과 종두법 실시와 같은 자발적 노력을 부정하고, 서구와 일본제국의 식민지 상품시장 개척을 근대 치과의 시발점으로 보는 단절적 역사관이다. 물론 19세기 후반, 동양과 서양간 교통과 통상이 발달하기까지 동아시아 국가들의 치과적 상황은 주로 지리적 위치에 따른 생활환경이나 국민 기질, 경제적 조건의 차이와 함께 왕조별 정치 이념, 종교나 문화에 따른 차이가 있었다. 하지만 동아시아의 식민지 분할이 끝난 이후에는, 점령국의 통치방식의 차이가 치과의료 상황을 바꾸는 주된 요인이 되었다. 즉 치과와 관련한 정책, 제도와 법, 윤리, 문화 등 제반 부분 변화는 각 국가가 처한 구체적인 역사적 맥락과 긴밀하게 연관되어 있다.

8·15 광복 후 미·소 냉전이 시작하면서 남한에는 미국식 치과학(dentistry) 체계가, 북한에는 소련식 구강학(stomatology) 체계가 자리 잡았다. 한국전쟁 이후 남한의 치과계는 미국을 위시한 세계 여러 국가와 적극적으로 교류하면서 전문화하여 갔다. 특히 한국 치과의 문턱은 한국의 경제성장과 민주화, 전국민 의료보험 실시를 통해 낮출 수 있었다. 북한의 구강학은 중국의 학제와 주체사상의 기조 하에 동유럽 국가들과 교류하였다. 1991년 소비에트 연방이 공식 해체된 이후 고립된 북한 치과체계는 물자 조달에 어려움을 겪었다.

신자유주의 경제 질서에 따른 의료영리화 정책과 복지 확대 요구가 충돌하는 가운데 2004년 세계치과의사연맹(FDI)은 세계보건기구(WHO)와 공동으로 구강 건강이 기본 인권임을 선언하였다. 2013년에는 구강병을 만성 비전염성질환(Non Communicable Diseases, NCD)으로 정의하여 전신 건강과 함께 관리하도록 하였다. 21세기, 인터넷 초강국으로 부상한 한국이 4차 산업혁명과 코로나바이러스 감염증-19 확산과 같은 불확실하고 다양한 위험 상황에 맞서 어떠한 치의학문 및 기술, 의료 정책 및 제도, 구강보건 리더십을 발전시켜 나갈지 모두의 지혜를 모아야 할 때이다.

한국 치과의 역사의 개념

한국 치과의 역사는 국제적인 교류와 침탈의 역사 속에서 이식, 모방, 창조되는 과정을 통해 발전해왔다. 현대에 이르러 의료는 더욱 세계적이고 정치적인 사안이 되었고, 치과의료의 중요성도 함께 부각하였다. 이러한 변화를 체계적으로 다루고자 한 『한국 치과의 역사』는 선사시대부터 현재까지 한반도와 대한민국에서 발생한 구강병이나 건강과 관련된 학문이나 기술뿐 아니라 치과의료 행위의 주체인 치과의료인과 국민, 정부의 관계와 치과의료체계의 변화를 다룬 책이다.

치과의료체계는 구강병과 건강에 관한 사회적 대응 시스템이다. 역사적으로는 근대 국가에 의해 의료법이 제정되고, 보험제도를 통해 건강에 대한 사회보장이 이루어지기 시작한 이후의 체계를 의미한다. 치과의료와 관계된 인력과 병·의원의 관계와 행위를 규율하는 법률·교육·행정·보험·정책·재정·의료지침 등을 포함하는 복합체이다.

이 책의 집필 목적은 전국의 치과대학 및 치의학전문대학원 학생들이 우리나라에서 이루어진 치과와 관련된 학문과 문화, 치과의사의 연원과 전문직으로의 위상확립과 치과의료의 발전 과정을 사회역사적 맥락에서 비판적으로 이해할 수 있는 교과서로 활용하기 위함이다. 특히 서양의 근대 치의학이 우리나라에 이식된 이후 현재의 치과의료체계를 이루기까지 치과의사들이 한 역할을 성찰함으로써, 직업윤리와 전문직업성을 확립하고, 현실의 과제에 대한 해법과 미래의 전망을 세울 수 있는 역량을 키우기 위한 것이다.

더불어 이 책을 읽는 독자들이 치과의 역사가 지닌 문명사적 의미를 한국의 역사적 흐름 속에서 체험할 수 있었으면 한다. 한반도의 독특한 자연환경이나 사회역사적 경험이 한국인의 구강병과 치과의료의 변화와 밀접하게 연관되어 있음을 깨닫게 될 것이다. 한국인의 오랜 열망 중 하나는 나와 가족, 국가와 민족, 세계가 함께 건강하게 잘 사는 것이었다. 오늘날 많은 한국인이 구강 건강관리에 힘쓰며, 한국의 치의학 수준이 높다고 알려져 있음에도 불구하고, 아직도 많은 국민이 구강병과 그와 관련된 치료비로 고통을 받고 있다. 이 책의 독자들이 치의학 지식정보와 더불어 관련 국민 구강건강 향상을 위한 법·정책과 건강보험, 교육과 같은 제도의 운용과 개혁 방안에 대해서도 생각할 기회가 되길 바란다.

　이러한 목적에 도달하기 위해 이 책은 다음 네 가지 원칙에 따라 기술하였다.

　첫째, 한국의 선사시대부터 현재까지 시대 순서대로 기술하는 통사 형식으로 썼다. 하지만 현대와 가까운 시대일수록 비중을 높여 체계적이고 자세히 기술하였다. 그 중에도, 21세기 한국인과 정부, 치과의사가 제기하는 치과의료체계의 여러 문제에 주목하였다. 치과의료체계의 문제들은 시대와 이해관계의 변화에 따라 새로 발생한 것도 있다. 하지만 많은 경우, 역사적 경로에 의존하는 성향을 보인다. 분야와 사안별로 역사적 과정에서 문제가 발생한 원인과 진행 과정, 문제를 푸는 과정의 특징이나 충분조건을 파악할 수 있도록 장을 분리해 기술하였다. 찬반 논쟁이 팽팽한 사안에서는 "쟁점과 토론"이라는 형식으로 함께 생각해볼 수 있도록 하였다. 이 책이 지나온 치과의료체계의 변화 과정을 성찰하고 다양한 갈등을 풀어가기 위한 의사소통과 문제해결의 근거자료로 활용될 수 있기를 바란다.

　둘째, 한국 치과의 역사를 세계 문명과의 단절과 교류라는 측면에서 살폈다. 한국 치과의 역사에 집중하면서, 시대별로 한국에 영향을 준 국제사회의 변동이나 세계 치과의 변화를 본문과 도막 글, 연표에서 소개하였다. 세계사와 비교론적 관점을 유지한 것은 한국 치과의 발전 과정을 객관적인 시각에서 파악하면서, 한국의 지정학적 위치가 한국 치과의료의 특성과 정체성 발달에 어떤 영향을 끼쳤는지를 살펴보기 위해서다.

셋째, 한국인의 구강병 추이와 현대 한국 치과의료체계의 변화를 한국의 정치·경제·사회·인구·문화의 변화와 맞물려 파악하였다. 한국의 경제성장과 민주화, 복지 성장이 한국 의료 및 치과의료에 끼친 영향과, 21세기에 들어서야 치과보장성에 관한 사안이 사회 갈등의 요소로 부각한 이유도 분석하였다.

넷째, 한국의 치과기자재 역사는 네 차례에 걸친 산업혁명, 전쟁과 국제 통상의 변화에서 살폈다. 한국의 치의학술은 전근대의 종교나 사상에 입각한 의설과 경험적 처방에서, 개항과 함께 서구 근대 치의학이 소개된 이후 한국인 치과의사들이 세계적 수준의 전문직업인으로서 성장하고, 국민의 치과의료 수요가 증가하면서 현대화되는 과정을 살폈다. 치과의사 단체 및 개인의 역사, 치의학술과 기자재의 분야별 시대별 변화는 본문과 에피소드 형식으로 담았다.

한국 치과의 역사의 시기 구분과 구성

동양과 서양의 치과의 역사를 고대, 중세, 근세, 근대, 현대의 틀로 획일적으로 나누는 시기 구분은 논란의 여지가 있다. 일단 이 책에서는, 한국 치과의 보편성과 특수성을 파악하기 위해 같거나 비슷한 시대의 주변국 및 세계 치과의 역사와 비교해보았다.

한국의 고대는 한반도가 부족이나 씨족, 삼국으로 나뉘어 잦은 전쟁을 통해 정복한 노비들의 생살여탈권을 족장이나 왕이 지녔던 삼국시대까지로 보았다. 고대 유적과 유물, 역사서를 중심으로 한국인의 구강병과 치유자의 시원을 살폈다(1장).

중세는 통일신라가 영토 확장과 사회경제적 안정을 바탕으로 한반도 고유의 의학에 중국의 의료제도를 접목하면서부터 고려, 조선 후기까지로 보았다. 서양에선 피에르 포샤르가 치의학과 치과의사의 독립을 주창한 18세기 초를 근대 치의학의 기점으로 보고 있다. 그와 비교해 우리나라는 조선 정조(1752~1800) 때 실학자들이 서양 의서를 번역하고, 종두법을 시행하여 근세를 열었다. 하지만 당시 소개된 일부의 치과 지식조차 실용화하지 못하였기에 중세 말 부분에 기술하였다. 한국의 중세까지는 왕조별 의서와 문집, 유물 등을 통해 구강병 및 치료와 관련된 사상과 종교, 제도와 문화의 변화까지 포괄하였다(2장).

한국 근대는 조선말에 개항한 이후부터 일제강점기까지로 잡았다. 이 시기에 근대 서양 치의학적 지식 및 기술과 더불어 '치과의사규칙'에 따른 교육 및 치과의료 활동이 유입되었다. 서구의 근대 치의학은 유럽에서는 의학의 한 전문 과목으로 분화하였다. 그러나 19세기 중반 미국에서 치과 분야는 의과와 사회적으로 분리된 길을 걷기 시작했다. 한 의과대학에서 치의학을 의학의 한 부분으로 넣어 교육하는 것을 거부한 것이다. 1840년, 세계 최초로 볼티모어 치과대학이 독자 설립하면서, 치의학 교육과 면허가 의과와 분리되었다. 이후 치과의사는 치의학이라는 독자 영역에서 직업과 학문을 발전시킨 전문직업인이 되었다. 우리나라도 19세기 제국주의의 식민지 확장 시대에 일본과 미국의 영향을 받아 치과가 의과와 분리되는 역사적 과정을 거쳤다. 이에 따라 조선말과 대한제국기(3장), 일제강점기(4장)에서는 서양 근대 치의학의 이식과 한국인 치과의사의 연원을 다루었다.

현대는 해방 후 분단 상황에서 치과의사들이 전문직으로 발전하는 과정과 치의학술 및 제도가 치과의료체계를 형성하는 시기로 설정했다. 미군정 시기 남한에는 한국인 치과의사 단체가 재결성되었고, 미국식 치무행정과 치과교육기관이 들어섰다. 북한에는 구강학 체계가 들어섰고, 월북한 치과대학 동문을 한국전쟁 때 다시 만나는 과정을 살폈다(5장).

대한민국 정부수립 후 한국인 치과의사들은 해외 유학과 군진의학을 통해 미국 최신 치의학 교육과 학술 및 진료체계를 도입하여, 전문화의 기반을 마련했다. 1970년대 산업화과정에서 남한 인구의 치아우식증이 급격히 증가했다. 여기에 치주질환(잇몸병)이나 부정교합과 같은 3대 구강병과 턱관절질환이나 구강암 등은 유병률(인구대비 질병에 걸린 환자 수의 비율)이 증가하거나, 환자 수요나 시술의 질적인 측면에서 급격한 변화가 생기는 시점에 맞춰 기술하였다(6장).

1980년대는 대학의 졸업정원제가 실시되고, 의료보험이 12년 만에 전 국민 의료보험으로 확대되는 과정을 통해 의료보험과 전국적 치과의료체계의 구축을 다루었다(7장).

1990년대, 치과 내원 환자가 증가하고 치의학문과 기술의 질적 향상과 치과의사단체의 국제적 리더십 확보가 이루어지면서, 한국 치과의료체계가 고도화되는 과정을 다루었다(8장). 또한, 시민과 연대한 구강보건법 제정과 건강보험재정 통일을 통해 치과의료의 양은 확대하고 질은 높이면서 의료분배의 형평성과 구강병 예방 측면에서도 진보하고 있다.

국제통화기금(IMF) 외환위기 이후는 치의학전문대학원 및 치의학교육평가인증기관 설립 추진, 치과보조인력 교육기관 수의 증가와 2000년 의사 파업 전후의 전문직 의료윤리에 관한 성찰을 통해 세계화 시대의 치의학 교육과 윤리를 다루었다(9장).

2000년대 이후, 의료영리화와 치과보장성 강화(10장), 치과의료갈등과 보건의료법의 변화(11장)를 통해 다양한 이해관계의 갈등을 법적 판결로 해소하는 방식이 지속되면서 정부, 의료인, 국민 간의 사회적 합의를 통해 장기적인 치과의료발전을 이끄는 구강보건 리더십이 부재함을 지적하였다.

한국 치과계의 추이와 국제교류(12장)와 치의학의 미래(13장)를 통해서는 어느덧 국제 치과 사회의 리더로서 역동적인 변화를 이끌어 갈 한국 치의학계의 동향을, 그리고 4차 산업혁명시기 미래를 열어갈 사고와 기술의 전환과 구강보건 리더십을 살펴보았다.

세계 치의학의 발달단계

연도	의학사	중국		서양/서아시아/서아프리카		한국	
	선사의학	중국문명	• 원시샤먼 • 탐색 • 침술	구석기	• 주술 • 장식 • 치아벌레 • 골절정복	구석기	• 원시샤먼 • 주술 • 약초 • 침술 • 본능적 경험 처방
				신석기		신석기	
				메소포타미아 문명	• 최초의 치과의사 이집트 헤지레 • 함무라비법전의 치아상해법		
				이집트문명	• 신전의학		
		하, 은, 주		그리스문명	• 히포크라테스 치의학 (4체액설, 구강병 처방)		
500		춘추전국	• 경험치의학 • 음양오행설 • 신선설 • 유교 • 점성술	로마문명	• 금선으로 치아묶음 • 발치와 구멍 뚫는 기구 • 갈렌치의학(치아의 해부와 생리적 화농 강조)	고조선	
400							
300							
200	고대의학	진					
100							
0							
100		한				삼국시대 고구려, 백제, 신라, 가야	• 주술 • 천두, 편두술 • 인위적 발치 • 치아벌레설 • 인삼, 세신수출 • 불교치의학 • 치목사용 • 음양오행설
200			• 장중경이 구치론 (口齒論) 저술 • 불교치의학 • 도교치의학				
300		삼국					
400		5호16국					
500							
600		남북조		중세 기독교와 이슬람 문화권성립	• 수도원 의학, 수도사수술금지로 발치사가 발치 • 민간요법은 사혈, 침술, 자극요법, 훈아법, 가열법 • 의사도 만병통치약 사용		
700		수	• 이목구치(耳目口齒)가 의학의 한 과, 아말감사용 • 절제, 소작, 훈아법 • 소금양치			통일신라 / 발해	• 불설주치경 • 귀면와 • 도교치의학
800	중세의학	당					
900							
1000		송	• 치아재식술 • 틀니 기록 • 칫솔사용 • 성리학발흥		• 이슬람치의학(스케일링기구 개발, 수지로 치아충전)	고려	• 고려사의 치아상해 보상 • 향약구급방 (소금물 양치, 치충 제거는 가열과 훈아법, 송지로 충전)
1100							
1200							
1300		원	• 각 의설의 융화		• 파리에 이발사 길드 조직		
1400							
1500	근세의학	명	• 치과의학의 합리화 • 침을 삶아 사용	근세	• 치과해부학, 조직학, 약리학 • 실증 치과의학 • 목제틀니 • 군진외과학 • 이발외과의	조선	• 치과의녀존재 • 향약집성방 • 의방유취 • 동의보감
1600							
1700			• 언청이 수술				
1800	근대의학	청	• 서구 해부학 • 이 해 박는 집 등장	근대	• 근대 치의학과 치과의사의 독립 • 미국 치의학의 전문화(치과대학, 단체, 학술, 면허, 윤리) • 경화고무틀니특허 • 마취와 방사선 발달		• 실학자가 서양의서 번역 • 치아부적 • 미국과 일본을 통해 치의학 도입
1900						일제강점기	• 식민지 근대치의학
2000	현대의학	중화민국	• 구강과와 치아과 공존	현대	• 구강위생학, 유전학 • 치과학 / 구강학 • 고속치과용드릴과 기공술 · 임플란트발달 • 디지털 덴티스트리	한국	• 현대치의학
2010							

1
석기시대부터
삼국시대의 치의학

한반도에 고인류가 정착한 시기는 평안남도 평양시 상원군 검은모루동굴 유적과, 충청북도 단양군 금굴 유적을 통해 대략 100~70만 년 전으로 추정한다. 최초의 인골 화석은 평안남도 덕천시 승리산동굴에서 발견되었다. 인골 화석의 아래층에서는 네안데르탈인(Homo neanderthalensis)의 어금니 2개와 어깨뼈 1개가, 위층에서는 35세로 추정되는 호모 사피엔스 사피엔스(Homo sapiens sapiens)의 치아 2개가 박힌 하악골이 나왔다.

화석 인류에서 현생 인류인 호모 사피엔스(Homo sapiens, 슬기인)를 감별해내는 열쇠는 치아라고 알려져 있다. 옛 유적지에서 사람 뼈가 출토될 때 치아는, 비교적 원형 그대로 남아서 그 당시의 식생활을 규명하는데 아주 확실한 자료가 될 수 있다. 또한, 치아는 인공 유물이나 골 화석보다 방사성 탄소연대 측정에 의한 정확한 연대 파악이 가능하다.

한반도에서 발굴된 두개골(머리뼈)과 치아가 있는 악골(턱뼈)의 수는 적은 편이다. 그러나 세계의 다른 지역에서 발굴된 것들과 비교했을 때, 시기적으로는 늦었지만 거의 똑같은 형태의 흔적이 나타나고 있다. 이러한 현상은 수십만 년에 걸친 고인류의 이동을 설명해준다. 악골과 치아 유적은 기원전 5만~1만 년 경의 최후 빙기에 한반도의 서남쪽은 중국 산둥반도 및 일본과 인접해 있고, 북동쪽은 베링해협 부근에서 아시아가 아메리카와 연결되어 문물이 이동했다는 학설의 신빙성을 더해준다.

기후가 온난해지자 사람들이 강가로 나와, 도구를 개발해 농사를 짓고 가축을 길러 불로 조리해 먹는 신석기시대가 열린다. 청동기와 철기에 해당하는 고조선과 삼국시대의 유적과 유물에서 발견된 치과 문명교류의 흔적은 세계적이다. 따라서 이 장에서는 한반도에서 발굴된 두개골과 치아를 토대로 우리나라에 거주했던 선사시대와 역사시대 인류의 구강병과 생활상을 유추하고자 한다. 더불어, 고대 한국인들의 치아와 건강에 대한 인식, 풍습과 국가별 대응이 어떠했으며, 세계 인류의 문명사로서의 보편성 지니는지 살펴보자.

선사시대의 원시 의술과 주술사

구강병의 역사는 생명체가 지니는 모든 질병처럼 지구상에 있는 생명체의 역사와 더불어 시작되었다. 일반적으로 선사(prehistoric)시대는 인류 고대문명이 발생하기 이전인 기원전 5,000년 무렵까지를 일컫는다.

고고구강학(paleodontology)과 고고병리학(paleopathology)에 의해 밝혀진 구강병은 다음과 같다. 2억 년 전 공룡의 악골과 치아에서 골절과 치아우식증의 흔적이 발견되었다. 6천만 년 전에는 포유류의 화석에서 관절염, 골수염, 골막염, 괴사, 치조골 농양 등의 흔적이 발견되었다. 인류의 치아우식증은 약 30만 년 전에서 12만 년 전 살았던, 큰 뇌를 가진 호모 하이델베르겐시스(Homo heidelbergenesis)에서 찾아볼 수 있다. 15만 년 전에 살았던 네안데르탈인의 악골에서는 치주병의 흔적도 찾아볼 수 있다.

원시시대의 의술

동물들이 상처 부위를 핥거나 체열이 상승하면 차가운 물에 몸을 담그는 것처럼 초기 인류는 통증이나 질병, 사고에 대해 본능적인 반응으로 대처하였다. 예를 들어, 임산부에 대한 보호는 종족 유지 본능의 발현이었다. 또한, 질병의 경과와 치료 효과에 대한 반복적 관찰을 통해 열, 햇빛, 물, 식물 등 자연현상의 치유능력과 가치를 경험적으로 터득하게 되었다. 온찜질, 냉찜질, 방혈, 증기욕 등의 활용만이 아니라 경험을 통한 약초의 제조와 처방은 실제적인 효과를 보이는 민간요법이었다.

원시시대의 주술사

원시인은 질병의 원인을 초자연적인 힘, 비사회적 행위에 대한 형벌, 또는 악령이 들어와 병을 일으키는 것으로 생각하였다. 원시시대부터 고대문명이 발달할 때까지 의술은 샤머니즘과 결합한 주술적이고 종교적인 특징을 갖는다.

원시인들은 주술적인 이유에서 동물 부적을 지니고 다녔다. 청결과 위생을 유지한 것도 건강을 위해서가 아닌 신(神)에게 나가기 위한 종교적 이유에서였다. 원시시대에는 종교, 의학, 마술이 분리되어 있지 않아서 주술사가 의술, 사제, 그리고 예언자의 역할을 하였다.

한반도에서의 구강병

한반도에서의 선사시대는 구석기시대(70만 년 전~1만 년 전), 신석기시대(1만 년 전), 고조선전기(청동기시대)에 해당한다.

역사시대는 철기시대 이후로, 고조선이 성장해 가던 기원전 5세기 무렵 중국에서 전래하여 기원전 1세기경부터 철기가 널리 사용되었다.

구석기시대 구강병의 특징

한반도 구석기시대의 사람 뼈와 치아는 평안남도 덕천시 승리산 동굴과 충청북도 단양군 매포면 영천리 안경굴, 도담리 금굴 등에서 출토되었다. 석회동굴에 살며 맨몸으로 식물을 채집하거나 야생동물과 싸우던 구석기인에게 치아는 생활의 도구요 투쟁의 무기였다. 안경굴과 승리산 동굴에서 발굴한 치아를 분석한 결과 몇 가지의 특징을 볼 수 있다.

첫째, 동양인의 대표적인 치아 특징은 앞니의 혀쪽 면이 움푹 패인 '설면와'가 뚜렷하게 형성되어 있는 것이다. 안경굴에서 발굴된 치아는 입술면과 입천정면에 함몰부가 보이는 이중와 형태(double shovel shape)를 띠고 있었다. 이와 같은 이중와 형태는 미국 아리조나에서 발굴한 고대 인디언의 앞니에서도 발견되어, 아메리카 인디언이 아시아에서 건너갔다는 학설의 구체적인 물증이 된다.

둘째, 구석기 인류의 치아조직을 파괴한 주요인은 이가 닳는 교모증(Attrision)이었다. 한반도에서 발굴된 구석기 치아도 유치를 포함한 대부분이 심하게 닳아 편평했다. 구석기인의 아래턱은 현대인보다 튼튼하게 발달해있고, 위·아래 앞니의 끝을 마주쳐 음식을 끊는 절단교합(edge-to-edge bite)이 더 많아 치아가 더 쉽게 닳는 요인이 되었다. 교모의 범위는 치아의 가장 바깥쪽의 법랑질과 상아질뿐 아니라 내부의 2차 상아질까지 진행되어 결국 통증, 치수 괴사와 실활(non vitality), 주변 골조직과 연조직의 병소까지 초래하였을 것이다.

셋째, 구석기 인류에게 치아우식증은 거의 없었다. 이와 달리 한반도에서는 발굴된 치아들을 분석한 결과, 우식증을 지닌 치아들이 다수 발견되었다(68개의 유치 중에서 19개, 146개의 영구치에서 34개의 치아에 우식증이 있었다). 치아우식증은 주로 치간 부위에서 관찰되는데, 이것은 질긴 섬유질 음식을 씹다가 치아 사이에 음식물이 오래 잔류되어 생긴 것으로 보인다.

넷째, 안경굴에서 발굴된 치아에서 수직 방향의 선조흔(線條痕)이 관찰되었다. 선조흔이란 식량에 포함된 과립자에 의해 치아 표면에 생기는 흔적을 의미한다. 구석기시대에는 농경이 시작되지 않았으므로 육식과 어패류가 주된 식량이었고, 그 밖에 파충류, 곤충까지도 먹었을 것이라는 증거가 있다.

신석기시대 구강병의 특징

한반도에서 신석기시대의 사람 뼈와 치아는 함경북도 나진 초도와 웅기, 강원도 춘천 교동, 경상남도 통영 상노대도 등에서 출토되었다. 발굴된

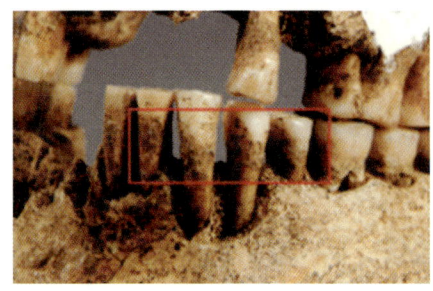

그림 1 치석으로 인한 치주염, 여성, 신석기시대
(국립김해박물관)

악골 23개와 231개의 치아는 심하게 닳아 있었으나 치아우식증은 볼 수 없었다. 한반도에서는 구석기 후기부터 일부 지역에 화덕터와 숯, 재가 발굴되었다. 그래서인지 상노대도에서는 발굴된 치아에 선조흔과 함께 불탄 자리와 불에 타거나 그을린 사슴 뼈, 고래뼈, 조개 등이 발견되었다.

청동기시대의 구강병의 특징

한반도에서 청동기시대의 사람 뼈와 치아는 경기도 양평 앙덕리와 상자포리, 함경북도 나진 초도와 웅기, 강원도 춘천 교동, 경상남도 통영 상노대도, 평안남도 덕천시 승리산 등에서 출토되었다. 이 시기 유적지는 각종 동물 뼈와 함께 탄화된 피, 기장, 시루 등이 발굴되어 식생활 변화를 관찰할 수 있다. 하지만 구강병과 치료에서 큰 변화는 없다. 덕천 승리산에서 출토된 청동기 하악골과 치아에는 교모증과 우식, 그리고 치료를 위한 발치 흔적이 있다.

단군조선시대의 의료 개념과 치료

고조선의 단군신화에는 하느님인 환인의 아들 환웅이 생사와 질병을 주

그림 2 덕천 승리산 청동기문화층 출토 사람 아래턱(『고고학연구원 유적보고』 제11집)

관하는 의약의 창시자로 등장한다. 환웅은 쑥과 달래를 먹은 곰이 여자로 변신한 웅녀와 결혼해 단군을 낳는다. 단군은 고조선을 개국하면서 기성(奇省)에게 의약을 베풀게 한다. 이로써 단군왕검은 태양과 하늘을 숭배하는 제사장이며, 청동기의 문화를 지닌 부족장으로서 정치를 담당하며, 질병을 담당하는 관리를 두어 국가를 존립시키려 했음을 알 수 있다. 당시 질병의 발생 원인을 정령에 의한 것(精靈病因說)으로 보아, 치료를 위해 샤머니즘적인 기도나 주술과 경험적인 약초 처방을 하였음을 추측할 수 있다.

기원전 5세기 이후 철기가 고조선에 유입되면서, 만주와 한반도 북부에는 부여와 옥저, 동예와 같은 예맥족의 부족 국가들이 생겨났다. 이들은 중국의 동북부에 위치하며 한의학의 영향을 받았다. 중국 의서인 『황제내경소문』의 「편작전」에서는 "동방지역의 병이 모두 종기로 되어, 그 치료는 폄석으로 하고, 그 폄석은 동방에서 왔다. 북쪽 지방은 추운 날씨와 유목 생활로 내장이 차가워져서 뜸 치료법이 발달했다."고 하였다. 또한, 중국에서 가장 오래된 지리지인 『산해경(山海經)』에는 "고조선에 돌침(石針)이 많다"는 기록이 있다.

이와 관련하여 함경북도 웅기면 송평동에서 석기(石器)와 골기(骨器)와 함께 석침과 골침이 출토되었다. 고조선과 부여에서도 침술과 뜸이 발달하였고, 이후 고구려의 침술로 이어졌을 것으로 생각한다.

단군조선시대의 구강병과 그 치료법

　단군조선시대의 치의학에 관한 기록은 발견되지 않아 정확하게 살펴보기는 어렵다. 초기는 청동기 문명이었다. 따라서 구강병으로 치아 교모와 마모증, 치아우식증과 그로 인한 합병증(치수염, 치수 괴사, 치근단 질환, 골염)과 치주병, 지치주위염, 외상에 의한 치아 파절, 악골골절 등이 있었을 것으로 생각한다.

　치료법으로는 전신 및 국소적인 안정, 주술적인 종교 행사와 환자의 기도와 금기 사항의 준수, 손으로 병소부위를 압박하거나 배농, 석침 또는 금속침으로 병소부위를 찌르거나 배농, 약초의 복용, 식이요법, 신체의 운동, 냉온요법, 침구요법, 함수제의 사용, 부적의 사용, 발치와 절개 수술 등이 사용되었을 것으로 생각한다.

철기시대의 구강병의 특징

　한반도에서 철 가공이 이루어진 것은 원삼국시대에 해당하며, 동북부에 초기 고구려, 서북부에 한사군이 설치되고, 남부의 삼한에 이어 가야와 같은 부족 연맹 국가들이 생기면서 전역으로 퍼졌다. 철기시대의 사람 뼈와 치아는 낙랑고분과 부산 조도 패총, 사천(삼천포) 늑도, 김해 예안리와 대성동, 나주 영동리 등에서 출토되었고, 이전과 다른 시술과 풍습이 나타나 한민족의 종족변화도 추측할 수 있다.

　낙랑고분에서 출토된 치아들에서는 교모, 우식증, 치주염, 그리고 풍습에 의해 인위적으로 이를 뺀 흔적을 볼 수 있다. 김해지역에서는 편두술과 천두술과 함께 인위적 발치 흔적이 있는 두개골과 악골이 발굴되어 흥미롭다.

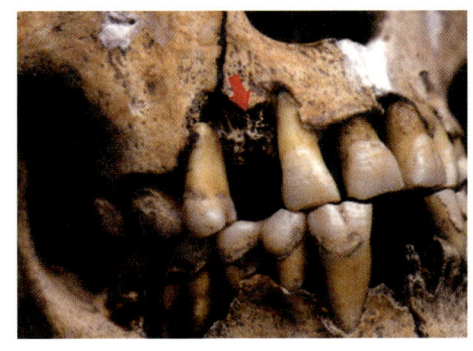

그림 3 고대 인위적 발치 흔적이 있는 성인 여자상악골(삼강문화재연구원)

삼국시대에는 고구려, 신라, 백제, 가야 등이 제철기술을 바탕으로 고대 국가로 성장하였다. 거의 모든 곡물이 재배되어 맷돌과 청동기시대보다 많은 시루가 출토되었다. 한반도 고유의 식품 재료와 조리법, 그리고 식품가공법이 개발되어 현대인과 같은 구강질환의 증상을 나타내고 있다.

초기 가야와 가야시대의 구강병

가야(기원전 4세기~562년)의 구강병은 발굴된 두개골과 악골을 통해 비교적 자세히 살펴볼 수 있다. 주요한 특징으로 두개골에 구멍을 뚫은 천두술이나 인위적인 발치 흔적이 발견된다. 그중 인위적 발치 풍습은 통과의례와 관련된 행위로, 성인식과 결혼식 또는 공동체 의례나 관습으로 추측되나, 구성원 일부에서만 시술되었다는 점에서 그 목적이 명확하지 않다. 그리고, 풍습으로 인한 발치를 시행했기 때문에 발치 기술과 기구도 있었을 것으로 생각되나 이와 관련된 자료가 아직 발견되고 있지 않다.

부산 조도 패총에서 출토된 사람의 악골(기원전 4세기, 20대 말에서 30대 초, 남자)을 보면, 절단 교합으로 상악 앞니 입술 면은 모래로 양치한 듯한 마모가 있고, 치아 교두(cusp)의 파절과 잇몸 주변인 치경부와 치아 뿌리

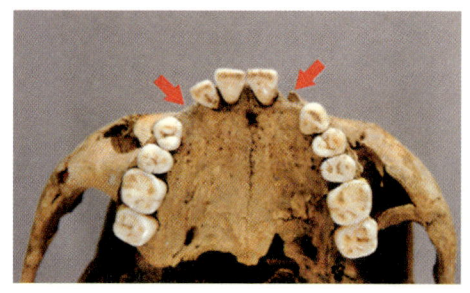

그림 4 치석 증가로 치조골이 흡수된 치주염. 여성, 신석기시대 (삼강문화재연구원)

의 우식증, 인위적 발치 흔적 등이 관찰되었다.

사천 늑도(대략 기원전 1세기)에서 발견된 악골에선 치아우식증과 살아 있을 때 멀쩡한 송곳니를 뺀 흔적을 볼 수 있다. 풍습적 발치에 관해서, 중국은 신석기시대 산동성에서부터 광동성 지역까지 상악 좌우 측절치를 발거했던 기록이 있다. 일본에서는 죠몽시대 후기에서부터 야요이시대 전기에 걸쳐 풍습적 발치에 관한 기록이 있다. 이러한 늑도 유적을 통해 늑도가 기원전 1세기 중국과 한국, 일본을 연결하는 고대 무역항이었음을 짐작할 수 있다.

김해 예안리 고분군(대략 기원전 1세기~삼국시대 초기)에서 발견된 악골에서는 치근단 병소, 유합치, 인위적 발치의 흔적과 인위적으로 치아를 마모시킨 흔적, 두개원형절제술 및 편두를 한 두개골이 출토되었다. 두개원형절제술(천두술, 穿頭術)은 몸속에 들어온 악령을 내쫓기 위한 목적에서 시행했다고 생각되나, 머리를 다쳤을 때 두개골 속의 내압을 내리기 위해 시행되었다고 보는 견해도 있다. 이것은 세계의 다른 지역인 유라시아와 이집트의 미라와 잉카나 마야문명에서도 발견된다. 한편 납작한 두개골(편두, 偏頭)과 관련된 해석을 보면 무(巫)와 관련된 사회적 신분상의 특징으로 보기도 하고, 고깔과 같은 머리 형태를 더 매력적으로 보아 성형한 것으로 보기도 한다. 3세기 말 김해지역에 북방 민족의 순장 문화가 등장하면서,

그림 5 삼국시대 남자, 두개골 원형절제술 그림 6 초기 성인여자편두, 예안리 85호 무덤
(부산대학교 박물관)   (부산대학교 박물관)

4세기 이후 가야에서 편두가 사라졌다. 하지만, 편두 풍습은 일본을 비롯한 전 세계 지역으로 확산해 일부 지역에서는 20세기 초까지 남아있었다.

삼국시대의 의료와 구강병

삼국시대 이전에는 질병이 발생하였을 때 토착적인 무속신앙에 의한 무술(巫呪)적인 방법과 경험에 의한 민간처방에 주로 의지하였다. 삼국시대에는 점차 중국의 황제내경과 음양오행설에 바탕을 둔 한의학을 받아들였다. 치의학이나 구강의학이라는 용어는 한나라의 장중경(150~219?)이 쓴 구치론(口齒論)에서 찾을 수 있다. 불교가 삼국에 전래 되면서 승의(僧醫)에 의해 고대 인도의 치과 의술이 소개되었다. 도가의 전래로 도가 치의학도 소개되었다.

삼국은 대륙과 가까운 고구려, 백제, 신라 순으로 선진문물을 받아들여 국가체제를 정비하였다. 율령을 반포하면서 점차 의술 교육기관과 의사 제도를 마련한 기록을 볼 수 있다. 삼국시대의 치의학과 관련된 직접적인 자료는 찾을 수 없으나, 중국과 일본에서 발행된 의서에서 삼국의 의술과 의서를 인용한 부분이 있어 삼국의 구강병과 치과 의술의 수준을 파악해 보고자 한다.

인도의 치의학과 한반도

고대 인도의 치과 의술은 불교의 전래(가락국은 48년 인도에서, 고구려는 372년 전진에서, 백제는 384년 동진에서, 신라는 420~445년경 고구려에서)와 한의서의 수입(561년경)을 통해 전해졌다. 구강병에 대한 마법적인 주술 단계(1기)에서, 브라흐만 지배계급의 보건의학지식과 기술이 결합된 시기(2기)가 있다. 발치는 겸자를 이용하고, 골절과 탈구는 소독 후 붕대를 감아 고정했다. 끝으로 불교 경전으로 포용된 치과 의술(3기)로 구별된다.

불교 경전을 통해 동방의 끝 한반도로 전해진 고대 인도 치과 의술은 일반적인 구강병 치료법으로 설사, 구토, 발치, 절개, 난자, 소작 등이 있었다. 치아우식증은 치수에 열을 가해 통증을 없애거나, 배농, 비강세척, 구강세척 등으로 치료하였다. 치아 뿌리가 흔들리면, 사혈과 구강세척을 했다. 치은염 치료는 사혈과 치석제거(스케일링)를 하였다. 치아 자체의 질환을 치료하기 위해 연한 음식물을 섭취하고, 유류(油類)로 세척하고, 후입제(嗅入劑)를 쓰도록 하였다. 구강위생을 위해 타액(침) 분비를 촉진하고, 칫솔질과 함께 혀를 솔질하게 했다. 이러한 치료법의 상당수는 중국 한의서에도 포함되었다.

삼국에 들어온 불교 의학 및 치의학은 초기에는 왕과 귀족 중심으로 퍼져나가다, 점차 보살 혹은 스님의 힘을 통해 병액을 제거하고자 하는 민간 신앙과 풍습으로 변해나갔다. 한반도에 존재하던 토착 신앙이 불교 경전을 암송하는 주술적인 치료법으로 바뀌면서 크게 각광을 받았다. 고대 근동지역에서 시작된 소위 '치아벌레설'도 전파되었다. 치아 통증을 일으키는 원인이 벌레로 화한 악령 때문이며 이 벌레는 불의 힘을 빌린 주문으로써 환치에서 떠나게 할 수 있다는 것이다. 승려로서 치료를 겸행하는 승의도 생겨났는데, 칫솔의 일종으로 치목을 사용하였으며 일본으로 건너가 양지라 불리게 되었다. 불교 의학은 점차 호국적인 성격을 띠면서 전염병 예방 및 처치와 구강위생 향상과 치아 통증을 없애는 주문으로 바뀌었다. 이러한 치아벌레설은 조선시대까지 의술 및 민간 주술요법으로 유지되었다.

고구려의 치의학

고구려(기원전 37~668) 초기에는 구강병 치료를 위해 무술(巫術)적인 행위와, 불로장생을 위한 약의 발달, 그리고 배농시킬 목적으로 석침, 금침, 은침, 철침, 뜸(구치술, 灸治術) 등이 사용되었을 것으로 생각된다.

373년에 율령이 반포되어 고대 국가의 면모를 갖추게 되었는데, 『일본서기(日本書紀)』 권25(651)에 고구려 관직에 시의(侍醫)가 있었다는 기록이 있어 의학교육과 의사 제도에 관한 것도 있었을 것으로 생각된다.

Episode 아성

역사적으로 아성(牙城)은 고구려 대장군이 거처하는 성곽의 중심부를 가리키는 말이다. 송(宋)나라 때 사마광이 지은 『자치통감』의 「당기」 편에 "고구려 아성에 올라 맞서 싸웠다(登高句麗牙城拒戰)"라는 기록이 있다. 가장 중요하다는 의미에서 어금니 아(牙) 자가 사용된 것 같다. 장군의 깃발에는 코끼리의 상아(象牙)가 꽂혔는데 이 상아 깃발은 아기(牙旗)라 하였다. 또, 장군의 휘하에 있는 병사로 대장을 수행하는 병사를 아병(牙兵)이라 하였다. 그 외에, 고구려가 신라의 견아성(犬牙城), 즉 '개 어금니 성'을 공격했다는 백제 기록도 있다.

그림 7 고구려 내성인 아성
(http://hgs2000.egloos.com/v/170130)

고구려는 삼국 중에서 의술이 가장 발달하여 백제와 신라, 일본에 의술을 전파했다는 기록이 남아있다. 459년 일본 왕에게 좋은 의사를 보내 달라는 요청을 받은 백제의 왕은 고구려의(高句麗醫) 덕래(德來)를 파견하였다. 오(吳)나라 사람 지총(知聰)은 561년 164권의 의서를 가지고 고구려를 통과해 일본에 귀화하였다.

중국 의서(醫書)를 살펴보면, 양(梁)나라 때 도홍경(陶弘景)이 쓴 『신농본초경집주(神農本草經集注)』에서는 "고구려, 신라, 백제에서 나오는 인삼, 오미자, 세신(細辛) 등"이 우수하다는 기록이 있다. 당나라 때 왕도(王燾)가 쓴 『외태비요방(外台秘要方)』에는 고구려의 『노사방(老師方)』에서 인용한 부분이 있다. 또한, 구강병인 치아, 입, 입술, 혀의 병에 관한 300여 가지에 대한 처방이 기록되어 있는데, 대부분이 한국산 세신을 사용하도록 했다. 세신은 족두리풀 뿌리를 말린 약초로 오늘날 박하맛이 나는 은단의 주재료로 사용되고 있다. 이를 보아 고구려의 의서와 약제 및 구강병에 대한 처방도 뛰어났음을 알 수 있다.

백제의 치의학

백제(기원전 18~660) 초기에는 무술적인 치과 의술을 했을 것이며, 일찍이 중국의 남조와 의학적으로 교류한 기록이 보인다. 이를 통해 한의학과 인도 의설을 수입하여 일본으로 전달하였다.

중국의 주서 『이역지편(周書 異域列傳)』에는 "백제는 음양오행을 잘 알고 있으며, 각종 음식과 과일, 채소, 술, 의약품이 중국과 같다"고 기록했다. 의료제도가 있었으며, 약부(藥部), 의박사(醫博士), 채약사(採藥師)라는 기록이 있어 의(醫), 약(藥) 업무를 분업화했음을 알 수 있다.

백제에서 의박사의 지위는 높았다. 백제가 일본에 파견한 의박사의 관위는 나솔로서 16관품 중에서 6품 관위에 해당한다. 중국의 위나라 때 태의박사는 종 7품이어서 백제의 의박사가 중국 위나라의 의박사보다 비교적 높은 지위였다. 일본은 역병에 시달리던 553년 백제에 도움을 청했다. 백제가 패망하자 일본으로 건너간 의약자(醫藥者)들은 일본 관직을 받았다.

일본에서 가장 오래된 의서인 의심방(醫心方)에는 백제의서(百濟醫書)인 백제신집방(百濟新集方)이 있었다고 기록되어 있다. 의심방(982)에는 치과 질환의 원인 및 치료법 등이 기록되어 있어, 백제도 구강병에 대해 처방을 했으리라 추측한다.

백제 공주 무령왕릉(재위 501~523)에서는 한 개의 치아가 발견되었고, 익산 쌍릉 유적에서는 무왕(재위 600~641)의 왕비의 것으로 추정되는 치아가 발견되었다. 나주 영동리에서 출토된 두개골에서는 양성종양을 볼 수 있다.

Episode 흑치상지와 채색문화

치아에 색을 입히는 문화는 세계 곳곳에서 발견할 수 있다. 고대 멕시코의 아즈텍 지역에서는 기원전 200년 전부터 주로 미용이나 문화적인 관습에서 치아를 진한 자주색이나 붉은색으로 염색했다. 잉카 문명 시기의 인디언들도 우식 예방을 위해 채색을 했다.

고대 팔레스타인 지역에서는 예비 신부를 치장하기 위해 '금으로 만든 치아'를 썼다는 기록도 있다. 치아를 검게 하는 채색의 흔적은 중국과 일본에서도 발견된다.

백제 부흥에 힘썼던 흑치상지(黑齒常之, 630?~689) 장수의 경우 '흑치(黑齒)'라는 성이 뜻하는 바에 대해 여러 가지 해석이 있다. 치아를 검은색으로 착색시키는 동남아시아산 과일을 씹는 습관을 지닌 남방계 종족이 백제로 유입되었다는 설도 있고, 백제의 우물물에 포함된 과량의 불소로 인해 치아가 검은 반상치로 변했다는 견해도 있다. 또는 충청남도 예산군 덕산면의 백제 때 지명이 금물현(今勿懸), 우리말 '검은 내'였는데, 이를 이두식 훈자와 음차로 변형하여 '黑齒'가 된 것이라고도 전해진다.

신라의 치의학

삼국통일 이전의 신라(기원전 57~676)는 지정학적인 위치로 인해 외래문화와 접촉이 늦어졌다. 신라2대 왕 남해차차웅에서 차차웅(次次雄)이 무당을 의미하는 것처럼, 왕은 여러 신을 물리치는 주술 능력과 박, 석, 김씨 부족을 통솔할 힘을 지녀야 했다. 이들은 연맹장의 성격을 지니는 이사금을 선출하게 되는데, 한반도에서 치아에 관한 최초의 기록은 『삼국사기』1, 신라 유리이사금(儒理尼師今, 재위 24~57) 본기에 있다.

남해차차웅이 돌아가시자 태자 유리가 마땅히 즉위하여야 할 것인데, 태보 탈해가 평소에 덕망이 있음으로써 유리는 임금 자리를 그에게 밀어주려고 사양하니, 탈해는 말하기를 신기대보는 용렬한 사람이 감당할 바가 아닙니다. '듣건대 성스럽고 지혜로운 사람은 이(齒)가 많다고 하오니 시험합시다'하고 떡을 물어 이를 시험한 즉, 유리의 잇금이 많은지라 군신들은 유리를 받들어 임금으로 모시고 이사금이라 하였다.

유리이사금에서 이사금(尼師今)은 잇금의 이두문자이다. 신라 초기의 토속문화에서 치아는 나라를 다스릴 힘과 지혜의 상징이었음을 알 수

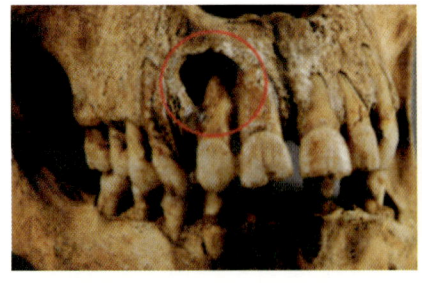
그림 8 예안리 고분 15호 여성, 측절치 치근단 부위 동공, 삼국시대, 20~30대 여성(부산대학교 박물관)

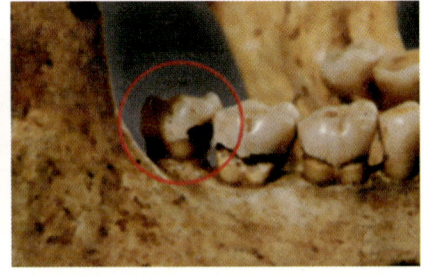
그림 9 초기 철기 사랑니 치아우식증 (부산대학교 박물관)

있다. 유리이사금의 잇금에 대한 기록은 삼국유사와 동서강목에도 있다.

이사금이라는 왕의 호칭은 연맹조직을 확대하면서 마립간으로 바꿨다. 경주 황남대총 고분에서는 이 시기의 인골 20개와 치아 28개가 발굴되었다. 치아의 마모상태를 살펴보아 12개는 60세 전후의 남성의 것으로, 나머지 16개는 순장되었으리라 여겨지는 15세 전후의 여성의 것으로 밝혀졌다. 황남대총 고분에서는 토기로 된 뚜껑의 무거운 쇠가마솥이 출토되어, 신라인들이 밥을 지었다는 증거가 되고 있다. 502년 지증왕은 순장을 금지하였고, 503년 왕호도 마립간에서 왕으로 바꾸어 중앙집중을 강

Episode 이사금과 히포크라테스의 지치

───

『삼국사기』와 『삼국유사』에 나오는 '유리이사금(尼師今)이 치아의 잇금이 많아 임금이 되었다는 이야기'를 통해 고대 한국인들이 치아를 지혜와 덕성, 건강의 상징으로 귀하게 여겼음을 알 수 있다.

고대 의학의 아버지라 불리는 히포크라테스(Hippocrates, 기원전 460~361)도 제3대구치인 사랑니를 '지혜를 주는 치아(odóntes sophronistéres)'라 불렀다. 현재 사랑니를 '지치(智齒)'라고 부르는 것은 여기에서 유래한 것이다. 오늘날 치아의 수가 많을수록 뇌의 혈액순환이 활발해져 인지력이 향상된다는 것이 많은 연구에서 밝혀지고 있다.

히포크라테스는 그리스 의학을 마술이나 종교의 영역에서 분리하여 합리적인 경험 의학으로 발전시켰다. 『히포크라테스 전집』에는 구강병과 치과 치료에 관해서도 언급하였다. 상악 송곳니는 '눈 치아(eye teeth)'라 호명했는데, 송곳니 뿌리가 곪으면 눈병이 생길 수 있기 때문이었다. 제 1소구치에 농양이 발생하면 상악동염이 잘 생긴다고 하였다. 그 외 치아와 위아래 턱신경 구조뿐 아니라 유치의 맹출과 턱관절 탈구, 치통으로 인한 뿌리 끝 점액으로 인한 통증과 악골 농양에 대해서도 언급하고 있다. 발치는 이가 흔들릴 때만 납으로 만든 '오돈토그라(odontogra)'라고 불리는 치아집게와 '리자그라(rizagra)'라고 불리는 치근집게를 사용해 뺐다.

화하였다.

예안리 고분 15호에서 발견된 신라 20~30대 여성의 측절치(두번째 앞니) 뿌리 끝 염증에 의해 생긴 동공은 당시 충치가 심했으며, 당시 한의학에 의한 침구요법이나 약물요법, 주술 등은 근본적인 치료법이 되지 못했음을 보여준다.

법흥왕이 527년 불교를 공인한 이후 토속적인 민간 의료에 승의(僧醫)의 치료가 더해졌다. 신라 의서로는 『신라법사방(新羅法師方)』, 『신라법사류관비밀요술방(新羅法師流觀秘密要術方)』, 『신라법사비밀방(新羅法師秘密方)』 등이 있었으나 책 이름만 전할 뿐이다.

Episode 고대 치아만 전문적으로 치료하는 사람들의 호칭

고대에도 치아만 전문적으로 치료하는 사람이 있었다. 고대 그리스의 역사가인 헤로도투스(Herodotos)는 "의사는 많으나, 제각기 전문 영역이 있다. 눈을 전문적으로 보는 자도 있고, 머리, 치아, 배(복부) 및 배의 일부분, 즉 내과질환을 다루는 의사가 따로 있다."라고 기술하였다.

고대 이집트의 경우 도저왕(기원전 2,600)의 계단식 피라미드 고분에는 '치아를 취급하는 자(tooth dealer)'에 관한 기록이 있다. 의사들의 고분인 마스터바(mastaba)에서 최초의 치과의사라 여겨지는 헤지-레(Hesi-Re)의 초상화와 'Toother'라는 직함이 수록된 5개의 나무판이 발견되었는데 이에 관한 해석은 분분하다. 이집트인들은 아침에 치아를 닦았고, 상류층은 머리털과 치아를 돌보는 전문 하인을 두었다. 고분 벽면에 'Nfr-irjts'라는 이름의 하인이 '치아를 다루는 사람'으로 표현되어 있다.

로마의 갈레노스(Galenos, 130~201)는 『De partibus artis medicativae』이라는 책에서 "치과의사(dentalis medicus)"라는 용어를 사용하고 있다.

동양권, 특히 한자문화권에서는 치아만 전문적으로 치료했던 사람과 명칭에 대한 기록은 없으며 일반 의료인이 치아도 치료했을 것으로 생각된다.

요약

70만 년 전 한반도에 고인류가 정착한 이후 발굴된 유적, 유물, 화석을 통해 선사와 역사시대의 구강병과 관련된 생활상과 치의학에 대해 알아볼 수 있다. 고조선시대는 정령병인설(精靈病因說)에 의해 무술적 방법을 취했다. 청동기에 이어 철기시대에 발굴된 사람 뼈와 치아에서 식생활과 구강병과 풍습의 변화를 살폈다. 구석기부터 불을 지폈으며, 삼국시대에는 고조선보다 많은 맷돌과 시루가 출토되어 곡식을 조리했음을 알 수 있다. 삼국시대에는 치아를 숭상하는 토착 문화에 왕권 강화의 일환으로 대륙의 문물을 받아들였다. 황제내경과 도교의 음양오행설을 기반으로 하는 중국의 치의학과 외과와 구강위생이 발달한 인도 치의학이 불교를 통해 들어와 승의(僧醫)가 출현하였다. 일본과 중국의 의서들을 통해 삼국시대의 의료인과 의서(醫書), 『삼국사기』를 통해 이사금의 어원을 알아보았다.

쟁점과 토론

고대 문명과 지역별 의료인들의 지위는 어떠했을까?

고대 이집트는 신정정치를 했기 때문에 의료인의 지위는 사제보다 낮았다. 궁정 의사의 서열이 주치의, 궁정의, 최고의로 구분되어, 직함을 상형문자로 표현하고 전문화했다.

고대 메소포타미아에서 의료시술자는 마술사와 시술치료사로 나뉘었고, 상류계급 출신인 궁중마술사(asipu)의 지위는 사제와 의사의 중간 정도였다.

로마의 경우, 코린트를 점령(기원전 146)하여 차지한 노예를 통해 그리스 의학을 접했다. 노예 의사(servi medici)는 점차 자유인인 의사(doctor)의 지위를 확보하고자 했으나, 사회가 받아들이지 않았다.

인도의 브라만 제도에 의사 계급이 형성된 것은 1~6세기였다. 좋은 출신 배경과 체계적인 교육과정을 통해 높은 사회적 지위를 누렸다. 잉카 문명에서는 교육받은 의사가 존재하였으나, 사회적으로 하층이었다. 그에 비해 한반도는 단군조선에서 고대 삼국까지, 의료인은 기록상 국가 관리였다. 고구려는 인도와 중국으로부터 선진 의술을 빨리 습득할 수 있었다. 백제와 신라의 의학박사는 중국 의학서를 읽을 수 있고 치료와 의학교육까지 전담하여 중국의 박사보다 지위가 더 높았다. 신라 진흥왕(540~576)시대 약사의 지위는 점을 치는 점인이나 왕의 수레를 몰던 말몰이꾼보다도 낮았다.

세계치의학사

전근대 – 주술의 시대에서
경험과 법·윤리로

함무라비 법전

의료윤리에 관한 가장 오래되고 유명한 기록은 기원전 18세기 고대 바빌론의 함무라비 법전이다. '눈에는 눈, 이에는 이'로 알려진 인과응보의 원칙을 성문화한 법인데, 의료윤리와 관련된 규정에는 다음과 같은 것이 있다.

어떤 사람이 다른 사람의 눈을 멀게 했다면 그 자신의 눈알을 뺄 것이다. 그가 다른 사람의 이빨을 부러뜨렸다면 그의 이도 부러뜨릴 것이다. 그가 다른 사람의 뼈를 부러뜨렸다면 그의 뼈도 부러뜨릴 것이다. 의사가 환자를 수술하다가 환자가 죽게 되었다면 의사의 손은 잘릴 것이다.

가해자는 상대방에게 가한 피해와 동등한 양의 처벌을 받아야 한다는 원칙인데, 그 피해의 양이 대상자의 신분에 따라 다르다는 함정이 있다. 눈, 이, 뼈에 가해진 피해는 동등하게 처벌되지만, 환자의 목숨은 의사의 목숨이 아닌 손으로 처벌된다. 이 밖에도 노예, 아내, 아들과 관련된 조항도 여럿 있는데, 신분에 따라 그 몸과 목숨에 매겨지는 값이 다르다.

또 하나의 특징은 피해와 처벌의 내용이 매우 구체적으로 명시되어 있어 달리 해석될 여지를 줄였다는 것이다. 법과 윤리는 추상적 목표에 이르기 위한 가치라기보다는 구체적 현실 속에서 질서를 유지하기 위한 규범이었다.

히포크라테스 선서

히포크라테스 선서는 함무라비 법전이 나온 지 1천 년 이상 지난 뒤 그리스의 도시국가에서 나온 것인데, 지금 우리가 알고 있는 것과는 큰 차이가 있다.

첫째, 여러 치유의 신들을 선서의 증인으로 삼고 있으며, 선서의 준수와 위반의 대가로 보상과 처벌을 약속하고 있다는 점이다. 신의 권위에 의탁해 선서의 준수를 다짐하는 것이다.

둘째, 함무라비 법전만큼은 아니지만, 구체적 상황들을 염두에 두고 있다는 점이다. 결석 수술, 낙태, 성적 접촉 등을 명시적으로 금지하고 있으며, 의학교육에 대한 보수에 대해서도 숨기지 않는다(스승의 아들에게는 수업료를 받지 않겠다).

셋째, 의술의 독점적 성격을 드러내고 있다. 의학의 법에 따라 규약과 맹세로 맺어진 제자 말고는 누구에게도 이 지식을 전하지 않겠다고 선언한다. 의학은 추상적이고 보편적인 지식체계가 아니라 직접 대면을 통해 전달되는 경험과 실천의 체계였다는 말이다.

넷째, 이 문서 전체가 의술을 가르치는 스승과 배우는 제자 사이의 도덕적이고 동시에 상업적인 계약이라는 점이다. 규약과 맹세를 통해 의사라는 직업의 신성함을 지키고, 스승과 제자, 부모와 자식 사이에서만 지식과 기술을 전수하여 직업적 독점을 유지하려고 했던 것 같다.

다섯째, 당시의 의술은 침습적 개입이 아니라 자연의 법칙에 따라 환경과 어울리는 섭생(攝生)을 강조했다는 점이다. 몸에 칼을 대는 시술이 필요할 경우 그것을 전문으로 하는 사람에게 보내겠다고 선언한다. 당시에 이미 내과와 외과가 구분되어 있었음을 알게 해 주는 대목이다.

물론, 환자의 이익을 우선으로 하고 해를 끼치지 않으며 비밀을 준수한다는 등의 조항은 오늘날의 그것과 같다. 하지만 이 문서가 나오게 된 사회문화적 배경은 오늘과 전혀 다르다는 점을 간과해서는 안 된다. 그런 배경과 맥락에 대한 이해 없이 2천 년 이상의 세월을 무시하고 문자 그대로의 행위 규범으로 삼거나 단순한 도덕적 방패로 여겨서는 어떤 실효적 실천도 담보하지 못할 것이다.

    이 선서는 1948년 제네바 선언으로 재탄생하면서 시대적 맥락이 반영되었지만, 여전히 역사와 문화를 초월하는 보편적 의료윤리 선언으로 여겨진다. 하지만 현실적 맥락에서 깊이 연구하고 비판하여 지금 여기에서의 의미를 재발견해야만 하는 역동적으로 살아 움직이는 규범이어야 할 것이다.

2
통일신라, 고려, 조선시대의 치의학

남북국시대 통일신라(676~935)는 백성을 보호하고 통치하기 위해 수·당의 의학 지식과 교육, 제도를 도입하여 의료인력을 확충하고 의서를 편찬하였다. 한반도 북부와 만주, 연해주에는 고구려를 계승한 발해(698~926)가 세워졌다. 9세기 초반까지 융성하여, 해동성국이라 불렸다. 이에 따라 한반도에는 발해, 통일신라, 수·당나라 의학이 종합·발전하였다.

통일신라와 고려에는 실크로드를 통해 아랍의 약제들과 중국의 본초서가 전해졌다. 고려는 의학교육과 의과과거제도(958)를 정비하였는데 문종(1049) 때는 서민도 시험에 응시할 수 있었다. 몽고 전쟁(1231~1259)후 서민을 위한 혜민국 등이 부활하였다. 이는 십자군 전쟁 후 의과대학과 의사법(1140)이 제정되면서, 유럽의 떠돌이 치과시술자들은 시험을 거쳐 의학 중 외과 영역에 속하게 되고, 구빈 병원이 생긴 것과 비슷한 맥락이다.

고려말 완성한 향약구급방에 의하면 고려인들은 치통 치료에 중국과 아랍의 처방뿐 아니라 향약을 썼다. 치과 관련 불교문화유적으로 불설주치경, 불아, 악착보살이 있으며, 주술적인 문화유적으로 귀면와와 처용가, 처용탈이 남아있다.

조선시대는 왕명에 의한 세계적인 의서편찬을 통해 한의학과 향약 처방이 집대성되고, 실학자에 의해 종두법도 도입되었다. 그러나, 조선말까지 민간에서는 치과부적과 민간요법을 사용하였다. 성리학과 도교의 영향 속에서 조선 왕실과 선비, 유의와 의녀, 민중들이 구강병과 치아에 대해 어떻게 인식하고 대처했는지를 역사적인 기록과 문화유산을 통해 살펴보자.

통일신라 치의학

『삼국유사』 5권에는 혜송(惠誦)이 681년 신문왕의 병을 주문만으로 완치시켰다는 기록이 있다. 주술은 주로 백성을 심리적으로 안정시키기 위한 방법이었다. 이후 통일신라는 중국 수(隨)와 당(唐)나라로부터 의학교육과 의사제도를 수입하여, 의료인력을 확충하고 의서를 편찬하였다. 효성왕 원년(692) 교육 기관인 의학(醫學)을 설립하였다. 이후 의박사(醫博士)는 5두품의 대나마였다. 대나마는 9품제 관제에서 6품에 해당하므로 진흥왕 때보다 의료직의 지위가 높아졌음을 알 수 있다. 경덕왕 17년(758)에는 전의(典醫)인 공봉의사(供奉醫師)가 존재했다는 기록이 있다. 음양오행설에 입각하여 치아는 신(腎), 구강은 소화기관의 일부로 인식하였다. 치과질환을 아치병(牙齒病)과 순구병(脣口病), 구금(口噤, 아관긴급이나 저작근 경련)으로 구분하고 치료는 주술과 약물, 침구요법을 사용하였다.

수서(隋書) 진납전(眞臘傳)에 "매일 아침 세안을 한 후, 양지(楊枝)로 치아를 닦고 불경을 읽고, 또 식후에는 다시 양지를 사용해서 개치(揩齒, 치아청소)한다."는 구강위생에 관한 문구가 보인다. 통일신라 문화는 금욕적인 깨달음을 실천하는 불교가 주류여서 구강위생과 주술적인 치의학이 발달했을 것으로 추측한다.

불설주치경

통일신라의 승려들은 불교 포교사업의 일환으로 치의학을 연구하여,

그 내용을 불교 경전에 수록하였다. 승려들은 치통이 발생했을 때 암송하면 좋은 주문인 불설주치경(佛說呪齒經) 기록을 남겼다. 이는 우치경 또는 주치통경이라고도 하는데, 동진시대에 축담무란(竺曇無蘭)이 381년에서 395년 사이에 번역한 것이다. 치통의 원인이 벌레로 화한 악령 때문이며, 이 벌레는 불의 힘을 빌려 치료할 수 있다고 믿었다. 불설주치경은 관례일 뿐 별다른 뜻은 없다는 것이 정설이다. 주문을 해석하면 다음과 같다.

들자 하니 북방 끝에는 건타마가연 산이 있고, 그 산에는 벌레가 사는데 이름이 치후무다. 그 벌레가 지금 환자인 누구(환자의 이름)의 치아에 와 있다. 그래서 지금 곧 사자(使者)를 보내 감히 그 놈이 치아와 치아 속, 치근 속을 파먹지 못하게 한다. 벌레는 숨지 말고 머리가 깨져 칠푼(七分)쯤 되기를, 마치 구라근이라는 개미와 같이 되어라. 범천이 내게 이 주문을 외우도록 권한다. 나무불 나로 하여금 주하는 바와 같이 모든 것이 원대로 되게 하소서.

불아

부처님의 사리(舍利)를 진신사리(眞身舍利)라고 하며, 진신사리는 불지(佛指)사리, 정골(頂骨)사리, 불아(佛牙)사리 등으로 분류된다. 불가에서는 불사리(佛舍利)를 숭배하며 불아사리는 따로 보관해 오고 있다. 불아사리는 화장 후에도 원형을 그대로 유지하여 부처님의 상징으로 숭배할 수 있기 때문이다. 부처님의 불아는 40개였다고 전해져 내려오고 있는데 치의학적 지식과는 다른 이야기다.

문헌에 의하면 신라의 여러 사찰에도 석가모니의 불아사리가 있었다고 한다. 삼국유사에는 자장(慈藏)율사가 7일 기도 끝에 당나라 문수보살(文殊菩薩)의 사리를 가지고 왔다는 기록이 있다. 자장율사는 불아사리를 양

그림 1 건봉사에 봉안된 부처님 치아진신사리
(https://www.geonbongsa.org/5)

산 통도사의 계단, 황룡사 탑, 태화사 탑에 나누어 두었는데, 임진왜란 때 왜군이 통도사의 불사리를 약탈해 갔다. 강원도 고성 건봉사에서 승병장으로 출사한 사명대사가 일본에서 부처님 치아사리 12과를 되찾아와 건봉사에 두었다. 불행히도 4과는 도난 당했고, 1996년 3과는 사리탑에 봉안했고, 나머지 5과는 건봉사 염불당 내 금제 사리함에 보관해 일반인들도 친견할 수 있다.

대구의 팔공산 동화사(桐華寺)에도 불아 이야기가 전해져 내려오고 있다. 통일신라 흥덕왕 시절(833년) 건립된 동화사에 길이가 4.3cm, 직경이 1.8cm인 불아가 순은재함 안쪽 자개상자에 보관되어 있었다. 그러나 안타깝게도 1973년 9월에 도난되어 현재까지 불아를 찾지 못했다.

악착보살

치(齒)자를 부수로 가진 한자는 중국 한자 사전에 무려 282자나 된다. 그중에서 악착할 악(齷)과 악착할 착(齪)이 만나면 악착(齷齪)이라는 단어가 된다. 악착은 윗니와 아랫니를 꽉 맞물린 상태를 말하며 일을 해 나가는 태도가 매우 모질고 끈덕진 사람에게 악착같다고 한다. 불교의 수많은 보살 중 '악착보살(齷齪菩薩)'이라는 다소 낯설은 이름의 보살이 있는데, 그에 관한 재미있는 이야기가 전해 내려오고 있다.

극락정토로 향하는 반야용선(般若龍船)을 타지 못한 어느 여인이 있었다. 다행히도 자비로운 뱃사공이 던져 준 밧줄을 잡고 악착스럽게 매달린 채로 정토에 닿았다고 한다. 이 이야기는 악착같은 수행을 통해서 부처님에게 다가가는 지극한 수행의 마음가짐을 일깨우는 의미가 담겨있다. 우리나라에 악착보살이 있는 사찰은 경상북도 청도 운문사, 영천 영지사, 서울 봉천동 길상사이다.

귀면와

통일신라시대에 제작된 녹유귀면와는 대표적인 민간신앙의 산물이다. 귀면와(鬼面瓦, 도깨비 기와)란 질병과 재앙이 귀신의 탓이라 믿고 귀신을 쫓기 위해, 더 강하고 사나운 모습의 도깨비 얼굴을 기와에 장식하여 지붕의 사래(蛇羅) 끝에 붙였던 것이다. 통일신라시대는 기와에 도깨비가 새겨진 귀면와당(鬼面瓦當)의 전성시대였다. 녹유(綠釉)를 입혀 구워서 녹유귀면와라고 하였고 흔히 도깨비 기와라고 한다.

귀면화에서 도깨비 얼굴을 살펴보면 이마에는 굽은 뿔이 돋아있고, 부릅뜬 눈과 들창코 아래 입술이 찢어질 듯 크게 벌어져 있다. 도깨비의 구강을 살펴보면, 상하좌우로 날카롭게 긴 송곳니와 앞니들이 공격성을 드러내며, 그 사이 혀가 바닥을 보이며 날름거린다. 삼국시대의 유물인 도깨비 얼굴에서도 날카로운 이빨이 그려져 있는데, 악귀에게 겁을 주기 위한 것으로 본다.

처용

처용(處容) 설화는 통일신라 헌강왕(재위 875~886) 대를 배경으로 한다. 『삼국사기』에는 처용을 문신(門神)으로 신격화하면서, 역귀를 퇴치할 주술력을 갖는 과정을 설명하고 있다. 『삼국유사』에 의하면 처용이 자신의 집에서 아내를 차지하고 있는 역신(疫神)을 향해 '처용가'를 지어 불렀더니, 역신이 용서를 빌면서 물러갔다고 한다. 처용무는 처용탈을 착용하고 역귀를 쫓아내는 춤이고, 처용탈의 머리에 꽂은 복숭아나무 가지가 귀신을 쫓고 모란은 부귀를 상징한다. 처용의 얼굴이 그려진 부적 또는 가면은 오랫동안 벽사진경(辟邪進慶)의 상징으로 사귀(邪鬼)의 재앙을 물리치고 경사를 맞는 표시였다. 통일신라 사람들은 전염병이 돌 때 처용의 얼굴을 그려 문 앞에 붙여 놓으면, 역신이 집에 들어오지 못한다고 믿었다.

처용의 형상은 고려와 조선의 시와 가사, 악학궤범에도 기술되어 있다. 웃는 입 사이로 드러난 치열이 고르며 백옥같이 희다. 위턱이 양쪽으로 넓적하고 통통하며, 아래턱은 길고 두툼하게 튀어나온 주걱턱을 가진 모습이다.

고려시대 치의학

고려시대(918~1392) 치의학은 불교적 색채의 주술적 성격을 지녔다. 팔만대장경의 주치경(呪齒經)에서 볼 수 있듯이, 치통이 있을 때 부처님께 빌어 치통을 멎게 해달라는 주문을 외우는 방식이다.

고려시대에는 인도, 중국 아라비아 상인들과 무역을 통해서 서역 및 남방의 의약품을 수입하고 새로운 지식을 얻게 되어, 치의학 분야도 독자적인 발달의 기반을 마련하였다. 13세기 중반 송나라 때 발간된 불교 서적 정법안장(正法眼藏)에는 칫솔에 관한 기록이 있고. 당시 상류층은 치목(齒木)을 사용하였다. 송나라의 모든 물건이 고려에 수입되었던 것으로 보아 고려인도 칫솔과 치목을 사용했을 것으로 추정한다.

치아상해보상

『고려사(高麗史)』제 84형법지에 우리나라 최초의 치아상해보상(齒牙傷害補償)에 관한 기록이 있다. 치아와 관련된 형벌은 도형(徒刑)과 장(杖)으로 다스렸다. "집안 형제간에 이를 부러뜨리면 3년 형, 시집 형제간에는 치아 한 개 파절이면 1년 6개월 형, 두 개 이상이면 2년 6개월 형이다. 남편이 아내를 때려서 치아 한 개가 파절이면 곤장 90대이다." 치아를 상해한 죄에 대한 형벌을 통해 고려인들이 치아를 매우 중요하게 인식하고 있었음을 알 수 있다.

고려 인종 12년(1134) 판결문에는 "사람을 때려 이를 부러뜨린 사람은 동(銅)을 징수하여 피해받아 상한 자에게 주어라"라는 기록이 있다. 고려시대에는 동이 화폐의 역할을 했음을 짐작할 수 있다.

치취당인, 고려의 치아기술자

고려 충렬왕 5년(1279) 일본 가마쿠라시대의 승려 무주가 쓴 불교 설화 사석집(沙石集)에는 치취당인(齒取唐人)이 있었다는 기록이 있다. 치취당인에서 당인(唐人)은 중국의 당나라 사람이 아니고 고려인을 가리킨다. 당시 일본에서는 고려와 중국을 명확히 구별치 못하면서 외국인을 모두 가라우도, 즉 당인이라고 불렀다. 치취당인이 나오는 설화집 원문을 번역하면 다음과 같다.

남도(나라)에는 고려인 치과기술자가 있었다. 어느 구두쇠가 우식이 있는 치아를 빼러 갔다. 이를 하나 뽑는데 2문으로 하기로 약속을 한 후, 돈이 아까워 다시 1문으로 하자고 했다. 치과기술자는 간단한 일이라 무료로 해줄 수도 있으나, 구두쇠의 마음이 괘씸하여 1문으로는 발치를 못하겠다고 했다. 그러자 구두쇠는 3문으로 치아 2개를 뽑아달라고 했고, 결국 구두쇠는 멀쩡한 치아까지 뽑게 하였다. 구두쇠는 속으로 이득을 봤다고 생각하겠지만 매우 어리석은 일이다.

비록 설화집에 나온 이야기지만 당시 일본 평민들의 치과에 대한 인식 정도를 알 수 있다. 또한, 13세기에 고려인 치과기술자가 일본에 체류하고 있었으며, 기록으로 확인할 수는 없지만 고려에도 구강병을 치료하는 기술을 가진 사람이 있었음을 짐작할 수 있다.

향약구급방의 치의학적 고찰

1236년 간행된『향약구급방(鄕藥救急方)』은 현존하는 대한민국에서 가장 오래된 의학서적이다. 일본 궁내청 서릉부에 비장되어 있는 1417년 간본을 의사학자 김두종 교수가 마이크로필름으로 구해와서 한국에 소개되었다. 3권 1책으로 구성된 향약구급방의 상권에는 혀와 치아 경조직 질환이 언급되고 하권에서는 구순병이 다루어진다. 치아 질환으로는 치통, 충치, 우치(齲齒, 충치로 인해 치아에 구멍이 난 것) 등이 있다. 치료 방법으로는 치아를 찜질하거나[熨] 약재를 머금거나[含, 咬] 바르거나[塗] 붙이는[貼] 등의 다양한 방법이 동원되었다.

향약구급방에서 치과 약 처방은 병증에 따라 30여 가지로 분류했다. 치식감(齒蝕疳, 잇몸이 곪는 병)에는 흡협(皁莢)잉어 쓸개를 솜에 싸서 치근에 부착했다. 아치통(牙齒痛, 이가 쑤시는 통증)은 버드나무 가지를 잘게 썬 것을 소금물에 달여서 양치하라고 소개하고 있다. 치감(齒疳, 충치)의 충전법이 우리나라 문헌상 최초로 언급되고 있는데, 충치로 인한 와동에 송지(松脂)를 사용하였다. 송지는 소나무에서 채취한 수지로 경도가 높아 실용적인 재료였다. 이러한 치과 처방의 출전은 송나라 의서인 성혜방, 증류본초 등에 기반을 두고 있다. 하지만, 향약의 개발을 통해 민간이 치료 약제를 쉽게 구해 사용하도록 용량과 처방을 조절하였다.

향약구급방의 약방에는 치충(齒蟲)을 제거하는 방법이 나온다. 작맥(雀麥, 귀리)을 씀바귀 잎으로 싸서 3년 묵은 식초에 담가두었다가 꺼내서 불에 뜨겁게 구운 후 아픈 치아 양쪽에 대고 찜질한다. 식으면 꺼내 물이 담긴 그릇에 넣고 씀바귀 잎을 펼쳐보면 하얗고 누런 벌레가 20~30마리 이상 나온다고 소개하고 있다. 치충을 뜨거운 열이나 연기로 구워서 잡는다는 의설은 고대 로마에서도 사용되었다. 훈아법으로 사리풀(henbane) 씨를 태운 연기를 깔때기를 이용하여 입안으로 빨아들인 후 따뜻한 물로 양치하면 치충이 나온다는 것이다. 이러한 훈아법이나 가열법은 중세 유럽에서도 사용되었다. 당나라 의서인 외대비요와 천금방, 일본의 의심방에도 기록되어 있고, 향약구급방에 이어 조선의 『동의보감』으로 전해졌다.

고려시대 학자들이 글로 표현한 치통과 음식

고려의 문신 이규보(1168~1241)는 1241년 시집 『동국이상국집(東國李相國集)』에 우치통(又齒痛)을 통해서 자신이 경험한 치통 증상을 다음과 같이 묘사하였다.

사람은 먹어야 살 수 있으며. 먹을 때에는 반드시 이로 씹는데. 이가 몹시 아파 먹지를 못하니, 하늘이 나를 죽이려는가 보네(이하 생략)

고려시대 치통에 대한 특별한 대책이 없음을 알 수 있다. 고려 말기 문인 안축(1282~1348)은 문집 『근재집(謹齋集)』에서 '이앓이'라는 제목의 시를 남겼다. 고려시대에 치통 완화를 위해 약초에 의존하였음을 알 수 있는 대목이 있다.

(생략) 온 이가 들떠 흔들리면서 못 참게 시린 것이 칼로 끊어내는 듯. 밥은 거칠어 미음 죽 마시고 고기도 질겨 생선회만 우물거리네. 갈수록 빠져나가 비어만 가니 입술인들 모다 덮을 수 있나. 약 캐러 간 아이는 빈손으로 돌아오고 홀로 남아 탄식한들 무얼 어찌해. 당부하건대 젊은 그대들이여 조개껍질 묶은 듯 너무 믿지 마시게.

고려의 대학자 이색(1328~1396)은 『목은집(牧隱集)』에서 대사구두부내향(大舍求豆腐來餉, 큰 집에서 두부를 구하여 먹이다)이라는 제목으로 두부 예찬론을 펼쳤다. 이색은 연로하여 치아가 좋지 않았는데, 그는 두부가 비계 같이 기름지고 맛있을 뿐 아니라 양생에 더없이 좋다고 하였다.

나물국 오랫동안 먹어 맛을 못 느껴 기름진 비계 같은 두부가 새로운 맛을 돋우어 주네. 치아 없는 사람은 먹기 좋고 늙은 몸을 양생에 더없이 알맞다.

고려인의 식생활은 계층별 차이는 있더라도, 곡물과 채소, 고기와 생선, 숭늉과 차, 간장과 된장, 술 등의 종류와 조리 및 섭취방식이 현재 한국인이 즐기는 한식과 큰 차이가 없다.

조선시대 치의학

조선시대 치의학문과 치과의료문화의 흐름

조선(1392~1897)의 건국 초기에는 고려의 의료제도를 많이 답습하였다. 의료기구로 의학 행정과 의원 교육을 담당하는 전의감(典醫監)을 만들었다. 국정이 점차 안정됨에 따라 왕과 왕실의 건강을 위한 내의원(內醫院), 백성을 치료하고 의약을 관리하는 혜민서(惠民署), 역병과 병자를 책임지는 활인서(活人署) 등 새로운 의료제도와 의약 진흥 방안을 마련하였다.

조선전기 치의학은 세종을 비롯하여 선조와 광해군에 이르기까지 향약과 중국의학을 정리한 의서『향약집성방』,『의방유취』와『동의보감』으로 대표된다.『의방유취』에는 '대의정성'이라는 동양의 의료규범이 언급되어 있다. 세조는 성리학보다 의학과 같은 잡학을 천시하는 풍토를 개선하려 친히 의약론을 썼다. 의사의 자질이나 역량을 8가지의 종류의 의사로 나누어 설명한다. 의료시술자의 사람됨을 중요하게 생각한 것이다.

한편 세종과 영조 시기에 편찬된 법의학서인『신주무원록』과『증수무원록』은 중앙과 지방에 있던 의원, 의생, 관리의 검시와 재판 지침서였다. 이러한 책자들과 함께 조선에만 있던 의녀제도와 조선왕조실록이나 문집, 민속문화유적의 흐름을 살펴보도록 하자.

향약집성방

『향약집성방(鄕藥集成方)』은 세종 15년인 1433년 6월에 완성된 85권의 의서이다. 이 책은 조선 땅에서 생산되는 향약을 구하여 백성들의 질병을 치료하고자 하는 세종의 의지가 담겨있다. 이 의서는 85권 30책 활자본으로 구성되어 있는데, 치의학 관련 자료는 제34, 35권에 구설문(口舌門)과 치아문(齒牙門)이 언급되어 있다.

이 책에서는 구강과 혀, 입술의 병증과 치료법을 음양오행설을 근거로 하여 열거하고 있다. 치통을 일으키는 병증을 풍(風), 열(熱), 냉(冷)과 치충(齒蟲) 네 가지로 분류하고, 이에 대한 치료법을 기술하고 있다. 흥미롭게도 충치의 발생 원인은 3가지(단 음식, 내장이 약해서, 벌레가 치아 속에 있어서)를 지적하였다. 치주질환의 원인은 4가지로 분류했고, 그 원인과 증상에 따라 외과적인 치료법과 사용된 기구가 기록되어 있다.

치통의 치료법은 크게 네 가지가 기록되어 있다.

첫째, 충치 부위에 황랍(Beewax)과 송지(松脂), 사향(麝香) 등을 이용해 치아를 충전하는 방법이다.

둘째, 침구법이 기재되어 있다. 치통에는 수삼리(手三里), 윗턱 어금니 통증은 정영(正營), 아래턱 어금니 통증은 이간(二間)과 사독(四瀆)에 침을 놓았다.

셋째, 후입제(嗅入劑)를 처방하여 어떤 약제를 끓여 나오는 냄새를 맡게 함으로써 치료하는 것이다.

넷째, 고치법(叩齒法)으로 윗니와 아랫니를 마주쳐 소리가 나게 하는 것이다.

전신건강도 중요하게 생각하여 건강한 사람의 치아가 빠지면 같은 부위에 이가 다시 난다고 믿었다. 구강위생 관리를 위한 조언도 기록되어 있다. 식후에는 진한 차(茶)로 입을 헹구면 치아에 묻은 때가 벗겨지고 치아가 튼튼해진다는 것과 아침에 따뜻한 소금물로 양치를 하면 풍치로 인하여 흔들리는 치아가 단단해진다고 했다.

의방유취

세종의 왕명에 의해 편찬된 『의방유취(醫方類聚)』는 동양 최대의 의학 백과사전으로, 163종의 중국 의서를 분류·정리하여 당시의 한의학적인 모든 지식을 집대성했다. 향약집성방과 동의보감과 함께 조선시대 3대 의서로 손꼽힌다. 세종 27년(1445년)에 편집이 완성되었고, 성종 8년(1477년)에 266권으로 정리하여 30절이 간행되었으나 원본은 모두 잃어버렸다. 그러나 임진왜란 때 일본이 가져간 원본이 1852년에 재간행되어 현재 일본 궁내청 도서관에 소장되어 있다. 국내에는 충북 음성의 한독 박물관에 초판본인 의방유취 1권 만이 보물 1,234호로 지정되어 보관 중이다.

의방유취는 모든 질환을 병증과 신체 부위별로 나누어 91문(門)으로 분류하였다. 치의학을 주제로 다룬 치문은 제71권부터 73권에 걸쳐서 실려 있다. 치의학 관련 기록은 병증별로 분류된 문서 여러 곳에 산재하고 있다. 고려시대 향약구급방에서는 굳으면 단단해지는 황갈색의 송지(松脂)를 이용한 충치 충전법이 언급되었는데, 의방유취에서는 누런빛을 띤 밀랍(蜜蠟, wax)으로 충치 와동을 충전하는 방법이 소개되어있다. 밀랍 역시 상온에서 단단하게 굳는 성질이 있다.

이 의서에서 치통의 치료법은 더욱 흥미롭다. 치통이 있는 경우 포황(蒲黃, 부들꽃가루)과 유향의 분말과 백지(白芷, 향기풀 뿌리)의 분말과 웅황(雄黃)의 분말을 혼합시켜, 좌측의 치통이면 좌측 이공(耳孔)에, 우측일 경우에는 우측 이공에 넣는다는 것이다. 또한, 비공(鼻孔)을 이용하여 치통을 치료하는 방법도 있다. 웅황(雄黃)과 몰약(沒藥, 감람나무)과 유향(乳香)을 분말로 혼합시켜, 좌측의 치통이면 좌측의 코와 귓속에 이것을 넣으며, 또 우측일 경우에는 우측의 비공과 이공에 각각 넣으면 진통 효과가 있다고 기록되어 있다. 치수실활제로 사용되는 비상(砒霜)은 치통과 아치풍감(牙齒風疳)에도 사용한다고 했다.

의방유취에 언급된 '큰 의사의 길', 참되고 성실한 마음

서양의 윤리 규범이 구체적 상황에서의 행위 지침이거나 이해 당사자들끼리 맺는 계약의 성격이 강하다면, 동아시아의 의료윤리는 시술자의 사람됨과 마음의 자세를 강조하는 경향이 있다. 동아시아에 현존하는 가장 오래된 의료윤리 관련 문서는 7세기 당나라의 손사막(孫思邈, 581~682)이 쓴 『천금방(千金方)』에 나오는 「큰 의사의 참되고 성실한 마음(大醫精誠)」이다. 이 문서는 『의방유취(醫方類聚)』에 수록되어 있다.

이 문서는 환자와의 관계보다는 의사의 태도와 자질을 강조한다. 자비(慈悲)와 측은지심(惻隱之心), 그리고 사람들을 고통에서 구하려는 마음가짐을 가져야 하며, 바라거나 구하고자 하는 것이 없어야 한다. 즉 이해관계에 흔들리지 말아야 한다.

히포크라테스 선서에는 없는 사해동포 사상을 담고 있기도 하다. "만약 병이 있어 치료받고자 하는 환자가 있으면, 귀하건 천하건, 가난하건 부유하건, 나이가 많건 적건, 아름답건 추하건, 원한이 있건 친근하건, 동족이건 이민족이건, 지혜가 많건 적건 간에 한마음으로 똑같이 자기의 부모와 형제처럼 생각해야 한다"라고 말한다.

스승과 제자, 의사와 환자 사이의 '관계'에 초점을 맞추는 히포크라테스 선서와 달리 이 문서는 환자와 공감하고 환자를 위해 온갖 어려움을 마다하지 않는 희생적 태도를 강조한다. 그러면서도 명예를 추구하거나 공적을 자랑하는 것까지 금지하는 금욕주의를 추구한다. 대의정성은 한마디로 진정성에 바탕을 둔 금욕주의와 이타주의다.

히포크라테스 선서는 이 모든 규정을 준수하거나 하지 않는 것에 대한 처벌과 보상의 규정으로 맺고 있지만, 대의정성은 단지 큰 도덕과 큰 의사라는 이름을 얻게 됨을 말할 뿐이다. 선서에는 이해당사자의 권리와 의무가 담겨있지만, 대의정성의 보상은 오직 실천의 결과인 명예뿐이다. 선서가 계약론이라면 대의정성은 의무론이다. 선서가 쌍방 관계의 규범이라면 대의정성은 훌륭한 의사가 살아가야 할 삶의 규범(醫道)이다. 대의정성은 의사가 지켜야 할 추상적 가치와 당위를 선언할 뿐 구체적 현실에서 그 것을 실천하기 위해 어떤 덕목과 역량을 가져야 하는지는 말하지 않는다. 대의정성은 의사가 지켜야 할 추상적 가치와 당위를 선언할 뿐 구체적 현실에서 그것을 실천하기 위해 어떤 덕목과 역량을 가져야 하는지는 말하지 않는다.

세조의 의약론

『의방유취』가 나온 지 19년 뒤인 1463년 세조 임금이 지은 『의약론』에 나오는 여덟 종류의 의사는 의료 실천에 필요한 덕목과 역량에 따라 의사의 등급을 나눈 것이다. 이 중 최고의 등급은 마음의 의사(心醫), '사람의 마음을 편하게 하는 의사'다. 세조는 마음이 편안하면 기(氣)가 동하지 않아 병이 생기지 않는다고 했다. 다음은 음식을 잘 먹여 몸을 돌보는 식의(食醫)이고, 약을 써서 병을 돌보는 약의(藥醫)의 순서로 이어진다. 마음(心)과 음식(食)과 약(藥)이 치유의 주요 수단이며 최종적으로 약이 필요할 수는 있지만, 그 전에 음식을 조절하고 마음을 다스려야 한다는 의술의 규범을 제시하고 있다. 다음은 어쩔 줄 몰라 헤매는 의사(昏醫), 함부로 막 치료하는 의사(狂醫), 쓸데없이 참견하는 의사(妄醫), 거짓 의사(詐醫), 능력도 도덕도 없어 사람 잡는 의사(殺醫)로 이어진다.

대의정성이 의사가 거기에 따라 살아야 할 삶의 큰 도리(醫道)를 밝혔다면, 의약론은 의사가 갖추어야 할 지식과 역량과 덕목(醫德)을 밝힌 것이라 할 수 있다. 『의약론』은 여덟 종류의 의사 외에 아무 생각 없는 의사(無心之醫)를 덧붙이는데, 현실에는 존재하지 않지만 가장 높은 경지의 의사를 일컫는 말이다. 스스로 온 자연을 품고 있으므로 어떤 병이든 인위적 노력 없이도 능숙하게 다룰 수 있는 의사다. 도인(道人)의 경지인 셈인데 조선 초기의 작품인 만큼 도가(道家)의 강력한 영향력이 느껴진다.

동의보감

『동의보감(東醫寶鑑)』은 선조 29년(1596년)에 편찬을 시작하였으나 정유의 난이 발생하여 중단되었다. 그 후부터는 허준 혼자서 편저 작업을 진행하여 광해군 2년(1610년)에 완성하였고, 1613년 25권 25책으로 훈련도

Episode 광해군의 치통을 치료하지 못했던 허준

우여곡절 끝에 34세의 다소 늦은 나이에 왕에 등극한 광해군은 첫해(1608년)부터 치통에 발목을 잡혔다. 추위와 접촉하면 치통이 곧장 일어나기 때문에 문밖으로 거동을 못하며 따뜻한 봄을 기다리고 있었다. 그러던 어느 날 어의도 아닌 영의정 이덕형에게 다소 황당한 충고를 들었다.

"삼가 생각건대 여러 부위의 열이 위경(胃經)에 모여 치통(齒痛)이 생겨난 것입니다. 무릇 내경(內經)에서 일어난 병은 침으로 지절(肢節)과 관락(關絡)을 깨뜨린다고 해서 쉽사리 효험을 볼 수 있는 것이 아닙니다. 반드시 마음을 맑게 하고 생각을 줄여서 일을 처리함에 있어 잘 조절하여 정양(靜養)하는 효험을 거둔 뒤에야 상하가 서로 통해 부열(浮熱)이 모두 흩어질 것입니다."

이에 광해군은 답하였다.

"내게 불행히도 병이 있어 추워지기 전에 치료하고자 침을 맞고 있는데, 비록 효험은 없으나 기후는 여전하다. 아뢴 뜻은 마땅히 유념하겠다."

광해군은 허준과 치통 치료를 위해 침을 맞는 것에 대해 의논하면서 다음과 같은 대화를 나눈다.

"오래된 증세에는 한 번의 침으로는 효험을 보지 못합니다. 모레 다시 맞으소서."

"내일 맞는 것이 어떻겠는가?"

"연이어 침을 맞으시는 것은 미안한 일입니다."

이번에는 이항복(李恒福)이 말했다.

"치통 증세는 어떠하십니까?"

"잇몸의 좌우가 모두 부은 기운이 있는데, 왼쪽이 더욱더 심하다. 한 군데만이 아니라 여기저기 곪는 것처럼 아프고 물을 마시면 산초(山椒) 맛이 난다."

Episode   동의보감의 구취와 현대 치의학

동의보감에 기록된 구강병에 관한 부분 중 구취(입냄새)에 관한 내용은 현대 치의학과도 일맥상통하는 부분이 있다. 그중 한 구절로 '구취자 위열야(口臭者 胃熱也)'가 있다. 이는 입 냄새 원인을 위의 열로 본 것이다. 가슴에 누적된 열에 또 열이 쌓이면 위로 치솟아 구취가 난다는 의미다.

그 이유로는 '구취일증(口臭一證) 내열기(乃熱氣) 온적흉격지간(蘊積胸膈之間) 협열이충(挾熱而衝) 발어구야(發於口也)'로 설명했다.

"위장에 열이 발생해 끈적이는 기운이 상부로 올라오면 입으로 배출돼 냄새가 나는 원리다. 위열은 기름진 고기와 음식인 고량진미(膏粱珍味)를 자주 섭취하면 발생할 가능성이 크다고 언급하고 있다. 또 체질적으로 위장이 허약해도 위열이 발생해 입 냄새를 풍기고, 성격이 소심하거나 예민한 경우도 스트레스에 약해 위장기능이 저하될 수 있다."고 해석할 수 있다.

위열은 위허열(胃虛熱)과 위실열(胃實熱)로 구분된다. 위허열은 입마름, 불안, 가슴 답답이나 통증, 허기, 딱딱한 변 가능성이 있다. 위실열은 갈증, 흉통, 구토, 구내염이 발생한다. 즉 소화기능 저하나 스트레스 등으로 위나 장의 기능이 떨어지면 장부에 과부하가 발생한다. 음식물은 위장에 오랜 시간 머물게 되고 노폐물로 인한 열이 쌓인다. 이 열기가 혈액이나 숨길을 타고 입과 코로 배출되는 과정에서 역겨운 냄새가 난다. 위 등 장부의 기능 저하는 타액 분비를 약하게 해 입안이 마르고, 위장에서는 이상 발효가 심해진다. 이 경우 역겨운 냄새가 날 가능성이 크다.

한편, 위열이 호흡기를 통해 구강으로 올라오면 구강질환이 생길 수 있다. 입안이 헐고 잇몸이 부을 수 있으며 설태는 황색으로 변한다. 또 타액 분비 저하로 충치가 생길 수 있고, 치아 사이에 낀 음식물 찌꺼기는 부패하며 혀에는 백태가 낀다는 내용이다. 위열로 생긴 구강질환들도 입냄새를 증폭시킨다. 동의보감에서 위열로 인한 위장 질환과 구취 치료는 열을 내리는 원리에 따른다. 이에 좋은 탕약에는 가감감로음(加減甘露飮), 용뇌계소환(龍腦鷄蘇丸), 사위탕(瀉胃湯) 등이 있고, "가슴에 쌓인 열이나 마음이 허해 생긴 화(火)는 궁지고가 좋다"라고 언급하고 있다.

이와 같은 동의보감의 기록들은 경험적인 내용과 근거에 의한 것이라, 과학적 원인과 결과를 가지고 접근하는데 한계가 있기도 하다. 하지만 현대 치의학에서도 이와 같은 내용과 관련한 과학적 증거가 속속 발견되고 있다.

현대적 시각에서 치의학에서 입냄새, 즉 구취는 위장관의 문제로 보이는 확률이 10% 내외이며 90%는 입안 세균이 단백질을 분해하면서 생기는 휘발성 황화합물(volatine sulfur compound) 계열인 메틸머캅탄과 황화수소로 분석하고 있다. 이러한 냄새화합물은 혀 안쪽이나 잇몸 부위에 있는 세균이 입안에 남아있는 음식물 찌꺼기, 죽은 세포 등으로 단백질을 분해하여 입냄새를 발

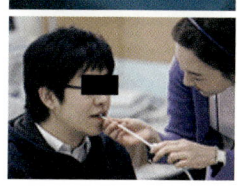

그림 2
구취측정기(Halimeter)와 구취정밀측정검사
(강릉원주치과대학 구강내과 학교실)

생하는 것으로 분석하고 있다. 특히 혀 주변의 황화합물이 잔존하여 발생하는 경우가 90% 이상이라는 분석을 호기 가스 측정기(구취측정기, 예를 들면 iSenLab Inc. 트윈브레서II)를 이용한 정밀검사를 통해서 확인할 수 있다.

한편, 동의보감에서는 구취를 치료하기 위한 여러 가지 약초들을 소개하고 있다. 족두리풀 뿌리를 말린 약초인 세신(細辛), 미나리과 식물로 향이 독특한 천궁, 백지로 통하는 구릿대, 팔미틴산, 스테아린산이 함유된 참외씨 가루, 매실, 꿀풀과의 1년 초인 향유, 여러해살이 풀인 범부채, 회향, 생당쑥, 익지인 등이다. 이중 생당쑥은 국화과의 사철쑥의 윗부분을 말린 약재로 최근 항바이러스와 항균 작용이 뛰어나 사스바이러스나 메르스 바이러스의 일종인 코로나바이러스에 대한 항바이러스 작용이 뛰어난 것으로 알려지고 있다. 또 생당쑥의 구취제거 효능도 밝혀져 치의학 분야의 연구에도 도움이 될 수 있다. 동의보감과 같은 옛 의서들은 오늘날 새로운 치료제의 개발이나 새로운 분야의 개척에 단초가 될 수 있다는 점에서도 역사적인 의학서임이 틀림없다.

(원광대학교 치과대학 권경환 교수 제공)

감에서 활자본으로 간행된 것이다. 동의보감은 조선의 의학과 치의학 발달의 기초를 마련하였을 뿐만 아니라 동양의 대표적인 의서의 하나이다. 2009년 유네스코 세계기록유산으로 등재되었다.

이 책 또한 향약집성방과 의방유취와 같이 각 병증을 중심으로 나누고 병증에 따라 치방(治方)을 분류하였다. 치의학과 관계가 있는 부분은 외형(外形) 2권의 구설(口舌)과 아치(牙齒)에 기록되어 있다. 허준은 치통을 7가지 종류로 구분하여 그에 따른 병증과 치료법을 기록하였다. 그런데 치통을 완화하는 방법이 모두 약물을 사용하는 것이라 통증 제거에는 효과가 떨어졌을 것으로 생각된다. 이를 방증하는 일화가 조선왕조실록에 기록으로 남아있다.

동의보감에서는 발치하는 경우를 통치(痛齒)라 하였는데 그 방법이 외과적으로 제거하는 것은 아니다. 통증이 있는 치아에 가루 약재를 조금씩 문지르거나 아픈 치아의 잇몸에 피를 내고 잇몸에 약재를 넣으면(점약, 點藥) 발치가 된다는 것이다. 이를 빼고 나서 출혈이 계속될 때 잇몸에 바르는 여러 가지 약재도 소개되어 있다. 외상으로 치아가 완전히 빠진 경우에 시도하는 치아 재이식에 관한 기록이 있다. 혈사가 끊어지지 않았다면 치은간(齒齦間)에 약을 발라 치료할 수 있다고 하였다.

스케일링은 지금과 비슷한 방법으로 침도(鍼刀)를 이용하여 치상(齒狀, 플라크)을 제거하였다. 동의보감에서 현재 사용하고 치의학 용어들을 찾아볼 수 있다. 치은(齒齦, 잇몸)을 이가 편안하게 쉬는 아상(牙床)이라고 하였다. 중절치는 넓적한 대문처럼 생겼다고 판치(板齒), 송곳니는 아치(牙齒), 구강은 옥지(玉池)라 하였다. 입안에 가지런하게 배열한 치아는 옥(玉)이고, 항상 침이 고이고 흐르는 입안을 연못(池)이라고 정의 내린 동의보감의 편저자 허준의 해석이 놀랍다.

의방유취와 향약집성방에 소개된 충전법에 관한 설명이 동의보감에는 없는데, 이전에 사용되었던 재료와 시술이 완전하지 못하여 도태된 것으로 생각된다. 치주 질환에 관한 내용도 거의 언급되지 않고 있다. 약 170여 년 전에 간행된 향약집성방에서는 치주질환을 4가지로 분류하고 그에 따른 치료법을 설명했었는데, 별 도움이 되지 못해 삭제된 것으로 추측된다. 그러나 동의보감에서는 앞서 간행된 의방유취와 향약집성방에서 다루지 않았던 외과적인 치료가 많이 설명되고 있다. 예를 들면 구강 연조직 질환에서는 칼을 이용하여 피를 뽑는 방법이 사용되었다.

동의보감을 현대 치의학적 관점에서 평가한다면 향약집성방이나 의방유취보다 학술적으로 우수하다고 말하기 힘들다. 하지만 임상적인 측면에서 본다면 편집 내용과 기록이 매우 실용적으로 사용할 수 있도록 제작되었다. 이러한 점들을 종합해보면 조선시대 치의학은 그 발전이 아주 미약한 상태였음을 알 수 있다.

인술 이데올로기

조선 중기가 되면 도가의 영향력이 줄어들고 유가의 통치이념이 모든 영역을 지배하게 되는데 의학도 예외는 아니다. 허준의 『동의보감』에 담긴 몸과 질병의 설명 방식에는 도가의 영향이 짙게 배어 있지만, 의학의 실천을 지도하는 이념은 지극히 유가적이다. 몸이 정(精), 기(氣), 신(神)으로 구성되어 있다는 설명은 도가에서 온 것이지만, 대제학 이정구가 쓴 『동의보감』 서문에 나타나는 이념은 또 유가적이다. 의학의 정신은 백성을 어질게 여기고 뭇 것을 사랑하는 덕(仁民愛物之德)이며, 쓰기에 이롭게 하고 생명을 존중히 여기는 도리(利用厚生之道)를 실천하는 데 있다고 한다. 몸에 대해서는 도가의 설명을, 아픈 사람을 돕는 의사의 도리에 대해서는 유가의 이념을 취한 것이다.

유교적 의료윤리를 가장 함축적으로 표현하는 말이 인술(仁術)이다.

이 말은 황도연이 쓴 19세기 의서 『의종손익(醫宗損益)』에서 보이기 시작한다. 의술을 베푸는 것은 물에 빠졌거나 불에 타는 사람을 구하는 것과 같이 인간의 선한 본성(惻隱之心)이 드러나는 행위다. 물건을 훔치러 남의 집에 들어간 도둑이라도 우물에 빠지려 하는 아이를 보면 뛰어가 구하려 하는 것처럼, 의사는 본능적으로 아픈 사람을 돕는다. 의술은 선한 본성을 발휘하는 기술로 따라서 인술이다.

이 논리는 인술의 이념을 체득하게 돕기보다는 주로 상술(商術)로 전락한 의사를 비난하는 데 이용되곤 한다. 대의정성이 의사를 큰 의사와 큰 도적으로 나누듯이 인술 이데올로기는 의술을 인술과 상술로 나눈다. 그러나 이렇게 단순화된 이분법을 과학과 기술과 산업과 인간적 가치와 이해관계가 복잡하게 얽히고설킨 현대사회에 그대로 적용할 수는 없다. 현대사회에서 의료는 세계보건기구나 관련 지식정보산업들이 국가 단위의 의료 정책이나 문화, 의료자원 분배에 지속적으로 영향을 주기 때문에 의술의 성격 역시 매우 복합적이며 유동적이라 할 수 있다.

법의학서인 신주무원록과 증수무원록

우리나라에서 최초로 법의학적 감정이 재판에 활용된 것은 조선시대부터이다. 세종20년(1438년)에 편찬된 법의학서인 신주무원록(新註無冤錄)은 중국 원나라의 무원록(無冤錄)을 번역한 것이다. 세종은 무원록에 따라 형사사건에는 지방 관리의 지휘 아래 반드시 의생이 현장에 나가 초검을 하게 했다. 또 초검이 끝나면 이웃 지역 관리의 지휘 아래 복검을 하게 했다. 초검과 복검의 의견이 다를 경우, 중앙관리를 파견하여 최종판결을 하는 삼검제도를 실시하였다. 또한, 최종판결을 내릴 때는 가해자가 자백을 통해 죄를 인정하고 용서를 구할 기회를 얻는 것을 중요시했다. 허위로 자백한 것이라는 의심이 생기면 고문을 제한하고 7검까지 복검을 계속하여, 중국보다 민주적이고 객관적인 판결을 내리고자 했다.

현대사회에서는 형사소송법상 자백을 뒷받침할 물적 증거가 과학적으로 입증되어야만 사건이 성립한다. 하지만 검사가 수사권을 발동해야만 전문가에 의한 검시가 가능하여 물적 증거 소실의 가능성이 있다. 따라서 형사사건 발생 즉시 의생에게 초검을 하게 했던 조선시대 검시제도의 장점을 되살려야 할 필요가 있다.

한편, 영조 24년(1792년)에는 인체를 80 부위로 나누어 검시하는 복검시형도(覆劍屍形圖)가 그려진 『증수무원록(增修無寃錄)』이 발간되었다. 증수무원록에는 구치교상사(口齒咬傷死)라는 항목이 있다. 주로 사람에게 물린 교상보다는 호랑이나 말, 가죽 등에 의한 교상이 비중 있게 다루어졌다. 주된 검시 방법은 피해의 직접적인 원인 파악에 주력하면서 해부를 하지 않고 안색을 보고 촉진하는 것이었다. 구운명(1711~1797)은 조선에서 누적된 다양한 검험 지식과 독자적인 수사 기법을 첨가하여 『증수무언록대전』(1796)을 편찬했다. 같은 해 정조가 서유린에게 국문으로 번역하도록 하여 『증수무언록언해』(1796)도 출간되었다. 이 책들은 법의학 및 형법의 교서로서 일본으로 건너가 일본 법의학의 기틀이 되었다. 그리하여 갑오경장 이후 서구식 재판이 구성된 후에도 치명에 대한 검시와 재판의 지침서로 널리 사용되었다. 더불어 복검과 삼검을 하는 겸임검시 제도는 오늘날까지 우리나라의 검시제도로 이어져 내려오고 있다.

의녀제도

의녀제도(醫女制度)는 조선 태종 6년(1406년)에 허도(許道)의 건의로 시행되었다. 이 제도가 생기게 된 이유는 성리학의 영향으로 남녀의 구별이 엄격해져서, 양반 부녀자가 남자 의원에게 진찰받기를 꺼려 치료도 받아보지 못하고 죽는 경우가 종종 있었기 때문이다.

의녀 교육을 받은 사람들은 서울에 있는 각 관아의 여종인 관비(官婢)였고, 교육은 제생원(濟生院, 나중에 혜민서)에서 담당하였다. 의녀가 담당하는 진료 범위는 처음에는 침구와 산부인과였으나 나중에는 내의(內醫)와 간병의(看病醫) 역할까지 하였다.

비록 적은 수지만 치과를 전문으로 하는 의녀도 있었다. 다행스럽게 그들의 행적은 여러 기록물에 남아있다. 세종실록에는 제주에 사는 효덕(孝德)이 어두운 눈에 티를 없애고 교치(咬齒, 이갈이)와 후충(喉蟲) 고쳐서 세종으로부터 포상을 받았다는 기록이 있다. 성종의 신하 이육(1438~1498)이 명나라를 다녀와서 쓴 견문인 청파극담(靑坡劇談)에는 혜민서에 소속된 치과를 전문으로 하는 의녀의 계보가 언급되어 있다. 조선 최초의 치과 전문 의녀는 가씨(加氏)이고, 가씨로부터 치료 기술을 배운 장덕(張德)은 옥매(玉梅)에게 전수하였다.

성종실록에 치과 전문 의녀 귀금(貴金)이 등장한다. 귀금은 장덕에게 치과 치료 기술을 전수받고 여의 분이(粉伊)를 가르쳤으나 분이가 충분하게 익히지 못하였다고 하였다.

제주(濟州)의 의녀(醫女) 장덕(張德)은 치충(齒蟲)을 제거하고 코와 눈 등 모든 부스럼이 난 것도 제거할 수 있었는데, 죽을 무렵에 그 기술을 사비(私婢) 귀금(貴今)에게 전해 주었습니다. 나라에서는 면천(免賤)시켜 여의(女醫)로 삼아 그 기술을 널리 전하고자 하여 두 여의로 하여금 따라다니게 하였는데, 귀금이 숨기고 전하지 아니하였습니다. (중략) 여의 분이(粉伊)는 그 기술을 배웠으나, 황을(黃乙)만은 못하니, 이는 그 기술을 다 전하지 아니한 것입니다. 청컨대 귀금을 고문하여 물어보게 하소서.

『청파극담』의 저자 이육과 친구였던 성현(1439~1504)이 쓴 『용재총화(慵齋叢話)』라는 문헌에는 치과 치료하는 모습이 자세하게 묘사되어 있다.

조정에서는 각 관사와 고을의 나이 어린 여종들을 뽑아 혜민서에 배속시키고, 거기서 의술을 교육했는데 그들을 의녀라 한다. 한 의녀가 제주에서 왔는데 다른 의술은 없고 오로지 충치 벌레를 제거하는 기술만 있었다. 그래서 사대부 집안에서 서로 다투어 불렀다. 그 여인이 죽자 다시 한 여인이 있어 그 일을 이었다. 나도 역시 불러서 치통을 치료했다. 사람으로 하여금 얼굴을 들고 입을 열게 한 후 은제(銀製) 기구로 조그맣고 하얀 충을 잡아냈다. 기구가 치아에 들어가지도 않았고 치아에서 피도 나지 않았다. 그 기술은 참으로 능숙했다. 그녀는 그 기술을 다른 사람에게 전하지 않았다. 그래서 조정에서 그것을 죄로 다스리려 했으나 그래도 말하지 않았다. 이는 필시 환술(幻術)이지 정상적인 기술이라곤 하지 못할 것이다.

조선시대 치과치료를 담당하였던 의녀는 가씨(加氏), 장덕(張德), 귀금(貴金), 옥매(玉梅), 분이(粉伊), 효덕(孝德)이었다. 조선시대에 천인 출신의 여성임에도 불구하고 최고의 직업여성으로 활동하였던 의녀가 성종의 재임 말기에 궁중 내의 공식 연희나 사적인 유희에 기생과 함께 참여하면서 점점 이상한 방향으로 흘러가기 시작하였다. 연산군 때는 의녀에게 '약방기생(藥房妓生)'이라는 호칭까지 붙게 되었고 결국 고종 때(1882년)에 혜민서가 폐지되면서 의녀제도는 없어졌다. 조선시대 국가적으로 여성에게 의학교육을 한 의녀제도는 세계사적으로도 매우 보기 드문 사실이다.

조선왕조실록

『조선왕조실록(朝鮮王朝實錄)』은 제1대 왕 태조로부터 제25대 왕 철종에 이르기까지 조정에서 일어난 일을 연대순으로 기록한 역사서이다. 1997년 세계기록유산으로 지정되었는데, 왕들의 치통이나 치과치료 기록을 살펴볼 수 있는 좋은 자료이기도 하다. 치통을 겪은 기록이 있는 왕은 성종, 연산군, 중종, 광해군, 현종이다.

세조실록에서 세조는 제주안무사에게 난산(難産)과 안질(眼疾), 치통을 치료할 수 있는 여의(女醫) 두세 명을 뽑아서 올리라 명하였다는 내용이 적혀있다. 1480년 7월 성종은 치통을 다스릴 약을 중국 사신에게 물어 구하였는데 60여 년이 흐른 후 성종의 아들 중종도 치통을 조절하지 못했다는 사실이 기록으로 확인된다. 중종실록에 치과와 관련된 기록이 20회나 언급된다. 중종은 이앓이 때문에 왕실행사, 경연(經筵)과 기우제 등에 자주 참석을 하지 못하였다. 중종 24년(1529년) 5월에는 일주일 동안 치통으로 인하여 국정 업무가 중단되었다. 중종은 충치뿐만 아니라 풍치도 앓았다. 잇몸이 아프고 왼쪽 볼도 부어서 치아를 튼튼하게 하는 약을 구하기 위해 중국에 내의를 보냈었다. 연산군도 성종의 아들이고, 중종의 이복형이다. 충치 발생에 어느 정도 유전적인 요소가 영향을 미친다는 최근의 연구 결과의 좋은 예라 할 수 있다.

조선 중기 중국을 통한 서양(치)의학 지식의 수용

우리나라는 서양의 해부학이나 의학이 도입되는 것이 일본이나 중국보다 늦어졌다. 조선의 성리학자들이 소중화론(小中華論)을 신봉하여,

청나라나 서양의 학문을 인정하지 않았기 때문이다. 중국에는 명나라(1368~1644) 말기부터 청나라 초기에 예수회 선교사들이 들어와 서양의 학을 한자로 번역한 책들이 매우 활발하게 간행되었다. 1595년 마테오 리치(Matteo Ricci, 1552~1620)가 『서국기법(西國記法)』을 소개한 이후 여러 책이 번역되었다. 마음이 심장에 있지 않고, 뇌에 있다는 인식이 확대되었다. 실증주의 학풍이 발전하였는데 이러한 분위기는 해부학의 발전에도 영향을 미치게 되었다.

그중 아담 샬(Adam Schall von Bell, 湯若望)이 쓴 『주제군징(主制群徵)』(1629)은 소현세자(昭顯世子)가 환국할 때 국내에 도입되어 최초로 소개된 서양의서로 조선에 가장 큰 영향을 끼친 책이다. 주제군징은 고대 서양 의학 지식수준의 인체생리설(人體生理說)을 소개하고 있다.

조선 후기에 이르러 실학이 일어났는데, 실학자들은 실사구시와 이용후생의 정신으로 서양 의학서를 번역하고 소개했다. 조선 실학자들의 문집에 소개된 해부학에 관한 내용은 다음과 같다.

이익은 1761년 『성호사설』에서 인체의 해부학적 구조인 뇌척수신경과 혈액과 호흡의 생리적 기능과 원칙을 정리하여 서양 의술의 우수성을 강조하였다. 박지원은 『열하일기』의 '금료소초(1780년)'에서 자신이 네덜란드 의서인 '소아경험방과 서양수로방(西洋收露方)'을 구하려 애를 썼다고 강조하였다. 정동유는 주영편(晝永篇)에서 청의 의술이 오행에 치우친 것이 잘못되었다고 비판하였다.

정약용(1762~1836)은 『의령(醫零)』편에서 질병의 발생 원인을 그리스의 4 체액설에 따라 한(寒), 열(熱), 조(燥), 습(濕)의 부조화로 보았다. 이를 근거로 육기론(六氣論)에 의해 외감병의 원인을 풍(風), 한(寒), 서(暑), 습(濕), 조(燥), 화(火)로 보는 것을 비판하였다. 약로기(藥露記)에서는 서양 의사는 내과와 외과로 구분되며, 병의 진단 및 치료 방법과 초목과 금속 약재 등을 언급하였다. 마과회통(麻科會通)에는 인두법 연구와 우두법을 소개하였다.

한편, 1851년 벤자민 홉슨(Benjamin Hobson, 1816~1873)이 쓴 『전체신론(全體新論)』은 보다 정확한 서양의학의 지식을 소개하여 중국의 해부학을 발전시키는 데 영향을 미쳤다. 최한기(1803~1872)는 벤자민

Episode 18세기 초 시행된 인두법이
19세기 말 우두법으로 대체된 이유는 무엇인가?

정약용은 청나라에 있는 두창(痘瘡) 예방법이 조선에 전해지지 못한 것을 안타깝게 여기고 있었다. 그러던 어느 날 박제가 『의종금감(醫種金鑑)』중에서 「유과종두심법요지(幼科種痘心法要旨)」를 갖고 있다는 사실을 알게 되었다. 정약용은 박제가를 찾아가 자신이 지닌 「정씨종두방(鄭氏種痘方)」과 합하여 「종두심법요지(種痘心法要旨)」를 완성했는데, 사람을 이용하여 두창을 예방하는 인두법을 자세히 소개하였다. 효험을 확인한 박제가는 포천의 의원인 이종인에게 인두법을 전수하였다. 1801년(순조 1년) 신유사옥(辛酉史獄)으로 정약용과 박제가는 귀양을 가고, 이종인은 고문을 받아 인두법이 단절되었다.

두창이 재발하자 이종인은 1807~1814년까지 경상도 상주에서 호남지역까지 인두법을 보급하고, 1817년 두창과 종두법 전문의서인 『시종통편(時種通編)』을 저술하였다. 이때 사용한 인두법은 두창 환자의 딱지를 이용하는 시묘법(時苗法)이 아니라 종두 후 생겨난 딱지를 이용하는 숙묘법(熟苗法)으로 독성을 줄일 수 있어 조선말까지 인구의 60~70%에게 널리 쓰이며 생명을 구했다.

한편 제너(Edward Jenner, 1749~1823)가 발명한 우두법은 소를 이용한 예방접종으로 인두법보다 안전하였다. 지석영(1855~1935)의 종두법(種痘法)이 바로 우두법이다. 지석영은 1879년 두창이 유행하면서 조카가 목숨을 잃자 부산의 제생의원(濟生醫院)에서 종두법을 배웠다. 1885년 지석영이 쓴 우두신설(牛痘新說)은 제너의 우두법 발견, 두묘(痘苗)의 제조와 종우(種牛)를 사육하는 법, 소아접종법 등을 정리한 책이다.

홉슨의 의서(醫書)를 번역하여 명남루문집(明南樓文集)에 기록하였고 서의설(西醫說)을 크게 발전시켰다. 해부, 생리와 병리, 언청이 수술이 기록되어 있으나 실제 활용하지는 못하였다. 신기천험(身機踐驗)에서는 서양 의사들이 시험을 통해 임용되어 학구적으로 우수하다고 하였다. 뇌의 중량과 구조, 척수과 신경에 관한 구체적인 설명과 함께 뇌가 인간의 감정, 지각, 기억, 사고 등 정신기능을 지배하며, 생명 활동을 조정하는 주인이라고 주장하였다. 최한기는 기학(氣學)을 온전히 설명하는 방편으로 의학을 이해했기 때문에 전통 의학의 심장 지각설을 완전히 배척하지는 않았다.

실학자들이 서양의서를 번역하면서 19세기 말 조선의 의학에 전문 분야가 형성되기 시작하였다. 산부인과, 소아과, 두창과, 종창의, 침구술로 분과하였으며. 치질과 안과를 주로 치료하는 의원도 등장했다. 도교와 주자학의 영향으로 양생학이 발달하였다.

조선시대 발치 풍습 및 구강위생이 언급된 문헌

조선시대에 발치 풍습은 기생들에게서 유행하였다. 기생이 정을 준 남자의 치아를 '경대의 왼쪽 서랍'에 보관해두면 남자가 변심하지 않는다고 믿었다. 조선 후기에 편찬된 고금소총(古今笑叢) 8화의 내용에 어떤 한량과 기생 간의 발치 설화가 전해진다. 조선 후기 작자 미상의 소설인 배비장전(裵裨將傳)에 여주인공 애랑과 배비장이 나누는 대화에서도 사랑의 증표로 이를 뽑아 주었다는 내용이 있다. 기생이 남자의 치아를 소유하는 것은 그 남자의 남성성을 온전히 독차지하는 것을 의미했다.

조선 후기 실학자들이 발행한 비의서(非醫書)에서 치의학에 관한 내용을 살펴볼 수 있다. 영·정조 때 실학자 안종복이 지은 『여용국전(女容國傳)』에서는 치석제거와 구강위생의 중요성을 강조하였다. 여자의 화장 도구를 의인화하여 얼굴을 아름답게 관리하는 것이 나라를 잘 다스리는 것과 비슷하다고 비유한 해학적인 글이다. 소설에서 호치장군(皓齒將軍) 양수(楊樹)와 황염(黃染)이라는 인물이 등장하는데 호치장군 양수는 치목(齒木), 황염은 치석(齒石)을 의미한다. 이 시기에 실학자들은 치석을 제거해야 치주질환을 치료할 수 있다는 치의학적 지식이 있었음을 알 수 있는 대목이다.

조선 정조 때에 실학자 박지원이 쓴 한문 단편소설 『양반전』에서는 고치(叩齒)와 양치질이 설명되어 있다. 아래위 이(齒)를 맞부딪쳐 뇌(腦)를 울리게 하고, 약간 기침이 나더라도 가래를 지근지근 씹어서 삼키고, 옷소매로 모관(毛冠)을 털어 먼지가 폭신폭신 일어나게 하고, 세수할 때 손을 비비지 말고, 입 안을 씻어내되 지나치게 양치질하지 말라고 하였다.

조선시대 선비들이 전하는 치아의 중요성

조선시대 선비들이 노년에 구강병으로 인한 고통을 기록한 문헌들은 다수 있다. 조선 중기의 문신 현덕승(玄德升, 1564~1627)은 「병치탄(病齒歎, 병든 이를 탄식함)」이라는 시에서 나이 듦을 한탄하면서 치통의 괴로움까지 감당하기 힘들다고 고백한다. 학자 김창흡(金昌翕, 1653~1722)은 66세에 처음으로 낙치설(落齒說, 이가 빠진 일에 대하여)을 경험하면서 큰 충격에 빠져 눈물이 펑펑 쏟아질 것 같다고 하였다. 조선 후기의 문신 이정보(李鼎輔, 1693~1766)의 초상화를 보면 얼굴이 몹시 야위어 광대뼈가 더 돌출해 보이는데 그가 다수의 상실치를 가졌음을 알 수 있다. 그는 "사람이 늙은 후에 또 언제 젊어 볼꼬, 빠진 이 다시 나며 센 머리 검을 손가, 세상에 불로초 없으니 이를 서러워하노라."하였다.

정약용은 천주교 박해로 강진에 귀향을 와 생을 마감할 무렵 노인의 유쾌한 일 6가지를 주제로 시를 썼다. 그중 두 번째 주제는 「이가 다 빠져 치통이 없는 즐거움」이다.

안동 김씨 김조순의 장남 김유근(金逌根, 1785~1840)도 세도 가문에서 밀려난 후 실어증으로 힘든 노년을 보내면서, 한유의 '낙치'에 운자를 따서 시를 3편이나 지었는데 노년의 회한과 통한을 치통에 비유하여 표현하였다.

치의학의 발달이 미미했던 조선시대의 선비들이 겪은 치통과 치아 상실의 고통은 노년에 더욱 심해져, 정서적으로도 어려움을 겪었음을 알 수 있다.

치과부적

조선말에도 사람들은 수복강령(壽福康靈)을 기원하면서 일상생활의 많은 것들을 부적에 의존했다. 치과부적(齒科符籍)은 치통을 차단할 목적으로 종이나 가죽에 그림을 그리거나 글자를 쓴 것을 사용했다. 치과부적을 몸에 지니면 치충과 악령의 접근을 막고, 물리칠 수 있는 초인적인 힘이 생긴다고 믿었던 것이다.

부적은 주로 승려, 역술가 또는 무당이 만들었는데 부적을 그리기 전에 이를 "딱딱" 3번 마주치고 주문을 외운 후 주사(朱砂)로 황지(黃紙)에 법에 따라 썼다. 치과부적은 조선인들이 구강병 예방과 치료를 위해 사용한 문화유산으로, 부적의 종류는 구강풍치진통부(風齒鎭痛符), 치통치료부(齒痛治療符), 지치통부(止齒痛符), 아통치료부(牙痛治療符) 등 십 여종이 넘는다.

그림 3 조선시대에 사용된 치과부적
(대한치과의사학회지)

탈

우리 조상들은 오복 중 하나인 치아를 건강의 척도라고 생각하였다. 이러한 신념이 고스란히 탈(假面)에도 적용되어 건강한 사람을 표현한 탈에는 치아를 생략하였고 병든 사람에게는 전치부 몇 개만 표시하였다. 양주 별산대놀이의 하인탈인 말뚝이와 취발이, 봉산탈춤의 팔먹중탈에서는 치아를 볼 수 없다. 반면에 양주 별산대놀이의 옴중, 샌님, 눈꿈쩍이와 봉산탈춤, 동래야류, 통영 오광대의 말뚝이에는 상하악 전치부가 몇 개만 만들어져 있다.

민중들의 민속문화를 상징하는 탈에서는 치아의 모양과 개수, 맞물림의

Episode 민속문화유산에서 볼 수 있는 치아의 의미, 장승 또는 벅수

나무나 돌로 만든 기둥 모양의 몸통에 사람 모양의 형상을 새겨 마을이나 절의 입구에 세워진 신상을 장승(長丞) 또는 벅수(法首)라고 한다. 장승이나 벅수는 사람의 재앙을 막아주고 복을 주는 벽사진경(辟邪進慶)과 같은 힘을 지닌 민간 신앙체이다. 우리 민족의 생활 속에 오랫동안 자리해 온 민속문화유산의 하나인 장승 또는 벅수는 전국 곳곳에 산재해 있다. 대표적인 장승으로 전남 영암 쌍계사지 장승 주장군, 나주 운흥사왕 불회사 석장승인 상원주장군과 하원당장군을 들 수 있다.

장승의 형태는 남상과 여상이 각각 한 쌍으로 이루어져 있으며, 입을 크게 벌려 치아를 모두 드러내어 몹시 노한 표정 즉 귀면(鬼面)의 얼굴. 무서운 표정을 보인다. 이것은 잡귀나 질병은 접근하지 말라는 뜻이다. 조선시대에는 두창(痘瘡, 천연두)으로 인한 인명 피해를 예방하기 위하여 장승의 영험에 대한 신앙이 더욱 깊어져 마을 곳곳에 세워졌다. 속담 속에도 벅수가 등장한다. "벅수 이빨을 세면 벅수된다". 벅수 자체를 보지 않고 입 안만 보며 세세하게 트집을 잡지 말라는 뜻이다. 벅수들의 치아는 대개 절반뿐으로 들쭉날쭉 제멋대로이며, 입은 귀밑까지 찢어져 있다. 언뜻 못난이처럼 보이지만 어딘지 모르게 정감이 가고 믿음직한 벅수는 선조들이 건강을 지키기 위해 방패로 내세운 자화상이기도 하다.

변화를 통해 성격을 표시한다. 가산 오광대의 말뚝이는 치아가 삼각형으로 그려져 있다. 양주 별산대놀이의 눈꿈쩍이와 샌님의 치아는 사각형 모양이다. 하회 별신굿 탈놀이의 초랭이 탈은 치아가 모두 빠진 채 위·아래턱이 톱니처럼 엇물려 얼굴이 비뚤어져 보인다. 북청 사자놀음의 사자탈에는 위 아랫니가 모두 36개로 최고로 많다. 치아에 변화를 주어 탈마다 다른 표정과 생명력을 부여한 우리 선조의 창의성과 지혜로움을 볼 수 있다.

요약

불교 문화가 발달했던 통일신라의 치의학은 주술적 범주에 국한되었다. 치과와 관련된 유산으로는 불설주치경, 불아, 악착보살, 귀면와와 처용탈이 있다. 고려에서도 여전히 치의학의 발전이 이루어지지 않았으나 역사적인 기록들이 있다. 고려사에는 치아상해 보상이, 대한민국 최고의 의서인 향약구급방에는 송지를 이용한 치아우식 충전법이 언급되어 있다. 이규보, 안축과 이색의 문집에는 저자의 치통으로 인한 경험이 실감나게 표현되어 있다. 조선시대까지도 주술적인 치의학이 지속하였으나 실증적인 치과 치료가 의녀에 의해서 행해졌다는 기록이 조선왕조실록에 남아있다. 의서인 향약집성방과 동의보감에서는 치과 질환이 더욱 상세하게 설명되어 있지만, 이정보, 정약용, 김유근 등 조선 선비들이 치통을 호소하는 한시를 남긴 것으로 보아 조선에서도 치과 질환에 대한 치료는 미미한 것으로 추측된다.

세계치의학사

중세의 서양 치과의업자와 상업성

중세 유럽(5~13세기)에서는 수도사가 의료행위를 했으나, 1163년 뚜르 칙령으로 수도사의 수술이 금지되었다. 그러자 이발사가 주로 병든 치아와 피를 뽑고(防血), 백내장 수술, 담석 제거술, 종기 절개 등을 했다. 1210년 파리에서는 이발사 길드 조직이 생겨났다. 이후 치과 의술을 하는 직업군은 이발외과의(Barber-Surgeon)와 외과의(Surgeon), 또는 어떤 교육도 받은 적이 없이 나름의 판단과 기술로 이를 빼는 돌팔이(Charlatan), 장터에서 이만 뽑는 사람(tooth drawer)으로 나뉘

그림 4 16세기 거리의 치과의사를 풍자한 목판화
(© Rijksmuseum, Amsterdam)

었다. 떠돌이 발치사들은 하층 서민을 상대로 관중을 끌어 모아 현란한 기술을 보여주는 일종의 공연행위자였다.

16세기 치과의료를 풍자한 목판화가 있다. 화려하게 치장해 손님을 끌어모으는 돌팔이와 두려움 속에서 엉거주춤한 자세를 취하고 있는 환자, 그리고 그 환자의 주머니를 뒤지는 보조원의 모습 속에 당시 치과 의술과 윤리

의 현실이 고스란히 담겨 있다.

　　17세기 들어 베를린 칙령과 파리 칙령(1699)에 따라 발치사나 치아전문가가 눈의사, 접골사, 탈장수술자들과 함께 왕실 외과의나 의대 학장 앞에서 이론과 실기시험을 치러 법적 자격을 취득하였다. 이들은 프랑스혁명과 산업혁명을 거쳐 19세기 들어 근대의학 교육과 면허제도가 정비되면서 치과, 안과, 정형외과 등의 전문과로 분화되었다. 그러나 현재에도 과장된 의학 정보와 광고를 통해 소비자를 현혹하는 쇼닥터들이 있어 주의가 필요하다.

서양 근대 치의학의 독립, 피에르 포샤르

18세기가 되면서 유럽의 치과 의술에 실질적인 진전이 있었다. 자연치와 유사한 인공 보철물이 개발되고 상업적으로 크게 성공하면서 치의학적 지식과 기술들을 체계적으로 정리할 필요가 생겼다. 그렇게 탄생한 것이 프랑스의 외과의 피에르 포샤르가 1728년에 출판한 세계 최초의 치의학 교과서 『치과의사(Le Chirugien Dentiste)』다. 한국에서는 『치과의사』로 번역되었지만, 원래의 의미는 외과-치과의다. 치과는 외과에서 파생된 한 분과였다. 피에르 포샤르는 학술과 윤리, 경영과 문화면에서 두루 우수했다. 공익을 위해 자신이 30년 간 갈고 닦은 의술을 공개하고 구강만을 전공하는 치

그림 5 피에르 포샤르
(https://ko.wikipedia.org/wiki/피에르_포샤르)

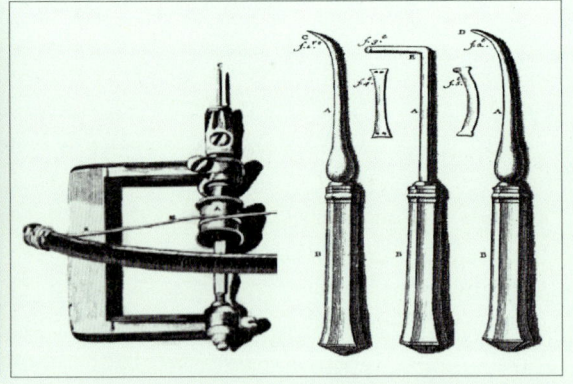

그림 6 최초의 치과용 드릴(좌)과 치아 와동에 납을 충전하는 기구(우)
(*Le Chirurgien Dentiste*)

과외과의가 필요하다고 주장하여 전문가주의의 선구자라고 일컬어진다. 포샤르는 구강병을 백과사전식으로 체계화하고, 각종 치료기구를 18세기 서유럽에서 발달한 공장제 수공업 기술을 활용하여 구강의 해부학적 구조와 생리에 적합하게 직접 개발하였다. 당시 시계공이 사용하던 도르래 안의 송곳이 활줄에 의해 돌면서 인공치아나 틀니를 깎도록 하는 최초의 치과용 드릴을 제작해 사용했다.

과학적 실험과 관찰을 통한 치의학의 발달, 존 헌터

영국의 외과의 존 헌터(John Hunter, 1728~1793)는 1771년『인간 치아의 자연사(The Natural History of the Human Teeth)』를 저술해 구강과 주위조직의 해부학적 구조와 질병을 명확히 보여주었다. 이어 1778년『구강병의 임상 치료(A practical treatise on the disease of the teeth)』를 저술하였다.

존 헌터는 모든 임상 분야에 실험과 관찰을 통한 실증을 시도하여 서양 의학과 치의학의 과학적 발전에 이바지하였다. 비록 실패한 실험이었지만 수탉의 계관에 치아 이식을 한 표본을 제시하기도 하였다. 존 헌터 자신의 몸

그림 7 존 헌터
(https://en.wikipedia.org/wiki/John_Hunter_(surgeon))

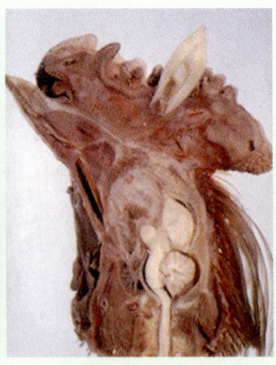

그림 8 수탉의 계관에 이식한 치아와 뿌리 쪽 염증
(Medical Museums: Past, Present, Future)

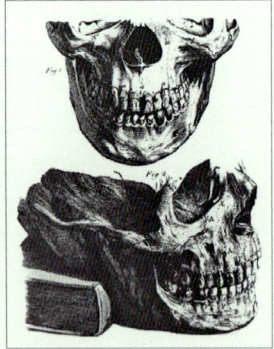

그림 9 『인간 치아의 자연사』속의 안면부와 상하악골
(P.I.Nixon Medical Historical Library)

에는 임질과 매독균을 주입해 경과를 살피기도 했다. 제자인 에드워드 제너(1749~1823)에게는 천연두 예방법을 실험해보라고 권해 1796년 종두법을 개발하는 데 도움을 주기도 했다.

3

조선말과 대한제국기의 서양 치의학 수용과정
(1876~1910)

한국 근대사에서 개화기는 1876년 강화도 조약 후 조선 유교 사회가 일본과 세계열강에 문호를 개방하고 서양문물과 제도를 주체적으로 받아들이는 시기다. 서양 치의학이 누구를 통해서 조선에 들어왔으며, 조선인은 서양 치과 의술에 대해 어떻게 생각하고 대응했을까? 대한제국은 1987년 10월부터 1910년 경술국치까지 존재했던 마지막 군주국가로 1900년 의료법을 제정하였다. 하지만 서양 치의학을 주체적으로 도입하지는 못했다. 그 이유와 일본의 통감부 설치 시기에 대거 조선에 진출한 입치사들이 치과의료 문화에 끼친 영향을 살펴본다.

서양 치과 의술이 들어오다

19세기 후반, 제국주의 열강이 동아시아를 침탈하여 빗장을 벗기자 서양 문명과 제도가 밀려들어 왔다. 부산과 원산에 일본인 관립병원이 들어서자 고종은 동도서기론(東道西器論)을 천명하였다. 동양의 왕도정치는 고수하되, 농·공·상·의료 등 실용적인 분야에서는 서구의 근대문물을 수용한다는 것이다. 당시 후발 주자였던 미국이 경쟁력을 지닌 분야는 개신교 해외 선교조직과 치과 의술이었다.

갑신정변을 계기로 서양의학의 효능을 높이 평가한 고종은 1885년 선교의사 알렌(Horace N. Allen)에게 제중원을 맡겼다. 제중원 1차 년도 보고서에는 치아우식증 60건, 구내염 55건 등 치과 치료 내용이 기록되어 있다. 1901년에는 제중원 의학생도 274개의 치아를 뺀 것으로 기록되어 있다. 알렌은, 조선 사람들이 더럽고 비위생적이며 칫솔이나 치마(齒磨, 치약)도 쓰지 않는데 치아는 진주처럼 희고 튼튼한 것이 놀랍기만 했다.

그림 1 조선 후기(1903) 집에서 어머니가 딸의 치아를 뽑는 장면(연세대학교 치의학박물관)

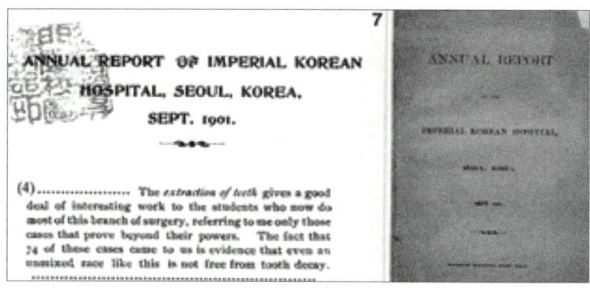

그림 2 제중원 의학생의 발치 기록(『제중원 의료활동 보고서』, 1901년)

매일 하얀 쌀밥을 먹는 것과 아침마다 손가락에 소금을 묻혀서 이를 닦는 습관에 주목했다.

미국인 치과의사의 출장 진료

중세 유럽에서 이발외과의나 뒷골목 발치사처럼 장인(匠人)의 영역이던 치과 의술이 18세기 파리에서 외과술과 융합하여 발전하자 미국이 재빠르게 벤치마킹했다. 미국 각지에 사설 교육기관이 늘어나고 과잉 배출된 치과의사들은 바다 건너 동아시아에 눈을 돌렸다. 상하이, 요코하마, 코베 등 조약 항에 서양 치과 개업이 늘어나고 일본 청년들이 조수로 들어가 기술을 배웠다.

대한제국시기, 미국인 치과의사들이 내한했다. 신주쿠(新宿)에 개업 중인 슬레이드(Harold Slade)는 유람 겸 출장으로 종로의 한미전기회사 빌딩에서 진료하였다. 소어스(James Soues)는 서울의 그랜드 호텔에서, 요코하마의 니이(Danlel Nye)는 제물포의 스튜어드 호텔에 짐을 풀고 치과 환자를 보면서 조선의 개업 형편을 살펴보고 가기도 했다.

러·중·일·미 4강의 틈새에서 운신의 폭이 좁았던 고종은 서양의 맛, 커피와 설탕, 단 과자를 즐긴 탓에 치통을 얻었다. 1903년 고종이 수라를 들다가 조개껍질 같은 돌을 씹어 치아가 부러졌다. 독일인 시의(侍醫) 분

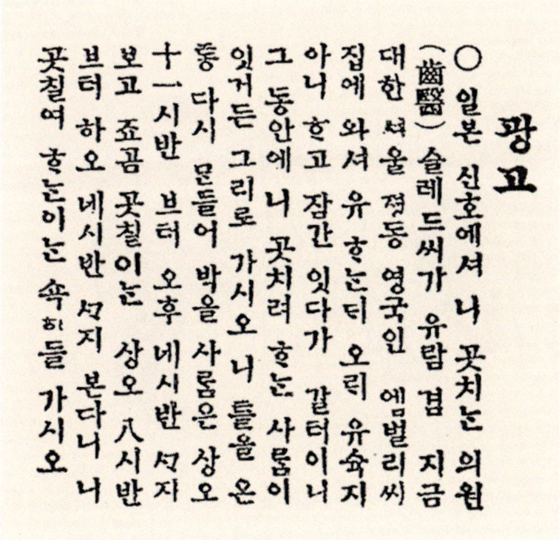

그림 3 니 고치는 의원 슬레이드 광고
(『독립신문』, 1898년 10월 18일자)

쉬가 소어스를 불러왔다. 소어스는 고종에게 두 개의 사기질 치아를 만들어 금죔쇠로 붙여주었다. 조선에 체류하는 서양인들은 생필품 일체를 본국에 주문해서 생활했다. 입주 조선인 도우미들도 서양 식단과 식문화에 익숙해졌다.

일본인 치과의사와 입치사의 개원

일본은 1860년 일본에 개업한 미국인 치과의사에게 배워 1883년 일반 의술과 분리된 치과 의술 개업시험 제도를 만들었다. 무사 출신 청년 다카야마는 미국에 가서 치과 의술을 익히고 돌아와 1890년에 의숙(義塾)을 세워 후학을 양성했다. 1893년 제물포에 개업한 치과의사 노다(野田應治)는 명동으로 이전해 청일전쟁을 맞았다. 조선인은 금 노출을 싫어해 고무틀니에 백금 고리를 달아주었다. 충치의 수복에는 아말감과 금박충전을 했다. 국소마취는 프로카인 제를 직접 만들어 사용했다.

일본인 입치업자 고모리(小森)가 1902년 노다 치과 근처인 진고개에 개업했다. 입치사(入齒士)는 일본에서 도제식으로 구중(口中) 치료를 행하고

그림 4 보어전쟁 당시 치아로 탄피를 벗기지 못해 전투력이 떨어지자 치과의사를 군에 배치했다는 소식을 다룸
(*Military Events of the Week*, 1904년 3월 10일자)

입치(入齒)를 제작하는 직종이다. 청일전쟁으로 조선에 왔다가 눌러앉은 일본인 입치사들이 암암리에 조선인을 조수로 고용하고 영업 허가를 받았다. 이들은 나무 의자에 기공 기구를 갖추고, 금관, 고무상(床) 의치, 납착 방식의 계속가공치를 시술했고 발치는 거의 하지 않았다. 약제는 페놀 캄파, 옥도정기, 붕산을 썼다. 고모리는 유리창에 치료비를 써 붙였다(금박충전 1~5원, 순금입치 10원, 도기(陶器) 총입치 6~10원, 은충전 6전~1원, 도기입치 1매 1원 이상). 이러한 상황에서 노다 오지는 개업 10주년 기념 (1903년)을 내걸고 치료비 할인 이벤트를 벌여 큰 수익을 얻었다. 하지만 러일전쟁이 시작되자 노다는 치과 문을 닫고. 만주군 총사령부 육군 대신과 병참사령관의 보증서를 지참한 채 만주, 대련, 봉천 등을 종군하며 병사들을 치료하여 훈장을 받았다.

　대영제국이 보어전쟁 중, 치통 때문에 병사의 전투력이 떨어지는 것을 파악하고 군대에 치과의사를 배치하기 시작했던 것처럼, 러일전쟁은 조선에 일본 치과의사를 불러들였다. 조선주차군사령부 치과의사로 이토 히로부미 등 고위층을 치료했던 나라사키(楢崎東陽)는 귀국 후 "남산의 경관과 조선의 코발트 빛 가을 하늘을 잊지 못해" 가족을 데리고 조선으로 돌아와 명치정(명동)에 개업했다. 한성병원의 이이츠카(飯塚橄) 역시 귀국 후 되돌아와서 노다와 카페에 모여 세 사람은 입치사의 번식과 개업 형편을 우려했다.

한국인 입치사의 등장과 입치 문화

통감부가 설치(1905년)되면서 일본인 입치사들이 대거 조선에 진출했다. 이들과 동업하거나 조수로 들어가 어깨너머 기술을 익힌 한국인 입치사들이 생겨났다. 한국인 입치사는 종로통을 중심으로 '잇방, 아방, 치방, 치술원, 금옥당, 이해박는 집' 간판을 달고 창문에는 의치 모형을 그려 놓았다. 이들은 신기술을 터득한 개화된 의료인으로 한국인들에게 우대를 받았다. 하지만 한국인들이 치과에 대해 올바로 인식하기 전에 상업적인 입치 문화를 성행시켰다. 당시 부자, 멋쟁이, 고급 요리집 기생들을 필두로 건강한 앞니에 금니나 개면금관(open crown)을 씌우는 것이, 다이아반지를 끼는 것처럼 부와 지위를 상징하는 유행이 되었다. 일본 에도 시대에 발원했던 그 특이한 풍조는 20세기 조선 여성의 버킷 리스트로 해방 후까지 오래 남았다.

기독교 선교치과의사 한대위의 치의학교 설립 시도

한대위(David Hahn)는 미국인 선교치과의사로 중국을 거쳐 1906년 조선에 와 5개월간 무료진료소를 운영했다. 그 뒤, 선교의사 스크랜튼의 시병원(施病院) 뒤편인 달성위궁(현 한국은행 화폐박물관 자리)에 치과를 개업했다. 한대위는 종로 청년회관에서 위생을 주제로 애국 강연을 하고 교회당에서 환등회(幻燈會)를 열어 조선 사람들의 주목을 끌었다. 그는 120만 명 가량의 한국인 중 치과의사가 한 명도 없다는 사실을 직시하고, 치의

(齒醫) 학교를 세워 제중원과 연합할 계획을 추진하였다. 대한매일신보 논설(醫校竝立, 1909. 10. 30)은 "한대위씨가 이(齒) 고치는 의학교를 설립하고 한국 자매를 교육하고자 하는 도다. 그 효력이 반드시 제중원과 맹아학교에 못지 아니하리로다."라고 칭송하였으나 성사되지는 못했다.

요약

고종의 명에 의해 선교의사 알렌이 설립한 제중원은 서양 의료의 효시가 되었다. 조선에 치과 의술을 전파한 국가는 일본과 미국이다.

일본은 군대와 개인을 통해 치과의사와 입치사가 들어와 치과 치료를 하였다. 한국인 입치사도 등장하여, 개화된 의료인으로 대우받았다. 하지만 조선 사회에 상업적인 입치문화를 성행시키는 결과를 낳기도 했다.

미국인 치과의사들도 내한하여 치과 치료를 했다. 소어스가 고종 황제의 첫 치과의사였다. 선교치과의사 한대위는 치과를 개업하고, 조선 최초의 치의학교를 설립하려고 노력하였으나 성사되지 못하였다.

세계치의학사

미국 치과의사들의 전문직화와 산업화

19세기에 치과의사들이 독자적인 전문직 체계를 만들고, 의과로부터 분리 독립할 만큼 충분한 수요와 치과 산업 자원을 개발한 곳은 기회의 땅 미국이었다. 미국 치과의사들은 1839년 학술잡지인 『미국치과학회지(American Journal of Dental Science)』를 발간하고, 1840년 최초의 전국조직인 미국치과의사회(American Society of Dental Surgeons)를 결성했다. 당시 회장을 맡았던 헤이든(Horace H. Hayden)은 메릴랜드 의과대학 교육과정에 치의학을 포함하려 했으나, 의대 교수들에게 거절당했다. 그 결과 세계 최초의 치의학 정규 교육기관인 볼티모어 치과대학(Baltimore College of Dental Surgery)을 설립하였다.

이렇게 독자적으로 배출된 치과의사들은 학술이나 산업 기술 개발에도 뛰어났다. 1825년 치과의사 스톡턴(Samuel Stockton)이 화이트(White)제조회사를 설립하고 도재 치아의 대량생산을 이끌었다. 1845년에는 치과의사 웰즈(Horace Wells)에 이어 모턴(William Morton)이 마취제를 발견하여 인류를 수술의 고통에서 해방시켰다. 1839년 경화

그림 5 1840년에 설립된 세계 최초의 치과대학 볼티모어 치과대학의 2012년 모습
(부산대학교 치의학전문대학원 의료인문학 교실 강신익 교수 제공)

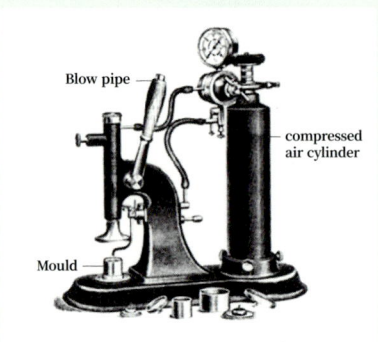

그림 6 1907년 타거트의 공기압축장치
(https://www.slideshare.net/JehanDordi/
casting-procedures-casting-defects-in-
dentistry)

고무(Vulcanite)의 발명을 활용하여, 1850년대에는 틀니의 대중화가 이루어졌다. 1871년에는 치과용 전기엔진과 족탑엔진을 비롯하여 치과용 드릴과 핸드피스도 발명되어 치과 진료 시간이 줄고 효율도 높아졌다. 1896년 뢴트겐에 의해 X선이 발견된 지 8개월 만에 에드먼드 켈스(Edmund Kells)가 치과방사선을 실용화했다.

초기의 미국치과의사회는 회원들에게 아말감 사용 반대를 강요하다 해체되었다. 그 후 미국치과의사협회(American Dental Association)가 결성되었고, 1859년에 치과의사 윤리강령을 채택했다. 이들은 1880년 13개였던 치과대학 졸업자에 한해 주별로 치과의사면허를 발행하도록 조치했다. 1900년에는 치과대학이 57개로 증가하여 치과의사 수도 약 30배 증가하였다. 이 시기 미국의 치과의사들의 해외진출이 증가했는데, 해외시장 개척과 기독교 선교가 주된 목적이었다.

치과 기계에 전기 동력을 실용화한 것은 20세기이다. 귀금속 세공에서 쓰는 왁스 주형 소부술(lost wax casting)을 치과보철물 주조에 활용하면서 치과기공학(Mechanical dentistry)도 빠르게 발전하였다. 1906년 금 밴드에 교합면 주물을 납착하였고, 1907년 타거트(William Taggart)의 공기압축주조술로 빠르게 발전하였다. 그 결과 자동적 기계 조작에 의한 일체형 금속관과 가철성 의치를 제작할 수 있게 되었다.

미국 치과의사들의 해외 진출은 이러한 전문가 조직과 학문, 치과 기자재 및 기공기술의 발달에 기반한 것이었다.

세계치의학사

일본의 서양치의학 도입과 입치영업자

　　일본은 1868년 메이지유신(明治維新) 때 서구의학을 도입하기 위해 중국 의학을 불법화하였다. 1860년부터 미국인 치과의사들이 민간인 자격으로 일본에 들어와 개업하기 시작했다. 이들에게 도제식으로 배운 에이노스케(小幡英之助)의 청원으로 1883년 치과 의술 개업시험이 의술개업시험에서 분리되었다. 1890년에는 2년제 사립 다카야마 치과의학원(高山齒科醫學院)이 생겼다. 하지만 1893년, 일본에는 정규 교육을 받지 않은 채 도제식으로 구중(口中)치료를 행하고 입치(入齒)를 제작하는 입치영업자가 800여 명으로, 치과의사의 4배 가량이었다. 같은 해 일본인 치과의사들은 치과의회(齒科醫會)를 조직하고, 1906년 치과의사법을 제정하여 입치업을 불법화하였다. 이들 입치업자들은 대거 조선으로 몰려들었다.

4

일제강점기 식민지 조선의 치과의업(1910~1945)

일제가 조선을 강제로 점령하자 500년을 이어 온 유교 왕국이 종말을 맞았다. 왕정이 폐지되고 근대 국가의 체계를 갖추었지만, 그 주체는 민중이 아니라 일제였다. 조선총독부는 입법, 사법, 행정의 3권과 군대까지 장악하였다. 의료는 중국의 음양오행설을 따르는 한의학을 폐기하고, 독일의 군국주의적이며 기계적인 실험의학을 들여왔다. 치과도 총독부의 식민지배와 기독교의 세례를 받았다. 기독교 선교는 의료와 교육을 매개로 억압받는 조선인의 몸과 마음을 믿음으로 이끌었다. 일제의 치과 정책과 선교치과의사들의 활동이 조선의 치과를 근대화한 시혜였는지, 아니면 지배와 상품시장 확보를 위한 것이었는지 살펴보자.

치과의사 규칙과 입치영업취체규칙

일제의 강점 초기, 만주발 페스트가 동아시아에 여러 차례 유행했다. 총독부는 위생 업무를 정무 경찰에게 일원화하고, 제국대학 출신 엘리트를 위생과장으로 임명해 의료를 총괄하게 했다.

식민지 조선의 의료법으로 1913년 의사규칙, 의생규칙, 치과의사규칙, 입치영업취제규칙을 제정하고 1914년부터 시행했다. 의사 인력은 검정시험제와 과목 보유제를 활용하여 적극적으로 확대했다. 이는 방역과, 조선으로 이주한 일본인의 건강을 위한 것이었다. 조선 고유의 한방의(韓方醫) 6천 명은 부족한 지방 의료 인력을 보충하기 위해 단기로 재교육해 의생(醫生)으로 관리했다. 이에 따라 서양의학을 공부한 자는 의사(醫師)가

그림 1　1926년 6월 10일 순종 장례식 때 찍은 입치영업자 최승용의 '이해박는 집'(서울대학교 치의학박물관)

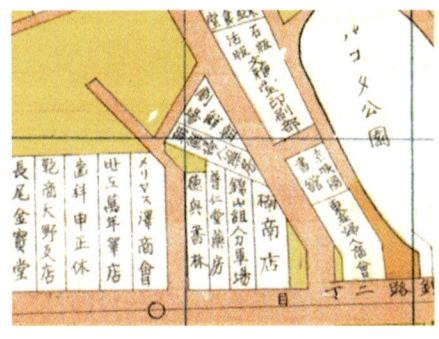

그림 2 1930년대 경성의 중심 상권 종로통 지도.
오른쪽 파고다 공원, 왼쪽 반도만년필점 옆 '치과 신정휴'
(경성상가지도 1935)

되고 전통의학을 공부한 자는 의생(醫生)이 되는 우열 관계가 확립되었다. 치과의사와 입치영업자라는 신생 직업은 일제가 일방적으로 반포한 규칙에 의해 만들어졌다. 치과의사에 관해서는 조선 내 치의학교를 설립하거나 치과 의술 시험을 실시할 계획도 시행령도 없었다. 신규 치과의사면허 등록자가 10년간 11명인데, 한국인은 3명이었다. 입치영업자는 1906년 제정한 치과의사법에 의해 일본 내에서는 불법화되었지만, 식민지 조선에선 합법화했다. 그에 따라 일본 입치사들이 대거 조선으로 건너와 1920년 치과의사 숫자의 20배를 넘었다.

세브란스 연합의학교의 치과학 교실 개설과 순종의 치과치료

세브란스 연합의학교에서는 1915년 한국 최초로 치의학교실을 개설하고, 치과 진료 및 연구와 의대생 교육을 하였다. 초대과장 쉐플리(W. J. Scheifley, 재임 1915~1921)는 부임할 때 미국에서 사용하던 전기 엔진과 철제 치과유닛 체어를 가져왔다. 쉐플리는 일본인 치과의사와 입치사의 영리적인 진료방식에 대해 비판하면서, 한국인 치과의사를 양성해야 한다고 주장했다. 진료는 세계에서 가장 발달한 미국 치과 임상에서도 의과학적 원칙을 충실하게 지켰다. 신경치료를 할 때 뿌리 끝까지 약제로 밀봉하고 X-ray를 촬영해 확인하도록 했다. 의대 졸업생에게 2년간 치과 수련과정을 밟도록 했다. 그러나, 총독부는 조선치과의사규칙에 위배 된다는 이유로 면허를 취득할 기회조차 주지 않았다.

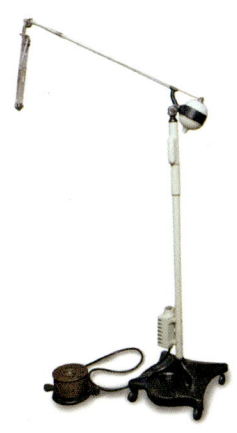

그림 3 1871년 미국에서 발명된 족탑엔진(foot dental engine) (연세대학교 치의학박물관)

그림 4 모터를 장착한 족탑 엔진 (서울대학교 치의학박물관)

그림 5 1915년 세브란스 치과사용한 전기엔진(연세대학교 치의학박물관)

1917년 당시 조선의 마지막 왕인 순종은 심한 치주염에 시달리고 있었다. 그래서 일본인 치과의사 시마미네 도루(島峰撤)에게 가서 치아 18개를 빼고, 미국 화이트 회사의 법랑치아로 만든 틀니를 만들었다. 당시 조선인 치과의사는 일본치과의학전문학교를 졸업한 함석태가 서울에, 한동찬이 평양에 개업해 있었다. 순종은 함석태에게 시마미네의 치료가 믿을 만한지 자문을 구하였다(매일신보, 1917. 10. 23).

경성치과의학교의 설립과 변모

1919년 3·1만세 항쟁 이후 일제는 일본인 거류민을 보호하면서 조선의 민심을 회유하는 유화책을 폈다. 1921년 2월 치과의사시험규칙을 제정해 입치사들도 치과의사가 될 수 있게 하였다. 세브란스 병원장 에비슨(Avison)은 7월 50만 원의 자금을 준비해 「치의학교 설립청원서」를 제출하였으나, 총독부는 이를 묵살하였다. 대신 '조선 청년들에게 실업 교육 기회를 제공하여 충직한 황국 신민으로 육성한다'는 취지로 총독부의

그림 6 1928년 소공동 경성치과의학전문학교(서울대학교치과대학 화보)

원 치과과장 나기라(柳樂)에게 경성치과의학교 설립 신청서를 제출하게 하고, 이를 인가해주었다. 1922년 4월 15일 사립 경성치과의학교가 2년제 야간으로 강의실도 없이 개교했다. 입학생 60명 중 조선인은 40명이었다. 신입생 박준영의 기록에 따르면, "교사(校舍)가 없어 총독부의원 시료(施療)진료소 계단교실과 경성의전 B 강당을 빌려 써야 했다. 교복 대신 조선인은 두루마기에 중절모를, 일본인은 하오리(羽織)에 납작모자(鳥打, cap)를 썼다. 학제가 3년제 주간(晝間)이 되자 고학생(苦學生)들은 어쩔 수 없이 학교를 떠났다." 3학년 학생들이 남을 집을 빌러서 공부하기는 재미없다(시대일보, 1924. 4. 24)라며 휴업하자, 나기라 교장(1921~1945 재임)은 부속병원을 황금정(을지로)으로 옮겼다. 특진실에 독일 지멘스의 엔진이 달린 승강의자 1대와 X선 촬영기가 놓이고 총독이 치료를 받으러 왔다. 진료실에는 족탑 엔진과 유닛 체어 27대를 갖추고 임상실습을 할 수 있게 되었다. 1925년 법정 치과의학교로 지정되어 제1회 졸업생 27명을 무시험 면허로 배출했다. 그러나 경성제대 의학부가 발족하면서 창덕궁 맞은편 빌려 쓰던 교사를 잃게 되었다.

나기라는 총독의 은전(恩典)으로 받은 장곡천정(소공동) 저경궁 터를 담보로 은행에서 차입 받아 1928년에 총 28만 원의 공사비로 첨단 4층 건물을 지어 이사했다. 소공동 교사는 1층은 교장실과 특별진찰실, 교무실과 서무실, 2층은 부속병원과 임상실습실, 3층은 강의실과 기초학 연구실과 실습실, 4층은 도서실과 기타 공간이 있었다. 치과 유닛 체어는 44대로 늘었다. 1929년에는 문부성 인가를 받아 4년제 전문학교로 승격되면서 정원이 100명으로 늘어났다. 경성치과전문학교의 교과목은 치과 임상 7과목과 실습, 치과 기초 3과목, 기초 의학과 일반 과학 9과목, 일본어, 독일어, 교련 등이 개설되었다.

　1930년부터 일본 육군장교를 배치하여 교련을 실시하고, 남녀공학을 폐지하고 조선인 학생비율을 줄였다. 일제가 대륙을 침략하고 남양(南洋)으로 전선을 확대할 때 경성치전 학생들은 아침마다 군화 차림에 웃통을 벗은 채 운동장에 도열하여 배속 장교의 인솔로 남산 신사(神祀)까지 구보로 왕복하는 장면을 선보여 장안의 박수를 받았다.

　나기라는 조선치과의학회창립(1919년)을 주도한 이후 경성치과의학회를 분립(1932년)하여 경쟁적으로 학회를 이끌었다. 또한 졸업생들로 경성치전 교우회를 조직하고 역대 조선 총독 9명의 주치의를 담당하면서 조선 치과계의 대부가 되었다.

　일제가 강제징용 범위를 확대하자 징병 연기 특혜가 주어지는 이공계 진학에 수험생이 몰렸다. 1943년 3월 경성치전 입시에는 1,200명이 응시하여 남대문국민학교와 용산중학교 교실까지 빌려 시험을 치러야 했다. 바늘구멍을 통과한 합격자 31명은 겨우 징병을 늦출 수 있었다. 1944년까지 배출된 치과의사는 1,127명으로 일본인이 조선인의 두 배였고, 대만인도 몇 명 있었다. 1945년까지 한국인 교수는 2인, 수련 조수는 17명으로 차별을 받았다. 입치사는 538명으로 조선인이 일본인보다 약간 많았다.

세브란스 병원 치과센터의 건립과 활동

　세브란스 치과 2대 과장 부츠(J. L. Boots, 1921~1939 재임)와 3대 과장 맥안리스(J. A. McAnlis, 1921~1941 재임)는 치과대학 설립이 총독부

그림 7 금속을 녹일 때 사용한 취관화염장치와 족답송풍기(좌), 압박주조기(중), 가황고무압력제조기(우) (서울대학교 치의학박물관)

에 의해 거부당하자 1922년부터 한국인 치과의사를 취직시켜 수련과 진료에 힘썼다. 기공실장 고 씨는 미국 치대에 단기연수를 다녀왔다. 선교회의 후원으로 전기가동 치과 유닛체어 4대를 추가하고, 공기압축주조기(air pressure casting machine) 등의 기공 장비를 들여왔다. 그리하여 간접금봉주조(indirect gold inlay casting)나 고정성 금관(fixed crown & bridge)제작과 같은 첨단기술이 비록 소수지만 동시대의 한국인에게 직접 수용될 수 있었다.

이와 비교해 일본인 치과의사는 입 안 치아의 패인 부분에 취관화염장치로 달군 금박을 놓고 직접 압박을 가해 충전 치료를 하였다. 또는, 압박주조기의 원판 안에 젖은 석면판을 깔고 가열된 주조링을 눌러 발생한 수증기압으로 합금을 링 안으로 주입하는 주조술을 사용하고 있었다. 긴 치열의 보철물은 납착(solder)했다. 신경치료도 아비산으로 괴사시키는 방식이어서 부작용이 컸다. 틀니는 압력제조기에 틀니 플라스크를 넣고 기포 없이 내구성이 강한 가황고무틀니를 제작하는 방법을 사용하였다.

국내에서 이러한 치과보철과 보존 분야의 진료 술식이나 기공 기술의 낙후는 1960년대 중반까지 지속하였다. 첫 번째 요인은 선진국에서 공학적으로 개발한 장비나 약품을 적기에 구매할 경제력과 유통망이 부재했기 때문이다. 두 번째 요인은 치과 진료와 기공에 활용되는 원시 기술을 용도에 맞게 기계적으로 조합한 기계나 장비를 개발하고 대량생산하는 관련 산업을 키우지 못했기 때문이다.

한편 부츠와 맥안리스는 안식년에는 세브란스 치과 신축 모금 계획서를 준비하고 미국에 가서 선교회와 미국치과의사협회를 설득했다.

그림 8 1931년 서울역 앞 세브란스 병원 부속 치과센터(연세대학교 치과대학)

붉은색 벽돌 1만 개로 건축하려고 하는 4층 건물은 진료, 교육, 연구를 총괄하는 American Dental Health Center가 될 것입니다. 그 위치는, 백만 불을 투자해 최근 신축된 경성역 바로 건너편으로, Tokyo(東京)와 Paking(北京)을 연결하는 Global Highway의 정중앙 지점입니다. 신축 건물은 Orient학생들이 과학적 구강위생을 접하고 배우는 통로가 되고 앞으로 American Dentistry의 기념비로 오랫동안 남아있을 것입니다.

부츠는 미국 전역을 돌며 치과의사회에 참석하여 모금하면서 환등 슬라이드를 보여주었다. 밭일하는 조선 여인, 지게 진 사내, 모여 앉아 김치를 담그는 아낙들 모습은 미국인의 시선을 끌었다.

그렇게 하여 경성역 건너편에 1931년에 들어선 3층 치과 건물이 30만 원의 공사비를 들여 완공되었다. 1층 로비에는 이응노 화백의 새 작품이 걸리고, 종합접수대와 X-ray 실, 무료환자 치료실, 대학원생실 등을 두고, 2층에는 진료실과 수술실, 강의실과 박물관, 3층에는 특진실과 소아치과, 기공실과 창고 등을 두었다. 독일 릿터 사의 치과치료대 10대와 S. S. 화이트사의 각종 기구가 들어왔다.

조선인 유력자들이 치료를 받아 세브란스 병원에서 최고 수익을 내는 과가 되었다. 그 수익을 장학금으로 조달하여 치과의사 이유경은 미국의

Episode 최초의 소아치과 담당의사 이양숙과 학림다방

여성 치과의사 이양숙은 1935년 경성치전을 졸업하고 1936년 세브란스 치과센터의 소아치과를 담당한 첫 치과의사가 되었다. 소아치과 의자 역시 발로 밟아서 작동하는 것이 아니고 전동식이라 모두 신기해했다. 벽에는 운보 김기창 화백의 닭과 목마 그림이 붙어 있어 독특한 분위기를 느낄 수 있었다.

1956년 이양숙은 서울 종로구 동숭동에서 치과를 개원하고 있었는데, 바로 옆에 있는 일본식 건물이 매물로 나와 그 건물을 사들이어 학림(鶴林) 다방을 오픈하였다. 그리곤 본인 치과에 근무하다가 결혼하면서 퇴직한 직원 신선희에게 학

그림 9 최초의 한국인 소아치과 담당의사 이양숙(권훈 제공)

림다방을 운영하게 했다. 그 당시 서울대 학생들은 신선희를 학림다방 주인으로 알아, '학림 누나'라고 불렀다. 학림 누나 신선희는 통금에 걸려 학생들이 문을 뜯고 들어와 잠을 자도, 외상값을 갚지 않아도 눈살 한 번 찌푸리지 않았다고 한다. 이 모든 이유는 창업주 이양숙이 학림다방을 돈벌이 수단으로 생각하지 않았기 때문일 것이다. 학림(鶴林) 다방은 1962년 서울대학교 문리대 첫 축제인 학림제(學林祭)를 계기로 상호명 한자를 학림(學林)으로 변경하였다. 이 다방은 소위 학림사건(學林事件)에 나온 '학림'을 유래시킨 곳으로 1970년대 민주화 운동의 중심지였다. 현재도 서울 대학로 혜화역 3번 출구 앞에서 성업 중이고, 서울 미래유산으로 지정되어 역사적인 공간이며, 대한민국에 현존하는 가장 오래된 다방이다.

인물탐구　광주기독병원 치과 켈룸 리비

선교치과의사 켈룸 리비(여계남, J. Kellum Levie, 1922~1959)는 1923년 광주기독병원에 치과진료소를 개설하였다. 순천 나병원의 치료도 담당하던 리비는 치과 보조를 맡은 문안식에게 간단한 소독과 이 빼는 법을 훈련해 함께 순회진료를 하였다. 당시 호남지역민들의 구강 상태는 잇몸 농양 상태거나 치아 뿌리만 남아 발치가 주된 치료 방법이었다. 발치나

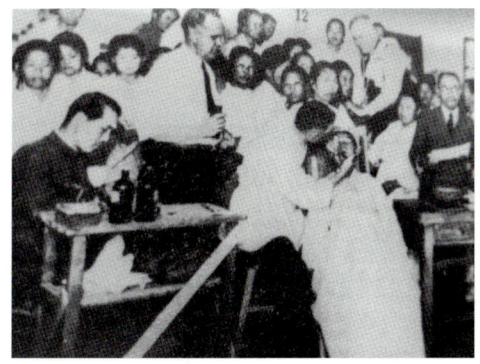

그림 10　1936년 리비의 치과진료실 모습
(광주기독병원 선교회)

스케일링 기구도 몇 개 없고 거즈도 부족하여 나뭇잎을 소독하여 사용했다. 염증이 심한 환자에겐 노보케인 마취를 하고 아스피린을 나눠주었다.

1931년에는 리비의 가정에 어려움이 생겼다. 1914년에 결혼한 이후 슬하에 3남 2녀를 둔 아내 제시 스미스(Jessie Smith)가 장티푸스에 감염되어 수혈을 받다가 사망한 것이다. 수혈을 해준 밀러(Ruth Miller)는 어린 리비의 자녀들을 돌보기를 원하였다. 리비는 밀러와 재혼하였다. 1933년에는 치과에서 화재가 발생하여 병원 건물이 전소되었다. 광주시민들이 병원 재건축에 자발적으로 참여하였고, 환자 진료는 단 하루도 쉬지 않았다. 성경학교에는 광주 지역의 여성들이 많이 참석했는데, 하루에 450명 이상이 진료를 받을 때도 있었다. 리비와 밀러는 남존여비라는 관습 속에 시집살이하는 한국 여성들의 삶에 천착하였다. 죽도 끓이기 어려운 상황이라 아기들은 4살이 넘어서까지 어머니들의 젖을 빨고 있었다. 리비는 젖을 늦게까지 빠는 습관이 아이에게 돌출된 치아를 갖게 하므로 끊도록 교육하였다.

1937년 일제가 신사참배를 강요하면서 서양인을 간첩으로 몰았지만 리비의 진료소는 지속하여 번창하였다. 1941년 선교사 축출정책에 따라 미국으로 돌아간 리비는 1948년에 잠시 다녀간 후 1956년 광주 제중원으로 돌아와 1959년까지 의료 선교를 지속하였다. 리비가 시술한 브릿지와 금니들은 50여 년이 지난 후에도 건재했다.

피츠버그 치과대학에 유학을 가서 하누 교합기를 이용한 「총의치 제작용 새 교합기의 역사」 논문으로 미국치과의사 자격증을 받았고, 정보라는 노스웨스턴 치과대학에서 유학 중 한국인 학생회 총무로 '애국의 밤 행사'를 개최하고 돌아오다 종로경찰서에 투옥되기도 했다. 박용덕은 일본 치과대학에서 구강외과 유학을 다녀왔다. 일제하 세브란스 치과학 교실에서 수련받은 한국인 치과의사는 총 23명이었다.

조선인의 식생활과 치아 건강에 대한 연구

부츠는 조선 사람의 치아와 식생활의 연관성을 탐구했다. "14년 전에 처음 왔을 때 조선에 충치가 거의 없고 설탕도 없었는데 지금은 골목마다 사탕을 팔고 충치는 일본과 미국을 닮아간다"라고 했다. 소금으로 닦는 것이 충치를 억제하고 잇몸을 수축시켜 치석을 줄인다고 보았고, 조선인이 채소와 해초(미역)에서 칼슘을 얻어 치아가 건강하다고 했다. 그는 조선 각지를 다니면서 도시와 농촌의 남녀 학생, 농어촌, 산천 주민 등 14개 소집단을 검진했다. 총인원 1,816명의 충치 이환율은 46.9%였다. 소집단별 이환율은 걸식(乞食) 아동군이 32%로 가장 낮고, 외국인 가정의 조선인 가사 도우미들이 84%로 현격히 높았다.

일본 학계도 조선인의 치아에 주목했다. 초기엔 조선 과일의 산도와 콩류의 성분을 조사하고, 상류층과 빈곤층의 충치를 비교하여 조선인이 치아우식이 적은 것은 식생활과 양치 습관에 기인한다는 연구가 있었다. 하지만 연구 방향이 점차 면역과 인종으로 넘어가, 조선인은 충치 면역성을 가진 인종이 되었다. 특히 식민지 민족은 체질인류학과 진화론의 관찰 대상이 되어, 인체를 측정해서 발견한 작은 차이는 원시 인종의 특성을 나타내는 통계적 수치로 탈바꿈했다. 식민 민족의 열등성을 진화가 잘된 지배 인종과 과학적으로 구분하려는 시도였다.

경성제국대학 의학부 해부학교실은 조선인이 인종적 열성임을 밝혀내려 했다. 조선인은 저작근이 강대하고, 표정근이 민활하지 못해 야만인이라 하였다. 조선인 수형자들의 생체를 측정하여 충치는 적고 사랑니 맹출률이 높은 점을 들어 반문명적 미개성을 입증하려 했다. 충치 이환율의 차이를 우생학적 기준으로 재해석한 것이다.

한편, 조선 인구의 대부분을 차지하는 농민의 질병과 보건에 진지하게 접근한 학생들이 있었다. 동경제대 의학부 최응석, 동경여자치과의전 홍종임 등 조선 유학생 12명이 1936년 한여름 폭염 속 두 달 동안 울산 달리(達理) 주민의 사회 계층별 건강 상태를 조사했다. 농민 건강은 사회 계층이 낮을수록 열악했다. 가난할수록 충치는 적고 치조농루(잇몸병)가 심했다. 빈농일수록 틀니를 사용해 본 사람은 적었고 설탕 소비량이 적을수록 충치는 덜했다. 조선인 건강의 특성을 명확히 보여준 연구 결과와 그 함의는, 1945년 해방 후 농촌의 협동조합 병원 설립 구상으로 구체화되었다. 1945년의 경성치전 학생들도 동일한 문제의식을 보여준다.

최초의 한국인 치과의사 함석태와 한국인 치과의사 단체

함석태(1899~1945년 실종)는 조선총독부 치과의사면허 1호로 등록한 최초의 한국인 치과의사이다. 1912년 일본치과의학전문학교를 졸업하고, 1914년 서울 삼각정 1번지에 '함석태치과의원'을 개원했다. 그는 한국인이 처한 상황을 파악하고 치과의사로 일하면서 민족적 책무를 다하려 한 지식인이었다. 입치사들과 차별화하기 위하여 진찰과 수술 무료를 알리는 광고를 내기도 했다. 동아일보(1924. 2. 11)에 '구강위생 - 긴급한 요건'이라는 글을 실었다.

일본인 학생은 100명 중 20~30명이 칫솔과 치약을 사용하나, 한국인 학생은 손가락으로 소금을 사용하여 이를 닦는 학생도 매우 적다. (중략) 한국사회나 교육계에서 구강위생에 대해 이해해주면 치과의로서 자기 영업보다 사회봉사적 어떤 노력이던지 사양치 않겠다.

1925년 3월 일본인 소학교 교장에게 '조선사람의사'라는 이유로 구강검진을 거절당한 함석태는 같은 해 '한성치과의사회'를 조직해 조선인들을 위한 구강계몽과 무료검진에 힘썼다.

함석태는 생활인으로서 독립운동가들을 후원하였다. 사이토 총독에게 폭탄을 투하한 강우규 의사가 체포되자, 그의 손녀딸 강영재를 입양하여 이화여전을 졸업시키는 등 딸처럼 키웠다. 1920년 6월 미국 의원시찰단 방한 폭살 미수사건 때 암살단 취의서 인쇄를 주선한 조만식을 함석태치과의원 안채에 기숙시켰다. 도산 안창호의 치아 상태가 좋지 않았는데, 경기도 유치장까지 거의 매일 직접 출장을 가서 치료하였다.

그는 민족문화재 수집가였고, 당대 언론인, 예술인, 문화재 수집가들과 깊게 인맥을 맺었다. 3·1운동 민족 대표였던 오세창의 지도를 받아 광화문 칭경비 만세문 등 여러 문화재가 일본으로 넘어가는 것을 막기 위하여 노력

그림 11 함석태 가족사진. 왼쪽 아래 여학생이 강우규 열사의 손녀딸 강영재(함석태 손자 함각 제공)

하였다. 1945년 4월 5일 소개령이 떨어지자 문화재들을 지키려 고향인 평남 영변의 청천강 건너편에서 지내다가 월남하는 도중 행방불명되었다. 그의 자취는 2006년 6월 12일부터 용산 국립중앙박물관에서 열린 '북녘의 문화유산 – 평양에서 온 국보들'에 전시된 금강산연적, 삼각동 함석태 치과의원 터 등으로 남아있다.

그림 12 진홍백자 붓빨이(상), 금강산연적(하)(북녘의 문화유산 – 평양에서 온 국보들)

한성치과의사회와 일본인 치과의사들이 주도한 단체 활동

조선으로 이주한 일본인 치과의사들은 경성, 부산 등지의 소모임에서 시작하여, 1919년 학술단체인 조선치과의학회, 1921년 전국적인 직업단체인 전선(全鮮, 조선)치과의사회를 창립하였다. 목적은 의사회와 동등한 전문직 단체로 인정받고 입치사와의 관계에서 행정적인 도움을 얻으며, 국가의 위생행정 사무에 공헌하는 것이었다. 개인적으로 가입하는 임의단체였고, 연 1회 조선의학회 개최, 치과용 약품 및 금 배급, 구강위생계몽 활동을 했다.

한국인 치과의사들만의 모임인 한성치과의사회는 1925년 경성치과의학교 1회 졸업생들의 제안으로 시작했으며 함석태가 초대회장을 맡았다. 한국인 후진 양성과 구강위생 계몽, '호치(護齒)일' 무료검진 및 치료행사 등을 주관했다. 1928년 6월 4일, 제1회 '충치의 날'에 한성치과의사회 회원들은 각종 언론과 방송을 통해 충치와 음식, 구강위생에 대해 홍보하였다. 회원이 늘어나면서 부서와 평의원 체계를 조직하였다. 한성치과의

Episode　　일제강점기 최초의 의학과 치의학 영역분쟁의 사례-살발산 사건

1927년 전라남도 여수에 개업하였던 치과 의사 우스이 쓰네히데(臼井常英)는 부산에 사는 이두백에게 매독으로 인한 치조농루 치료를 위해 매독 치료제인 살발산을 3차례 주사했으며, 이 행위는 의사법 위반이라고 고발당했다. 당시 의사 측은 내과나 외과적 원인의 질환은 치과 영역에서 발생했다 하더라도 치료는 의사의 일이라고 주장하였다. 치과의사 측은 열이 오를 때 해열제를 써야 하듯이, 입안에 생긴 국소 질환에 꼭 필요한 치료를 하여 전신으로 악화

그림 13 『동아일보』 1933년 4월 21일자 기사

하는 것을 막은 것에 대해 죄를 묻는 것은 불가하다는 견해를 내비쳤다.

　1, 2심에서 치과의사 업무 범위를 벗어날지라도 필요한 수단을 행한 것은 의사 영역 침범이 아니라고 하여 무죄가 선고되었다. 고등법원은 원판결을 파기하고 사실심리를 진행하여 경성제국대학 의학부 교수 히로타 야스이(廣田康)와 동경제국대학 의학부 츠즈키 마사오(都築正男)에게 감정을 의뢰하였다. 연기를 거듭하던 3심 선고 공판은 1933년 12월 18일 구강매독은 전신질환이므로 치과의사는 구강매독의 치료 권한이 없다고 판단하고 살발산 주사를 놓은 치과의사에게 백 원의 벌금형을 선고하였다. 해당 사건은 일본에서 사전 판례를 찾을 수 없었으며, 의사와 치과의사의 치료 범위에 관한 의견 차이를 보여준 최초의 사건이었다.

　세계적으로 치의학이 의학에 뿌리를 두고 발달해왔음을 고찰해 볼 때, 치과의사 측은 매독으로 인한 치조농루가 발생했을 경우 살발산 주사를 놓는 것은 타당하다고 주장했다. 이는 구강과 전신은 하나의 신체에 속하여 엄격하게 분리할 수 없는 것임에도 임의로 의과와 치과 영역을 나눈 데서 나타나는 어쩔 수 없는 현상이다. 그 해결책 또한 각 전문 분야의 진료 영역과 허용 술식에 대한 제도적 판단에 따른다. 이를 단순히 의학과 치의학이 양분될 수 있는 체제라고 생각하거나, 과학적인 판단으로만 결정할 수 있다고 말하는 것은 잘못이다. 무엇보다 직역 이기주의를 타파하고 각 전문분야의 지식과 직능을 향상하면서, 환자와 사회를 위해 어떻게 실천해야 할지 상호 협의가 필요하다.

사회 발기인들은 조선치과의학회의 임원으로도 활동할 정도로 학술적인 면에서 적극적이었고, 치과계 단체의 행사에는 1941년까지 별도의 깃발을 들고 참여했다.

그와 달리 전선치과의사회는 1932년 지역(부)치과의사회 단위로 가입하는 조선연합치과의사회로 조직을 개편하였다. 이 단체는 얼마 후 치과의사 전체가 강제로 가입해야 하는 '법정치과의사회로 승격'하게 될 것이라는 명분을 내세워 한국인 모임을 병합하려 하였다. 당시 조선 내 의사회나 변호사회도 임의단체였는데, 일본 본토와 동등한 법정 단체가 되기 위해 서로 협력했다.

이러한 흐름 속에 한국인만의 평양치과의사회가 1928년 지역 일본인의 치과의사회와 합쳤고, 한성치과의사회는 1935년 별도의 회로 가입하였다. 이어 도별치과의사회를 각 도 위생과와 협의를 거쳐 설립하게 하여, 1941년 조선 내 모든 치과의사가 가입하게 하였다. 그러나 식민지 조선에서는 회원 전체가 선거권을 지니는 법정치과의사회는 되지 못하고, 국가총동원법에 의해 통제만 강화되었다. 한성치과의사회는 꿋꿋하게 버티다가 1942년 10월 일본 관헌의 압력에 의해 강제로 경성치과의사회와 병합되었다. 해방 후 한국인 치과의사들이 결성한 '조선치과의사회'(대한치과의사협회의 전신)는 한성치과의사회의 정신을 계승·부활한 것이라 천명하였으며, 초기 23년 간 회장을 역임한 사람들은 모두 한성치과의사회 회원들이었다.

일제의 군국주의적 치과산업

일제는 미국이나 독일처럼 치과 기계와 재료를 개발해 식민지에 판매하고자 했다. 관동대지진과 같은 위기가 닥칠 때마다 일본 상품의 개발과 사용을 장려했다. 1930년 경성에서 창간된 월간지『조선지치계(朝鮮之齒界)』는 만주 침략 후 만선지치계(滿鮮之齒界)로 제호를 바꿔 대륙의 치과의업 정보를 제공했다. 당시 일본에서 발행된, '일본 정신에 기초한 치과의업'은 일본제국의 치과가 남양 지역으로 영역을 넓혀야 한다는 필사보국(必死報國)을 강조했다. 치약과 칫솔 광고도 보조를 맞췄다. 일본에서 '산프라치나(sun platinum)'와 같은 백금색 합금을 제조하였고, 1933년에는 치과재료규격조사위원회를 설립했다. 치과재료상 설립 확대를 통해 일본산 전기엔진, 주조기, 무봉금관제조기 등이 제조되고 판매되었다.

조선치과의사회와 학회는 검증되지 않은 제품, 발암성의 약품이나 재료를 한국에서 실험적으로 사용하도록 장려하였다. 대자본기업이 제조한 13품목의 치과 약품은 채산성이 맞지 않아 판매가 중단되었다.

중일전쟁이 시작되면서 국민정신총동원운동과 함께 학생들을 운동장에 집합시켜 이를 닦게 하는 치마교련이 시행되었다. 라디오 시보가 울리면 집마다 이를 닦는 행사를 벌이기도 했다.

1939년 말, 금과 고무의 사용규제가 강화되었다. 고무는 틀니상이 레진으로 바뀌기 전까지 필수적인 치과 재료였고, 군사 물자로도 사용되

그림 14 쇼후도치제조주식회사 전기로(서울대학교 치의학박물관)

인물탐구   여성 독립운동가 매지 최금봉

최금봉(崔錦鳳, 1896~1983)은 인천에서 태어나 10살쯤 평안남도 진남포로 이주한 후 삼숭보통학교, 이화여중을 거쳐 1916년 일본에 있는 광도(廣島) 고등학교를 졸업했다. 귀국 후 최금봉은 삼숭보통학교 교사로 근무하면서, 비밀 결사 조직인 대한애국부인회에 가담하여 항일운동을 시작하였다. 그녀는 독립운동 자금을 모아 임시정부에 보내는 일을 하다가 체포되어 2년 징역형을 선고받아 옥고를 치렀다.

출옥 후 진로를 고민하던 최금봉은 다시 일본으로 건너가 1920년부터 동경여자치과전문학교에 입학해 9년 만에 졸업했다. 1931년 조선총독부에서 치과의사 면허증(면허번호 295)을 교부 받

그림 15 여성독립운동가, 치과의사 매지 최금봉, 치과의사 정지영 작(권훈 제공)

고, 평양(조선치과)과 진남포(남포치과)에서 개원하면서 조선의 독립을 위해 항거하는 활동을 하였다.

해방 후에는 여성운동과 전쟁미망인 윤락 여성 선도를 위해 힘쓰는 사회사업에 전념하였다. 한국전쟁 전후로는 부산 초량에서 개원하였다. 본인의 생계를 겨우 유지할 정도였지만 전쟁미망인과 그들의 가족, 전쟁고아, 가난한 피난민들을 무료로 진료하였다. 1956년에는 서울시 치과의사회 제9대 총무를 맡았으며, 성북구 월계동에서 삼일치과를 운영하다가 1967년경에 은퇴하였다. 은퇴 후에는 후손이 없어 여동생의 아들과 함께 여생을 보내다 향년 87세로 별세했다.

최금봉은 대한민국 여성계에서 가장 권위가 있는 영예의 용신봉사상을 1973년 수상하였다. 정부는 그녀의 공훈을 기려 1977년 건국포장을, 1990년 건국훈장 애국장을 추서하였다. 매지(梅智) 최금봉은 이름 그대로 매서운 겨울을 이겨내고 피어난 매화처럼 엄혹한 시절에도 꿋꿋이 국가와 국민에게 지혜를 나눠준 조선의 딸이었다.

었다. 일본은 1939년 군항공기의 방풍 유리로 개발된 아크릴을 사용하여 레진 재료를 개발하여 대체하였다. 쇼후 도치제조주식회사는 쇼후 바이오레진을 판매하였다. 태평양 전쟁이 시작되면서 상공성 지시에 따라 조선인 치과의사에게는 치과기자재 배급이 끊기기도 했다.

요약

일제 총독부가 공포한 치과의사규칙과 입치영업자취체규칙은 경찰의 감시하에 식민통치를 위한 전근대적인 치과의료행위를 하도록 만들었다. 1914년 한국인 치과의사 함석태가 최초로 치과의사면허 제1호로 등록하였다. 세브란스연합의학교에서는 1915년에 치의학교실을 개설하였다. 세브란스 병원장 에비슨이 치의학교 설립청원서를 제출하였으나, 총독부에 의해 묵살되고 나기라에 의해 1922년 경성치과의학교가 설립되었다. 경성치과의학전문학교로 승격하면서 한국인보다는 일본인을 더 많이 졸업시켰다. 세브란스치과학 교실은 선교치과의사들의 노력으로 치과센터를 건립하고, 한국인 치과의사들에게 수련과 해외 유학을 시켰다. 일본 학계는 한국인의 치아우식 이환율의 차이를 인종적 열등이라는 우생학적 기준으로 재해석했다. 부츠는 조선인의 식생활과 치아 건강에 대해 연구했고, 조선인 학생들은 가난할수록 구강 건강이 열악하다는 연구 결과를 냈다. 1925년 한국인만으로 설립된 한성치과의사회는 1921년에 일본인이 주도한 조선치과의사회에 가입하도록 종용받았지만 수년간 독자적인 행보를 유지하였다. 그러나 한성치과의사회는 1942년에 일본 관헌의 압력에 의해 강제로 경성치과의사회와 병합되었다.

쟁점과 토론

일제의 강점은 한국 근대치의학 발전에 도움을 주었나, 아니면 해를 끼쳤나?

일제의 침략성은 한반도에 근대 치의학이 도입되는 과정에도 드러나고 있다. 치과의사에 대한 제도와 교육 등은 모두 일제의 식민정책과 통제하에 마련되고 이루어졌다. 치과의사규칙이나 입치영업취체규칙에 나타나듯이 치과의사의 개업과 의료행위까지 경찰의 감시를 받게 했고 상업적인 입치 문화를 양산하였다. 경성치과의학전문학교는 한국인보다는 일본인을 두 배 많이 졸업시켰다. 조선치과의사회는 식민지 통치에 호응하는 일본인 치과의사에 의하여 운영되었다. 한국인만의 한성치과의사회를 내선일체라는 명목으로 경성치과의사회와 강제로 통합시켰다. '충치예방의 날' 행사에도 일제의 군국주의적 의도가 강하게 작용하였고, 치과치료용 금은 허가제로 치과재료는 배급제로 일본인보다 적게 주었다. 그리고 한국인을 실험대상으로 삼은 일도 있었다.

일제라는 권위적 식민주의는 한국 치과의사의 전문가주의를 저하시켰나?

　서양의 치과의사는 스스로 학술적·상업적으로 성공한 학문과 직업 영역을 개척했다. 이러한 역사적 경험은 이후 치과의사 윤리와 경로에 큰 영향을 미치게 된다.

　유럽에선 직업 전체의 이익을 위해 구성원의 일탈 행위를 단속하던 전통이 전문 직종의 자율 통제로 자리를 잡아갔다. 여기서 국가권력의 개입은 최소한에 그쳤다. 미국에서는 무분별한 상업행위가 궁극적으로 직업 전체의 이익을 해칠 수 있다는 판단에서 윤리강령을 제정하는 한편, 치의학의 학문적 권위를 확보하기 위해 치과대학 입학생의 학력 기준을 학부 졸업 이상으로 높이는 정책을 폈다. 과학의 권위와 윤리 기준의 강화를 통해 대중의 신뢰를 확보하려는 전략이다. 이 전략은 무척 성공적이어서 지금도 의료윤리의 중요한 축 중 하나인 전문직업성(professionalism)의 논리적 근거가 되었다. 자율 통제 전통은 이후 국가권력과 타협, 조정을 통해 공익을 반영한 자율 통제 기구로 진화하였다. 예컨대, 치과의사의 면허와 치과대학 교육 등 모든 사항을 관장하는 최고 의결기구인 영국의 일반치과위원회(General Dental Council)는 치과 전문가 6명, 일반 시민 6명으로 구성되어 있다. 이 기구는 치과의사뿐 아니라 치과 위생사, 치과 치료사, 치과 간호사, 치과 기술자, 모든 치과 치료 전문가의 등록을 유지하고 관리한다. 하지만 조선의 치과의사는 권위적인 제국과 군부의 권력에 의해 일방적으로 만들어졌다. 이들은 자율적 노력이나 이해관계의 조정을 경험할 기회를 빼앗겼으며, 이런 영향은 광복 후에도 이어졌다.

5

해방기 한국 치과의료의 형성과 북한의 구강의학
(1945~1950)

1945년 맞이한 해방으로 조선은 일제의 압제에서 벗어났다. 그러나, 자력으로 쟁취한 것이 아니어서 미국과 소련의 분할 점령이 시작되었다. 이 시기에는 많은 사회적 문제들이 표면화되면서 사회 혼란이 가중되었다. 동시에 자주적이고 창조적인 계획과 시도들이 분출되기도 하였다. 국제 냉전과 이데올로기 대립에 의한 민족의 분단과정은 한국 치과의료계에도 깊은 상처를 남겼다. 남한에는 자본주의식 성장을, 북한에는 사회주의식 분배를 강조하는 각기 다른 치과의료체계가 자리 잡기 시작하였는데 그 역사적 추이와 정황을 살펴보도록 하자.

해방과 분단

해방은 갑작스러운 환희였던 동시에 혼란과 무질서였다. 공권력 부재 상태에서 전문학교 학생들은 조선학도대를 조직하여 치안유지와 구호활동을 했다. 9월 9일 밤, 경성치전 학도대와 연희전문 학도대가 함께 돈암동 경찰서에 있던 일본 경찰을 무장 해제하려던 중에 연희전문생 둘이 경찰의 총격에 희생되는 불상사가 있었다. 미군 입성 후 학도대를 해산한 학생들은 학교로 돌아가 경성치전 학생회(위원장 윤철수)를 조직하고 강령을 발표했다.

① 우리는 제국주의적 잔재를 일소하고 진정한 민주주의국가 건설에 협력함.
② 우리는 학문의 자유와 학원의 자치를 확보함.
③ 우리는 조선의 전국민, 특히 노동대중을 위한 신(新)치과의학 건설에 매진함.

일본인 치과의사, 입치사는 귀국을 앞두고 부동산을 밀매하고 치과 기자재를 방매했다.

해방 직후 비(非)치과의와 치과기공사들은 일본인(日人) 치과 기계 재료를 매수하려고 매일 묘계(妙計)를 획책하며 일본인(日人) 치과에 출입이 빈번했다. 이 한심한 현상을 좌절시키고자 치과의사회에서 치과 기계

재료를 매수하여 유출을 방지하고 전재(戰災) 치과의에게 충당하려고 진력하여 23개소에 입치사를 배치, 비(非)치과의 근절에 노력하고 있으나 아직 효과가 없다(충북치과의사회 이세근).

조선 사정에 어두운 미군정은 유학 출신의 조선인을 중용할 수밖에 없었다. 하지 장군은 유학 출신 조선인들을 조선호텔에 불러 모았다. 세브란스 이용설이 보건후생부장이 되고, 정보라는 보사부 행정고문이 되었다. 보건후생국에 치무과가 신설되자, 정보라는 치무행정을 관장하는 치무국장에 원제신을 추천했다. 세브란스의 안종서, 이유경도 고문이 되었다. 그들이 치과의사자격심사위원회를 구성했다. 치과계는 그들을 4인방이라고 불렀다.

경성치전은 적산이었다. 정보라는 미군정 치과군의관 슐츠 대령의 권한을 위임받아 치과 군의관 매튜 대위와 반스 대위를 대동하고 경성치전으로 찾아갔다. 교장 나기라는 이미 학교 재정을 교직원 퇴직금으로 처리하고, 박명진을 후임으로 임명하고 자신의 사택을 맡겨 놓은 상태였다. 경성치전이 군정청에 접수된 후 슐츠 대령은 정보라에게 학장직을 권했지만, 주변의 반발이 큰 탓에 궁여지책으로 매튜 대위를 학장서리로 하여 11월 1일 경성치과대학으로 개교했고 정보라는 나기라의 사택을 월남한 교원들의 기숙사로 쓰게 했다.

1945년 말 덕수초등학교에서 조선치과의사회 창립총회가 열렸다. 시급한 현안이 산적했지만, 모두의 촉각은 치과용 금 배급 방식에 쏠렸다. 4인방은 A, B, C 등급제를, 한성 지부는 균일제를 선호했다. 먼저, 정보라가 금 배급 관련 통역 내용을 설명했다.

"맥아더 사령부 지령으로 금 62kg을 분배하는데 원칙은 치과의전, 대학, 철도병원, 공공병원에 배급하고 나머지를 개업의에게 배급하는 것이다. 등급제로 하면 서울은 문화도시이니 C급이라도 균일제보다 더 많이 받는다. 균일제는 재검토가 필요하다. 균일제는 치전이나 도립병원이 똑같이 배급되고, 같은 개업의라도 서울과 산간벽지를 똑같이 하는 것은 부당하다." 의장이 발언했다. "균일제로 하여 금을 다른 지방에 방출하다 혹시 법망에 걸리면 치과의사의 위신 문제이고 미국인의 무시가 심할 테니" 등급제로 하는 것을 옹호했다. 그러자 서울지부 김종옥은 "배급받은 금을 암시장에 방출하는 것은 등급제로 한다고 없을 리 없으며 균일제나 등급제나 양심 여하에 따르는 문제"라고 반박했다.

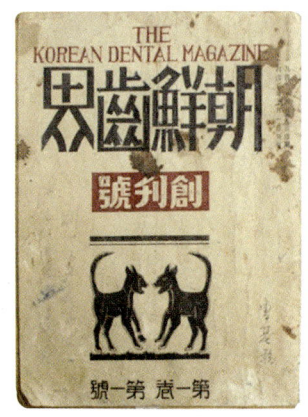

그림 1 1946년 발간된 『조선치계』
(조영수 제공)

안종서가 지방에서는 등급제를 동의하고 있다고 하자, 개성의 이희창은 개업년 수를 참조하여 종전처럼 등급제로 하고 싶다고 했다. 수원의 이창용은 균일제는 어려울 것으로 보여 등급제로 찬성하는데 지부회원의 총의를 모아 회답하려면 20일은 걸릴 것이라 하였다.

안종서가 경기도치과의사회로서의 결의권이 있으니 균일제든 등급제든 지금 의결하자고 하자 서울지부 김종옥은 한성지부 대의원으로서 등급제에 찬성할 수 없으니 이미 결정된 대로 균일제를 주장했다. 이유경은 등급제를 찬성하면서 의결권은 대의원 1명이 1표를 행사하는지 묻자 의장은 1지부에 1표라고 하였다. 대의원 숫자로 결의권을 준다면 개성, 인천, 수원은 의사표시를 하더라도 한성지부에 의해 좌우될 것이라고 했다. 의견 수렴은 쉽지 않았다.

최초의 기관지라 할 수 있는 『조선치계』는 치과의사가 아닌 인사들이 발행했다.

해방된 조선에 세기적 환희의 첫 봄이 왔다. 일제하에 불타오르는 치과인, 치과상공인의 품에서 조선치계는 탄생한다. 치과계를 우리 손으로 재편하여 운영한다는 현실은 조선 치과 역사에 대서특필할 경사가 아닐 수 없다. 다만 조선 치과계가 북조선의 치과인을 망라치 못하고 구성된 유감을 지적하지 않을 수 없으니 이것은 모든 조선 인민이 통곡하는 삼팔선에 의한 과도적 현상으로 급속히 소기에 달성할 수 없는 형편이다. 그러나 멀지 않은 앞날에 북조선 치과인이 참가하게 될 것을 굳게 믿는 조선치과의 사회는 위선 남조선 각 도의 전 치과의인을 결집하야 창조와 건설을 위한 투쟁의 길을 매진하고 있다. 치과인의 언론의 벗인 조선치계는 조선 치과계를 위하야 싸우는 선봉대가 되고 소기의 과업 수행을 추진하는 돌격대가 되고 등불이 되고 기념탑이 되고자 전진한다.　　　(조선치계 창간사)

농민을 위한 치과의학

조선 치과계에 끽긴(喫緊) 문제의 무엇보다도 중요한 것은 근로 대중에 대한 의료시설이다. 즉 조선의 8할을 점한 농민 노동자를 위한 치과의학 건설인 것이다. 무슨 방면이나 다 근로 대중이 조선의 주인공이요 또 전체인 것이다. 우리는 건국에 있어서의 경제·정치·문화 각계를 모다 이같은 관점에서 보아야만 되는 것임을 잊어서는 안 될 것이다.

먼저 농촌의 현장을 보자. 경제적 숫자를 들지 않아도 우리는 일제 착취 하의 농촌생활을 알 수 있을 것이다. 아니, 만일 알지 못하고 또 알려고 하지 않고 유산계급 상대의 고급 장식 치과 요법만을 생각하는 사람은 말할 필요가 없다. 우리는 농민을 위하야 우리의 치과의학을 적합 시켜야 한다. 우리의 농민은 당분간 금박 충전을 하기 어려우리라. 또 우리의 농민은 당분간 가철 뿌리지를 할 수 없으리라. 그보다 우리는 영양 부족과 폐혈증과 악액질의 요법을 잘 준비하여야 할 것이다. 치과의사는 도시의 소(小)뿌루조와로 행세할 꿈을 버릴지어다. 농촌의 위생사상 보급과 예방의학 지도자로 국민건강의 기초가 되고 지침이 되어야 할 것이다. 아니 과도기 무의빈촌(無醫貧村)의 지도자로서 때로는 자기의 식량을 자경(自耕)할 각오까지 가져야 할 것이다.

우리는 바른 의료법을 정확히 해득(解得)할 뿐만 아니라 빈민의 의료법을 더 잘 알아야 한다. 자연요법, 식물(食物), 영양가에 관심이 깊어야 할 것이다. 의료시설의 일반화는 그 근본책이 예방의학에 있다. 우리는 예방의학을 확실히 해득하기 전에는 사회에 나가지 말아야 한다.

이상의 실천은 자기 내(內)의 제국주의 잔재 소탕을 단행함으로만 가능할 것이다. 우리는 사회제도에 있어서 의료기관의 국영을 열렬히 희구한다. 이것도 우리의 지지 아래서만 원활히 될 줄 믿는다. 우리는 지금 건국 과도기의 진통 아래 있다. 각종의 모순, 오류의 결과가 착종한 속에 있다. 우리는 피상적 관찰로 인하야 정당한 노선에 대한 비판을 잘못 나리는 일이 있어서는 아니 될 것이다.

(경성치전 학생회 위원장 윤철수, 『조선치계』, 1946)

조선구강위생연구소

김문조는 1940년 경성치전 졸업 후 위생학에 관심을 두어 해방 후 경성의대 위생학교실 연구원이 되었다.

그 곳에는 '광복 조국의 의학 재건 역군의 기백이 넘쳐 흘렀으며 …… 나는 구강 진사(診査, 검진) 카드를 10만 매 인쇄하여 민족 구강위생 확립의 기초 공사를 하기 시작했다. 첫째로 도시와 농촌, 산촌, 그리고 어촌의 주민들, 그들의 연령별, 직업별, 생활환경별, 고아원, 학교, 공장 등 산업장별, 이들의 치과보건상태를 역학적으로 조사하는데 전력 추구하였다.

김문조의 초기 역학조사는 1945년 10월, 영등포 방적공장 여성 근로자 566명의 구강건강 상태와 사회경제적 요인을 조사·분석한 것이었다. 이후 치과대학의 제1회 무의촌 순회 진료반을 인솔하여 강원, 전라, 제주 지역을 담당하고, 백암온천 반상치 조사와 불소화 건의, 이리, 남원, 전주, 광주, 소록도, 그리고 미군정청의 항공 지원을 받아 제주에서 조사하였다.

김문조는 치과대학에 구강위생학을 개설하고 1948년 5월 5일, 조선구강위생연구소를 설립했다. 그가 '한국민의 구강보건상태의 역학적 연구'를 기획 추진하며 작성한 구강검진카드는 5만 매에 달했다. 그 자료를 분석하여 WHO의 연구비 지원을 받기로 하고 보고서를 완성하여 송부하려던 시점에 한국전쟁 발발로 연구는 중단되고 전쟁 통에 자료는 망실되었다.

국립서울대학교 설치안(국대안) 파동

국립서울대학교 설치안(국대안, 1946년 7월 13일 발표)은 미군정이 경성제국대학을 모체로 경성의전, 경성치전 등 9개 단과대학을 모아 서울대학교 종합대학과 대학원을 설치하려는 것이었다. 1946년 4월 문교부 고등교육분과위원회 임시조치안에 따르면 경성치과대학이 '사립 경성치과대학(단과)'로 승격되기 위해서는 50일 이내에 최소 5,500만 원의 예산을 마련해야 했다. 당시 재정난에 시달리던 경성치과의학전문학교 이사회는 관립학교가 되어야 문교부의 예산지원을 30배 늘릴 수 있다고 판단하고, 문교부 장관을 만나 국립서울대에 합병신청서를 제출했다.

6월 동창회 측은 민족 사립으로의 존속을 주장했고, 4학년은 찬반 의견이 양분되었다. 그러나, 사립학교 재단을 유지하면서 경영난을 극복할 수 있는 구체적 방안을 제시하지 못하자 대세는 국립서울대학교 편입을 지지하게 되었다. 정보라는 박명진 학장, 이유경 병원장, 안종서 등으로 구성된 재단의 결의로 경성치과대학의 국립대 편입을 성사시켰다. 미군정의 자원을 이용해 종합대학에서 치의학 교육의 발전을 기약하려는 입장이었다. 이에 반발한 동창회원 30여 명이 8월 11일 반대성명서를 발표하였다.

'국립서울대학교의 설립에 관한 법령(군정법령 제102호)'에 종합대학 법령이 공포(1946. 8. 22)되고 초대 총장으로 미국인이 임명되었다. 그러자, 9월 개학 시기에 8,200명 학생 중 3천여 명이 등록을 하지 않았다. 치과대학은 9월 18일 개교하였다. 박명진 학장은 서울대학교 단대 학장 중 국립서울대 합병을 가장 적극적으로 지지했다. 10월 1일 북한에 김일성종합대학도 창립되었다.

하지만 국대안 반대 파동은 점차 거세어졌다. 1947년 2월에는 전국 400개 대학과 초등학교까지 번졌다. 미군정은 좌익의 선동이라 책임을 전가했다. 하지만, 문교부가 독단적으로 국대안을 단행하는 과정에 대한 단과대학들의 반발이 심했다. 종합대학으로서의 단과대학들을 종합할 시설이나 교과과정 등의 학생 수용 능력도 갖추지 못하였고, 교육의 질도 저하되었다. 실제 좌익 교수와 학생들을 축출하기 위한 방책으로 인식되었다. 중도파는 좌우합작이 성공하여 통일 정부를 수립한 후에 국립대학을 설립하기를 바랐다. 5월 제2차 미·소공동위원회가 결렬되고, 문교부 장관과 서울대학교 이사회 9명이 보다 민족적인 성향을 사람들로 새로 구성되었다. 7월 학생들의 시험거부에 대해 서울대학교가 주동 학생들의 퇴학처분을 내리면서, 9월 학기부터 다시 수업이 시작되었다. 10월 한국 총장이 선임되면서 국대안 파동이 잦아들었다. 치과대학에서는 윤철수, 최홍석을 비롯한 8명이 퇴학당한 후 월북했다.

구강학, 치과학

구강학(stomatology)은 19세기 말 이탈리아, 프랑스, 헝가리 등에서 의학의 한 분과로 정립되었다. 소련은 1921년 치과 진료를 국영화하고 1923년 구강학체계를 채택했다. 동유럽 국가들과 중화인민공화국도 구강학을 채택했다. 치과학은 의학과 별개의 교육기관, 면허, 조직에 따른 전문 직역으로 19세기 후반 영미권에서 형성되었다. 1947년 남한에서 '치과'라는 명칭을 '구강과'로 개명하자는 '구강과 운동'이 있었다. 그러나 의사 측 반대와 북한 용어라는 이유로 낙인이 찍혀 퇴조하였다.

평양의학대학 치과의학과

해방 후 북한이 사회주의 정책을 택하자 다수의 의사, 치과의사가 월남하여 남은 의사는 1,000명 이하, 치과의사는 100명 남짓에 불과했다. 일제강점기에는 경성제국대학이 유일한 대학이었기에 북한에는 대학이 없었다. 북조선임시인민위원회는 의사, 치과의사, 약제사 양성을 위해 1946년 9월 평양의전과 함흥의전을 5년제 대학으로 승격하고 평양의학대학에 정원 40명의 치과의학과를 개설했다.

치과의학과 교원 안면식은 평남 농강 출신으로 광성고보, 경성치전을 나와 신당동 삼화치과 근무 후 1943년 귀향하여 평양도립병원 조수(助

手), 1945년 평양제1인민병원, 1946년 평양의전 부속병원 조수로 근무했다. 1947년 김일성대학 창설 후 외과 과장 장기려의 추천으로 의학부 연구원에서 구강의학을 연구하고 1948년 평양의대 조교수로 복귀했다.

김일성대학 의학부 구강의학과

김일성대학은 신입생 2,003명 중 79%를 노동자, 농민, 사무원, 소상인 출신으로 선발하여 개교했다. 평양의대 치과의학과를 김일성대학 의학부 구강의학과로 개명하고 교원을 확충했다.

구강의학과 책임자 최달형은 1917년 평양 숭실학교 재학 중 애국결사 사건으로 검속 평양형무소 복역, 기미년 운동 후 독립자금 모집 관련 복역. 함북 성진 캐나다 선교부의 보선학교 교원으로 재직하고 1928년 경성치과의학교 졸업과 동시에 치과의사 검정시험 거쳐 전문학교 승격으로 1930년 졸업 후 평양 개업 중 구강학과 교원(치과 해부 전공)으로 재직했다.

최도명은 1917년 평북 의주 출신으로 신의주동중 졸업 후 우편국 직원이었고 1941년 경성치전 졸업 후 순천치과 취업, 해방 후 의주중학, 의주 농업학교 교원 및 세포위원장, 1947년 면인민위원회 보건과장, 1946년 5월 입당, 1948년 평양의대 조교수를 거쳐 김일성대학 구강학과 교원이 되었다.

김태하는 평남 성천 평양 광성중, 1941년 경성치전 졸, 보철학 교실 근무, 1943년 평양에 개원, 1945년 10월 평양 제6인민병원 책임자, 1946년 6월 평양 제1인민치과병원장, 48년 김일성대학 의학부 교수, 1947년 북조선 적십자사 평양시지부장 겸 서기장을 겸임했다.

김정규는 평남 대동 출신으로 1930년 경성치전 졸. 평양 개업, 학생 및 학부형 상대로 구강위생과 충치예방을 선전코자 2년간 수원 남양학교 교원, 1934년 평양 기성의학강습소 강사, 1935년 개업, 1946년 평양 기림

리위원장. 김일성대학 의학부 교수(치과조직)로 임명되었다.

계원규는 1917년 평북 의주 출신으로, 부친이 선천 기독교청년회 간사로 조선일보 기자였다. 1930년 미국인이 운영하는 선천 사립중학 재학 중 반일사상과 종교 교육에 대한 불만, 미국 선교사의 가면적 교육에 반발하였다. 선교사와 교장의 교육 방침에 반대하는 역사 이준희, 농업 조인섭, 생물 양인성 등 학생들에게 사회과학과 레닌 이름을 알려주던 교원들의 영향으로 동맹휴학을 하고, 1934년 부친이 기독청년회 계열의 중학 교원으로 서울로 가게 되어 경성치전을 수료, 입주 가정교사와 야간 리정환 치과 기공 조수로 일했다. 세브란스 병원 1년 취업 후 1940년 선천에 개업, 1945년 결혼하여 평양 순영리로 이전 개업하고, 1946년 신민당 입당 후 노동당과 합동, 보건국 리창식 소개로 1947년 3월 북조선 특별병원 구강과장, 1947년 특별병원세포위원장, 1948년 9월 평양의학대학 의학부 구강과 강사로 임명되었다.

전쟁과 경성치전

한국전쟁 발발 직후 서울을 점령한 인민군은 소공동 치과대학 부속병원을 인민군 부상병 치료병원으로 재편성했다. 1941년 졸업생 박정식이 병원장이었다. 그는 1947년에 민청 서울시 위원장이었고, 국립서울대안 반대 사건으로 복역했던 인물이었다. 한강을 넘지 못한 치과대학 교수들은 은신하거나 인민군 치료에 동원되었다. 병원장 동기생들도 여럿이었다. 그들은 학교 계단 아래 좁은 공간에서 눈을 붙였다.

전세가 뒤집혀 북진하게 되자 1941년 졸업생 김정규는 국군을 따라 고향 평양으로 가던 중 폭격기의 유탄에 맞아 절명하였다. 서울이 수복되자 부산에 피난 갔던 교직원과 학생들이 돌아왔다. 북한 출신으로 평소 서북청년회와 미첩보국(CIC)과 밀접한 관계를 유지하고 있는 우익 학생들이

그림 2 서울대학교 치과대학 제1회 졸업기념사진(서울대학교 치과대학 화보)

치과대학 지하실에서 잔류 교원들을 응징하는 과정에서 모 교수가 희생되기도 하였다.

1943년 바늘구멍으로 경성치전에 입학했던 31명은 해방 후 반탁과 찬탁의 대립과 국대안 파동을 정면으로 겪었다. 퇴학생들은 월북했고, 학제 변동으로 졸업이 1년 미뤄져 1947년 봄 졸업생과 교수들이 동숭동 경성제대 현관 앞에서 경성치대 제1회 졸업기념사진을 찍었다.

졸업 사진을 같이 찍지 못했던 월북 동기생들은 한국전쟁 중 군정요원으로 서울로 왔을 때 서로를 돕고 방패가 되어 주었고 다시 북으로 되돌아갈 때 눈물로 작별하였다고 전해진다.

요약

해방 직후 경성치전 학생들은 학도대의 일원으로 치안 활동에 참여하고 학생회 주도로 '노동 대중을 위한 신(新)치과의학 건설과 의료기관 국영'을 주장하였다. 미군정청 치무행정부서 요직에는 친미적인 치과의사들이 임명되었고 경성치전은 미군 치과 군의관을 학장서리로 경성치과대학이 되었다. 조선치과의사회 창립총회는 금(金) 배급 방식을 놓고 격론을 벌였다. 북한은 평양의학대학 치의학과를 김일성대학 의학부 구강의학과로 바꾸었다. 경성치전 출신들이 교원으로 임명되고 러시아어를 학습했다. 한국전쟁 발발 직후 경성치전은 인민군치료병원이 되었다. 미처 피난 가지 못했던 경성치전 교수들은 강제로 인민군 치료에 동원되었다. 해방공간에서 반탁과 찬탁의 극한 대립과 국대안 파동을 정면으로 겪었다. 1947년 경성치과대학 1회 졸업예정자 중 일부는 퇴학처분을 받고 월북하였다가 전쟁 중 군정요원으로 서울에서 옛 동기들과 재회하고 서로 돕고 방패가 되어 주었고 다시 북으로 퇴각할 때 눈물로 작별하였다고 전해지고 있다.

6

대한민국수립 이후 한국 치과의료체계의 변화(1948~1977)

대한민국 정부를 수립하고 미처 바람직한 치과의료제도를 정비하기도 전에 한국전쟁이 발발하였다. 전쟁의 참상 속에 치과계도 고투를 겪으며 진료와 교육, 국가시험을 실시하였다. 전후 치과의료계가 복구되는 실상은 파란만장하다.
　4·19 혁명 이후 군사정부가 주도한 반공을 국시로 한 경제개발 5개년 계획 추진은 경제성장의 발판을 만들었다. 이 시기 치과의사들이 전문화 기반을 형성하는 과정은 후대 한국 치과의 발달을 예고하였다. 하지만, 사회 민주화와 분배의 측면에서 적지 않은 악영향을 미치기도 하였다. 한국인의 구강병 발생과 치과의료 이용에 남긴 숙제도 쌓여 갔다. 권위적인 정부와 자유방임적인 치과의료 체계에서 치과의사들이 전문직업인으로 성장하는 과정과 국민구강보건의 문제를 살펴본다.

대한민국 정부수립기와 한국전쟁기 (1948~1953)

대한민국 정부수립과 구강보건행정의 축소

1948년 제헌헌법 20조는 '가족의 건강은 국가의 특별한 보호를 받는다'라고 규정했다. 하지만 이승만 정부는 보건후생부를 사회부 내의 보건국으로, 치무과는 치무계로 축소시켰다. 조선치과의사회는 다른 보건의료 단체들과 함께 국회를 설득하여 1949년 7월 보건부를 독립시켰다. 더불어 '치무과 부활 건의문'을 통해 치과 행정의 독립과 치과의료보험제도의 확립, 치과공의제도 실시, 무치의촌에 한지치과의사 배치 등을 요구하였다. 그 결과 1949년 12월 치무과도 부활하였으나 4개월 만에 다시 치무계로 축소되었다. 이러한 처사는 당시 세계 56개국 중 42개 국가들이 보건부 내에 독립된 구강보건 행정기구를 두고 별도의 예산과 인력을 편성하여 예방관리를 함으로써 국민의료비 지출을 줄였던 것과는 대조되는 정책이었다. 정부는 반공에 힘쓰느라 구강보건 정책이나 제도를 구상할 의지와 여력이 없었다. 치과의료는 자유방임적 시장경제에 일임되었다.

의·치일원화운동과 구강과로 명칭개정운동(1947. 6~1949)

의사들은 치과의사의 사망진단서 발부나 정맥주사 투여, 악골치료, 약처방에 대해 행정이나 법으로 규제하거나 차별하였다. 대한치과의사회는 그동안 미국과 일본으로부터 받아들인 치과학(Dentistry) 체계에 의문을 갖고, 치과의사의 대학교육 과정이나 면허를 '의사'와 같게 만들고, 직업명을 '치과'에서 '구강과'로 변경하여 치의학문과 치과의사의 진료영역을 넓히고 정체성 확보를 하고자 하였다. 1948년 치과의사와 의사에게 의·치일원화에 동의하는 서명을 받아 법제처장에게 제출했다. 그러나 정부와 의사 및 국민의 협조를 얻지 못하는 상태에서 치과계 내부의 반대 여론이 대두되고, 자금난에 시달려 1949년을 고비로 약화하였다. 구강과로의 명칭개정 운동도 의사 출신 보건부 장관의 협조도 얻지 못하고, 국회로 제출된 안이 회기 불연속으로 폐기되면서 실패하였다. 그 결과 의학과 분리된 치과 체계로 가면서 미국의 선진 치의학술을 중핵으로 전문직으로서의 발전을 도모하자는 의견이 힘을 얻게 되었다.

한국전쟁시기 치과대학과 병원

1950년 6월 25일 한국전쟁이 발발하자 서울의 치과대학과 병·의원은 마비 상태가 되었다. 6월 28일 새벽에 한강 다리가 폭파되면서, 피난 못 간 대다수는 잔류파가 되었다. 서울대 치과대학과 병원은 북에서 내려온 치과의사에게 접수되었고, 세브란스 병원 치과도 인민군 후방 병원으로 징발되었다. 8월 중순 인민군이 밀리면서 인천상륙작전(9.15~28)이 끝날 때까지 북한 군의관은 사라지고 수천 명이 납북, 실종, 학살되었다.

1950년 9월 28일 서울이 수복되면서 치과대학에 강좌가 개설되었으나 제대로 진행되지 못하여 많은 학생이 유급되었다. 서북청년단과 반공단체에 속한 학생이 부역 교수를 심사하기도 하였다. 12월 24일 서울시민 피난령이 내리자 서울대학교 치과병원은 치과 유닛 체어 30대를 싣고 부산으로 피난하였다. 서울대학교 치과대학은 전시연합대학(1951. 7~1953. 7)체제로 학사일정을 진행하였다. 1951년 1, 2학년생은 전시연합대학 의학부 천막에서 통합강의를 수강하였고, 3, 4학년은 김상찬치과의원에서 개강하였다. 1952년에는 대청동 산언덕에 판자집 가교사를 신

그림 1 부산 피난 중 대청동 치과대학 판자집 교사와 수업광경(서울대학교 치과대학 화보)

축하고 3개 학년이 한 교실에서 공부하여 1953년 7월 27일 정전협정이 맺어질 때까지 전문부 33명, 학부 28명을 졸업시켰다. 한편 세브란스 병원 치과는 1951년 1·4 후퇴 때 거제도 장승포로 내려가 구호민 병원을 열고, 미8군과 선교부의 지원을 받아 피난민들을 치료하다 복귀했다.

국민의료법과 치과계

1951년 9월 대한민국 최초의 국민의료법(1951. 9. 1, 법률 221호)이 공포되었다. 1913년 의사 및 치과의사규칙과 조선의료령(1944. 8. 21)을 근간으로 한 것이었다. 주권국가로서 전쟁이라는 위기 상황에 대처하면서 국민의 보건향상과 의료의 적정을 기하기 위해 다음과 같은 기본 틀을 제시하였다.

먼저 의료업자를 제1종 의사, 치과의사, 제2종 한의사, 제3종 보건원, 조산원, 간호원으로 분류하고, 국가시험과 검정시험을 통해 면허를 부여하였다. 한의사를 복원하여 부족한 의료인력을 메우고, 의료업자에 보건원을 포함해 사설 의료와 국가보건 분야를 하나의 의료법 체계로 포괄하였다. 의료업자별 단체는 중앙과 지역별로 구성하게 하여, 전국적인 체계를 마련했다.

의료기관의 개설권은 '의료업자와 비의료업자의 경우 영리목적이 아닌 자'가 지니도록 제한하였다. 1947년 북한이 '사회보험법에 의한 무상치료제' 실시를 발표하면서, 소수의 국공립병원과 다수의 민간병·의원이 의료 서비스를 제공하는 남한의 의료체계에서 비영리성을 견인해내기 위한 법 조항이었다. 의료보수는 소관지방행정장의 인가를 얻어야 하는 대신 의료기관 영업세의 면세특권을 부여하였다. 개업의 활성화를 위해 의료기관 개설을 허가제에서 신고제로 바꿨다.

조선의료령보다는 완화되었지만 의료인과 의료기관에 대한 국가의 행정기관을 통한 통제도 지속되었다. 주무부장관은 보건의료 시책과 기술상 필요에 의해 의료업자에게 지도와 명령을 할 수 있고, 2년간 지정 장소 및 지정업무에 종사케 명령할 수 있다. 감독과 명령권은 소관 지방행정장에게도 부여하였다.

'공의'제도도 유지하였다. 주무부장관은 지방과 무의촌에 공의를 배치할 수 있고, 공의는 배치지의 지방행정장의 지휘·감독을 받았다. 주무부장관은 전문과목 표방과 자격조건 심사를 관할하였다. 법 제정 당시 의사들은 전문과목심사에 대해 의료업자단체의 자율권을 요구했고, 치과의사들은 아직 한국은 미국식 치과전문의제도를 시행할 체계와 여건을 갖추지 못했다고 문제를 제기했다. 그러나 모두 받아들여지지 않았다.

국민의료법과 시행규칙 발효로 인해 전시 동안 치과의사 국가시험에는 70명이 응시하여 45명이 합격하였고, 검정시험에는 17명이 합격하였다. 대한치과의사회는 보건사회부 법인설립허가(1952. 3. 16)를 받았으며, 매년 대한치과의사회 총회 및 대한치과의학회 학술강연회가 진행되었다. 학술강연 강사는 대부분 주한미군 군의관과 치과군의관이었고, 강연 후에는 미육군 및 경찰병원 견학과 시범을 통해 한국인 치과의사들이 미국

치의학을 직접 접하고, 실질적으로 도입하는 계기가 되었다.

한국전쟁시기 민간과 군진의 구강상태

한국전쟁은 민간인 피해자가 60%를 넘는 참혹한 전쟁이었다. 1952년 8월의 WHO 자료에 의하면 서울의 개업치과의사 214명 중 이재율이 80%이며, 실종이나 사망자는 100여 명이었다. 40세 이하 치과의사들의 다수는 치과군의관으로 차출되었다.

피난 생활 중 한국인들의 충치와 치주병도 증가하였다. 양치질도 치료로 받지 못해 뿌리 끝 염증과 치조골 농양으로 번져 심한 통증을 일으켰다. 소염제도 구하기 어려워 구강병으로 생긴 봉와직염이 악화하여 사망하기도 하였다. 전쟁 전에는 교통사고도 드물고, 기껏해야 주먹싸움으로 다쳐 꿰매거나 이를 빼는 경우가 전부였다. 그러나 소련군 탱크가 들어오면서 총과 포탄에 의한 인명피해와 악안면외상환자가 증가하였다. 전투 중 악안면외상을 입은 군인들은 주로 야전병원에서 기도확보와 지혈과 고정 등의 응급치료를 받았다. 그 후 후방으로 이송되어 대구 제1육군병원 악안면성형센터에서 항생제 처방과 정맥(IV)주사치료를 받았다.

그림 2 군용치과진료(일제기본)세트(연세대학교 치의학박물관)

그림 3 제1육군병원 구강외과팀(1957)
(대한민국 육군 치의병과 50년사. 육군본부. 1999, 52쪽)

1953년 미군악안면구강외과 성형수술팀에는 성형외과 군의관과 구강외과군의관, 간호장교 각 1명이 편성되어 있었다. 여기에 이열희 소령과 정수경 중위가 배속되어 안면파열상으로 이목구비가 손상된 환자들에게 골이식과 피부이식, 총의치 장착과 입술 문신을 비롯하여 의안이나 인공귀 수술까지 해 주었다. 1953년 10월 한미상호방위조약에 따라 한국군이 미군의 조직에 편성되면서 미국에서도 최신 치의학기술과 선진적인 시설을 보유한 군치무를 직접 유입하는 통로가 되었다.

전후 복구와 치과의사들의 독점확보 (1953~1960)

치과의료계의 복구와 세계치과의사연맹 가입

전후 한국은 선진국의 기술과 경제 원조를 받으며 전쟁으로 파괴된 의료시설을 복구하고 의료대책을 수립해야 했다. 치과의료계도 미국의 원조와 수입품을 통해 시설과 기자재를 복구하면서 업무를 재개했다. 서울대학교 치과대학은 1953년 9월 서울에서 새 학기를 시작하였다. 주한 미군 치과의사들이 전란재건부흥단(KCAC), 한미재단(AKF)등을 통해 치과기자재를 공급해주었다. 중고 치과유니트췌어 20대는 진료에 활용하였고, 학생실습에 필요한 현미경과 최소한의 기구가 마련되었고, 도서관에는 영어원서와 이를 번역한 일본어 교과서를 구비하였다. 치과대학 강의는 미국 원서를 번역한 내용들을 교수가 읽어주면, 학생들이 노트에 받아쓰는 형식으로 이루어졌다.

대한치과의사회는 1954년 보건부를 통해 미화 10만 달러에 해당하는 FOA유상물자구입을 배당받았다. 하지만 높은 화물운송비와 관세, 수출

그림 4 1959년 대한치과의사협회 현판 앞에서(대한치과의사협회)

업자의 암거래 등으로 치과장비가 매우 비쌌다. 치과약품을 미국 수입품에 의존하는 가운데 1954년 한국 최초의 연고치약인 '럭키치약'이 개발되었다. 1955년 고려기계제작소에서는 국산 유니트 승강체어를 개발하여 해방 10주년 기념 산업박람회에서 대통령상을 받았다.

미국 잉여농산물 원조를 바탕으로 제당과 제분 산업이 발달하면서 식생활의 서구화가 촉발되었다. 1953년부터 1960년까지 남한에서 소비한 설탕은 1인당 2.75kg으로, 북한의 1.25kg보다는 높고, 일본의 15kg보다는 낮았다.

전후 일자리를 찾아 많은 사람들이 도시로 몰려들었으나, 대부분이 가난했다. 1955년 우리나라는 세계 최빈국(국민 1인당 GNP는 67달러 이하), 치과의사 수 1,000명 이하였다. 하지만 치과를 찾는 환자들이 적어 서울에 개업한 치과의사가 40~50명이 못되었다. 개업한 치과의사도 생계유지가 어려웠다. 전기 사정도 안 좋아 치과의사 출신 제헌국회의원 윤재욱이 특선 가설을 위해 노력하였다. 1957년 서울치대 교수 출신 3인이 회현동에 대한종합치과의원을 공동개원하였는데, 경영난으로 3개월 만에 폐원하였다. 이 시기 서울 소공동에 있던 치과대학 출신으로 명동의 연극영화계나 이태원의 대중음악계로 뛰어든 사람들이 생겨났다. 길옥윤과 대니 김, 박암 같은 사람들이었다. 하지만 대다수는 치과를 생업으로 지속하였는데 대한치과의사협회와 지부 단체에 대한 회비납부율은 저조한 상태였다. 1954년 『대한치과의학회지』와 1955년 『대한치과의사회보』와 지부회지와 학술지가 발간되었다. 인쇄기가 없어 철필을 줄판에 긁어 프린트한 것이었다. 대한치과의사회의 구강보건활동도 지속하였다. 1953년 6.9행사는 전국적으로 실시하였고, 1956년에는 건치노인과 건치아동 선발표창, 무의촌 진료사업으로 확장하였다. 더불어 전국 초등학교에 치과촉탁의를 배치하고 위생실의 치과시설을 완비하며 구강위생교재를 준비하는 것을 추진하도록 결의하였다. 독립국가의 치과의사단체로 국제무대에서 교류하기 위해 1958년에는 아세아·태평양치과연맹(APDF)에 가입하였고, 1959년 세계치과의사연맹(FDI)에 가입하였다. 국내에서는 의료법 상 치과의사의 진료에 대한 법적 독점권에 적법한 행정조치와 교육제도의 개혁도 추진하였다.

무면허 치과의료업자의 범람과 단속

전후 무면허의료업자들의 부정의료행위가 성행했다. 가난과 의사 부족을 이유로 행정 당국의 단속과 법적 규제가 미약했기 때문이다. 농촌에서는 무면허 약종상이나 입치업자가 약사나 치과의사 행세를 하였다. 부정의료업자의 치료행위는 인사 사고가 날 때마다 사회적 관심의 대상이 되었다. 1953년 3월 13일 조배국은 치통으로 수원시 한일약방에서 주인의 3녀 문종실로부터 주사를 맞고 15시간 만에 죽었다. 언론들은 이 사건을 크게 다루며 부정의료업자에 대한 강력한 대책을 촉구했지만 비슷한 사건들이 반복되었다. 당시 서울에서 야간진료를 하는 치과의원들은 대개가 면허를 대여한 무자격자들이었다. 이들은 주로 입치업자나 군 위생병 출신이거나, 김일성 정권의 펜셋면허를 소지한 사람들이었다. 대한치과의사회 회원들은 퇴근 후 직접 돌아다니면서 부정 의료업자 단속 및 신고, 축출 활동을 하였다.

Episode 세계치과의사연맹과 우리나라

세계치과의사연맹(Federation Dentaire Internationale, FDI)은 세계 각국의 치과의사협회가 모여 만든 국제기구이다. 첫 번째 준비모임은 프랑스의 고든(Charles Gordon)에 의해 1898년 파리에서 개최되었다. 1900년에 세계치과의사연맹이 결성되었고 런던에 본부가 있다. 이듬해 공중구강보건 분과를 설치했고, 1926년에는 각국 정부에 치과의사에 의한 구강보건전담부서와 공무원 직책을 마련하도록 권고하는 결의안을 채택하였다. 1951년 치아우식증 제어를 위한 불소사용 지지 결의안을 채택하였다.

아시아·태평양치과연맹(APDF)은 세계치과의사연맹(FDI)의 분과이다. APDF는 45억 아·태지역 국민들의 구강보건의료정책 수립 및 집행에 관여하고 있다.

우리나라는 1958년 3월 필리핀 마닐라에서 개최된 제2회 아·태회의에 대표단 5명을 파견하였다. 대표단은 애국가 반주에 맞춰 대한민국 국기가 연단 중앙에서 휘날릴 때 모두 눈시울을 붉혔다고 한다. 이후 이유경은 1967년 한국에서 열린 아·태회의에서 차기 의장으로 선출되었다.

1959년 9월 미국 뉴욕에서 열린 제47차 세계치과의사연맹회의에는 한국대표로 김귀선과 재미 중인 정보라, 김낙희가 참석하였다. 정보라는 대한민국의 FDI 회원국 가입을 주선하고 가입비용 전액을 부담하였다. 당시 접시를 닦아 학비를 벌며 뉴욕치과대학 치주학과에 파트 타임으로 근무하던 김낙희는 곧 귀국하여 12월에 둘째 아들 김용(세계은행총재 2012)을 낳았다. 그 이후로 한국 대표단이 매년 연례 FDI 총회에 참석하고 있다.

FDI는 학술연구 및 정책개발을 하며, 격월로 International Dental Journal을 발간하고 있다. 1981년부터 WHO와 공동선언을 하고 있으며, 2001년 세계구강보건격차 해결을 위한 위원회를 설치하고, 2006년 불소사용을 기본인권으로 지정하였다. 2002년 윤홍렬이 FDI회장을 맡은 뒤, 한국인 치과의사들이 교육위원회, 공중보건위원회, 세계여자치과의사회 등에서 활약하고 있다.

그림 5 1960년대까지 사용된 치과의 기공용 망치와 모루(연세대학교 치의학박물관)

치협의 입치영업자 한지의사면허교부 반대

보건부는 1953년 12월 행정착오로 누락시킨 입치영업면허갱신신청자들에게 '입치업자보수강습'을 시행했다. 이들은 총독부 입치영업 면허자 200여 명 중 미군정 시기에 한지치과의사로 승격되지 못한 자들이었다. 1956년과 1957년 법원은 입치영업자들을 한지치과의사로 개명하고 기한 제한을 철폐하는 것이 타당하다고 판결을 내렸다. 그에 따라 보건사회부는 입치영업자 면허갱신신청을 한 68명 중 7명에게 한지치과의사 면허를 부여할 방침이었다. 그러자 대한치과의사협회는 단순한 입치의 기술적 경험만 가진 입치영업자를 국민의료에 종사케 함은 위험하며, 선진국가에 없는 수치스런 제도라는 성명서(1957. 7. 13)를 발표하고 반대 운동에 들어갔다. 치과의사만 치과치료를 할 수 있다는 법적 독점 원칙을 지키라는 것이다. 하지만 보건사회부 치무계장은 입치영업면허를 갱신교부(1958)하였다. 그러나 대한치과의사협회의 지속적인 반대로 1960년 1월 15일 보건사회부는 입치영업자 한지치과의사면허부여소원을 기각시켰다.

신설 경북대와 전남대의 치의학부 폐쇄와 치의학 교육 기간의 연장

1955년 3월 경북대와 전남대는 치과의학부 학생들을 40명씩 모집하였다. 대한치과의사회는 4월 정기총회에서 교수의 부족과 시설 불충분을 이유로 양교 치과의학부를 폐쇄시키기로 결의하였다. 동시에 서울치대 교육 연한을 4년에서 6년으로 연장하고 치과의사검정시험을 폐지하기로 하였다. 소수의 치과의사가 무치의촌 문제 해결을 위해 치과대학 신설에 협력해야 한다는 입장을 표명하였다. 하지만 대다수는 치과의사의 수를 늘리기에 앞서 교육 연한과 질을 높이는 것이 치과의료 전문화에 더욱 긴급한 사안이라고 판단한 것이다. 이들은 문교부에 가서 대학 설립기준령에 교수자격이 미치지 않음을 근거로 치대의 허가를 취소하도록 설득했다. 그 결과 1957년 3월 양교 치과의학부는 폐소되었다. 학생들의 대부분이 해당 대학의 의대에 편입하였고, 일부가 서울치대에 편입되었다. 1959년 치과의학교육연한개정령이 공포되고 서울대학교 치의예과가 설립되어, 치대교육 연한이 6년으로 연장되었다. 1959년 한국은 세계 79개국 중 최빈국이었다. 이런 상태에서 당시 세계 치과대학의 평균 교육기간인 5년보다 긴 6년제를 수용한 것은 미국의 영향이었다. 실제로는 예과에서 본과까지 이어지는 일본식 학제와 더 유사했다.

해외유학과 군진치의학을 통한 미국식 분과학회와 교육제도

전후 한국인 치과의사들은 해외유학과 3·8선 치과학회, 군진치의학 등을 통해 미국의 치의학술을 습득하였다.

휴전 이후에도 제대 명령이 떨어지지 않아 군에 남아있던 치과군의관들은 미군의 최첨단 장비로 치의학 실무를 배웠다. 군 교육과정으로 당시에는 하늘의 별따기와 같았던 미국 실무견학과 유학을 1954년부터 1966년까지 총 60여 명이 이수하였다. 육군병원에서 치의장교 레지던트

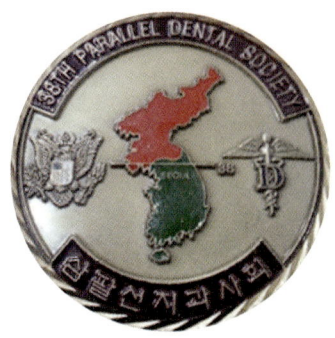

그림 6 38선 치과의사학회 challenge chain(권훈 제공)

그림 7 아세틸렌 화염을 갖춘 원심주조기 (https://savasdesigns.com/the-process/)

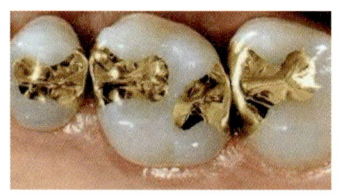

그림 8 보다 정교해진 금인레이 (https://www.dmsdentistry.com/gold-inlays-and-onlays/)

교육이 1957년에 시작되어, 대학 및 일반 병원에서 군 위탁으로 치과전문의를 수련시키는 방안이 시행되었다. 임상 수련을 마친 치과의사들의 요구에 의해 1962년 치과의사의 전문과목 표방에 대한 의료법이 제정되었다.

학술 활동으로 대한군진치의학회 창설이 준비되고, 1959년에는 주한 미육해공군 치과군의관들의 모임인 38선 치과학회(38th Parallel Dental Society)도 조직되었다. 이들은 학술강연과 기자재 전시를 통해 당시 미국에서 개발된 에어터빈 치과드릴(air-turbin dental drill)과 원심주조기(centrifugal casting machine)를 소개했다.

이 시기 한국인 치과의사들의 다수는 족탑엔진(foot engine)에 모터를 달아 진료하였고, 낙후된 기공장비를 사용하였다. 수도육군병원에서도 무봉관(seemless crown)과 모리슨 크라운(Morrison's Crown)과 같이 치아의 씹는 면과 장축의 밴드를 따로 압착한 후 납땜하는 방식을 사용하였다. 하지만 서울치대와 개원 치과의사 일부가 아세틸린 화염을 갖춘 원심주조기를 도입하여 자유롭게 금속을 찍어내면서 점차 모리슨 금관이 사라지게 되었다. 박정희 대통령의 주치의였던 유양

석은 대통령이 치아에 할 금봉의 본을 뜨기 위해 직접 뜨거운 왁스를 물렸을 때 졸음에서 깨어나곤 했다고 구술했다.

레진에 철사로 고리를 이어 붙이거나 백색의 산프라티움 틀니가 사라진 것은 1960년대 이후다. 육군 치과의사의 교육을 통해 육군 중앙치과진료소(C.D.C)와 기공소(C.D.L)가 세워지고, 40만 원의 연구비를 따내 최신의 타이코늄 국소의치(Ticonium one piece casting Denture System)를 제작하게 되었다.

이러한 치과기자재와 보철시술의 현대화는 남한과 북한의 격차를 벌리는 분기점이 되었다. 1998년 라진선봉 경제특구를 방문했던 남한의 치과의사나 탈북귀순자들의 증언과 사진 자료에 의하면, 북한의 보철치료 수준이 물자 부족으로 임시틀니나 무봉관의 수준에 머물고 있음을 알 수 있다.

해외 연수를 통한 치의학 교육과목의 확대

서울대학교 치과대학은 1950년대 중반까지 임상진료과로는 보존과, 구강외과, 보철과 3개 분과와 기초분야로는 해부학·조직학·구강병리학에 전임교수가 있었다. 그 중 12명의 교수들에게 1960년까지 해외유학과 연수가 추진되었다. 자금 출처는 한미재단, 미국무성국제협조처(ICA), 서독국비장학생, 개인 등이었다. 주된 유학지는 미국이었다. 박명진 학장은 1955년 5개월간 미국의 치과대학과 치과의사협회의 학회에 참석하여 치과기자재와 도서 등을 받아 왔다. 당시 미국은 치의학 전문분과학회들과 신생 과목이 세계에서 가장 발전되어 있었다. 서울치대 교수들은 유학을 통해 소아치과, 구강진단학, 치과재료학 등을 교육과정에 도입하였다. 개인적으로 뉴욕대학에서 치주학을 연수한 김낙희와 포시스치과센터에서 소아교정학을 수련한 김귀선은 세브란스 병원 치과에 취직하고 서울

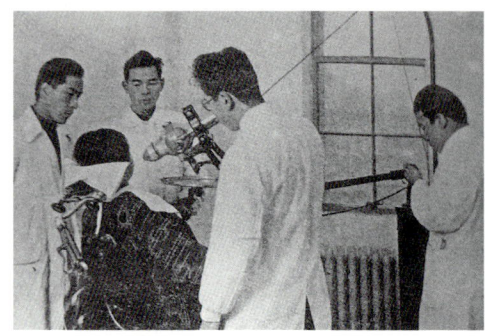

그림 9 1924년 독일 시멘스의 구내촬영기
(경성치과전문학교 화보)

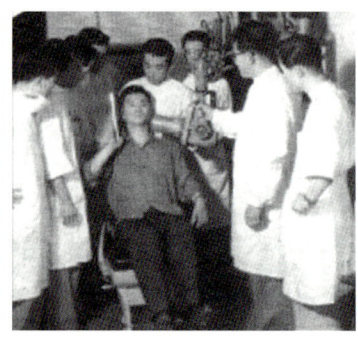

그림 10 1950년대 후반 릿터사 구내촬영기
(서울대학교 치과대학화보)

대에 강의를 나갔다.

  전후 사회경제적 어려움으로 치과교정과와 같이 비싼 진료의 수요와 전문시술인력 모두가 부족했다. 하지만 서울대학교 치과병원은 단계별로 전문분과를 늘려나갔다. 10년간 소아치과(보존과에서 독립, 1956), 치주과(제2보존과 1957~1960, 치주병과 1960~), 치과방사선과(1958), 예진실(구강내과, 1961), 치과교정과(1965)의 진료과로 세분화되었다. 소아치과는 한국인 유치와 영구치 맹출에 대한 역학조사와 구강병 치료, 조기 발치에 따른 간격유지장치에 대한 치료와 연구에 주력하였다. 서울 지역의 어린이 환자가 늘어나기는 했지만, 수련의들도 간격유지장치의 케이스를 채우기 어려운 상황이었다. 치과방사선과는 구강외과에서 독립하여, 교수와 방사선사 1명이 리터(Ritter) 구내촬영기 2대, 피셔(Fisher) 구외촬영기 1대와 현상시설을 운영하였다. 1961년 문헌 속 그림을 기초로 악관절 촬영과 두경부규격촬영고정장치(Cephalometer)의 국내 제작에 성공하였다. 치과보존학에서 1958년 근관치료학 강의가 분과되었다. 치주병과는 1960년 초반에야 치주소파술(gingival curettage)이나 치근활택술(root planing)과 같은 본격적인 잇몸치료를 시작하였다.

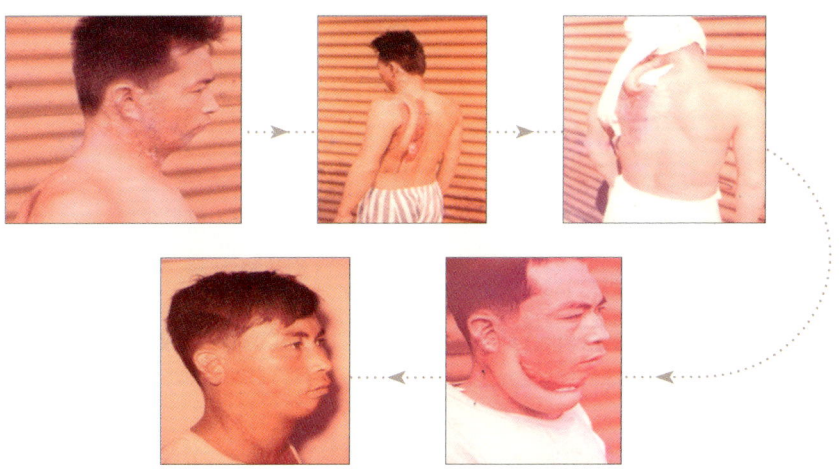

그림 11 1950~1960년대 치과의사들이 시술한 악안면관상유경피부이식(구강악안면외과학회 제공)

치의학 분과학회 설립

대한치과의학회는 1959년 정기총회에서 분과별 학회를 두기로 의결하여 치의학 분야의 전문학회들이 설립되기 시작하였다. 대한치과교정학회를 시작으로 7개 학회가 발족했고 1960년대에도 8개 학회가 발족하여 학술 활동과 연구 활동이 활발해졌다. 1959년 창립된 대한소아치과학회는 아시아에서는 최초의 소아치과학회였다. 아동의 인권을 존중하여 소아환자들과의 의사소통과 장애인 및 선천성 유전성 질환, 성장 발육에 따른 구강건강관리에 대한 인식을 높였다. 1960년 창립된 대한치과의사학회는 세계 최초의 치과역사학회였다. 세계 속 한국 치과 역사의 사료발굴과 저술, 정체성 탐구와 전망 제시에 주력하였다. 1961년부터 기초치의학 전임교수들이 충원되어 대한치과기초치의학회가 창립되었다.

한국전쟁 때 악안면외과치료를 담당했던 치과의사들이 1962년에 창립한 대한악안면성형외과학회는 한국 성형외과 분야의 효시가 되었다. 1969년 이후 대학에 악안면성형외과학(Maxillofacial Plastic Surgery)강

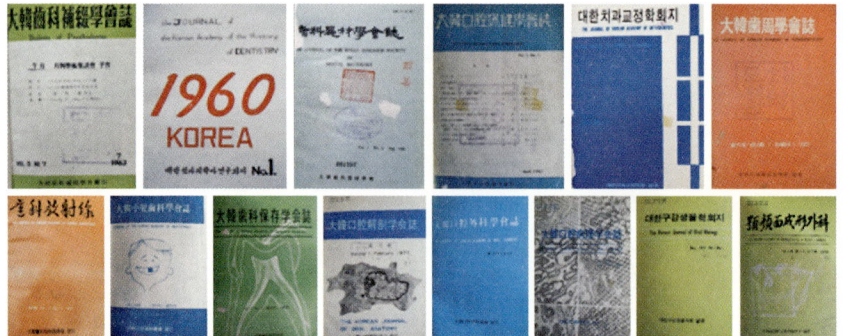

그림 12 학회지 창간호(1960~1978)(서울대학교 치의학박물관)

그림 13 학회지(1980~)(서울대학교 치의학박물관)   그림 14 SCI(E) 학술지로 발전(서울대학교 치의학박물관)

좌가 신설되었다. 치과의사들의 악골절단술이나 재건, 암과 기형 및 성형 분야의 시술이 증가하였다. 구강학 전통이 강한 독일, 프랑스의 경우 구강악안면외과분야에 의사와 치과의사 두 자격을 보유한 Double Degree 제도를 도입하였고, 미국은 두 제도를 혼용하고 있는데, 한국은 일본과 대만 등 아시아 국가들과 함께 치과의사가 구강악안면외과를 담당하고 있다.

1960~1970년대 경제개발기(1959~1980)

5·16 쿠데타로 들어선 박정희 정부는 '선 건설 후 민주론'을 내세우며, 군권으로 국민을 통제하였다. 박정희 정부의 통치이념은 반공과 근대적 경제성장이었으며, 의료전문직은 과학적 지식인으로 우대하였다. 하지만 구강보건이나 치무행정에는 관심이 없었다. 1961년 4월 치의무과로 부활했던 치무행정은 다시 치무계와 치무담당관실로 격하되었다. 1960년대 제1, 2차 경제개발로 국민 1인당 총생산량도 연평균 9%로 늘어났으나, 개발인플레이션에 의해 보건의료비도 상승하였고 개별 가계사정은 어려웠다. 1960년 초 북한의 구강보건예산은 국가총예산의 2%였다. 그에 비해 남한의 보건예산은 1% 이하이고, 그 중 1/3은 결핵·나병·무의촌에 충당되고 치무과 예산은 160만 환으로 보건예산의 0.1%를 넘지 못했다.

박정희 정부의 의료법 개정(1962 전부개정)과 재개정

의료법(1962. 3. 20)은 의료 규제와 전문직 관리를 통한 육성안을 담고 있었다. 의료인의 중앙회(법인) 설립과 중앙회 가입, 정기신고와 보수교육이 의무화되었다. 이에 따라 대한치과의사협회는 법정치과의사회가 되었다. 치과의사들이 시·군·구 의사회를 통해 정기신고를 하여 회원 파악이 쉬워졌으며, 대한치과의학회를 흡수하여 보수교육을 통한 회비징수도 쉬워졌다. 동시에 치협도 보건사회부 장관의 협조 요청에 응해야 할 의무를 지니게 되었다. 만약 불응할 경우 보건사회부 장관이 정관을 변경하거나 임원의 개선을 명할 수 있다. 이에 치협은 정부 시책에 협조하는 틀 내에서 치의학계의 상황을 대변하는 방식을 취했다.

면허취소(제19조) 조항도 강화되었다. 면허등록과 매년 정기신고를 하지 않았을 때, 의료기관개설허가나 지정업무종사 명령에 따르지 않았을 때, 보건사회부장관의 지도와 명령에 따르지 않았을 때 면허를 취소하는 것이 가능해졌다. 또 의료업자의 업무실태를 검시할 수 있도록 보건사회부 및 서울특별시, 도에 보건의약감시원을 두었다. 1960년대 공의들은 보건장학생이 많았는데, 지역의 무면허의료업자들에 대한 단속이 허술한 대신 공의들만 규제하여 반발하였다. 결국, 앞의 세 항목은 지정업무종사명령과 함께 의료법(1965. 3. 23)에서 삭제되었다. 그러나 기존의 의료관계법령위반으로 금고 이상의 형을 받거나 품위손상행위를 하였을 때의 면허취소는 가능한데 정부의 의료 시책에 따라 처벌의 수위가 달라졌다.

전문과목표방 허가제도 시행되었다. 의료법 제55조에 의하면 의사·치과의사·한의사로서 전문의가 되고자 하는 자는 대통령령이 정하는 수련과 전문의자격시험을 거쳐 보건사회부 장관의 자격인정을 받아야 하며, 보건사회부장관의 허가를 받은 전문과목 이외의 진료과목을 표방하지 못하였다. 이에 따라 보사부에서는 치과의사전문과목표방심의회를 구성하고, 1962년 10월 제1회 치과의사전문과목표방허가시험을 시행하였다. 그러나 치과의사들은 치과대학 부속병원조차 전문분과체계를 갖추지 못해 시기상조라는 이유로 응시자 전원이 시험에 불참하여 무기한 연기되었다. 그 결과 치과전문의제도는 도입 근거만 법적으로 명시된 상태에서, 하부법령인 졸업 후 수련교육 및 자격인정에 관련된 수련기관 지정기준 및 교과과정·전공의 규정 등 관련 시행규칙이 부재한 상태로 남게 되었다. 의사들의 경우 1964년 15%가 전문의자격을 취득했으나 전문과목만 표방해서는 개원유지가 어려웠다. 따라서 전문의도 전문과목 이외의 진료과목을 표방할 수 있고, 비전문의도 진료과목 표시를 할 수 있도록 필요한 사항은 보건사회부령으로 정하도록 개정하였다(1965. 3. 23).

한편, 1963년 의료보조원법이 제정되면서, 치과위생사와 치과기공사가 법적 자격을 얻게 되었다. 이렇듯 1960년대 의료법은 국가 차원의 의료 정책과 재정, 의료인력 및 시설, 국민의 건강에 대한 인식이나 지불능력 등의 하부구조가 갖추어지기 전에 의료업자들의 의무와 벌칙을 강화하여 재개정되기도 하였다. 이러한 전문직의 국가예속은 국가의 권력이 강하고 시민 사회의 발전이 늦었던 남한 사회의 특수성을 반영하고 있다.

무면허 치과의료업자에 대한 단속의 변화

1960년대 초반 의료인들은 중앙 및 지역 의사회를 중심으로 부정의약업자 단속에 나섰다. 1961년 6월 내무부장관은 4·19 이후 보건사회부로 이관했던 위생사무를 내무부에서 관리하도록 하였다. 일본 강점기 때처럼 경찰력을 동원한 통제 위주의 보건위생 관리가 재개된 것이다. 반면 의사면허 등 의적부 관리는 보건사회부 소관이었다. 의료계는 면허대여행위 방지를 위해 사망자들의 의적부를 정리하라고 요구했다. 그러나 보사부는 예산이 없다는 이유로 방치했다. 이 시기 죽거나 산 치과의사들의 면허증을 대여받아 환자를 치료하거나, 자택 안방에 치과장비를 설치하고 보철치료를 하는 돌팔이 치과의사들이 늘어났다. 1957년에 보건소법(현재 지역보건법)이 제정되었으나 구강보건 관련 조문은 전혀 없고 농촌 지역의 치과의사는 극히 드물었다.

1963년 1차 개정으로 보건소의 업무에 '학교보건과 구강위생에 관한 사항'이라는 규정과 '보건소 시설을 치과의사가 이용할 수 있다'라는 조문이 들어갔다. 정부는 공의진료소를 신축하여 무의촌에 천여 명의 의사와 한의사들을 공의로 파견하였으나, 치과의사의 배치에는 소극적이었다.

1960년대 후반 치과의사는 물론 돌팔이도 도시로 몰려들었다. 불법의료행위 행태도 조직의 형태로 바뀌어나갔다. 주요 상권에 치과 원장을 고용한 사무장 치과들은 야간단속 공무원들과 내통하고 법을 연구하여 적발되어도 실형이 아닌 벌금형으로 풀려 나와 다시 계속했다. 하지만 사회적으로 노동자와 학생들의 민주화 운동이 강해지자, 부정의료업자 단속은 국가의 부정부패 일소와 국민계몽의 하나로 강화되었다.

'보건범죄 단속에 관한 특별조치법(보건복지부, 1969. 8. 4 제정)'은 부정식품·부정의약품·부정독극물사범 및 부정의료 업자에 대한 처벌을 강화함으로써 국민보건 향상에 이바지한다는 명분을 내세운 것이었다. 부정의료업자에게는 무기 또는 2년 이상의 징역에 처하고, 100만 원 이상 1,000만 원 이하의 벌금을 병과하였다. 재범자는 특수가중처벌 조항을 두어 벌금형 아닌 최고의 징역형을 내렸다. 1969년 1월부터 6월까지 집계한 전국의 단속실적의 보면, 면허자 804건, 무면허자(돌팔이) 570건이었다. 그중 가짜의사는 295명, 가짜 치과의사는 118명, 가짜 한지치과의사는 2명 등이었다. 그러나 이러한 부정의료업자 단속은 1972년 유신헌법이 제정된 후에는 시들해졌다. 국민의 의료 필요에 대한 합리적인 의료공급과 사회보장제도의 시행이 절실히 필요한 시기였다.

입치영업자의 한지치과의사 승격

1960년 입치영업자와 북한의 김일성 면허를 지닌 의사들은 보건부에 한지의사 자격으로 무의촌에 보내달라고 호소하였다. 1964년 국회본회의에서는 펜셋의사에게 한지의사 자격을 부여하는 대신, 입치영업의 기득권인정에 관한 청원과 한지한의사 기간철폐청원을 기각하였다. 그런데도 청원이 지속하여 1968년 12월 29일 한의사·한지한의사 및 입치영업자에 관한 임시조치법이 국회본회의를 통과하였다. 1969년 정부는 자격시험에 통과한 이들을 전국 400개의 무의면에 기용할 것을 검토하였다. 이와 같은 입치영업자의 한지치과의사로의 승격은 국민의료법에서 규정한 기득권 보장과 행정착오에 대한 시정, 귀순의업자 구제의 의미가 있다.

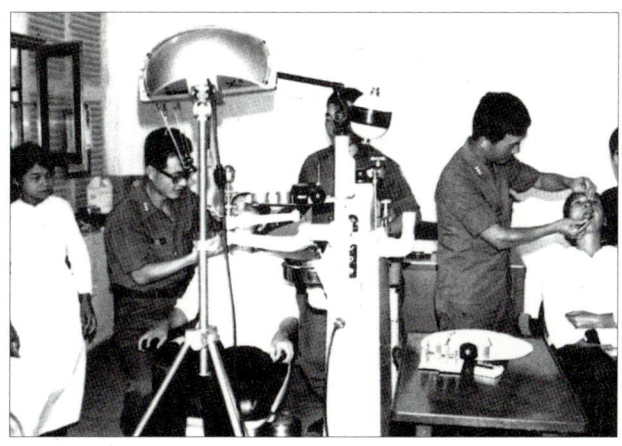

그림 15 베트남 제1이동 진료소 진료 장면(대한민국 육군 치의병과 50년사, 88쪽, 1999)

베트남 참전과 치과의료계

1964년 한국이 베트남전에 한국군을 파병하면서, 비둘기부대, 맹호부대 등에 치의무군의관도 배치되었다. 한국군은 총 4만 7,872명이 참가하여 5천여 명의 사상자를 냈다. 베트남전은 게릴라전으로 악안면 전상환자들이 많이 발생했다. 파월 치과의사들은 구강외과 분야의 다양한 첨단 시술을 시행하였다. 베트남전 동안 제1 이동외과병원, 제102 후송병원 등에 입원해 구강외과수술을 받은 환자 수는 1965년에서 1973년까지 총 546명에 달한다. 이러한 한국 치과군의관들의 활약은 베트남인들에게 한국 치과 의술이 우수하다는 인식을 높여주었다. 1969년 이후 각 치과 대학에 악안면성형외과학강좌가 신설되었다. 대한악악면성형재건외과학회에서는 1990년부터 해외 구순구개열 무료 시술을 아시아에 이어 아프리카와 개발도상국들까지 확대하여 시행하고 있다.

한일 국교 정상화 시기 X-ray와 고속엔진핸드피스 수입

해방 이후 한국의 치과병·의원들이 사용하던 치과재료의 80%는 미국산이었다. 60년대 한국 치과진료 기술의 발전에 가장 선도적인 역할을 한 것은 고속 핸드피스 에어터빈과 X-ray 등의 현대적 진료 장비의 도입이었다. 고속 에어터빈은 기존의 1분에 수천 번 회전하는 재래형 핸드피스 드릴보다 분당회전수가 40만~80만 rpm으로 속도가 증가한 것으로 치료 시간과 환자의 고통을 줄여주었다. 고속 에어터빈은 소위 '바람으로 이 가는 기계'라는 간판을 써 붙일 정도로 인기가 있었지만 비싸서 전국에 몇 대 있었다. 1965년 한일국교 재개 후 일본산 X-ray 장치는 국산조립품으로 시판되면서 대량보급이 가능해졌다. 치과의원 보유 X-ray는 1950년대 6대에서, 1967년 X-ray 159대, 에어터빈 93대, 1976년 X-ray 800대, 고속에어터빈 약 1,000대로 증가하였다. 이러한 현대적 진료 장비 도입으로 한국 치과 진료의 질과 효율이 높아졌다. 한편 하지만 정부는 국산 치과기자재 생산을 장려하기 위해 외국산 치과재료에 대한 수입금지 조처를 내렸다. 치과의사들은 품질 낙후를 이유로 국산 치과기자재 사용을 꺼려 국산 치과 재료의 질 향상과 검사기준 마련이 시급해졌다.

1967년 제5회 아세아·태평양치과회의 서울 개최에 따른 치무과 부활

박정희 정부는 치과의사 보건소 배치나 치무행정 강화에는 관심이 적었지만, 대한치과의사회의 아시아·태평양회의 유치나 사단법인인 한국구강보건협회 설립(1967)에는 적극적으로 후원하였다. 1967년 대한치과의사협회가 아시아태평양치과회의를 유치하면서 치무과가 부활되기도 하였다. 아세아태평양치과회의에는 12개국의 대표들과 연자들이 참석해 각국의 치과현황을 보고하고 객관적으로 비교할 기회를 제공해 주었다. 일본을 제외한 아시아 국가들은 1, 2차 세계대전 이후로 유럽과 미국으로

그림 16 1967년 한국에서 개최된 제5회 아시아태평양치과회의 연자 및 임원 (김종열 교수 제공)

부터 독립했다. 아시아 국가들의 상당수가 자국을 지배했던, 영국·프랑스·미국의 치의학 교육과 행정체계를 받아들였다. 싱가포르와 말레이시아, 오스트리아는 영국지향적인 체계를 가지고 있었고, 인도네시아와 베트남은 프랑스 지향적이었다. 그래서인지 이 나라들은 대부분 공립학교 위주의 5년제 치과대학과정과 중앙구강보건행정기구를 갖추고 있었다. 태국과 필리핀, 한국은 일본과 미국식 6년제 교육과정과 학술 및 기자재를 활용하고 있었다. 그 중 일본과 필리핀은 구강보건행정이 지방까지 체계화되어 있었다. 그러나 한국은 아시아·태평양회의를 개최한 지 3년 만에 치무과를 다시 없애 정부가 치무행정기구를 국제적인 체면치레로만 활용했다는 비판도 있었다.

1967년 치과 이용 환자는 총 국민의 3% 내외로 매우 적었다. 치과의사 수는 1966년 1,767명으로 인구 1만 6,530명당 1명의 치과의사가 있었고, 500명 가량이 서울에 모여 있었다. 환자 수는 적어 지방도 치과 당 하루에 10명 이하의 환자를 보았다. 모리슨 크라운 하나의 가격은 쌀 한 가마에 해당하는 1,500~2,000원으로 비싸고, 시술 시간도 길었다.

경희대학교와 연세대학교 치과대학의 설립과 서울대학교 수련의들의 휴업사태

1960년대 중반 한국의 치과의사들은 전문직으로서의 독점적 시장확보가 가능해졌다. 치과의사 검정고시제도가 폐지(1964)되고, 한지치과의사 면허교부가 각하되면서 한국 치과의사들의 구성은 점차 대학졸업자로 단일화되었다. 의료보조원법이 제정된 후 1965년에 치과기공사 국가고시가 시행되면서 무자격자의 진료도 합리적으로 견제되었다. 이러한 기반 하 대학 당국과 대한치과의사협회는 치과대학 신설을 위해 적극적으로 노력하였다. 1966년 12월 경희대학교 치과대학에 이어 1967년 12월 연세대학교 치과대학이 설립 인가를 받았다. 치과대학 간 상호 경쟁과 협력을 통한 교육이 시작된 것이다. 그동안 서울대학교 치과대학은 기초학교실 육성에 역점을 두었다. 1961년 치과재료학, 1965년 치과약리학, 1966년 계통해부학, 1969년 구강생리학, 1969년 구강생화학을 담당하는 전임교수를 확보하였다. 1966년 예방치과학과 공중구강보건학이 대학원 전공과목으로 승인되었다. 미국의 경우처럼 예진실은 1969년 연건동 치과병원으로 이전될 때 임상검사실과 병록실을 갖추어 구강진단과로 바뀌었다. 구강 분야의 전신질환을 다루는 학과인 구강내과로 명칭이 바뀌었다. 1961년 서울대학교 치과대학 대학원 과정에 연구생 제도가 생겨, 1970년까지 석사 158명, 박사 108명이 배출되면서 임상과 기초분야의 연구논문들이 늘어났다.

한편, 1968년 5월 서울대학교 치대부속병원의 인턴·레지던트회와 학생들은 비과학적이고 무계획한 무능교수의 자진퇴진과 교사이동, 전근대적인 병원시설 및 비합리적 병원운영의 해결 등을 요구하였다. 이 사태는 학교 당국과 인턴·레지던트회 간의 합의에 따라 중단되었다. 이것은 자연발생적으로나마 학내 민주화를 진척시킨 사건이었다.

한국 법치의학 교육의 시작

1960년대 초 사회를 떠들썩하게 만들었던 '부산여인전라살인사건'과 1968년에 발생한 '한강나룻터 여인살해사건', '주한미군 에비-크롬비어 사건'은 모두 법치학적 규명을 통해 피살자와 가해자의 신원을 밝혀낸 사건들이었다. 한강나룻터 여인살해사건에서는 여인의 아래턱에서 깨물린 흔적이 발견되었다. 국립과학수사연구소에서는 여인의 교상흔과 용의자인 남편의 치열을 비교하여 동일인의 것임을 확증하여 사건을 해결했다. 신문에서는 "치흔으로 이룬 과학수사의 개가"라는 머리기사로 대서특필했다. 당시 국립과학수사연구소 법의학과장 문국진 박사는 박정희 대통령에게 치과의사를 채용해줄 것을 건의하였다. 1969년 서울치대 구강내과의 이승우 강사가 법치의학 강의를 시작하였고, 수련을 마친 김종열이 국립과학수사연구소의 법의학관으로 발령받았다.

공격과 방어, 애증의 흔적으로서 치흔

김종열 법의관이 처음 의뢰받은 사건도 1968년 피살된 여성의 유방에 생긴 교상흔이었다. 용어상 치흔은 사람의 치아 자국을, 교상흔은 깨물린 상처 자국을 의미한다. 교상흔의 경우 성적 애무로 흡입하며 깨물 때는 피

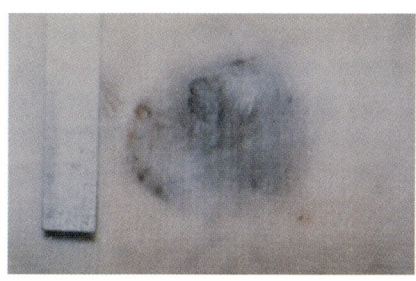

그림 17 성적으로 흡입하면서 교흔을 남긴 예
(김종열, 『법치의학』, 지성출판사, 362쪽)

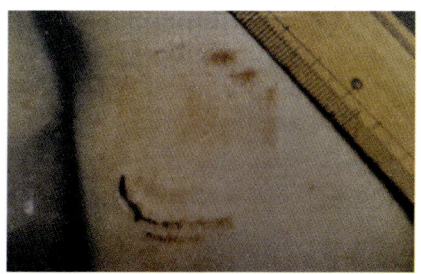

그림 18 방어수단으로 상대방의 팔에 가한 교흔
(김종열, 『법치의학』, 지성출판사, 362쪽)

하 모세혈관의 출혈과 가볍게 깨문 흔적이 남는다. 반면 성폭행에 의한 경우에는 깊고 날카로운 흔적과 표피 상처가 남는다. 김 법의관은 피의자인 주한미군 에비-크롬비어의 치아석고 모형을 여러 가지 색깔과 각도로 절삭하여 피해자의 치흔과 비교하여 계측하고, 분석하여 동일인의 것임을 확인하였다. 이것이 유력한 증거물이 되어 공소가 유지되었고 법정대리인이었던 미국인 변호사도 깨끗이 승복하여 사건이 해결되었다. 이러한

인물탐구 광주 명예시민 뉴스마의 치과철학과 삶

뉴스마(유수만, Nieusma, DH. 1930. 9. 20~2018. 7. 7)는 1956년 미시간 치과대학을 장학생으로 졸업한 후 1961년부터 25년간 한국에서 활동한 선교사다. 미국으로 돌아간 뒤에도 북한을 몇 차례 방문해 이동식 치과의료차량을 보급하고, 한국에 뼈를 묻은 치과의료선교사다. 그는 리비가 낸 광고를 보고 광주기독병원 치과선교사를 지원해 부인 루스(유애진)와 한국에 왔다. 2년간 연세대학교 한국어학당을 다니며 대한민국 치과의사면허를 취득했다. 1963년 광주기독병원 치과에 부임하였고, 치과전공의 수련과정을 개설하였다. 뉴스마는 탁월한 진료와 교육, 솔선수범하는 삶을 통해 다음과 같은 10가지 치과 철학을 전해주었다.

그림 19 유수만의 대한민국 치과의사면허증

첫째, 남에게 대접을 받고자 하는 대로 남을 대접하라.
둘째, 환자의 총체적 필요에 관심을 기울여라.
셋째, 가장 앞선 기술과 재료와 장비로 훌륭한 치료를 제공하라.
넷째, 영구적 조치를 하기 전에 환자의 구강 상태를 개선하라.
다섯째, 환자를 제 때 치료하기 위해 모든 노력을 다하라.
여섯째, 가난한 사람도 부자와 똑같은 관심과 존중의 마음을 갖고 치료하라.

치흔 감정이 사법검시에서 결정적 증거로 인정받기 위해서는 치과의사 법의관이 사건 현장감정부터 부검과 수사 전 과정에 밀접하게 참여할 수 있도록 제도적 장치가 마련되어야 한다. 그러나 현재 우리나라의 검시제도(檢視制度)는 법원의 영장이 없으면 법의관이 사건 현장에서 변사체를 과학적인 물적 증거로 확보할 기회와 재량 권한이 없어 이에 대한 보완이 필요하다.

일곱째, 치과 의료진에게 온유하게 대하고 가르쳐라.
여덟째, 환자가 원하는 것이 아니라 환자에게 필요한 것을 주라.
아홉째, 환자에게 예수님의 사랑을 보여주라.
열째, 환자의 영적 상태에 관심을 가지라.

광주기독병원 수련의들은 매일 아침 발표하고 토론하였고, 주말에는 뉴스마가 운전하는 차를 타고 나환자병원이나 소년원 등을 찾아가 매년 1만여 명의 환자들을 진료했다. 뉴스마는 무의촌에서 얻어먹는 김치를 좋아했다. 한국어 실력도 뛰어나 사투리 섞인 농담으로 구강암 환자를 웃겨가며 특수보철 치료를 해주었다. 한국어 동사표와 한국어 어휘집을 만들었고, 한국 최초의 언어병리학 프로그램 연구에 참여하여 구개구순열 환자의 비음을 감소시키는 방법에 대해 강의하기도 하였다. 호남지역의 조선대학교치과대학과 전남대학교 치과대학, 광주보건대학 치위생학과의 개설과 강의에도 적극적으로 참여하였다. 제자들은 늘 웃음을 잃지 않으면서도 창의적인 뉴스마의 매력에 이끌려 1982년 치과의료선교회를 창설하였다. 한쪽 귀가 멀고 손가락 끝이 갈라질 정도로 헌신했지만, 뉴스마는 선교회 급여 이외의 어떤 대가도 받지 않았다.

광주시는 1986년 귀국하는 뉴스마에게 명예시민증을 수여하였다. 뉴스마는 미국의 네브래스카치과대학 교수직을 은퇴한 뒤에도 선교치과의사활동을 지속하였다. 2003년 치과의료선교회는 우즈베키스탄에 '닥터 뉴스마 기념 치과병원'을 설립하였고, 2019년 뉴스마의 유해가 광주에 있는 호남신학교 선교사 묘역인 양림동산에 안장되었다.

또한, 강간을 당한 위기의 여성들이 상대방의 혀를 깨무는 사건은 최근에도 종종 보도되고 있다. 1966년에는 여성이 중상해죄로 6개월간 구속된 상태에서 집행유예 2년을 선고받았다. 하지만 혀의 완전한 절단은 극히 드물고, 혀 앞쪽 1/5의 결손으로는 발음 장애도 발생하지 않는다(Nacke, 1904). 1988년에 발생한 사건에서는 2심에서 무죄를 선고받았으며, 최근에는 정당방어인지 과잉방어인지를 감별하는 차원에서 수사하고 있다. 그래서인지 최근 어린이나 일부 여성들이 배우는 호신술이나 근접격투술에서 깨물기는 상대의 혀를 찌르는 강력한 기술로 추천되고 있다. 보통 성인은 앞니로는 20kg, 송곳니는 30kg, 어금니로는 60kg까지 깨물 수 있다.

1970년대 치과의사들의 전문직 위상 확립

대연각 화재 사건에서의 개인식별

1970년 서울 인구는 550만 명이 넘어섰고, 고속도로 건설에 박차를 가하면서 교통사고도 늘어났다. 1970년 K중학생 수학여행버스 참사를 시작으로, 1971년 8월 실미도 사건, 12월 대연각 호텔 화재사건이 일어났다. 대형참사사건들이 잇따라 발생하자 법치의학적 식별이 필요하였다. K중학생의 경우, 버스의 앞문에 불이 붙었을 때 창문도 모두 막대로 차단되어 있었다. 그래서 학생 46명 모두가 검게 타 개인 식별이 어려웠다. 학생들의 치아와 혈액형을 검사해 기존의 신체검사표와 비교하여 개인식별을 했다. 이것이 학계와 관련 공무원들에게 알려지자 대연각 호텔 화재 사망자 식별에도 법치학자가 투입되었다. 대연각호텔은 1층에서 일어난 불이 22층 건물 스카이라운지까지 번져 총 163명의 사망자가 발생했다. 법치의학관들은 유가족의 진술과 생전의 진료기록, 방사선 사진 등을 확보하여 검게 타버린 시체의 치아와 충전물이나 보철물의 상태, 악안면 골격 등의 실물과 비교분석하여 45구의 신원 확인에 성공하였다. 이를 통해 개인의 특징 파악이 쉽고, 파괴에 대한 저항성이 큰 구강악안면부위를 다루는 한국의 법치의학적 방법의 우수성이 국민들과 세계 법치의학계에 알려지게 되었다.

그림 20 대연각 참사자 45구의 신원확인에 성공한 법치의학을 알린 신문기사(김종열, 『법치의학』, 지성출판사, 551쪽)

자주적 치의학 교육을 위한 노력

1970년대 초반에는 치과대학을 중심으로 치의학 교육개혁론이 대두하였다. 서울대학교 교과과정위원회(1971)가 결성되고 일부 교수들은 WHO의 의학교육자 훈련과정에 참가하였다. 그 결과 외국원서의 이론에 치중해있던 교육에서 한국 국민의 구강병치료 필요와 지역사회의 보건문제를 해결할 수 있도록 현장실습과 실질적인 임상교육을 강화했다.

한편, 치과전문의 수련의에 대한 수요가 증가하며 1972년 전문의 수련규정(대통령령)이 제정되어, 10개 과목에 대한 치과전문의 수련 제도가 시행되었다. 그러나 치과전문의 자격시험제도 실시를 위한 절차 관련 시행규칙이 제정되지 않아 수련만 시행하고 전문의 배출은 차단되는 상황이 2008년까지 지속하면서, 치과전문의제 시행에 대한 심각한 갈등이 드러나게 되었다.

치과진료 및 기자재의 발전

1970년대 한국의 치의학문의 추세는 치과 임상과 기초학을 접목하는 것이었다. 교통사고의 증가로 구강외과에서 전신마취기가 사용되고 국소마취제인 리도카인도 수입되기 시작하였다. 국산 항생제와 소염제가 시판되기 시작하였다. 치주학 분야에서는 치은이식술, 치은절제술, 치주점막박리판막술과 같은 수술 방법들이 주한미군 치주과 군의관들의 임상시범을 통해 보급되었다. 국산 구강청정제와 세정기, 구취제거용 껌, 식물성 비항생물질제제인 인사돌 등도 판매되었다.

전후 급속한 출생률 증가와 경제발전을 통한 생활과 문화 수준이 향상됨에 따라 서울 지역의 소아치과 환자도 늘어나게 되었다.

심미적인 재료와 술식에도 발전이 있었다. 전치부 치아수복재가 실리케이트 시멘트(Silicate Cement)에서 컴포지트 레진(Composite resin)으로 바뀌었고 국내 재료도 개발되었다. 도재소부치아(PFM)술식의 도입으로 치아삭제량이 많아져 근관치료학(신경치료)에 대한 관심도 높아졌다. 보존학 분야는 1977년에 의료보험이 실시되면서 아말감 국산화가 시도되었으며, 핀(pin)을 이용한 아말감충전도 이루어졌다. 1974년인 제1차 석유파동 때 보건사회부는 국산품 장려 목적으로 치과재료의 수입을 금지했다. 그 결과 미국산 치과재료 수입품은 5% 미만으로 감소했다. 그러나 국산 재료의 질이 국제표준에 못 미쳐 국민보건에 해를 끼칠 것을 우려한 치과의사들은 정부의 수입금지조치에 대해 항의했다.

국산 에어터빈을 갖춘 치과 유닛 체어는 1967년부터 개발되기 시작하였고, 신흥치과산업주식회사에서는 일본의 모리타와 쇼후와 기술제휴를 통해 치과유니트 부품을 조립하는 방식으로 성장하였다. 1978년 미국의 수입개방 압력에 의해 1대에 5천 달러인 치과 유닛 체어와 엔진, 파노라마와 방사선 유닛(Panoramic & Cephalometric X-Ray Unit)이 수입되었다. 1976년 중동 건설 붐으로 국내 경기가 되살아났기 때문에, 늙은 부모님께 효도하기 위해 틀니나 보철물을 제작해드리는 사례가 늘어났다. 서울대학교 치의예과 입학시험 컷트 라인이 1977년과 1978년 연이어 서울대학교 의예과를 능가하면서 한국 치과의료 산업의 발달이 예고되었다.

타율적인 구강보건행정 속 윤리강령 제정과 설탕 덜 먹기 운동

대한치과의사협회는 1971년 치과의사윤리 강령을 제정하였다. 하지만 실질적인 행위규범이기보다는 추상적 가치를 밝힌 인술(仁術) 선언문이었다. 이 문서에는 인류 구강 보건에 헌신, 학술연마에 노력, 새로운 시술 사용 시 신중, 동료 존중, 도의 앙양 등과 함께 영리적 동기를 배제하겠다는 지키기 어려운 약속이 포함되어 있었다. 히포크라테스 선서는 의사는 고귀한 가치에 귀의해 희생을 무릅쓰고 환자를 돌보는 사람이라는 환상을 심어준 측면이 있다. 의사는 행정 권력의 통제 속에 있지만, 인술을 행하기에 직업조직의 운영에서는 권위적이었다. 환자에 대해서도 문화적 우위와 윤리적 권위를 지니고자 했다.

그림 21 설탕 섭취로 인한 충치 증가를 막기 위해 대한치과의사협회가 벌인 설탕덜먹기 운동 기사(대한치과의사협회)

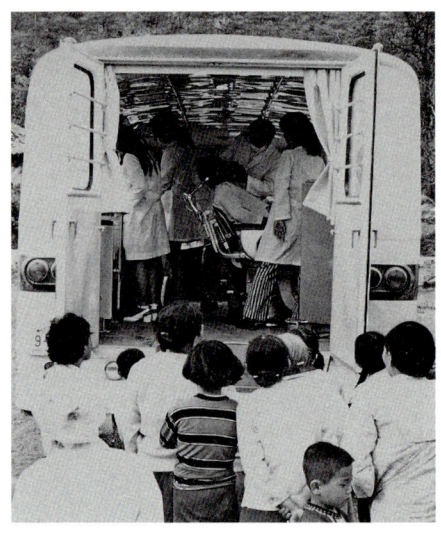

그림 22 연세치대의료진의 이동치과진료모습(연세대학교 치과대학 홈페이지)

1970년 새마을 운동이 시작되면서 박정희 대통령은 치과의사와 학생에게 버스순회진료사업을 하도록 했다. 내무부는 신진자동차공업회사(대우자동차의 전신) 사장이 기부한 이동진료차 10대를 각 도에 배속시키고, 새마을 운동의 하나로 치과의사들을 타율적으로 동원하였다. 보건사회부는 역시 보건지소에 치과의사를 배치하는 데에는 인색하였다. 1974년 전국 1,340개 면 지역에 보건지소를 만들었는데, 예산 부족을 이유로 치과의사는 31개소에만 배치하였다. 그 결과 전국의 무치의면은 1,290개소, 치과의사의 도시집중률은 91%나 되었다. 이에 대한치과의사협회는 정부가 장기적이고 과학적인 구강보건 정책과 사업을 하도록 제안하기 위해 정책위원회를 1976년에 발족시켰다.

1970년대에는 한국인의 충치가 급격히 증가한 시기였는데, 주범은 설탕이었다. 1971년에서 1980년까지 한국 12세 청소년 중 충치를 지닌 청소년 비율(치아우식유병률)은 2배 이상 증가(1971년 33.9%, 1980년 74.6%)하였다. 1인 평균우식경험 치아 개수도 5배 이상 증가하였다(1971년 0.60개, 1980년 2.46개). 대한치과의사협회는 1978년 설탕 덜 먹기 운동을 통해 벌려 소비자들에게 설탕의 위해성을 알리고, 설탕 사용 제품에 경고문을 삽입하도록 보사부에 건의하였다.

수유와 연관된 유아기우식증(충치)의 진행 과정

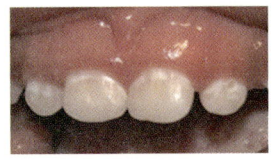
흰색 반점 또는 띠

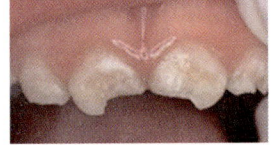
깨져나간 치아 표면

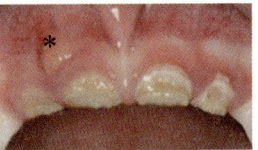
치통, 고름*, 발치 필요

그림 23 수유와 연관된 유아기 충치가 흰 반점으로 시작해 빠르게 진행하여 뿌리 끝 고름이 잡힌 사진
(『전문가가 알려주는 어린이와 청소년의 치아이야기』, 대한소아치과학회 제공)

3대 구강병 치아우식증

충치는 입안에 존재하는 세균이 분비하는 산에 의해 치아가 파괴되는 질환이다. 막 태어난 아기는 입안에 충치가 존재하지 않지만, 곧 부모로부터 침을 매개체로 감염될 수 있다. 유아기에 나타나는 충치 중 대표적인 것은 만 1~2세 나이에 수유와 연관되어 위턱 앞니에 나타나는 충치이다. 유아기 충치는 처음에는 하얀 반점 같은 형태로 시작되지만, 어린아이일수록 충치 진행 속도가 매우 빠르고 공격적일 수 있다. 충치가 잘 생기는 조건으로 치아의 형태, 유전, 치아의 성질, 타액 분비와 성분, 면역체계, 단당류와 같은 충치유발성 음식, 치면막 세균 등이 있다. 1914년도 역학 조사에서 일본인 아동 중 충치를 가진 아동의 비율(충치유병률)은 96%이나, 조선인 아동의 충치유병률은 35%이고, 농촌 아동은 10%에도 미치지 못한 것으로 나타났다. 1919년 이후 설탕이 널리 보급되면서 아동의 충치도 늘어났다.

근래 우리나라 5세 아동의 우식경험유치지수는 2003년 4.12에서 2015년 3.07개로 약 1.05개 감소하였다. 5세 아동이 평균 3개 정도의 충치를 지니고 있다는 것이다. 2012년 조사에 비해 소폭 증가하였으나 전반적으로 감소된 양상을 유지하고 있는 것으로 나타났다. 소아의 충치를 예방하기 위해서는 돌 전에 치과 검진을 받고, 6개월 이후에는 우유병 대신 컵을 사용하며, 단 음식은 빈도와 물고 있는 시간을 줄이고, 불소치약으로 하루 2번 이상 이를 잘 닦고 치과의사와 상의하여 정기적으로 불소-인산염 바니시를 정기적으로 발라주는 것이다. 만 6세 전후에는 첫영구치 어금니가 나오는데, 6세의 '6'이라는 숫자와 어금니 구치(臼齒)의 '구'를 숫자화하여 치과의사와 학생은 1946년부터 매년 6월 9일을 기념하는 행사를 해 왔다. 2013년부터 6월 9일은 국민건강증진을 위한 '구강보건의 날'로 지정되었다.

요약

신생 대한민국 정부는 구강보건 행정기구를 축소했다. 치과의사들은 의·치일원화와 구강과 명칭개정 운동을 벌였으나 실패했다. 한국전쟁 중 국민의료법을 제정했다. 전후 미국원조와 군진치의학, 해외 유학을 통해 치과의료계를 복구했다. 더불어 무면허 치과의료업자의 단속과 6년제 치과대학 교육제도를 도입하여 치과의사의 진료 독점권을 확보하였다. 이어 미국 치과학 모델에 따라 전문직으로서의 기초와 임상분과, 분과학회, 윤리를 마련하고, 선진 학문과 기자재를 발전시켜 전문직업인으로의 위상을 확립하였다. 그러나 구강보건행정이 미약하여 구강병은 늘고 도시 집중은 심화하였다.

7

의료보험의 시작과 확장기
(1977~1989)

우리나라에서 사회보장제도로서의 의료보험은 한국 수출 100억 달러를 달성한 1977년에 시작되었다. 미약하나마 국민이 인간다운 생활을 하는데 필수적인 구강 건강에 대한 수요가 의료보험을 통해 충족되기 시작한 것도 바로 이때부터다.

한편 1980년 광주항쟁 이후 정부가 실시한 대학 졸업정원 제도와 같은 교육정책은 한국인의 고등교육열과 한국 사회의 발전 방향을 제대로 반영한 것인지 살펴볼 필요가 있다. 더불어 년 8~9%의 경제성장과 1987년 민주화 대투쟁에 대한 보상책으로 전국민의료보험을 실시하고, 전국적인 치과의료체계가 구축되는 과정을 살펴 한국 치과의 발전 방향을 모색해보자.

임의보험의 시대(1963~1976)

냉전 체제 속에서 1960년대는 북한이 경제적으로 남한보다 조금 앞선 상태였다. 1961년 쿠테타로 집권한 군사정부는 북한보다 우위를 점하기 위한 각종 사회제도의 정비를 모색하였다. 이러한 노력 속에 1963년 국가재건최고회의를 통해 의료보험법이 제정되었다. 당시의 의료보험은 가입의 강제성이 없이 기업이나 자영자들이 임의로 조합을 설립하여 운영하는 방식이어서 '임의의료보험'이라 부른다. 최초의 의료보험조합은 '호남비료주식회사의료보험조합'이었는데 1965년에 2,000여 명의 근로자와 피부양자를 대상으로 설립되었다. 일반 지역주민을 대상으로 하는 최초의 자영자 조합은 부산지역의 교회들이 주도하여 1969년에 설립한 '부산청십자의료보험조합'이다.

이 임의적용 방식의 의료보험은 몇 가지 한계를 지니고 있었다. 아플 때 가입하고 안 아프면 탈퇴하는 심리에 의해 가입자가 많이 늘어나지 않았다. 보험급여를 제공하는 의료기관의 수도 적고 제공의료기관의 선택이 조합에 의해 제한되어 보험가입자의 의료접근성도 낮았다. 보험료는 소득과 무관하게 일정하여 저소득층은 가입하기 어려웠으며, 보험료가 낮아 급여의 범위도 한정적인 데다가 본인부담비율은 높아 피보험자의 만족도가 낮았다. 그 결과 임의적용 방식의 의료보험은 사회보험인 의료보험제도가 도입되는 발판이 되었을지언정 당시 국민의 보건의료에 실질적 기여를 했다고 보기 어렵다. 치과 분야는 보험급여 항목으로 포함되지 않았다. 치과 분야의 의료보험적용은 사회보험으로서의 의료보험과 함께 시작되었다.

사회보험으로서의 의료보험의 시작

1974년 정부는 보건사회부에 복지연금국을 설치했지만, 오일쇼크로 제도의 추진이 어려웠다. 이 시기 북한은 '삐라'를 통해 조선민주주의인민공화국은 빈부격차와 치료비가 없는 살기 좋은 세상이라고 홍보하였다. 1975년 정부는 제4차 경제개발 5개년 계획이 시작되는 1977년에 사회보험으로서의 의료보험을 도입하기로 하였다. 보건사회부 신현확 장관은 연금제도의 준비부서였던 복지연금국 수리조사과에 의료보험개발 업무를 맡겼다. 당시 수리조사과의 과장은 공석이고 직원은 두 명뿐으로 이들은 의료보험에 대한 지식이 전혀 없는 상태였다. 보건사회부 담당자와 의협 관계자는 1976년도 말에 '의료보험 수가조정위원회'를 구성하고 일본의 의료보험제도를 살피기 위해 출장을 떠났다.

일본은 독일의 의료보험제도를 받아들여 1927년부터 임금노동자 강제가입 건강보험을 실시하였고, 1961년부터 농어민과 자영업자 의료보험을 실시한 상태였다. 일본 출장지에서 일본의 치과 분야에 의료보험이 적용되고 있음을 알게 된 정부는 뒤늦게 치과 분야도 의료보험에 포함하기로 했다. 정부는 의과 분야의 수가는 일본에서 얻어온 정보와 11개 국내 병원의 난이도, 시술 시간, 빈도 조사자료 등을 기반으로 관행 수가의 75% 수준으로 설정하였다. 그에 비해 치과 분야는 국내의 급여항목과 수가 결정을 위한 기반조사를 할 시간이 부족했다. 정부는 재정추계상 보철급여가 불가능하다고 판단하고, 일본의 '치과진료보수 점수표'에서 보철 부분만을 제거한 채 일본의 급여 항목을 한국 치과의료보험에 그대로 적용하기로 하였다. 일본의 진료항목별 진료수가 1점당 우리 돈 10원으로 환산하여 불과 며칠 만에 치과 분야의 보험급여 항목과 수가를 결정하였다.

정부는 재정투입을 최소화하기 위해 '의료보험공단'을 설립해 보험료에 기반하여 의료보험을 운영·관리하게 하였다. 또 보험료 징수와 관리가 수월하도록 큰 기업에서 월급을 받는 근로자부터 시작하여 강제가입 대상자를 단계적으로 늘려가기로 하였다. 1977년 7월 1일 강제가입 방식의 사회보험으로써 500명 이상이 근무하는 '직장의료보험'이 시작되었다. 더불어 1977년 12월 의료보호법이 제정되어 보험료 부담 능력이 없는 빈곤층에게 국가 예산으로 의료를 공급하는 의료보호제도도 실시되었다. 1979년에는 공무원 및 사립학교 교직원 의료보험을 시행하였다.

의료보험이 강제로 시행되자 진료접근성을 높이는 것이 정부의 과제가 되었다. 1977년 당시 치과의사는 2,823명이고 한지 치과의사가 75명이었다. 치과병원은 4개로 서울과 부산지역에만 있었다. 치과의원은 1,720개로 54.5%가 서울에 집중되어 있었다. 그 외 지역은 제주도는 10개, 강원도와 충청북도는 각 33개, 전라북도 40개, 전라남도 54개에 불과하여 의료보험에 따른 치과 진료를 받기 어려운 상태였다. 정부는 당시 5개였던 치과대학의 수를 늘리기로 하였다. 1979년 3월에 전남대, 전북대, 부산대, 원광대 치의예과에 신입생이 입학하였고, 1980년에 단국대에 치의예과에 신입생이 입학하여 불과 2년 만에 치과교육기관이 2배로 급증하였다.

1980년 대학 졸업정원제도가 치과대학교육에 미친 영향

대학 졸업정원제 도입 배경

대학 졸업정원제와 과외금지 정책이 주된 내용이었던 1980년 7월 30일에 발표된 '교육정상화 및 과열과외 해소방안'(이하 '7·30 교육개혁안')은 우리나라의 사회정치적 변화의 산물로 탄생하였다. 1979년 10월 26일 박정희 대통령이 피살된 후 최규하 국무총리가 통일주체국민회의에서 제10대 대통령으로 선출되었다. 이로써 국민은 장차 유신체제와 군사통치가 종식될 것을 기대하였다. 그러나 12·12사태를 거쳐 전두환(당시 계엄사령부 합동수사본부장)을 중심으로 한 일부 군부 세력이 권력을 장악하였다. 1980년 봄부터 신군부의 정치 관여에 반대하는 대규모 학생 시위가 심해지는 상황이 지속되었다. 정부는 5월 17일에 종전의 지역 비상계엄을 전국 비상계엄으로 확대해 시행하였고, 5월 18일에는 민족의 비극인 광주사태(1997년 공식적으로 광주민주화운동으로 재평가)가 발생하였다. 이것이 결정적인 계기가 되어 5월 27일 국무회의의 의결을 거쳐 국가보위비상대책위원회(이하 '국보위', 위원장 최규하 대통령)가 탄생하고, 국보위 상임위원회의 위원장에 전두환(당시 중앙정보부장 서리)이 임명된다. 당시 집권 세력들의 큰 관심사는 민심을 수습하고 정치에 관한 관심을 분산시키며, 나아가 정권을 조기에 창출하는 것이었다. 국보위가 '과외망국론'이 거론될 정도로 심각했던 과열과외 문제에 관심을 표명함으로써 많은 국민의 지지를 받을 수 있을 것으로 판단한 것은 정치적 관점에서 볼 때 자연스러운 것이었다고도 볼 수 있다. 이에 국보위는 제5공화국이 정식으로 출범하기 전에 '7·30 교육개혁안'을 발표하게 된다. 이 개혁안은 국보위 상임위원회 산하 문교·공보위원회(이하 '문공위원회', 위원장 오자복)가 한국교육개발원을 통해 급하게 입안한 개혁안으로서, 대통령의 인가 없이(사후에 합의라는 형식을 거침) 1980년 7월 29일에 국보위 상임위원장(전두환)에게 보고하고 7월 30일에 문공위원장이 기자회견을 통해 이를 발표한 후, 문교부(장관 이규호)가 일방적으로 받아서 실시하게 되었다.

졸업정원제 도입

대학 졸업정원제는 각 대학의 졸업정원의 30%에 해당하는 인원을 초과 모집하되 학업의 경쟁을 통하여 졸업정원 해당자만 졸업시키도록 하는 제도였다. 당시 졸업정원제를 도입하는 취지로 대학 입시경쟁을 완화하여 그동안 과열되었던 과외공부를 해소하고, 입시 위주의 고등학교 교육을 전인교육으로 정상화하며, 재수생 수를 감소시키고, 경쟁을 통해 대학의 면학 분위기를 높여 질적으로 보장된 고급인력을 배출하자는 것이었다. 그러나 여기에는 학생들이 학원소요에 가담하지 못하게 하려는 정책적 의도도 있었다. 또한, 재정의 대부분을 학생들의 등록금에 의존하고 있는 사립대학에 학생 수 증가를 통해 생긴 여유 재원으로 교수와 시설을 확충할 수 있는 발판을 제공하기도 하였다.

졸업정원제 문제점 및 제도 폐지

졸업정원제가 처음으로 시행된 1981학년도 입시의 경우, 졸업정원제의 상대적인 경쟁을 의식한 하향 지원 및 심한 눈치 경쟁으로 인해 서울의대를 비롯한 일부 의과대학과 치과대학의 경우 사상 초유의 정원 미달 사태가 발생하기도 하였다. 이후에도 졸업정원제 도입 취지와는 달리 운영과정에서 대학의 자율성과 각 대학의 특성이 고려되지 않는 국가 방침에 따른 일률적이고 경직된 제도로 인해 입학성적이 좋은 학생도 중도에 수료하게 되고, 중도 수료자가 다시 진학·편입학할 기회가 거의 없는 등의 문제가 제기되었다. 또한, 외형적으로 보면 면학 분위기가 조성된 것처럼 보였으나, 학생들 사이에 서로 가르치고 배우는 풍토가 사라지고, 교수와 학생 간 사이가 소원해지는 등 비교육적 현상도 함께 발생하였다.

이러한 문제가 제기됨에 따라 1983년 8월에 대학이 융통성 있게 운영할 수 있는 방향으로 졸업정원제를 개선하고자 하였으나 졸업정원제가 가진 근본적인 문제점을 계속 해소하지 못했다. 결국, 1985년 입학정원을 대학 자율에 맡기면서 졸업정원제는 사실상 폐지되었고, 1988학년도부터 입학정원제가 실시됨에 따라 완전히 폐지되었다.

대학 졸업정원제 시행으로 인해 대학입학 문호가 확대됨에 따라 부수적으로 대학 진학에 대한 가수요가 점진적으로 증가하였다. 이는 이러한 사회적 욕구에 따른 1990년대의 폭발적인 대학 설립 및 전문대학의 4년제 대학으로의 전환 등으로 인해 대학생 수가 급증하게 된 실마리를 제공하였다.

세계 최단기 전국민 의료보험으로의 확장

1980년대는 연평균 8%의 경제발전에 따른 소득증대와 사회적 불안을 안정시키고자 하는 정치적 측면에서 의료보험의 확대가 가속하는 시기였다. 1977년에 500인 이상 기업을 대상으로 시작된 의료보험은 1979년 300명 이상, 1981년 100명 이상, 1983년 16명 이상, 1988년에는 5명 이상 근무하는 근로자를 가진 사업장으로 급격하게 의무가입대상을 확대했다. 그에 비해 농어촌 주민과 도시의 자영업자들을 대상으로 하는 지역의료보험제도의 실시는 늦춰지고 있었다. 근로자와 비교해 소득 파악이 쉽지 않아 보험료 책정이 까다롭고, 월급에서 원천징수하는 근로자와 달리 가입자가 은행에 직접 납부해야 하므로 보험료의 징수도 쉽지 않았기 때문이다. 1981년 시범사업의 형태로 지역의료보험조합이 설치되었다. 그 후 1988년 1월이 되어서야 농어촌 주민의 의료보험 가입이 의무화되었고, 1989년에 도시 자영업자의 의무가입이 시행되었다. 그 결과 의료보험 시작 12년 만에 개발도상국에서 최단기로 의료보호 대상자를 제외

표 1 직장의료보험 강제적용대상 규모의 변천

연도	근로자 수	연도	근로자 수
1977년	500명 이상	1983년	16명 이상
1979년	300명 이상	1988년	5명 이상
1981년	100명 이상	2001년	모든 사업장

한 전 국민에 대한 의료보험제도가 시작되었다.

막상 전국민 의료보험제도를 시행하였으나, 지역의료보험은 재정형편이 어려웠다. 보험료의 절반을 사업주가 부담하는 직장의료보험 같은 장치가 없어서 가입자들의 불만이 높고 보험료 체납률도 높았다. 또 근로자들이 퇴직함과 동시에 지역의료보험에 자동 가입되는 제도이므로 지역의료보험에는 평균수명 증가와 함께 노령 가입자가 많아지게 되었다. 노령자는 의료필요도가 높아 지역의료보험의 저수입 고지출 현상이 계속되었다. 직장의료보험조합과 지역의료보험조합 간의 격차를 없애는 통합을 해야만 전국적으로 안정적인 보험 운영을 도모할 수 있는 상황에 부닥친 것이다.

치과 병·의원들은 지역의료보험조합이 진료비 지급을 연체하는 등 재정적자에 따른 문제점이 나타나면서 의료보험을 통합하여야 할 필요성에 동감하였다. 1980년대 치과 진료를 받는 인구는 1981년에는 전 국민의 17.8%에서 1987년에 33%로 증가하였다. 그러나 무자격자에게 보철시술을 받는 이들도 있었다. 대한치과의사협회는 치아를 살리기 위한 치주, 보존, 소아치과 진료 분야를 위주로 의료보험 급여의 적용 범위를 넓히고 진료비를 인상할 것을 제안하였다. 의과와 치과의 의료보험료 수입실태를 살펴보면 1990년을 기준으로 의원의 월 보험료 수입 평균은 940만 원이었던 데에 비하여 치과의원은 265만 원으로 의원의 28% 수준이었다.

전국적 치과의료전달체계의 구축

1980년대는 한국의 의료 및 치과의료체계가 구축된 시기다. 1차 보건의료란 개념은 1978년 9월 알마아타 선언을 통해 134개국에 전해졌다. 일차보건의료란 지역주민과 가족 단위의 자발적 참여와 행정 및 보건의료 종사자들의 노력으로 그 비용을 감당하고 받을 수 있는 기초적인 보건의료이다. 당시 알마아타 회의에 참여했던 한국 대표는 한국 실정에 맞는 제도를 고민했다. 1978년 12월 '국민보건의료를 위한 특별조치법'이 제정되어 1979년 의사 300명, 치과의사 304명이 공중보건의사로 농어촌에 배치되었다. 1980년에는 농어촌보건의료를 위한 특별조치법으로 전환되어, 1991년까지 1,384명의 공중보건치과의사들이 배치되었다.

치과대학 수도 1991년까지 11개로 증가하였고, 제주를 제외한 각 도에 치과대학 부속병원이 설치되었다. 의료보험을 전 국민 대상으로 확대하는 과정에서 정부는 1차 의료를 2차, 3차 보건의료기관에 종사하는 공공 및 민간의료인들과 효율적으로 연계하는 전국적인 의료전달체계를 구축하고자 하였다.

치과 분야는 의과보다 입원이나 대수술을 위해 치과병원이나 치과대학 부속병원에 의뢰되는 환자가 적다. 대한치과의사협회는 치과전달체계를 두 단계로 나눌 것을 제안하였다. 1차 진료를 모든 치과 의료기관에서 담당하고, 2차 진료는 환자가 1차 진료기관이 발급한 진료 의견서를 지참하여 전국 단위의 치과병원을 이용하는 방식이 진료의 지속성과 효율성을 높일 수 있다고 판단하였다. 포괄적인 치과진료가 가능하도록 보존과, 치과방사선과, 예방치과, 구강진단과, 구강병리과를 진료과목으로 추가하도록 안을 제출해 1988년 관련 의료법 시행규칙을 개정하였다. 치과의료의 체계의 질 관리를 위한 정책 연구와 조직 실무도 강화하였다. 치과의사

질 향상을 위해서는 치과대학의 정교수 확보와 학생들의 기초 및 임상술기 교육 강화를 위한 국립대학 치과병원의 독립, 외국인 치과대학 졸업자와 외국치과의사 면허소지자들의 국가시험 응시자격 평가 예비시험실시와 치과의사 보건소장 임명 등이 요구되었다. 부정의료행위도 지속하여 치협 내 윤리위원회와 지부별로 의료자율감시위원회를 두었고, 의료기사법 시행령 중 기공소의 단독설치 항목삭제와 치과조무사제도 실시를 요청하였다. 환자의 안전을 위한 치과기자재의 품질향상과 국산화를 위한 노력도 배가되었다.

치과기자재 규격집 발간과 국제표준화기구 치과 분야 가입

대한치과의사회가 1955년에 설립한 기재소비조합의 운영이 실패한 이후 치과기자재 산업은 영세한 수입판매상과 제조업체들에 맡겨져 왔다. 치과용 합금의 경우 1950~1960년대에는 치과용 합금 상인들이 전당포에서 구매한 금, 은, 동, 백금 등을 임의로 배합하여 판매하여 변색, 부식, 파절 등의 문제가 발생했다. 그래서 1970년대 말까지 개원가에서는 미국에 거주하는 정보라 교수의 자문에 따라 금은방에서 순도를 보장하는 금, 은, 동, 백금을 구매하여 7:1:1:1로 배합해 사용해 왔다(서울치대 명예교수 김철위 자문). 의료보험이 확대되면서 대한치과의사협회가 직접 국산 치과재료 생산의 육성발전을 위해 제조과정 및 품질검사, 공급가격 조정에 참여한 것은 1980년부터이다. 치협은 국산치과규격집 제작을 위해 치과재료학교실과 연구소에 의뢰하여 국산 아말감과 합금, 석고 등의 치과재료를 분석하고 함량표시를 지도하였다. 1984년에 럭키금속과 LG그룹이 직계 가족 회사인 (주)희성앵겔하드 가족 회사를 설립하여, 치과용 합금 및 아말감 합금을 생산하면서 품질이 보장되었다. 치협은 치과기자재 사후관리 책임 문제를 해결하기 위해 지부별로 불량치과기자재 신고센터

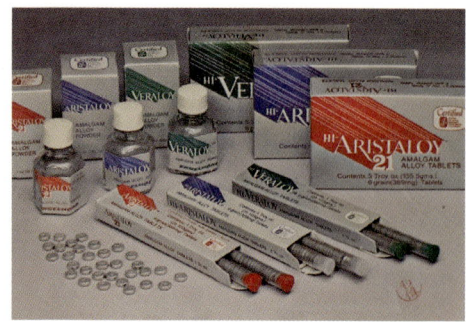 

그림 1 희성 – 엥겔하드가 국산화한 아말감
(서울대학교 김철위 명예교수)

그림 2 국내 유일의 수출품이었던 치과 전문
금합금(서울대학교 김철위 명예교수)

를 운영하였다. 그 결과 우수한 제품은 종합학술대회 기자재전시회를 통해 유통을 활성화하고, 중량과 내용물이 미달일 때 치의신보에 사과문을 게재 후 시정하도록 조치하였다. 1990년대에는 치아미백에 사용되는 과산화수소 함유 제재나 국소마취제 리도카인 내 에피네프린 함량(1:5만)에 관한 안전성 연구와 조치가 취해졌다. 1998년에는 국제표준화기구(ISO) 치과분야(TC 106)에 가입하였다. 대한민국의 치과기자재 규격이 채택되어 국제규격화를 선도함으로써 국내 치과기자재 시장의 세계진출에 앞장설 수 있도록 적극적인 참여와 지원에 박차를 가하였다.

한글판 치의학 교과서 제작과 전문분과별 국제 교류

전국적인 10개 치과대학 교수들의 전공과목별 연수회와 한글 교과서 제작이 이루어지기 시작하였다. 기초분야는 80년대 후반에 이르러서야 구강해부학 전임 교수가 최초로 10개 치과대학에서 발령을 받았다. 학회들은 가까운 일본의 전문학회와 교류를 시작하여 점차 아시아지역 학회 창립에 주도적인 역할을 하였다.

해외유학자들의 교수임용과 교수들의 해외 연수도 활발하여 당대 전

인물탐구　유승재

1940년 서울에서 태어난 유승재는 고등학생 때는 싸워서 전학해야 할 정도로 승부욕이 강했다. 서울대학교 치과대학에 입학해서는 공부보다 농촌 봉사활동을 즐겼다. 1966년 졸업 후엔 군의관으로 자원입대했고 곧 아버지를 여의었다. 독립운동을 했던 할아버지 유각겸과 '노인과 이웃을 사랑하라'던 아버지를 마음에 품고 부대 주변 가난한 이들을 위한 무료 진료에 힘썼다.

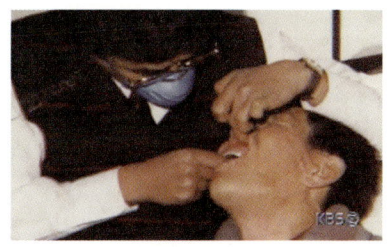

그림 3 치과의사 유승재 진료 사진(1999. 2. 5) (http://mn.kbs.co.kr/news/view.do?ncd=3797268)

1971년 서울 청계천에 동민치과를 개원한 후엔 주말마다 상계동 일대의 영세 주민들을 찾았다. 1974년엔 시립양로원 노인들을 돌보기 시작했다. 환자가 많아 1975년 종로5가 기독교회관 건물로 치과를 옮길 땐 동기와 공동개원을 했다. 그리고는 동대문구와 중랑구로 활동 범위를 넓혔다. 새벽에 진료가방을 들고 달동네 산길을 오르내리다 '간첩'으로 신고당하거나, '돌팔이 의사'로 오인되어 경찰서에서 몇 차례 조사받기도 했다. 그 인연으로 1978년에는 동대문경찰서에 무궁화진료센터를 개설했다.

1984년 강남으로 병원을 옮긴 뒤에는 성남 철거민촌도 나갔다. 경기도 연천, 충북 음성 나환자촌, 강원도 횡계까지 돌아다니며 1만여 개의 무료 틀니와 5만여 명에 대한 무료 진료를 시행했다. 틀니 봉사 기공에는 한국남 소장과 이영준 소장이 동참했고, 유닛 체어 1대는 정수현 사장과 정성원 사장이 기증해주었다.

이러한 유승재의 삶은 윤흥길의 장편소설 『옛날의 금잔디』에서 '민병하'라는 인물로 각색되었다. 수혜자들은 그를 '한국의 슈바이처'라 불렀고, 1988년도 중학교 3학년 도덕과 수행평가항목에 유승재의 봉사활동에 관한 생각을 묻는 문항이 등재되었다. 양로원 노인이 서울 시장에게 쓴 편지가 청와대와 세상에 전해져 대통령표창 등 20여 차례 훈포상을 받기도 했다.

그동안 가족들은 13평짜리 낡은 아파트나 전세를 전전했다. 1997년 유승재는 간암을 진단받았고 1998년 30평 아파트를 장만했다. 1999년 시립양로원 봉사를 하러 집을 나서려다 쓰러져 2월 4일 60세로 세상을 떠났다.

문분야별로 발달한 이론과 술식을 체계적으로 도입하였다. 대한소아치과학회는 1981년 세계소아치과학회에 가입하였고, 아동심리학에 근거한 행동조절법과 의식하진정법을 이용하여 소아환자 치료를 했다. 근관치료(신경치료)학 분야의 기초진단법과 다양한 술식들이 강의되기 시작하였다. 구강내과의 경우『구강진단학』,『법치학』,『측두하악장애』,『악관절장애와 두개안면동통』교과서를 출판하였다. 법치의학 분야에서는 상해진단과 의료사고의 객관적 해결에 관한 연구와 실무 병행, 1989년에는 광주 유골에 대한 감정을 하였다. 의료보험제도의 시작과 더불어 구강외과는 전신마취하에 시행되는 수술이 대폭 증가했다. 치과 문턱이 낮아지면서 구강 3대 질환인 치아우식증과 치주질환, 부정교합의 치료에 대한 수요가 점차 증가하였다.

요약

1977년 박정희 정부 주도로 시작된 직장의료보험은, 1980년대 경제성장과 국민의 사회민주화와 복지실현의 욕구에 대한 보상책으로 1989년 전 국민 의료보험으로 확대되었다. 그 결과 한국의 의료보험은 세계에서 최단기간 자력으로 성공한 개발도상국형 모델로 부상하였다. 치과의사들은 사적으로 의료서비스를 제공하되, 의료보험에 의해 의료기술의 적용과 의료항목의 수가에 대해 공적 통제를 받게 되었다. 그러나 저수가, 저보험료, 저급여의 의료보험체계는 치과의료의 특수성을 반영하지 못하여, 진료를 왜곡시키는 경향도 나타났다. 1980년대에는 전국적으로 치과대학 교육 시설과 교수 및 교과목, 한국어 교재를 정비하고, 국산치과재료의 규격화와 1차 치과의료전달체계를 갖추는 성과가 있었다.

8

치과의료체계의 고도화 (1990년대)

1990년대는 우리나라의 치과의료체계가 고도화되고, 세계화 기류 속에 치과의사의 해외 교류가 활발해진 시기다. 치과의료의 고도화란 직업단체, 교육, 학술, 보험, 의료전달체계 및 산업의 기반이 마련되고, 관련 법과 정책이 시행되어, 국민의 구강보건과 치과의료 이용의 양과 질이 급속한 발전을 이루는 것을 의미한다.

1990년대 초반 우리나라는 3차 서비스 산업의 급성장으로 국민소득 및 소비 수준이 향상되었다. 1994년은 우리나라 국민 1인당 GDP가 1만 달러를 넘어서면서 '마이카' 시대가 열려, 교통사고가 가장 빈번하게 발생하고, 국산 치과 임플란트의 자체 개발에 성공한 해이다. 의료보장개혁 심의위원회는 7개 개혁 과제와 보건복지부의 집단개원 활성화 지침을 발표하였다. 1995년에는 국민건강보건증진법이 제정되었다. 세계무역기구(이하 WTO)가 출범하여, 한국도 WTO와 경제협력개발기구(OECD)의 회원국이 되었다. 하지만, 1997년 외환위기로 인하여 국제통화기금(IMF)의 도움을 받게 되었다. 이 과정에서 공기업은 민영화되었고 기업 해체로 수많은 실직자가 발생하는 등 사회와 경제가 대대적으로 재편되었다.

이러한 환경 변화 속에 한국인들이 치과를 어떻게 이용하고, 관련 법과 정책, 학술 및 산업을 발전시키는데 치과의사와 국민, 정부의 역할은 어떠했는지 살펴보자.

구강병 증가와 치의학술 및 단체의 도약

설탕 섭취량의 변화와 치아우식증 질환의 증가

1990년대 한국은 도시화로 인한 식생활의 서구화가 증폭되었다. 청소년의 80% 이상이 패스트푸드를 선호하고, 가족별 외식과 가공식품 사용도 증가하였다. 그 결과 한국인 최다 소비 식품이 1990년대에는 청량음료였다가 2002년 설탕이 1위가 되었다. 2002년 한국인의 약 77%가 치아우식증과 그로 인한 치수 및 뿌리 끝 염증을 앓았다. 의료보험요양급여비는 감기 다음인 2위를 차지하여 가정 경제에도 큰 부담이 되었다. 개발도상국에서 설탕 소비가 증가함에 따라 치아우식 경험도가 높아지는 '설탕소비량 증가효과'가 2002년 한국에 나타나게 된 것이다.

치아우식증은 경제력이 높은 국가의 도시 사람들의 식생활 변화로 인해 발생하는 문명병이나 풍요병으로 인정된 최초의 질병이기도 하다. 하지만 국민의 만성질환과 구강병 관리에 대한 인식 수준이 높아지면 설탕 소비가 줄어들기도 한다.

〈그림 1〉은 남한과 북한, 일본의 설탕 섭취량의 변화를 비교한 그래프이다. 1인당 연간 설탕 소비량의 추이를 살펴보면, 1995년을 기점으로 한국이 일본보다 많은 양의 설탕을 소비하기 시작한다. 남한은 국제통화기금(IMF)의 외환위기인 1997년에 감소하였다가 1999년 다시 증가했다. 북한은 식량부족으로 1994년부터 감소해 1998년 최하인 1.3kg으로 떨어지는 고난의 행군이 지속하였다. 이 시기 남한의 치과의사들은 북한동포돕기 성금기탁, 옥수수심기, 의약품 보내기 등 구호사업에 동참하였다.

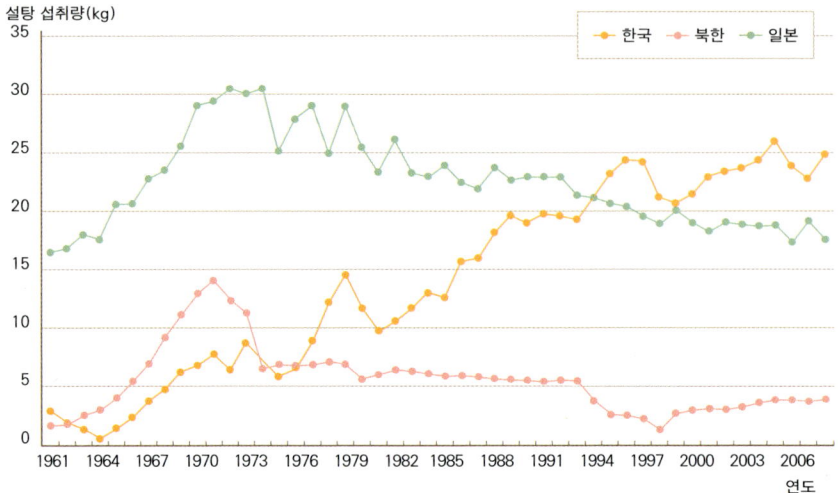

그림 1 남한, 북한, 일본의 설탕 섭취량 변화
(이주연, 「한국인의 설탕섭취량과 치아우식증」, 『대한구강보건학회지』, 2010)

그러나 북한의 설탕 섭취는 남한의 1960년대 수준에 머물고 있다. 일본은 한국전쟁 이후 세계 2위의 경제 규모로 올라섰다가, 오일쇼크가 일어난 1974년부터 설탕 섭취가 완만하게 감소했는데, 이러한 현상은 충치와 만성질환을 줄이는 데 좋은 영향을 끼쳤다.

우리나라 12세 아동의 우식경험영구치지수(한 아동이 평균적으로 보유한 충치를 경험한 영구치 수)는 1972년 0.6에서 2003년 3.3으로 정점에 달하여, 30년간 5배 이상 증가하였다. 이후 수돗물불소농도조절사업이나 치면열구전색 등의 예방사업을 통해 감소 추세를 보이기 시작했다. 그러나 2018년 우식경험영구치지수가 1.84에서 멈춰 OECD 선진국들의 평균보다 높은 수치이다. 이것은 국가와 지역사회의 구강보건정책과 사업 운영의 수준, 치과의사와 국민의 노력이 종합된 결과이다. 현재 치아우식증이 소수의 예방관리가 안 되는 아동에게 편중되어 개선이 요구된다.

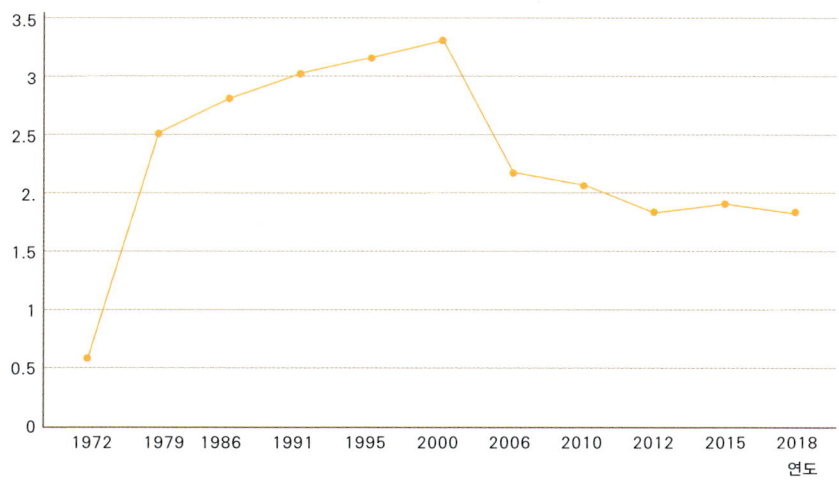

그림 2 한국 12세 아동의 우식경험영구치지수 변화(국민구강건강실태조사 등)

치과수요의 충족 추이와 개원 형태의 변화

전국민의료보험이 실시된 이후 한국인들에게 치과 문턱이 급속히 낮아졌다. 1990년에서 1995년까지 국민 중 치과치료를 받은 사람의 비율(수진률)이 46% 증가하였고, 외래진료 건수는 50%, 치과 진료비는 약 10배가량 상승하였다. 이것은 치과를 방문한 국민이 그동안 불편한데도 치료받지 못한 구강병의 치료를 받았을 뿐 아니라, 그 외의 치료도 더 받게 된 것을 의미한다. 국민은 점차 의료보험제도가 충치와 잇몸병에 대한 기본 처치료를 할인해 주는 데 그치고 있으며, 그 외의 치료 수요를 충족시키지 못한다는 것을 인식하였다.

치과의사 수도 기하급수적으로 증가했다. 11개 치과대학에서 배출되는 치과의사의 수는 1980년에서 2000년까지 7.7배, 치과 병·의원의 수는 16배 증가했다. 1990년대 초·중반에는 고가의 수입산 임플란트 시술이 증가하면서 치과 병·의원 간의 경쟁이 심화하고 공동개원이 늘어났다.

한편 1992년 국내 최초의 의료 네트워크인 '예치과'가 개원하면서 새로운 개원 형태가 생겨났다. 일명 프랜차이즈형 네트워크로 소속 치과들은 모두 1인 1개소의 독립채산제로 운영하면서 동일한 상호나 브랜드를 공유하며, 고급 인테리어와 양질의 서비스를 강조하는 경영방식을 전수하여 소비자의 신뢰를 확보하고 시장 지배력을 높였다. 한편 경영주도형(Management Service Organization, MSO) 치과 네트워크도 있었다. 이들은 경영지원회사를 설립한 본사로부터 지점 치과들이 회계, 마케팅, 구매, 인력 관리 등의 서비스를 지원받는 경영방식이다. 그 결과 치과의 규모가 커져 치과병원의 수가 1997년 20개에서 2002년 90개로 늘어나 연평균 35%의 증가율을 보였다. 하지만 1997년 외환위기 이후 먼저 공동 개원치과들이 동업자 간 내분과 경영 정신의 부족으로 해체되기 시작하였다.

구강악안면외과와 성형외과의 직역 다툼

치의학은 의학에 뿌리를 두고 있으면서도 독자적 직역을 개척해 전문직으로 성장한 학문이고 직업이다. 하지만 치의학의 대상인 악구강계가 몸의 일부인 이상 의학과의 관계를 끊어낼 수 없는 것도 엄연한 현실이다. 해부학, 생리학, 병리학 등 일반 기초 의학에 '구강'이란 접두어만 붙인다고 독자적 학문이 되지 않는 것은 너무나 당연하다. 특히 구강악안면외과는 '외과'의 한 영역일 수밖에 없지만, 치과에 소속되어 있는 특별한 분야이다. 그래서 유럽과 미국의 경우 구강악안면외과의 전문의가 되려면 치과와 의과의 자격을 모두 가져야만 한다. 하지만 한국의 경우는 구강악안면외과를 전공한 치과의사와 성형외과나 이비인후과를 전공한 의사가 모두 각자의 방식으로 시술할 수 있는 영역이다. 따라서 서로 자신들의 영역이라고 주장하여 다툼이 생길 가능성이 크다. 많이 알려지지는 않았지만,

그 다툼이 심각한 폭력 사태로 번진 사례가 있다.

1991년 5월 어느 새벽이었다. 부산에 있는 한 대학병원 구강악안면외과 의국에 각목을 든 성형외과 전공의들이 쳐들어가, 자고 있던 구강외과 전공의들을 무차별로 폭행한 사건이 발생했다. 교통사고 환자를 서로 차지하겠다고 다투다 환자를 빼앗겼다고 생각한 성형외과가 전면적 보복 공격을 가해온 것이었다. 이 폭행 사건을 주도한 성형외과 전공의는 중징계를 받았지만 얼마 지나지 않아 복직되어 전문의가 되었다. 윤리적으로 엄청나게 큰 사건이었지만 이것을 윤리의 문제로 다룬 언론이나 수련 책임자나 교육자는 거의 없었다. 옳고 그름을 따져 처벌을 통해 바로잡기보다는 일이 커지는 것이 두려워 전전긍긍하는 태도로 일관했다.

이 사건은 세 가지 측면에서 논의할 수 있다. 첫째는 직역 간의 다툼이고 둘째는 의료 현장에서의 폭력이다. 그리고 셋째는 문제나 사건이 발생했을 때 그것을 윤리적이고 합리적으로 풀어가는 절차와 제도의 문제이다. 직역 간의 다툼은 치의학이라는 학문과 직업의 분리 독립이라는 역사 속에 그 씨앗이 있으므로 당장 해결할 수 있는 문제가 아니다. 미국과 유럽처럼 구강악안면외과의 자격을 강화하는 등 제도적 해결이 모색되어야 할 것이다.

의료 현장에서의 폭력 문제는 이후로도 계속 불거지고 있다. '태움'이라 불리는 간호사 사이의 괴롭힘, 교수와 제자 의사, 선후배 전공의 사이의 폭력 행위가 끊이지 않고 있다. 태움과 폭력의 문제는 과도한 업무 부담과 수직적 위계질서가 그 원인으로 지적되고 있다. 하지만 그것이 인간의 고통을 덜어내는 것을 사명으로 하는 의료인들이 서로에게 고통을 가할 명분이 될 수는 없다. 의료인의 과로를 줄이는 일도 윤리적 과제가 되어야 하며 의료기관의 문화를 민주적으로 변화시키는 것 또한 그렇다. 이 두 가지가 윤리 경영의 최우선 순위가 되어야 할 것이다.

의료기관에서 윤리적 문제가 발생했을 때 그것을 풀어가는 제도와 절차를 가지고 있는 것도 무척 중요하다. 인증평가를 위해 형식적으로 만든 규정이 아니라 실제 상황에서 작동하여 당사자들이 납득할 수 있는 해결책을 제시하는 공평하고 정의로운 중재 기구가 필요하다. 이제 윤리는 나쁜 짓을 한 사람을 나무라는 것을 넘어 그 사람이 그런 행위를 하게 부추긴 사회구조와 문화를 함께 논해야 하는 것으로 변하고 있다. 윤리는 개인의 결단이지만 동시에 사회구조의 문제이기도 하다.

산업구강보건의 부활과 건강사회를 위한 치과의사회

1988년 어린 노동자이었던 문송면 군이 수은중독으로 사망하였다. 이는 산업구강 분야에 관심을 가진 치과의사들에게 큰 충격을 주었다. 수은중독이 되면 그 증상으로 심한 치주병이 나타나게 된다. 노동자의 구강건강 문제를 다루는 분야를 '산업구강보건'이라고 하는데, 1980년대까지 치과계나 산업보건계의 관심은 미미하였다. 그러다 1989년에 '건강사회를 위한 치과의사회'(이하 건치로 약칭)가 창립하여 노동자의 구강건강 문제를 다루기 시작하였다. 전문성 제고를 위해 1992년 산업구강보건협의회가 창립되었다. 노동자의 치아부식증 문제가 중앙일간지에 보도되면서 산취급 근로자에서 발생하는 직업성 치아부식증이 구강질환 중 한국 역사상 처음으로 법적 직업병으로 지정되었다. 치아부식증은 화학적 산에 의해 치아가 녹아내리는 질환이다. 노동자의 직업병을 예방하려면 조기 발견이 중요하므로, 건강검진에 구강검진을 포함시키려는 활동이 전개되었다. 1992년 근로자 채용 시와 특수건강진단에 구강검진이 포함되었고, 1995년 근로자 일반검진에 구강검진이 포함되면서, 근로자 구강건강진단체계는 그 모습을 갖추게 되었다. 1997년 한국산업구강보건원이 창립되었으며, 2018년부터 '특수구강검진의'를 양성하고 있다.

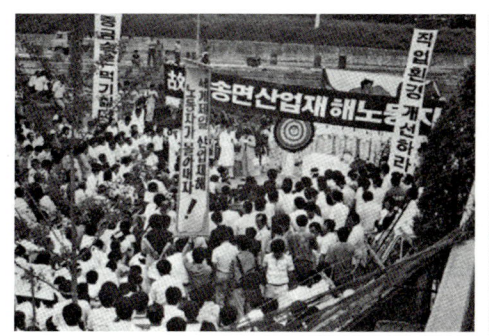

그림 3 문송면 수은중독 사망 추모 노동자 장례 시위(『한겨레신문』 1988. 7. 17)

15살 노동자 수은중독 사망 책임

“노동부장관 즉각 사퇴하라”

16개 단체 성명

인도주의실천 의사협의회(공동대표 윤종구) 서울지역 노동조합협의회(의장 배일도) 한국공해문제연구소(소장 김승오 신부) 등 보건·의료·노동·공해관계 16개 단체는 4일 오전 9시 서울 영등포구 여의도동 여의도 성모병원 영안실에서 지난 2일 수은중독으로 숨진 문송면(15·협성계공 노동자)군 사건에 대해 성명을 발표했다.

이들은 성명을 통해 "세계적으로도 유래를 찾아보기 힘든 지독한 유해·위협 작업장은 오늘도 국민의 절대다수인 노동자들의 생명과 신체를 좀먹어가고 있다"고 주장했다. 이들은 이어 △노동부장관의 즉각 사퇴 및 노동부 서울지방사무소장 파면 △협성계공 대표 양제석씨의 구속 △국립병원에 직업병 연구소와 진료센터 개설 등 8개 항을 요구했다.

이들은 유족들과의 협의를 거쳐 문군의 장례를 '산업재해 노동자장'으로 치르기로 하는 한편 장지는 고 전태일씨의 묘가 있는 경기도 마석 모란공원으로 잠정 결정했다.

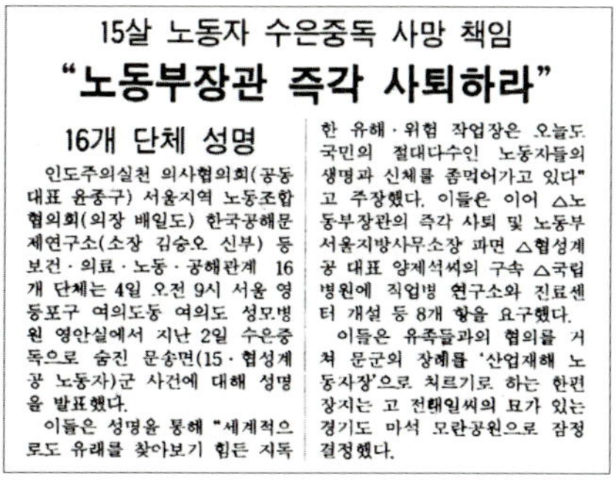

그림 4 수은중독사망관련 기사(『한겨레신문』 1988. 7. 5)

세계치과의사연맹 서울 총회 개최와 금연운동

1995년 고용보험이 실시되면서 우리나라 모든 사업장에 4대 보험가입이 의무화되었다. 세계화 시대에 발맞춰 정부에서 공동개원을 장려하는 추세 속에서 서울대학교 치과대학에 치과경영정보학 전공 교수가 부임하고, 대한치과의사협회에 세무위원회가 꾸려졌다. 양질의 치과치료를 받고자 하는 소비자주의도 대두되어 의료분쟁이 증가하자, 의료분쟁대책위원회는 소비자단체 활동 경험이 있는 치과의사와 전공학회의 자문위원 등을 중심으로 운영하였다. 1999년에는 의료분쟁조정법(안)에서 일반 의료사고와는 별도로 치과 의료사고 피해를 분리하여 치협이 독자적으로 전문적인 해결을 할 수 있도록 제안하여 관련 법안이 관철되었다. 1997년에는 제85차 세계치과의사연맹(FDI)총회를 서울에서 개최하였다. 김영삼 대통령을 비롯한 국내 약 1만 4천 명, 해외 2천 명의 치과인이 참가하여 국제적 위상을 높였다. 서울총회에서는 1988년 한국금연협회 창립 때부터 뜻을 같이했던 치과의사들의 주도로 조직위원장인 윤흥렬(21대 치협회장)이 “금연”운동을 선포하고 전개하였다. 윤흥렬이 2003년에 한국인 최초로 세계치과의사연맹 회장으로 당선되면서 전 세계 치과의사들이 금

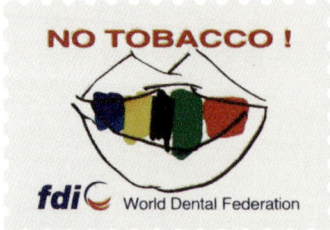

그림 5 1997년 서울 FDI총회 때 발행한 금연운동홍보 Seal(권훈 제공)

그림 6 윤흥렬. 2003~2005 한국인 최초 세계치과의사연맹(FDI) 회장 역임(대한치과의사협회)

그림 7 치과금연홍보물(치협-국민건강보험공단이 제작한 금연치료 홍보물)

연운동에 참여하게 되었다.

담배는 구강암의 원인일 뿐만 아니라, 치아착색, 치주질환(잇몸질환), 심혈관 질환, 만성 폐쇄성 질환(COPD), 폐암, 췌장암, 식도암 등 우리 몸의 각종 암의 주요 원인으로 작용한다. 2015년부터 흡연자를 위한 금연치료 지원 프로그램이 병원과 보건소에서 시행되고 있는데, 치과에서도

Episode 담배의 도입과 금연의 역사

우리나라에 담배가 들어온 시기는 임진왜란 직후인 1608~1616년경으로 추정된다. 조선 인조(재위 1623~1649)때 책인 '계곡만필'에 담배가 일본에서 왔다고 적혀있다. 이수광은 '지봉유설'에서 "담배가 전래되던 초기에는 너무 비싸서 '담배 한 근이 은 한 냥'이라고 하였으며, 사회지도층 소수가 즐기는 정도였다. 하지만, 불과 몇 년 사이에 전국으로 확대되어 누구나 담배를 피우게 되었다."고 언급하였다. 조선 효종 때 하멜이 지은 『하멜 표류기』에는 당시 흡연 풍습에 대한 기록이 있다.

'조선인은 담배 재배법과 피우는 습관을 일본 사람들로부터 배웠다. 일본인들이 담배의 씨를 남만국(포르투갈)에서 가져왔다고 했기에 조선인들도 담배를 남판코라고 부른다. 조선인들의 흡연 습관은 굉장하다. 너더댓 살 되는 아이들도 담배를 피우고 지금도 남자건 여자건 담배를 피우지 않는 사람은 드물다.'

조선인들은 담배에 약초의 효능이 있다고 믿었다. 남쪽에서 온 신비한 약초라는 뜻의 남령초, '타바코'를 음차한 담바고, 연기가 나는 풀이라는 연초, 요망한 풀이라는 요초 등 여러 이름으로 불렸다. 조선의 왕들도 담배 피우는 것을 즐겼으나, 흡연의 장단점은 알고 있었다. 정조대왕의 홍재전서에는 '온갖 식물 가운데 이롭게 쓰이고 사람에게 유익한 물건으로 남령초보다 나은 것이 없다'라는 글귀가 있다, 조선왕조실록 인조 16년의 기록에는 '오래 피운 자가 유해무익한 것을 알고 끊으려고 하여도 끝내 끊지 못하니 세상에서 요망한 풀이라고 일컬었다'라는 구절이 있다. 김홍도, 신윤복 등 유명한 화가의 그림에도 담배가 등장한다.

그러다 자발적인 금연운동이 일어난 것은 1900년대였다. 일본이 서양식 궐련을 제조하여 판매하여 우리나라 담배 시장을 잠식하였다. 거금이 일본으로 흘러가자 대구의 거부 서상돈은 국채보상운동의 하나로 단연회(斷煙會)를 만들어 금연운동을 연계하였다. 국채보상운동에서 남자들은 궐련 담배를 끊고 담뱃값을 모으는 금연동맹운동을 하기도 했다. 대한매일신보에는 '2,000만 민중들이 석 달을 한정하여 남초(담배) 피는 것을 금하고 그 대금으로 한 사람이 매 초하루마다 20전 씩 내면 가위 1,300만 원이 되리로다.'라는 내용의 금연동맹선언문이 실리기도 했다. 1930년대에는 기독교 선교사들에 의한 금주·금연운동이 시작되어 전국적으로 전개되기도 하였다. 흡연이 미성년자에게 해롭다는 사실이 밝혀지면서 1938년에는 미성년자를 대상으로 한 금주·금연법이 제정되었다. 현대 사회에서는 직접흡연뿐 아니라 간접흡연도 해롭다고 알려져 있다. 2004년 헌법재판소 판례에서는 '혐연자의 건강과 생명의 권리가 흡연자의 행복추구권보다 우위에 있으므로 두 가치가 상충할 경우에는 혐연권이 우선되어야 한다.'는 판결이 나왔다. 가장 좋은 것은 금연하는 것이지만, 금연이 어려울 경우 서로를 위한 에티켓을 지키는 것이 좋을 것 같다.

금연치료를 하고 있다. 2017년 기준 금연치료기관 1만 2706개 중 치과는 17.5%인 2219개소이며, 치과에서 금연치료를 하는 사람은 1만 5000명 (약 3.9%)이다. 금연치료에 등록하게 되면, 12주 동안 금연 상담과 패치 또는 약물 등의 금연보조제 등을 이용하여 금연치료를 받을 수 있다. 또 입안에 생긴 니코틴 부착 여부와 잇몸 상태 등을 주기적으로 관찰하여 구강 건강이 개선된 것을 직접 확인할 수 있어, 금연치료를 받는 흡연자의 동기부여에 긍정적으로 작용할 수 있는 장점이 있다.

치의학술의 도약과 세계 학회와의 교류

1990년대 들어 첨단 기자재와 술식을 도입하여 치과진료가 현대화 되고, 개원의도 학회와 유학, 연수에 참여해 해외 교류가 대중화되었다. 1994년 모든 치과전문의 수련과목 앞에 '구강'이라는 용어가 삽입되었다.

구강악안면외과의 경우 시술 병원이 전국 치과대학병원과 의과대학 병원 및 종합병원으로 확대되었다. 첨단 수술장비도 완비되어 임플란트, 미세신경재건수술, 양악수술 등으로 확장되었고, 수련의 교육도 강화되 었다.

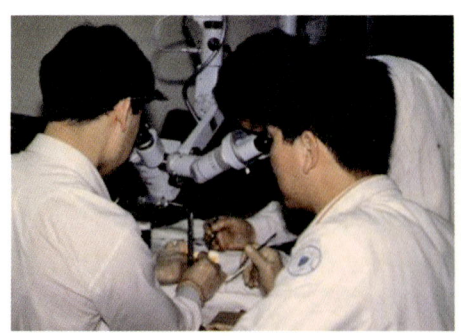

그림 8 구강악안면외과 미세수술 현미경을 이용한 실습
(연세대학교 치과대학병원 구강악안면외과)

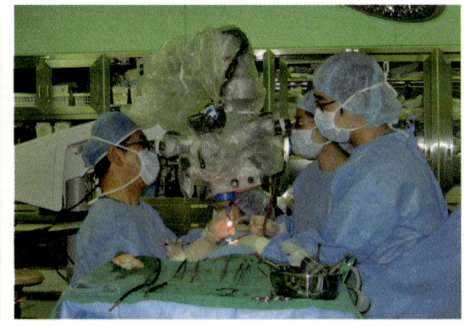

그림 9 구강악안면외과 미세신경수술(연세대학교 치과 대학병원 구강악안면외과)

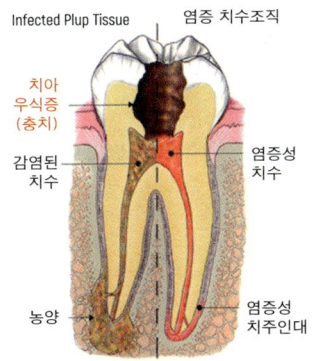

그림 10 치수조직이 병든 치아
(http://www.samsunghospital.com
/dept/main/index.do?DP_CODE=DEN&
MENU_ID=002003006009)

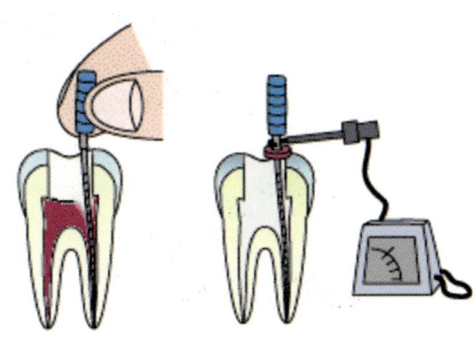

그림 11 전자근장관 측정기를 이용한 신경치료
(https://www.dentist.co.kr/index.php?mid=
treat02)

임플란트시술은 90년대 초반에 시작되어 급속히 증가했으며 다양한 학회활동과 교육이 활발해졌다. 임플란트가 대중화되면서 치료의 후유증으로 임플란트 주위염이나 점막염증의 발생률도 증대되었다. 또한, 임플란트 주위 치주조직의 심미성과 기능을 높이기 위해 치주성형술과 골유도재생술의 중요성이 대두되었다. 한편, 고가의 외국산 임플란트를 국산화하기 위한 노력도 경주되었다.

근관치료(신경치료)는 병들거나 죽은 치수조직을 제거하고 신경관을 깨끗이 소독한 후 인공재료를 사용하여 밀봉하는 치료다. 자연치아 보존을 위해 매우 중요한 술식이지만, 치아마다 미세한 신경 구조나 조직에 차이가 있어 정확한 측정과 술기가 필요하다. 따라서 난이도와 치료 실패율이 20% 정도로 높고, 여러 번 치료해야 하며 통증도 잦아 발치를 원하는 환자들도 늘어났다. 우리나라에는 1990년대 중반 대학교수를 통해 외국의 최신 미세현미경과 전자근관장 측정기 및 Ni-Ti file이 도입되었고, 곧 국산화되었다. 2020년 9월 건강보험정책심의위원회에서는 자연치아 보존을 유도하기 위해 근관치료의 급여 기준을 확대하였다.

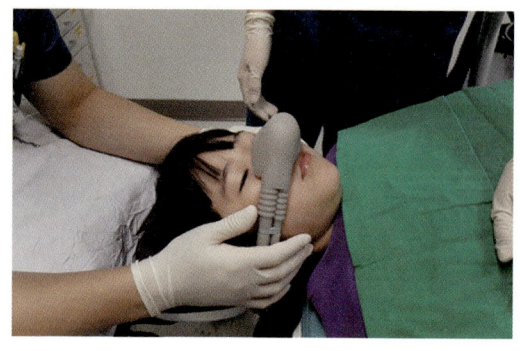

그림 12 웃음가스 흡입진정(전문가가 알려주는 어린이와 청소년의 치아이야기, 대한소아치과학회)

　소아치과 분야에서 소아가 치과에 대해 갖는 거부감이나 두려움은 성인이 경험하는 것보다 적지 않으며 성인과 달리 자신의 의지와 관계없이 방문하게 되는 경우가 대부분으로 치과에서 극단적인 거부 행동을 보이기도 한다. 이러한 문제를 해결하기 위하여 의사소통법을 통한 행동조절에서 약물을 이용한 진정법까지 다양한 방법을 적용하게 되었다. 1990년대에는 미국 유학을 통해 대학교수 및 전공의, 개원의가 국내에서 의식하진정법, 전신마취를 사용하여 치료하는 방법이 보편화 되었다. 그 결과 행동조절이 어렵거나 장애 및 전신질환이 있는 아이들에게 적절한 치과치료가 가능해졌다. 그 외 다수의 학회가 치과의사 및 수련의 교육, 연구, 진료, 보험, 산업 부분에서 적극적인 노력을 하여 점차 세계 수준의 역량을 갖추어 갔다.

3대 구강병: 부정교합 치료와 치의학계의 국제화

　치아의 배열이나 맞물림이 비뚤어진 부정교합이나 악안면의 변형을 치료하는 학문은 치과교정학이다. 우리나라에서 치과교정학 강의는 경성치과의학교가 설립되면서 시작되었다. 그러나 사회경제적인 여건이 성숙하지 않아 1960년대까지 실제적인 치료는 널리 시행되지 못했다. 경제개발

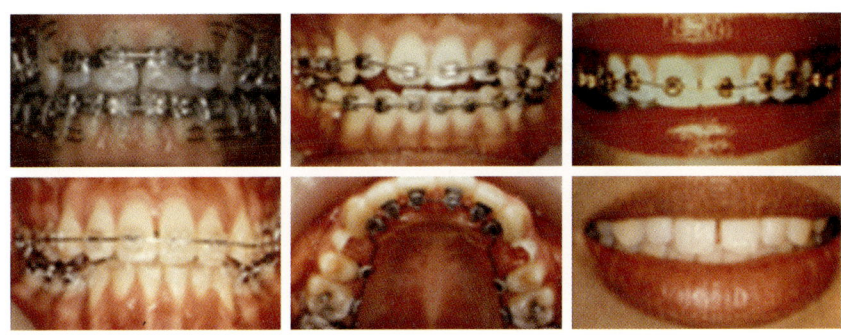

그림 13 치과교정장치는 1960년대 순측밴드와 러버링에서 금속브라켓과 와이어, 세라믹 교정, 설측교정으로 심미성을 높여왔다.(부산대학교 치의학전문대학원 치과교정과)

과 더불어 선진 지식 도입이 이루어졌고, 교정치료의 수요가 조금씩 증가하였다. 1980년대에 다수의 대학병원에 교정과가 신설되었고, 학생과 수련의 교육체계를 정비하였다. 해외여행 자유화가 이루어진 1989년부터 치의학계의 전문분야별 국제 교류가 활발해졌다. 국민도 치과교정치료가 안전하고 효과적이라고 인식하기 시작하였다. 1997년 경제위기 이후 교정치료는 더욱 대중화되었는데, 그 이유는 외모를 중시하는 사회분위기가 고조되었기 때문이다. 동양인의 18%에서 나타나는 주걱턱을 양악수술로 빠르게 개선하려는 수요도 증가하였다. 2018년 건강검사표본 통계에 의하면 고등학교 1학년의 23%가 부정교합을 지닌 것으로 나타났다. 실제 부정교합을 치료받는 비율은 객관적인 생물학적 기준에 따른 유병률이나 병적 악화로 인한 필요보다는 사회심리적인 요구의 영향을 많이 받는다. 유아기부터 손가락 빨기나 혀 내밀기 등의 나쁜 습관을 없애 부정교합을 조기 예방하는 것과 주걱턱의 경우 정확한 원인 분석을 통해 장기적인 치료와 관리가 필요하다. 한국의 치과교정학은 국내 교정 수요 증가에 따른 임상기술개발과 독자적인 연구를 통해 국제적인 학회지에 많은 논문을 발표하고 질적으로도 비약적으로 성장하였다. 특히 설측교정장

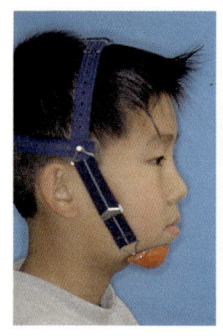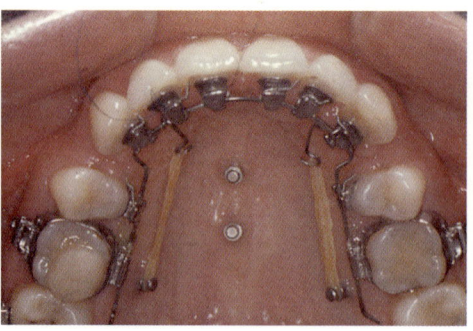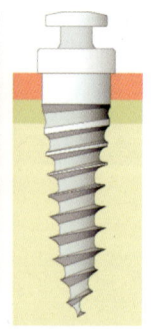

그림 14 구강외골교정원 헤드기어(좌), 입천장 치아 사이 심은 외과용 스크루(중), 미세나사(우)
(부산대학교 치의학전문대학원 치과교정과)

치, 골고정원을 이용한 교정치료, 턱수술에 대해서는 세계 치과교정학을 선도하고 있다. 디지털 교정학 분야에서도 첨단을 달리고 있다.

세계를 움직인 골 고정원을 이용한 교정치료

치아를 이동하기 위해 힘을 가하려면 뉴튼의 작용 반작용의 법칙이 적용되므로 반대편에서 그 힘을 잡아주는 고정원이 필요하다. 전통적인 교정치료에서 구강내 고정원을 충분히 얻을 수 없는 경우 구강외 고정원(헤드기어 등)을 사용하여 왔다. 그러나 구강외 고정원은 보기가 싫어 환자의 협조를 얻기 힘든 단점이 있다. 따라서 오래전부터 환자의 협조를 얻지 않고 술자가 원하는 대로 고정원을 확보하려는 시도가 있었다. 임플란트는 절대적인 교정원을 제공할 수 있을 것이라는 생각으로 여러 가지 시도가 있었다. 처음에는 임플란트를 치아가 없는 치조골 뒤쪽에 식립하여 고정원으로 사용하였으므로 다양한 방향의 교정력을 적용하기가 곤란했다. 그래서 기존의 보철용 임플란트보다 다소 굵기가 가는 외과용 골 고정 스크류를 치근 사이에 식립한 후 치아이동시 고정원으로 이용하기 시작하였다(1983년 Creekmore와 Eklund, 1997년 Kanomi 등).

그러나 이러한 시도들도 전반적인 교정치료과정 중에 치아에 압력을 가해 밀어 넣는 것과 같은 단지 부가적인 용도로만 사용할 수 있었다. 이러한 선학들의 연구를 바탕으로 우리나라의 경북대학교 치과교정과 출신 배성민과 박효상은 1998년부터 상하악 작은 어금니 발치 증례에 직경 1.2mm 외과용 스크류를 상하악 작은 어금니 및 어금니 치아 사이 공간에 식립한 후 위턱 앞니를 후방 견인하여 앞니전체치아 배열을 뒤쪽으로 이동시킬 수 있음을 보고하였다. 그와 함께 교정치료를 위한 임시적이고 절대적인 고정원을 얻을 수 있는 특화된 micro-screw를 생산하기 시작하였다. 그 후 한국인 교정의에 의해 그림과 같이 작은 어금니 하나를 뺀 증례에서 앞니들을 뒤로 잡아당기거나, 쳐진 앞니를 뿌리 쪽으로 집어넣을 수도 있게 되었다. 어금니 역시 앞으로 이동시키며 공간을 없애거나, 뒤로 밀어 울퉁불퉁하게 모여 있는 앞니를 가지런하게 만들 수도 있다. 또 어금니를 뿌리 쪽으로 집어넣어 위 아랫 앞니 사이를 좁힐 수도 있다. 이렇게 다양한 치료증례가 보고되면서 골 고정원을 이용한 교정치료 분야는 한국이 세계 최고의 위치에 서게 되었다. 임프란트를 이용해 골고정원을 얻는 장치들을 총괄하여 골 고정원(skeletal anchorage)라고 하며 일시적으로 사용 후 제거한다고 하여 최근에는 Temporary Anchorage Device라는 용어도 많이 사용되고 있다.

보험제도와 구강보건법의 구축

의료보험제도의 상대가치수가 적용과 개혁

1990년대 들어 의료보험 환자수진률도 1991년에는 33%에서 1995년에는 46.1%로 증가하였다. 보건사회부는 1994년에 의료보장개혁위원회를 설치하여 의료행위별 '상대가치'를 연구하고 한국표준치과의료행위분류를 개발하였다. 건강보험정책심의위원회에서는 자원기준상대가치체계(RBRVS, Resource-based Relative Value System)를 2000년 1월에 통과시켰다. 그 결과 의료행위에 상대가치 점수를 부여하고 점수당 단가를 계약하는 수가계약제가 도입되었다. 상대가치 점수는 술자의 진료시간과 강도 및 위험도, 진료에 필요한 시설 및 기자재 비용과 인건비 등의 요소를 고려하여 보다 합리적인 의료수가를 산출하기 위해 개발한 것이다.

그러나 치과 환자가 지속적으로 늘고 있음에도 1990년대 말 전체 의료보험 진료비에서 치과가 차지하는 비중은 5.7%로 1980년 7.0%보다 줄어들었다. 그 이유는 한국의 치과보험료 수준이 선진국에 비해 1/3~1/6 정도로 낮았기 때문이었다. 연구결과 치과외래환자는 의과외래환자에 비해 환자당 소요시간이 길어 치과의 진료수가가 50% 인상되어야 의과와 형평에 맞는다는 사실이 밝혀졌다.

1998년 의료보험 재정은 적자임에도 정부가 의료보장에 투여하는 예산은 일반회계 예산의 2.2%에 불과하였다. IMF 외환위기를 겪는 동안 국민의료보험관리공단은 '자율지표관리제도'라는 제도를 통하여 치과의사들의 치주치료비 평균보다 높은 보험청구액을 지속적으로 삭감하였다. 그 결과 성인의 90% 이상이 앓는 치주병에 대한 보험급여비와 빈도가 치과의 총진료비용과 빈도의 3% 미만에 불과할 정도였다. 이에 치협은 1999년 1월부터 '치주치료 희망회원제도'를 시행하여 회원들은 자율지표관리대상에서 제외하도록 의료보험관리공단에 문제를 제기하였다. 여기에 전국 치과의원의 48% 정도인 5,000여 치과의원이 희망회원으로 참여하여 국민에게 전국 평균 치료비에 구애되지 않는 원칙적인 치주치료를 제공하였다.

의료보험조합의 통합과정과 의의

의료보험의 통합문제는 1980년부터 대두되었다. 1982년 11월 보건사회부와 여당이 '한국형 국민의료보장방안'이라는 통합방안 보고서를 올리자 전두환 대통령은 통합일원화 논의를 유보하라는 지시를 내렸고 관련 공무원은 사직을 당했다. 한동안 잠잠했던 통합논의는 1986년 민주화 운동과 함께 불붙었다. 1988년 1월에는 농어촌 주민들이 보험료 부담이 과다하다며 전국 각지에서 보험료 납부 거부운동을 벌렸다. 이후 48개 시민단체가 '의료보험통합을 위한 전국의료보험대책위원회'를 결성하였다. 통합반대측은 지역주민들의 소득 노출이 불투명하여 통합이 되면 저소득 근로자의 부담이 가중될 것이라는 여론전을 폈다. 이에 대응하여 보험료 부과시 소득에 따른 누진율을 적용해야 한다는 안이 제기되었다. 여소야대의 정국 속에서 1989년 3월 국회는 두 개의 야당이 각각 발의한 통합안과 정부의 광역지역의료보험조합안, 대한의학협회의 청원안 등을 묶어 단일화한 통합법안을 통과시켰다. 그러나 노태우 대통령은 통합법안을 국회로 반송하는 거부권을 행사하여 통합시도가 재차 무산되었다.

1994년 건강사회를 위한 치과의사회가 '의료보험통합과 보험확대를 위한 국민연대회의'에 참여했다. 국민연대회의는 당시 세 축인 '직장의료보험', '공무원 및 사립학교 의료보험', '지역의료보험'의 재정과 관리를 통합해야 한다고 주장하였고, 찬반 논란이 거셌다. 1997년 말 김대중 대통령이 당선되면서 통합주장에 힘이 실리기 시작하였다. 1998년 '국민의료보험법'이 국회를 통과하여 우선 공무원 및 사립학교 교직원 의료보험을 지역의료보험과 통합하면서 국민의료보험관리공단이 설립되었다. 1999년 2월에는 '국민건강보험법'이 제정되어 국민의료보험관리공단은 '국민건강보험공단'으로 재탄생했다. 2000년 직장의료보험까지 관리자 측면에서 통합한 후, 2003년에는 재정까지 통합하여 명실상부한 통합 건강보험체계를 완성하였다. 이 시기 대한치과의사협회 회장은 대통령직속 의료제도발전특별위원회위원으로 위촉되어 제도개혁에 참여하였다. 2020년 코로나바이러스 19(COVID-19)에 대한 바이러스 감염 검사와 격리, 치료 등에 드는 비용은 건강보험공단과 중앙정부, 지방자치단체가 전액 부담하였다. 이러한 의료보장은 국민들과 의료인, 정치인들이 오랜 시간 함께 힘 모아 얻어낸 의료보험통합의 덕택이라고도 볼 수 있다.

시민운동과 결합한 수돗물불소농도조정사업

수돗물불소농도조정사업(이하 수불사업)은 수돗물에 불소를 극미량 첨가하여 치아우식(충치)을 예방하려는 공중구강보건사업이다. 수불사업은 우리나라에서 1981년 처음 실행되었다. 국가시범사업이라는 형태로 시작되어 확대가 예정되어 있었으나 정책 의지 부족으로 사업실시 지역 확대가 지지부진해지자 건강사회를 위한 치과의사회가 1990년대부터 사업실시 확대를 줄기차게 주장하였다. 1994년 시민단체인 '과천시민모임'의 주도로 과천시에서 사업이 시행되었는데, 이는 중앙정부 차원이 아닌 지방자치단체에서 사업을 결정한 첫 사례였다. 수불사업이 시민과 함께 하는 사업이라는 특성이 알려지면서 광명·부천·시흥·인천시민 연대모임(1994), 성남시민모임(1994), 군산시민연대모임(1995)이 창립되었고 사업실시를 위한 활동을 활발히 전개하였다. 전국적 모임으로는 '건강사회를 위한 시민연대'가 있다. '수돗물불소농도조정사업 실시 촉구 운동'은 구강건강문제로 시민사회단체가 자발적으로 전개한 운동이라는 특성이 있다. 이러한 촉구 운동의 결과로, 2001년 사업이 가장 정점을 이루었다(31개 지역 36개 정수장 급수인구 443만 명 총인구의 9.4%). 그러나 외국의 반대론이 국내로 유입되면서 2019년 사업이 중단되었다. 이는 지방자치

Episode   수돗물불소농도조정사업은 세기적인 공중구강보건사업이다

보통 수돗물불소농도조정사업(이하 수불사업)은 우식예방을 위해 수돗물의 불소농도를 조정하는 것으로 정의된다. 그러나 미국 치과의사협회는 우식예방이라는 말 대신에 최적의 치아건강이란 말을 쓴다. 즉 수돗물에 불소농도가 높으면 반점치가 생기고 너무 낮으면 치아우식이 생기므로 이 둘을 모두 조절해야 한다는 점에서 최적의 치아건강이라는 말을 쓰는 것이다. 수불사업은 대표적인 치아우식예방사업이다. 또한 세기적인 공중보건사업이기도 하다.

미국 질병통제센터(CDC)는 20세기 10대 공중보건업적으로 백신개발, 안전한 피임법의 개발, 흡연의 해악 인식 등과 함께 수불사업을 선정한 바 있다. 그러나 수불사업은 뛰어난 우식예방율과 같은 의학적 효능뿐만 아니라 실천성, 건강형평성 증대, 삶의 질 증진 등 그 효과는 다방면에 걸쳐 있다. 수불사업은 건강의 한 요소인 구강건강권을 지키기 위한 사회적 권리 행사 운동이다. 현대 보건의료가 지역사회를 기반으로 하는 건강증진을 철학적 화두로 삼는다는 점에서 수불사업이야말로 지역사회에 기반을 둔 지역사회 구강건강증진의 한 전형이다. 지역사회 구강건강증진은 지역사회 주민의 적극적인 참여로 이루어진다. 그러므로 수불사업에 대한 사회적 인문학적 접근의 중요성은 아무리 강조해도 지나치지 않을 것이다. 수불사업이 가지는 사회적 의미를 철저히 이해할 필요가 있다. 수불사업이 가지는 우리사회에서의 사회적 의미란 바로 '공공성', '보편적인 복지' 그리고 구강건강을 지키기 위한 최소한의 '사회안전망'일 것이다.

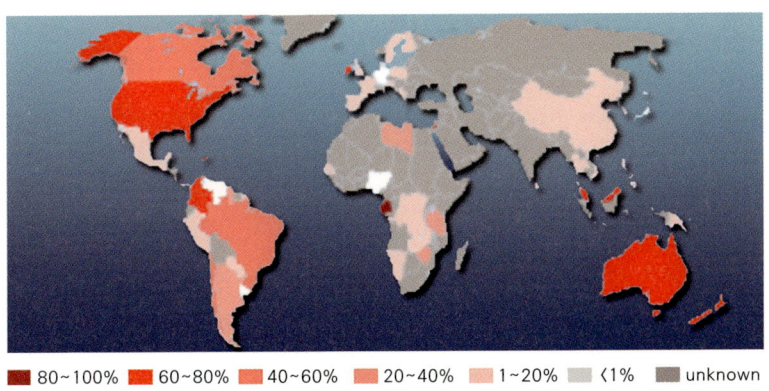

그림 15 세계 여러 나라의 수돗물불소농도조정사업 현황(WHO 보고서, Wikipedia. 2009. 4. 12)

단체장이 표를 의식하여 사업을 중단하였기 때문인데, 대부분의 중단이 지방자치단체장 선거 과정에서 이루어졌다는 점이 이를 방증한다.

구강보건행정전담부서의 탄생: 구강보건과

근대 이후 한국구강보건의 전개 과정은 법적 제도적 정비라는 측면으로부터 고찰되어야 한다. 중앙정부의 구강보건행정조직은 독자적 전담부서라는 위상이 뿌리를 내리지 못하고 부침을 거듭하였다. 신생 대한민국 정부는 치과의사의 위상이 강한 미국의 영향으로 해방 이후 미국 군청정 시대의 조직을 모방하여 잠깐 구강보건행정전담부서를 두기는 하였으나 치무나 구강보건 업무는 대부분 의정과 같은 의무나 일반보건행정 산하에 편입되어 수행되었다. 1975년 보사부내에 있던 치무담당관실을 폐지하고 치무업무를 의정2과로 이전함으로써, 그 후 20년 이상 전문적인 구강보건행정은 전문성을 갖지 못한 채 방치되었다. 이러한 국가 책임의 방기는 국민의 구강건강수준 악화를 초래하였다. 1972년 12세 아동의 1인당 우식경험치아수는 0.6개였으나 1995년에는 약 3.0개로 5배 이상 증가하였던 것이다. 이에 치과계에서는 복지부 내의 구강보건행정전담부서 설치를 위한 대국민서명운동, 보건복지부 장관 면담, 관련 공청회 개최 등 다양한 활동을 전개하였다. 이러한 노력의 결과로 1997년 보건복지부 보건국 산하에 구강보건과가 신설되었다.

구강보건법의 탄생

구강보건 관련 법률의 존재는 구강보건행정조직과 더불어 국민구강건강증진을 위한 필수적 요소이다. 1994년 건강사회를 위한 치과의사회가 '공중구강보건법' 제정 운동을 벌이기도 하였으나 법률제정으로 이어지지는 못하였다. 1995년 국민건강증진법의 제정에도 불구하고 국가구강보건사업이 지지부진하고 치아우식의 증가 등 국민구강건강수준의 개선이 이루어지지 않았다. 그러자 건강사회를 위한 치과의사회와 대한치과의사협회 등이 구강보건법 제정 운동을 전개하였고, 1997년 황규선 의원이 본격적인 법안 발의를 하였다. 2000년에 구강보건법이 제정되었다. 구강보건법은 구강보건과 관련된 유일하면서도 온전한 법이라는 의미를 지닌다. 또한 학교보건법, 산업안전보건법 등 여러 분야에 걸쳐 산재되어 있는 구강보건사업과 관련된 법률을 유기적으로 연결하고 이를 뒷받침하고 있다는 의미를 가진다고 할 수 있다. 구강보건법 제정으로 중앙 및 지방 정부가 구강보건사업을 기획하고 수행하며 평가하는 법률적 근거를 가지게 되었다는 점에서 그 의의는 매우 크다고 할 수 있다. 구강보건법이 제정되면서 대한치과의사협회를 중심으로 한국인 치과의사들이 전문직으로서의 제도적 자율성을 실현할 기반을 마련하였다는 점도 커다란 성과로 지적되고 있다.

요약

1990년대 국민의 설탕소비와 치과수요가 증가하고, 1994년 모든 치과 수련과목 앞에 '구강'이라는 용어가 삽입되었다. 치과 진료 기술과 기자재의 질적 도약과 치과병·의원의 분화, 각 분과학회들의 국제적 리더십 확보가 이루어졌다. 대한치과의사협회 1997년 세계치과의사연맹 서울총회를 개최하고, 세계치과의사들의 금연운동을 선도하였다. 법정 구강보건제도는 1995년 제정된 국민건강증진법이 단초가 되어, 치과의사들의 노력으로 2000년 구강보건법으로 체계화되었다. 한국 공중구강보건사업의 근간인 수돗물불소농도조정사업은 1990년대 중반 시민운동과 결합

후 지방자치단체에서의 실시가 확대되어 2001년 정점을 이루었다. 그러나 환경단체의 사업반대를 이기지 못하고 2019년에 중단되는 시련을 겪었다. 1990년대 말까지 의료보험에서 치과가 차지하는 비중은 5.7%로 낮았다. 하지만 치과의사들은 의료계와 국민연대회의, 정치권과의 지속적인 조율을 통해 2000년 의료보험조합의 통합과 2003년 건강보험 재정의 통합에 힘을 보탰다.

쟁점과 토론

양악수술은
어느 분야에서 받아야 하는가

턱 수술 분야에서 구강악안면외과와 성형외과에서는 자기 분야임을 주장하면서 수십 년간 많은 논쟁이 있었다. 이는 비단 양악수술뿐만 아니라 턱뼈 골절 환자의 수술에서도 마찬가지였다. 2000년대에 들어서 일부 성형외과에서는 자극적이고 공격적인 마케팅으로 심미에만 초점을 맞춘 양악수술을 과도하게 시행하였고 이로 인해 환자들이 부작용을 호소하는 경우가 많이 있었다. 양악수술이 필요한 상태나 이 수술의 발생 배경 등에 대한 기본적인 이해가 없이 자극적인 홍보로 인해 많은 환자가 유명 성형외과를 찾아 수술을 받고 나서 교합이 적절하게 형성되지 않거나, 턱관절질환이 나타나거나, 신경 손상으로 인한 감각 이상과 같은 많은 부작용이 발생하였고 그 이후로는 구강악안면외과를 찾는 환자가 많아졌던 것이 그동안의 추세이다.

양악수술이라고 불리는 악교정 수술은 교정치료를 동반하여 저작기능을 담당하는 턱을 수술로 교정하여 정상적인 교합과 그로 인한 심미적인 개선, 기능의 증진을 목표로 하는 대표적인 수술이다. 특히 수술 후 발생 가능한 부정교합(그림 16)이나 턱관절 질환과 같은 합병증에 대해서는 성형외과에서는 대처하기가 매우 힘들다. 치아와 턱에 대한 기초적인 공부를 하는 치과대학 6년을 졸업하고도 이 분야에 대한 수술을 최소 4년 이상 전문교육을 받은 구강악안면외과 전문의야말로 양악수술에 가장 적합한 교육을 받았다고 할 수 있다.

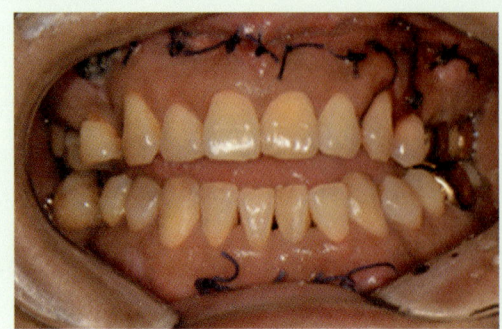
그림 16 성형외과 수술 후 발생한 부정교합
(연세대학교 치과대학병원 구강악안면외과)

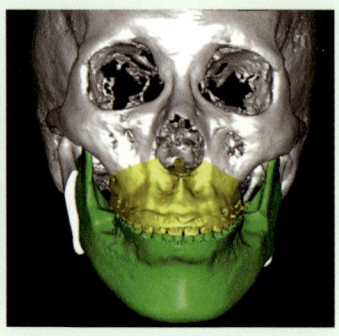
그림 17 디지털 양악수술의 시뮬레이션
(연세대학교 치과대학병원 구강악안면외과)

최근에는 디지털 기술이 발전하고, 이는 치의학 분야에서 매우 빠르게 발전하고 있다. 구강악안면외과에서도 CAD/CAM 장치 및 디지털 스캐너를 이용한 디지털 양악수술이라는 분야가 대두되면서, 더욱더 세밀하고 정확한 진단과 수술 계획이 가능해졌다(그림 17). 이러한 기술의 발달에 따른 적응도 역시 구강악안면외과 전문의가 훨씬 유리할 것이다.

9
세계화 시대의 치의학교육과 윤리
(1997~2000년대 초)

국제통화기금(IMF)의 관리를 받은 이후 경제난과 고용 불안이 계속되면서 교사와 공무원이 이상적인 직업으로 부상하였고, 직업 선택의 기준은 장래성보다 안정성이 우선되었다. 치과의료인도 고용 안정과 경제적인 수익이 보장되는 직업으로 선호되었다. 교육과 의료가 21세기 지식정보산업을 주도할 핵심 분야로 주목받으면서 정부는 의·치전문대학원의 도입을 추진하였다. 그와 비교해 국민의 의료인에 대한 신뢰는 줄어들고, 요구사항은 증가했다. 이러한 상황에서 치의학 교육과 윤리는 어떠한 혁신과 방향 조정을 해야할 지 살펴보자.

세계화 시대의 치과교육의 변화

의·치의학전문대학원 제도의 제안

'의·치의학전문대학원'(이하 '의·치전원')도입은 1995년 대통령자문 교육개혁위원회가 발표한 5·31 교육개혁안(제2차 대통령 보고서)에서 최초로 제안되었다.

대학교육이 대중화된 고학력 사회에서는 의사, 성직자, 법조인 등 전문가에게 더욱 높은 수준의 교양과 전문성이 요구되며, 경제에 관한 한 국경이 무너지고 있는 세계무대에서 이들이 세계의 전문가들과 어깨를 나란히 하면서 경쟁하려면, 이들의 전문성은 한층 더 높아져야 한다. 그러나 현재 의사, 성직자, 법조인 등 전문인을 양성하는 우리의 교육체제는 이러한 필요와 요구를 충족시키기에 미흡하다. 따라서 사회적으로 높은 수준의 교양과 전문성이 요구되는 의학, 신학, 법학 분야 등에 대해서는 다양한 전공을 이수한 4년제 대학 학부 졸업생을 대상으로 하는 '전문대학원제'를 도입한다.

이듬해인 1996년 제 3차 대통령 보고서에서는 유능한 의사양성을 위하여 다양한 전공을 이수한 학사학위 소지자가 전문대학원에 입학하여 4년간의 전문 의학교육을 이수하는 의·치전원 제도(8년제 = 학부 4 + 전문대학원 4)를 도입하되, 의과대학 체제(예과 2 + 본과 4)의 유지나, 이 2가지 제도를 병행 운영할 것인지에 대해서는 대학 자체의 선택에 맡기는 방향이 제시되었다. 이에 의학교육계에서는 의학교육전(pre-medical education) 대학교육과정의 최소 기준을 2년으로 하는 2＋4제를 기본 바탕으로 학사입학과 복수전공을 도입하는 방안 등을 포함한 의학교육 개선방안을 건의하였다.

그러나 1998년 김대중 정부의 제1기 대통령자문 '새교육공동체위원회'는 10월에 4＋4를 기본으로 하는 의학교육 학제를 정하고, 1999년 6월에 전체 의과대학에 일률적으로 적용할 학사 후 의학교육 제도 모형을 제안하여 의학교육계의 많은 반대를 불러일으켰다. 2000년에 제2기 새교육공동체위원회는 앞서 제기된 학사 후 의학교육제도 모형보다 한층 입장을 완화하여 소정의 요건을 갖춘 대학에 의학전문대학원 설치를 인가하며, 의학전문대학원을 두지 않는 대학은 현행대로 2＋4를 존치한다라는 안을 제출하였다. 2001년에 교육인적자원부 의학전문대학원 추진위원회도 입학 자격은 대학 2년 이상으로, 기관 명칭은 대학자율로 정하도록 하는 시행안을 제안하였다. 2002년 교육인적자원부는 다시 강경방침으로 돌아서서 1월에 의·치의학전문대학원 도입 기본계획을 발표하였다. 4+4를 원칙으로 하되, 한시적으로 의학대학체제(2＋4, 학사학위 수여)와 전문대학원체제(학사＋4, 석사학위 수여) 중 학교 실정에 따라 대학이 자율적으로 선택하도록 하며, 동일 대학 내 복합체제 개설도 2009년도까지는 인정할 방침이라고 발표하였다. 이때 제시된 의전원 도입 배경(목적)은 '기술의'가 아니라 폭넓은 교양과 도덕성을 갖춘 인술의 양성, 의학교육 전 교육의 문제점 해소, 의과학자(M.D.-Ph.D) 등 다양한 복합학위 과정 개설을 위해 의학교육 단계를 대학원으로 상향 조정하고 의과학자 등을 양성하는 연구중심대학과 임상의사 양성에 치중하는 진료중심대학으로 특성화 촉진, 대학입학 단계에서의 과도한 대학입학 경쟁 완화, 고교 졸업 우수인재의 의대 집중 현상을 막아 기초학문 분야를 보호하는 것 등이었다.

의·치전원 제도 실시 경과

　교육인적자원부의 강경방침에도 불구하고 2002년에 총 16개 의과대학[치과대학 6개교(경희대, 경북대, 부산대, 서울대, 전남대, 전북대 포함)]이 의·치전원체제로 전환을 확정했으나 서울대 등 여론 선도적 주요 의과대학들이 전환 신청을 하지 않았다. 그런데도 참여정부(대통령 노무현)에서도 전문대학원 체제(의학, 법학) 추진은 계속되었다. 2005년 1월 대통령은 신년 기자 회견에서 교육과 의료 등 고도 소비 사회가 요구하는 서비스를 세계적 경쟁력을 갖춘 전략 사업으로 육성하겠다고 발표하였다. 2005년 5월 교육부는 그동안 의·치전원 체제로의 전환 여부를 대학 자율에 맡겨 오던 정책을 바꾸어 제2단계 BK21 사업(2006~) 지원 자격요건과 연계시키고, 법학전문대학원 선발 불허 등과 같은 방법으로 의·치전원 체제로의 전환을 압박하였다. 2006년 1월 교육부는 '의·치의학전문대학원 추가 전환 추진계획'이라는 문서를 통해 미전환 대학은 일단 전문대학원으로 전환하되 정원의 50% 안의 범위에서 소위 보장형 입학(의·치의예과 체제 병행 혹은 학부 단계에서 의·치전원 입학을 보장하는 형태로 선발)을 허용하고, 2009년 의료계가 과반수를 차지하는 '의·치의학 교육제도 개선위원회'를 구성하여 의사양성체제에 대한 종합평가를 시행한 후 2010년 최종 정책 방향을 결정하는 것으로 전문대학원 전환에 반발하던 대학들과 타협을 보면서 서울대와 연세대 등 여론 선도적 주요 의과대학들의 전문대학원 전환을 마침내 끌어내었다. 2006년에 치과대학의 경우, 연세대와 조선대가 치전원으로 추가 전환하였으나, 강릉원주대학교와 단국대학교, 원광대학교는 끝까지 치과대학 체제를 고수하였다.

　그러나 2010년 교육과학기술부가 2009년 평가와 공청회 등 의견수렴 과정을 거친 이후, 전문대학원과 구 의·치과대학 체제를 대학 자율로 선택하도록 결정함에 따라 2002년 이후 완전 혹은 부분적으로 전문대학원 체제로 전환했던 35개 의·치의학전문대학원 중 8개교를 제외한 27개교가 구(舊) 의·치과대학 체제로 회귀하였다. 치과대학의 경우, 2017년 3개 대학(서울대, 부산대, 전남대)이 치전원 체제를 유지하고 나머지 대학들은 학부제로 전환하였다.

의·치전원 제도의 문제점

의전원 제도는 당초 의학전교육(의예과 교육)의 문제점 해소와 의과학 분야의 핵심 전문인력 양성을 위한 질 높은 의학교육 및 연구체제를 구축한다는 학문내적논리에 입각해서 제기되었다. 그런데, 실제 정책 도입과정에서 입시과열의 폐단과 우수인력 의학계 편중을 해소하기 위한 학문 외적 논리가 강력하게 반영되었다. 이러한 비본질적인 목표가 의전원 체제 수립에 강하게 적용됨으로써 의학교육 현장으로부터 극심한 반발과 갈등을 불러일으켰다. 종국에는 의전원 제도 도입의 문제의식이었던 구의대 체제의 해묵은 문제점의 개선에 대해서는 아무런 대책도 없이 단순히 구제도로 회귀하게 되는 결과를 초래하게 했다.

전문대학원제도 자체는 학술적 연구 기능보다는 고도의 전문성이 요구되는 실무전문가(의사, 치과의사, 변호사, MBA 등)의 양성에 초점이 있는 제도이다. 그러나 국가의 정책목표가 의·치대와 법대의 과도한 대학입학 경쟁의 완화와 우수한 고교 졸업생의 이공계 진출 유도를 통한 기초학문 분야를 보호 육성, 의과학자 육성이라는 비본질적인 목표에서 시작되어 다음과 같은 문제점이 나타나게 되었다.

첫째, 전문대학원제도 도입시 동일 대학 내에 의·치과대학 체제와 전문대학원 체제를 50%씩 병행할 수 있도록 허용한 것은 학부 입시경쟁을 강화할 뿐 아니라 대학 진학 후 상당수 이공계 학생들이 의·치전원 입시에 매달리게 되면서, 이공계 학부 교육을 피폐하게 만들었다.

둘째, 의과학자의 양성은 의·치전원 체제로의 전면적 전환보다는 기존 의·치과대학 교육과정 중에 기초학문을 접목하는 M.D./D.D.S-Ph. D. 과정을 도입하거나, 우수 전공의에 대한 학술활동 지원, 소수의 선도대학에 대한 연구비 지원 및 의학교육 과정의 개편이라는 접근 방식으로도 달성할 수도 있었다.

셋째, 의·치의예과 교육의 질 개선을 전문대학원의 교육내용의 심화, 대학원 수준화가 아니라 단지 학부-대학원이라는 형식논리에 근거해 도입함으로써, 실제 4년간의 본과과정과 전문대학원에서 같은 교육을 제공하는 의·치대와 의·치전원 재학생들에게 각각 다른 등록금을 부여하고 졸업생에게 학사와 석사라는 서로 다른 학위를 수여하게 한 것은 매우 불합리한 제도이다.

마지막으로 의·치전원 제도도입 당시 최초 졸업생이 배출되는 2009년에 종합평가를 시행하여 2010년에 최종결정하기로 한 시안도 의학교육의 특수성을 간과한 것이었다. 실제 의사가 되려면 통상적으로 의·치전원(의·치대) 교육과정 외 졸업 후 군의관, 인턴, 레지던트 등의 기간을 거쳐야 하고, 또한 의과학자가 되기 위해서는 추가적인 박사과정을 이수해야 하는 것을 감안하면 2009년 종합평가 계획은 애초부터 엄청난 무리를 안고 있었다.

의·치전원 제도 도입이 치의학 교육에 미친 영향

2002년에 의전원 전환 비율(43개 의과대학 중 10개교 전환, 23.3%)보다 치전원 전환 비율(11개 치과대학 중 6개교 전환, 54.5%)이 높았던 이유는, 당시에 열악했던 치과대학의 교육환경을 치전원으로의 체제 전환을 통해서 개선하고자 하는 바람이 무엇보다도 컸다고 볼 수 있다. 당시 치의학교육계는 치과대학 체제에서 의과대학과 비교해 상대적으로 교육환경을 개선하는 데 어려움이 많았다. 치전원 제도의 도입을 계기로 교수 정원 증원, 교육과정 개발비 및 실험실습비 지원 등 정부의 행·재정적 지원을 받아 치의학 교육 환경을 개선할 수 있는 발판을 마련하기도 하였다.

치전원 제도도입을 계기로 21세기 치의학 교육의 새로운 패러다임을 제시하며 기존 치의학교육제도를 개편하려는 노력이 전국 치과대학으로 확대되었다. 2002년도에 치전원 도입을 결정한 6개 대학 교수로 구성된 치의학전문대학원 추진단 교육과정개발 연구부(연구책임자 - 서울대 배광식 교수)는 2003년 다음과 같은 치의학전문대학원 교육과정개발에 관한 연구 결과보고서를 제출하였다.

>치의학교육제도 개편과 관련하여 언급된 연구보고서 주요 내용
>(1) 교육 관련 책임 부서(교육과정위원회 또는 교육실)의 역할 및 권한 강화
>(2) 기존의 교과목 중심 교육방식보다는 목표 지향적(치과의사 양성) 교육 형태로서 통합교육의 전면적인 도입 고려
>(3) 문제바탕학습, 자기주도적 학습, 임상수행능력 중심교육 등을 강조하는 새로운 교육방식의 교육과정 도입과 선택 교과목의 확대
>(4) 전문교육의 효율성 강화를 위해 분기제의 도입과 연간 교육일수의 확대
>(5) 전문대학원 전환에 따른 D.D.S.(D.M.D) - Ph. D 도입

치의학전문대학원 제도도입 후 각 치전원과 치과대학의 교육과정에 많은 변화가 일어났는데, 가장 큰 변화의 핵심은 기존의 교과목 및 교수 중심교육에서 통합교육 및 학생 중심교육으로, 그리고 인문사회치의학을 강조하는 교육과정 운영이라고 할 수 있다. 이러한 교육과정 운영 변화의

대표적인 예로 전북대 치전원을 들 수 있다. 전북대 치전원은 교육과정위원회의 전적인 주관으로 국내에서는 최초로 새로운 전면적인 문제바탕학습(PBL) 중심의 교육과정을 운영하였다. 동 치전원의 교육과정은 기존의 교과목들이 통합교과목인 인체의 구조, 인체의 기능, 행동치의학, 임상치의학으로 대치되어 PBL 중심의 통합교육, 학습자 중심교육, 인문사회치의학 교육을 강조하는 방식의 프로그램으로 운영하였고, 치과대학 체제로 전환한 이후에도 치전원 교육과정의 기본 철학과 운영 방침을 그대로 유지하고 있다.

치전원 도입 준비 및 치의학 교육 개선을 위한 여러 국내외 활동을 통해서 우리나라 치의학 교육을 지속해서 발전시켜 나가는 데 핵심적인 역할을 할 한국치의학교육학회의 필요성이 높아지게 되었다. 이에 2006년 10월 12일에 한국치의학교육학회가 창립되었다. 한국치의학교육학회 제1회 학술대회가 개최된 2007년 4월 이래로, 2019년 6월에 제18회 학술대회가 개최되었다.

한국치의학교육평가원의 탄생

2000년대 국내에서는 전문대학원 전환, 전문의제도 시행, 치과의사 국가시험제도 변화 등이 활발히 논의되고, 대외적으로는 국제화와 개방에 따른 고등교육 경쟁력 강화를 위한 고등교육법 개정 등으로 치과계 내에서도 한국치의학교육평가원 설립의 필요성이 제기되었다. 이러한 시대적 요구에 따라 2005년 12월 치의학교육평가원 설립 연구보고서 발간을 시작으로 2006년 치의학 및 치과의료계 단체장 간담회를 통해 치의학교육평가원 설립 필요성에 공감하고, 각 단체가 추천하는 위원으로 설립추진위원회를 구성하여 2007년 11월에 보건복지부에 설립 인가를 신청한 후, 12월 24일에 한국치의학교육평가원 설립이 인가되었다. 안성모 대한치과의사협회장이 초대 이사장으로, 김관식 교수가 초대 원장으로 취임하였다.

한국치의학교육평가원의 비전은 국민을 위한 치의학 교육의 질을 보장하는 것이다. 설립 목적은 치의학 및 관련 교육 전반에 관한 연구와 개발 및 평가의 기능을 공정하게 수행하고, 구강보건과 치과의료 관련 정책과 제도 등에 관한 연구에 정통하여 국민구강보건 향상에 이바지하는 것이다. 핵심가치로는 인간을 존중하며 미래지향적 치의학 교육을 선도하고 국제 수준의 독립성을 지닌 전문성을 확보하며, 치의학 교육의 질 보장에 대한 객관적인 신뢰성 확보하는 것으로 설정하였다.

치과의사 국가시험(면허시험)의 변화

2000년대에 들어서서 치의학교육제도 개선을 꾀하려는 노력과 함께 환자의 안전을 도모하고 치과의사 면허의 국제 통용성을 높이기 위한 치과의사 국가시험 개선방안이 적극적으로 모색되었다. 세계 선진국 다수 국가는 치과의사 자격시험과 진료면허를 구분하여 관리하고 있다. 우리나라의 경우 치과의사 국가시험에 합격하면 치과의사 자격 및 진료 면허를 동시에 취득하게 되어 있다. 따라서 환자의 안전을 보장하기 위해서는 치과의사 국가시험을 통해서 일반치과의사의 역량을 적절히 평가하는 것은 매우 필수적인 사항이라 할 수 있다.

우리나라 치과의사 국가시험은 1952년에 처음으로 실시된 이래로, 각 전공과목과 보건의약관계 법규에 관한 필기시험으로 진행되어 오고 있다. 이러한 필기시험만으로는 환자의 안전을 보장할 일반치과의사로서의 역량을 적절히 평가하는 데는 한계가 있어, 병력청취, 구강 내·외부 진찰, 환자와의 의사소통, 진료 태도 및 기본 기술적 수기를 평가하는 실기시험을 치과의사 국가시험에 포함하기로 하고, 제74차 치과의사 국가

시험(실기시험은 2021년에, 필기시험은 2022년 1월에 시행)부터 시행할 예정이다.

대학병원에 흡수되었던 국립대학 치과병원의 독립

한국의 치과대학이나 치의학전문대학원 11개 중 6개가 국립기관이다. 치과대학은 학생들의 임상 실습 교육을 위한 시설이 필요하였기에, 치과진료기관은 '부속치과병원'의 형태로 독립되어 있었다. 그런데, 1977년 국립대학병원들을 공사(公社)화하는 정책에 따라 치과대학부속병원이던 서울대학교의 치과병원이 서울대학교병원으로 흡수·통합되었다. 1991년에는 지방 국립대학교 치과병원들도 대학병원에 복속되었다. 이후 국립대학교의 임상교육기관은 대학병원의 1개 부서로서 치과진료부 등의 명칭으로 존재하였다. 1991년 제정된 '국립대학교병원설치법'에 의하면 치과병원을 설립할 수도 있었으나 대학병원과 교육부 및 기획재정부 등의 미온적 대처에 따라 치과대학병원으로 독립하지 못하였다. 치과영역이 대학병원의 일개 부서로 존재하였기에 예산의 수립 집행 및 병원장 임명을 비롯한 직원의 채용 등 인사에 있어서 독립기능을 수행하지 못하였으며 의과와 다른 치과의 상황이 반영되지 못하는 행정 운영에 대한 불만이 누적되었다.

1992년에 강릉대학교(현 강릉원주대학교)가 전국 최초로 의과대학 없이 치의예과생을 뽑게 됨에 따라 국립대학교병원설치법에 근거한 최초의 독립 치과병원법인인 강릉대학교치과병원이 1997년 12월에 개원하였다.

앞서 언급한 바와 같이 국립대학교의 치과병원 독립을 위한 관련자들의 미온적 자세를 극복하기 위해서는 법적인 근거가 있어야 했다. 이에 치과의사협회와 국립대학교 치과대학들의 협력으로 입법에 노력하여 2003년 5월에 '서울대학교치과병원설치법'이 제정되고 강릉대학교에 이어 서울대학교가 2004년에 독립 치과병원을 설치하게 되었다. 이러한 전례들을 기반으로 2007년에는 지방 국립대학교를 위한 '국립대학치과병원 설치법'이 제정되었고, 이에 따라 2012년에 부산대학교치과병원, 2016년도에 경북대학교치과병원이 독립하였다. 2020년 현재 전북대학교와 전남대학교는 독립된 치과병원이 아닌 대학병원의 부서로서 존재하고 있다. 그리고, 사립대학교의 치과병원은 ○○대학교치과병원(조선대) 또는 ○○대학교치과대학병원(경희대, 단국대, 연세대, 원광대)의 명칭으로 법인 체제를 유지하고 있다.

치과보조인력의 역사와 현재 실태

치과에 근무하는 치과보조인력에는 치과위생사, 치과근무 간호조무사, 치과기공사 등이 있다. 우리나라의 치과위생사와 치과기공사 양성 교육은 미국의 영향을 받아 시작되었다. 세브란스 치과 과장이었던 지헌택 박사가 1965년 치과위생사 교육과정을 도입하여 연세대학교 의과대학 부속 의학기술수련원에서 2년제 과정으로 시작되었다(그림 1). 이후

그림 1 치과위생사 1호 면허증(연세대학교 치의학박물관)

1977년부터 전문대학에 치위생과가 설치되었으며 2002년 4년제 치위생학과가 개설되었다(2019년 현재 82개 대학에 치위생(학)과 개설). 또한, 1970년 단기고등교육기관, 2년제 초급대학, 전문학교로 치과기공사 교육이 시작되었으며(그림 2), 2000년 4년제 치기공학과가 개설되었다(2019년 현재 19개 대학 치기공(학)과 개설).

우리나라는 OECD 국가 중 치과위생사가 치과조무사(dental assistant)보다 많은 유일한 국가이며, 우리나라 치과위생사 수는 2011년 4만 7,444명에서 2017년 7만 5,883명으로 급속하게 증가하여, 연평균 증가율 8.1%를 나타내고 있다. 치과위생사의 취업률은 80.7%로(2019년 현재) 매우 높은 편이며, 졸업 후 진로는 치과병·의원 외에도 연구 분야, 교육 분야, 보건직 공무원, 군무원, 치과 관련 기업, 질병관리본부, 국립과학수사원, 식품의약품안전처 등의 공공기관 등 매우 다양하다.

그림 2 치과기공사 1호 면허증
(http://www.kdtech.or.kr/intro/DENTAL/index.html#page=54)

개원 치과병·의원에서는 치과보조인력의 구인난이 심각한데, 활동 치과위생사 수는 2016년 기준 3만 3,537명(2016년도 면허소지자 7만 70명)으로 나타나 약 47.9%의 치과위생사가 활동하는 것으로 추산되고 있다(그림 3). 이처럼 전국의 치과병·의원에서 구강진료보조업무를 할 수 있는 치과위생사의 수가 충분하지 않으며, 2019년도 최저임금제 인상 등의 파장으로 심각한 치과위생사 구인난을 겪고 있다. 또한, 치과보조인력의 이직률이 높은 문제점이 있는데, 장년층보다는 젊은 층에 많은 특징이 있

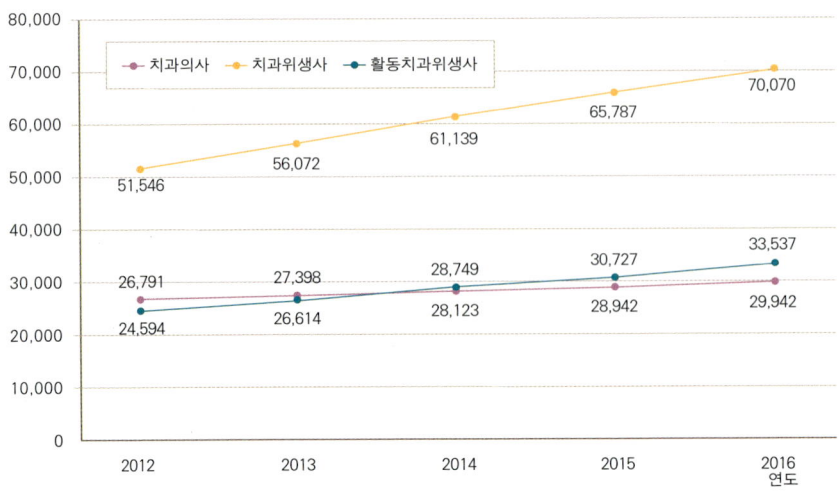

그림 3 연도별 치과의사, 치과위생사 면허소지자 증가 추이

어 경영상의 문제를 야기하고 있다. 이러한 문제를 해결하기 위하여 간호조무사를 치과보조인력으로 활용하고 있으나, 치과위생사 업무와 치과근무 간호조무사 업무가 상당 부분 중복되어 있어 마찰을 빚고 있다.

이에 대한치과의사협회에서는 한국형 덴탈 어시스턴트 제도(Dental Assistant, DA제도, 치과조무사제도) 신설 및 법제화를 추진하고 있으며, 호주와 뉴질랜드의 치과치료사(dental therapist) 제도를 모방한 단기속성 진료보조인력의 양성, 더 다양한 경로의 치과진료조무사 양성, 진료보조, 임시충전, 부착물 제거, 인상 채득, 엑스레이 업무 등을 합법적으로 할 수 있도록 하여 치과보조인력 문제를 근본적으로 해결하도록 노력하고 있다.

외국의 치과보조인력 현황을 살펴보면, 치과위생사보다 치과조무사의 숫자가 절대적으로 많으며, 미국의 경우 50개 주에 266개의 정규교육과정이 있으며(2004년), 활동 중인 치과위생사는 12만 명(2003년), 활동 중인 치과조무사는 24만 명(2003년 현재)으로 치과조무사가 더 많이 활동하고 있다. 호주에서는 치과의사와 함께 일하는 직업을 세분하여 치과위생사(dental hygienist), 치과치료사(dental therapist), 치과위생사 및 치과치료사 자격을 함께 갖춘 치과치료사(OHT, oral health therapist)를 운영하고 있다. 치과치료사(OHT)는 치과의사의 지도 하에 치과위생사 업무, 유치의 수복치료, 유치 발치 등을 수행할 수 있도록 하고 있으며, 이들의 보조 인력으로 치과보조사(dental assistant)가 있다. 이러한 광범위한 치과 보조 인력의 운영은 우리나라의 부족한 치과보조인력을 보충해 줄 수 있는 대안으로 제시될 수 있을 것이다. 2012년 의료기사 등에 관한 법률 시행령 개정하여 치과위생사의 업무 범위가 확대되었는데, 이후에도 치과위생사 단체는 진료영역에서의 업무 범위를 확대를 요구하고 있다.

치과기공소의 경우, 영세한 치과기공소가 대부분이나, 역사가 오랜 치과기공소는 대를 이어 운영하는 경우도 있다. 최근 치과계의 디지털화에 발맞추어 최신 장비를 많이 갖춘 곳이 살아남는 방향으로 양극화 현상이 일어나고 있다. 치과기공사제도는 무면허의료행위를 막기 위해 지도치과의사제도를 오랫동안 유지해오다가 치기공사협회의 지속적인 노력으로 지도치과의사제도가 폐지되었고, 치과기공물제작의뢰서에 의한 업무 수행으로 변경되었다. 최근 치과기공 장비의 급속한 발전과 국소의치, 임플란트, 심미보철 분야에 3D 프린터 장비와 같은 디지털 생산시스템의 도입으로 치과기공 환경이 개선되어 가고 있으며, 치과 치료 분야에서 디지털화가 빠른 속도로 진행되고 있어, 치기공 산업 역시 디지털화 전환이 일어나고 있다. 2020년 부산시에 의해 치과기공소 스마트 환경개선 시범사업이 추진되어, 지역 치과기공소의 노후 작업환경을 개선하고 디지털 생산시스템 지원을 통한 스마트 치과기공소로 전환·육성 사업이 진행되고 있다.

21세기, 전문가주의와 상업주의에서의 윤리교육

생명윤리의 대두

1991년 5월 의사들의 폭력 사태는 여론의 관심도 내부적 반성도 없이 지나갔다. 지금까지도 이런 일이 멈추지 않는 이유다. 문제를 심각하게 받아들이지 않는데 그 문제가 해결될 리 없다. 그렇게 의료계는 윤리적 성찰이나 논쟁 없이 관행이란 규범에 따라 움직였다. 그러다가 그 관행이 '법'의 철퇴를 맞는 사건이 발생한다. 1997년에 있었던 '보라매병원 사건'이다.

가정폭력을 일삼던 남자가 뇌출혈로 응급수술을 받고 입원 치료 중이었다. 연락을 받고 달려온 환자의 아내는 치료비를 감당할 수 없다며 퇴원을 요구했다. 의료진은 퇴원할 경우 목숨을 잃을 수 있다고 설득했으나 고집을 꺾지 않자 각서를 받고 퇴원을 허락했다. 퇴원 후 호흡기를 제거한 지 얼마 지나지 않아 환자는 사망한다. 그러자 환자의 친가 쪽 가족이 의료진과 아내를 살인죄로 고발했다. 대법원은 환자의 아내와 의료진의 살인 및 살인방조죄에 대해 유죄를 확정했다.

의료계는 큰 충격에 빠졌다. 관행이 범법행위가 될 수 있음을 처음으로 확인한 것이다. 이후 생명윤리에 대한 관심이 높아지기 시작했다. 생명윤리학회, 의료윤리교육학회 등 전문 연구단체도 조직되었고 예비의료인을 상대로 한 윤리 교육에도 관심을 두기 시작했다.

의사 파업과 전문직 윤리

20세기 말 소련을 중심으로 한 공산주의 체계가 무너지자 자본이 거의 모든 삶을 지배하는 신자유주의 세상이 왔다. 그리고 그 전환기인 2000년에는 온 나라를 뒤흔든 전국 의사들의 파업 사태가 있었다. 겉으로는 의약분업 정책에 반대한다는 명분을 내세웠지만, 사실은 복잡하게 얽히고 설킨 역사적 경험 속에 쌓여있던 피해 의식과 분노가 폭발한 것이었다. 의료보험에 의해 표준화되어 통제되는 낮은 수가, 낮은 수가 체제에 적응하여 생존하기 위해 개발된 비급여 진료에 대한 비난 여론, 신자유주의 세상인데도 문화적으로 강요되는 인술 이데올로기, 서양의 의사와는 달리 자율통제를 경험하지 못하고 권력에 기대어 생존해 온 역사 속에서 꿈틀거리던 불만이 의약분업이라는 기폭제를 만난 것이다. 한 번도 권력에 저항해 본 경험이 없던 의사들이 이렇게 일치단결해 싸우는 모습을 보고 의사들 자신도 매우 놀랐다고 한다.

충분히 예상할 수 있듯이 의사들은 여론의 뭇매를 맞았지만, 다른 한편으로는 직업 정체성에 대한 각성의 계기가 되기도 했다. 자신들이 사회와 문화에 너무 무지했음을 깨닫기 시작한 것이다. 보라매병원 사건이 생명과 관련된 관행을 반성하는 계기였다면 의사 파업은 전문직으로서의 의사의 역할을 성찰하는 계기였다. 보라매병원 사건이 생명윤리(bioethics)의 촉매였다면 의사 파업은 전문직 윤리(professional ethics)에 관한 관심을 고조시켰다.

이런 의료계의 분위기는 치과계에도 영향을 미쳤다. 그리하여 2006년에는 1971년에 만들어진 추상적 윤리선언을 넘어 선언, 헌장, 지침으로 세분된 윤리의 실천 규범이 대의원대회를 통과했다. 이 문서는 실체규범과 절차 규범으로 나뉘는데, 실체규범은 선언, 헌장, 지침이며, 절차 규범은 징계협의자의 권리를 보장하면서 합리적 의사결정이 이루어질 수 있도록 하는 제도적 장치와 절차를 규정하고 있다. 나무라기(糾問)가 아닌 따지기(彈劾)의 윤리로의 전환을 명확히 한 것이다.

「치과의사 윤리선언」은 5개 항으로 구성되어 있는데, 생명존중과 봉사, 학술연마와 최선의 진료 수준 유지, 정직-성실-신뢰의 가치, 최상의 의료제도 정착에 노력한다는 선언과 함께 영리적 동기보다는 환자의 복리를 우선한다고 밝혀 영리적 동기를 일부 인정하고 있다.

「치과의사 윤리헌장」은 치과의사의 윤리가 전문가주의(professionalism)에 근거를 두고 있음을 분명히 한다. 환자 복지 우선, 환자 자율성 존중, 사회정의, 진실의 4대 가치를 원칙으로 삼으며, 전문직업인으로서 치과의사가 지켜야 할 10가지 의무를 밝히고 있다. 이 중 나무라기가 아닌 따지기 윤리의 특징을 잘 보여주는 항목은 9항과 10항이다. 9항은 이해관계의 관리와 신뢰 유지에 관한 것이고 10항은 전문인 집단 내 협동과 자율규제에 관한 것이다. 자본주의 사회에서의 의료관계는 이해관계를 포함할 수밖에 없으므로 배제가 아닌 관리의 대상이다. 우리에게는 자율규제의 역사적 경험이 없지만, 궁극적으로 스스로 규제하는 자율적 전문가 집단을 지향한다는 점도 밝히고 있다.

윤리선언의 문장 구조를 보면 그것이 어떤 윤리적 태도에 토대를 두고 있는지 짐작할 수 있다. 히포크라테스 선서는 "나는 ~ 하노라"로 번역되어 있는데 이는 권위주의와 도덕주의의 문장이다. 한국 의사의 윤리강령은 "의사는~"이라는 주어로 시작한다. 이는 이 강령이 의사와 사회와의 계약임을 은연중에 드러내는 문장 구조이다. 반면에 치과의사윤리선언은 "우리는~"으로 시작한다. 이 강령이 치과의사 내부의 약속임을, 그리고 이를 통해 우리의 정체성을 확립하겠다는 전문가주의(professionalism)의 가치가 표현된 것이라 할 수 있다.

상업주의와 전문가주의

치과의사 윤리선언이 이해관계에 대해 1971년에는 배제의 입장을 취하다가 2006년에는 합리적 조정으로 입장을 바꾸게 된 것은 신자유주의라는 거대한 물결과 무관하지 않다. 의료를 상업행위가 아닌 고귀하고 자비로운 기술로 보던 도덕 전통(仁術)은 서서히 무너졌다. 의료광고를 금지하던 의료법이 2005년에 내려진 위헌 결정으로 무력화된 것이 그 계기 중 하나였다. 이 결정은 의술이 상술(商術)임을 공식적으로 인정한 것과 같았다. 인술은 무너졌지만, 아직 상술의 질서는 세워지지 않았다. 환자를 대상으로 또는 진료비 지급기관으로부터 더 많은 이익을 취하기 위한 경쟁이 치열해졌다. 상술의 논리에 따르면 치과의사의 우선 경쟁 상대는 다른 치과의사지만, 또한 서비스를 구매하는 환자 또는 보험자와도 상업적 관계에 있음을 인정해야 한다.

과잉진료는 환자를 대상으로 최대의 이익을 창출하기 위한 상업적 전략의 결과다. 이 관계에서는 영리적 동기보다 환자의 복리를 우선하여 고려하겠다는 전문가주의의 가치가 역전되어, 영리적 동기가 주요 결정을 좌우하게 된다. 문제는, 전문가인 치과의사와 문외한인 환자의 관계가 대등할 수 없다는 데 있다. 과잉진료가 문제일지라도 환자에게는 그 기준을 제시할 수 있는 전문성과 권위가 없다. 따라서 치료방법을 선택할 권리의 상당 부분을 치과의사에게 위임할 수밖에 없다. 치과의사는 자신의 행위가 과잉이 아님을 주장할 수 있는 전문성과 권위를 가진 사람이다. 그 기준을 설정하고 실천해야 할 사람도 치과의사다. 상업주의로 기울었던 윤리의 기준을 다시 전문가주의로 돌려 치과의사가 문제 해결의 주체로 나설 수밖에 없는 이유다.

이때 치과의사는 이해관계에 민감한 개인이 아닌 객관성과 권위를 가진 전문가 집단이어야 한다. 직업의 이익과 공공의 안녕을 위해 스스로를 규제하는 전문가주의(professionalism)로 되돌아오는 것이다. 그것만이 과잉진료의 문제를 해결할 수 있는 논리적 귀결이고 실천의 길이다. 치과의사를 대표할 뿐 아니라 공익을 대변할 수 있는 기구가 나서서, 학술적 근거와 환자의 이익 그리고 현실 상황을 고려하여 과잉과 적정의 기준을 정하고 여러 의견을 수렴한 뒤 실천을 강제하는 것이다.

그런데 현실에서는 과잉진료가 만연된 현실과 무비판적으로 그런 시류에 휩쓸리는 동료를 비난하는 이른바 양심 치과를 한 축으로 하고, 자신들의 행위가 과잉이 아님을 주장하는 대다수 치과의사를 그 반대편으로 하는 싸움의 양상을 띠고 있다. 안타깝게도 스스로를 규제하는 전문가 집단으로서의 치과의사의 역할은 보이지 않는다. 네트워크 치과를 둘러싼 논쟁에서도 마찬가지다. 치과의사들이 진영으로 나뉘어 싸우는 모습은 있어도, 이런 현상이 우리 모두가 직면한 공통의 문제라는 인식도 없고 합리적으로 해결하려는 의지도 보이지 않는다.

전문가 집단이 자율 규제의 역할을 제대로 하지 못하자, 의료소비자의 평가를 토대로 과잉진료를 하지 않는 모범적 치과를 판별하는 플랫폼이 등장하기에 이르렀다. 전문가의 자리를 환자의 경험과 정보통신 기술이 차지한 것이다. 전문가에 대한 신뢰와 권위의 위기다.

윤리적 반성과 성찰

이런 상황에 대해 문제 의식을 가진 일부 치과의사들은 윤리적 접근을 통해 해결책을 찾으려 했다. 보라매 병원 사건과 의사 파업 이후 생명윤리와 의료윤리 운동을 시작한 의과를 참고한 것이다. 치과 분야에는 윤리 문제를 논의할 전형적 사례나 개념적 틀조차 없었던 것이 사실이다. 이제 과잉진료, 양심치과, 네트워크 치과 등의 사례가 생겼지만, 그것들을 논의할 개념적 틀은 여전히 부족한 게 사실이다. 영어로 출판된 치과의료윤리에 관한 단행본도 무척 드물고 그나마 윤리적 논의보다는 법과 관련된 내용이 주를 이룬다. 모든 것을 법으로 해결하는 미국의 문화가 반영된 것이다. 치과의료윤리를 교육하는 대학이 생기기 시작했지만, 그 내용과 방항에 대한 합의도 없이 담당교수 재량에 따라 다양한 방법과 내용으로 행해지고 있다. 뭔가 일관된 주제와 내용과 논의의 틀이 필요했다.

2015년에는 세계치과의사연맹(FDI)에서 나온 『치과의료윤리매뉴얼(Dental Ethics Manual)』이라는 소책자가 번역되었다. 치과의료윤리에 관한 논의를 시작할 최소한의 근거가 마련된 것이다. 그리고 2019년에는 미국에서 나온 거의 유일한 치과의료윤리 교과서 『치과임상윤리(Dental Ethics at Chairside)』가 번역 출판되었다. 이 책은 일반 의료윤리와 구별되는 치과의료윤리를 전문가주의(professionalism) 또는 전문직윤리(professional ethics)의 틀로 묶고 임상에서 만날 수 있는 다양한 문제를 깊이 있게 다루고 있다. 우리는 여기서 한국 치과계의 여러 윤리 문제를 논의할 중요한 관점을 얻을 수 있다.

2020년에는 대한치과위생사협회 주도로 『치위생윤리』가 편찬되었는데 이 책은 ① 치위생윤리, ② 치과위생사의 윤리강령, ③ 치위생 직무윤리, ④ 직무 분야에 따른 윤리, ⑤ 상황별 치위생윤리 의사결정 사례로 구성되어 있다. 이 책은 단순 번역이 아니라 현장에서 진료와 교육을 담당하는 현직 치과위생사들의 협동으로 만들어진 실무 지침서라는 데 큰 의미가 있다.

이제 우리는 치과의료윤리의 전형적 사례와 그것들을 논의할 개념과 논쟁의 대략적 틀을 가지게 되었다. 이것들을 바탕으로 아직까지 경험해 보지 못한 직업전문화(professionalization)의 새로운 길을 찾아야 한다. 윤리는 옳고 그름의 정해진 기준에 맞춰 행위자를 나무라는 것이 아니라, 합리적이고 공평한 행위의 준칙을 만들어가는 과정이 되어야 할 것이다.

Episode 개인 및 대형참사사건에서의 개인식별

법치학적 개인식별방법은 성별 및 연령추정, 실물과 치과기록 비교에서 시작하여 점차 혈형검사, 유전자검사 방법으로 확장되었다. 성별 감정은 남녀의 악골과 치아의 크기 및 형태와 화학적 조성 차이를 이용한다. 치수나 타액에서 체세포를 채취해 성염색체로 감별하기도 한다. 연령 감정은 치아형성과 증령적 변화에 따른 특징을 이용한다. 최근에는 기초의과학과 디지털 기법을 이용해 정확한 연령 감정이 가능하다. 빠르고도 정확한 법치학적 개인식별법은 세계적으로 자연재해나 대형참사사건에서 유용하게 쓰이고 있다.

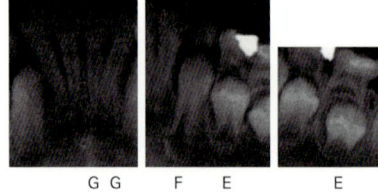

그림 4 법의치과학적 나이 추정 결과로 안양 초등생 실종사건 희생자의 개인식별을 한 사례 (행정안전부 국립과학수사연구원 홈페이지)

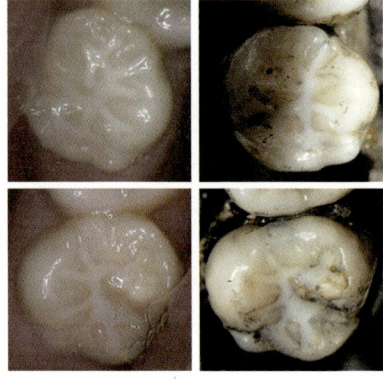

그림 5 세월호 미수습 희생자의 법치의학적 개인식별례(행정안전부 국립과학수사연구원 보도자료)

1995년에는 삼풍백화점이 부실공사로 붕괴되 500여 명이 사망하였다. 당시 실종 처리된 109명의 자료와 치아 및 두개골 골편이 일부라도 존재하는 70구를 연령 및 성별 감정, 보철물과 방사선 분석, 슈퍼임포즈 방법으로 대조하여 54구의 개인식별을 해내었다. 2003년에는 개인의 방화로 일어난 대구 지하철 참사 사망자 192명 중 125명을 법치학적 방법으로 식별하였다.

2014년 4월 16일 발생한 세월호 침몰 사고는 단원고등학교 2학년 학생 325명을 포함한 탑승인원 476명 중 172명만이 생존하였다. 세월호 사건은 리더십과 책임감이 부재했던 '한국 사회의 축소판'이라는 국민적 각성을 일으킨 참사였다. 3년 후에야 선체가 인양되어 뼈만 남은 상태에서 법치학적 방법과 DNA 분석 등을 통해 미수습자의 9명 중 4명의 신원이 확인되었다. <그림 5>의 왼쪽은 생전에 촬영한 구강 내 사진이며 오른쪽은 미수습 희생자의 사후 광학 사진이다. 수복물의 외연이 정확하게 일치하여 DNA 결과가 나오기 전에 신원을 확인할 수 있었다.

요약

21세기 초반 7개 치과대학이 치의학전문대학원으로 전환했던 의·치전원제도는 치의학 교육환경의 개선과 교육의 패러다임을 전환할 기회를 주었다. 하지만 대학원 수준의 치의학 교육내용의 심화보다는 정부의 비본질적인 정책목표 추진이 낳은 불합리로 인해 2017년 3곳(서울대, 전남대, 부산대)만 치의학전문대학원 체제로 남고, 치과대학 체계로 회귀하였다.

한편 세계화 시대에 맞는 치의학 교육의 혁신과 치과의사 면허의 국제 통용성을 높이기 위한 국가시험 개선이 필요해 관련 조직과 법안이 마련되었다. 국립대학교 치과병원이 독립하였고, 적정한 치과보조인력의 수급과 업무 및 환경 개선이 지속해서 요구되고 있다.

한국치과의사의 윤리규범은 1971년의 상징적 선언으로 시작해 2006년에는 구체적 이념과 실천 지침을 담은 문서로 발전했지만, 충분한 논의와 합의를 거친 문서는 아니다. 따라서 진료 현장에서의 실천을 담보하지 못하는 기형적인 문서로 남게 되었다. 앞으로 이 문서를 포함한 치과의료윤리를 어떤 방향으로 발전시킬지에 대한 진지한 숙의와 합의가 필요하다.

10

의료영리화에 대한
구강건강보장성
강화 노력(2000~2020)

2000년대 초반, 신자유주의적 경제 질서와 2008년 글로벌 금융위기 속 양극화 현상이 증가하였다. 정부는 의료영리화를 추진하였고, 이에 맞서 의료인과 시민단체는 건강보험 보장성 강화를 요구하면서 갈등이 증폭하였다.

21세기 치과의료와 구강 건강은 사회적으로 중요한 문제가 되었고, 한국만의 독자적인 제도와 문화를 구축하였다. 한국 정부와 의료인, 국민이 당면한 치과의료의 현실의 문제에 대해 어떠한 방식으로 의사소통하고, 해결했는지 살펴보자.

경제양극화 시기, 영리추구형 네트워크 치과와의 공방

정부 주도의 의료영리화 추진

세계무역기구(WTO)의 의료시장개방 요구를 따른 역대 정부는 의료개방과 산업화를 추구하였다. 정부에 따라 의료 정책의 명칭만 의료선진화, 의료민영화, 의료영리화로 바뀌었다.

김대중 정부(1998. 2~2003. 2)는 2002년 영리의료법인 허용을 위해 경제자유구역법을 제정했다. 경제자유구역 내 외국인 전용 의료기관설립을 허용하였다.

노무현 정부(2003. 2~2008. 2)는 2004년 외국 영리병원의 내국인 진료를 허용하여 건강보험 당연지정제 폐지의 기반을 마련하였다. 2007년 2월에는 보건복지부 장관이 의료경영지원회사설립을 통한 유인알선과 인수합병, 민간의료보험 활성화를 골자로 하는 의료법개정안을 입법 예고하였다. 이에 의료인과 시민단체는 건강보험 확대와 의료 공공성 강화를 요구하였고, 의료법개정안은 국회를 통과하지 못하였다. 2008년, 정부는 비의료인 의료기관 개설 허용과 영리법인 도입을 의료선진화 방안으로 제시하였다.

이명박 정부(2008. 2~2013. 2)는 경제자유구역 내 외국의료기관의 개설허가 절차를 담은 시행규칙을 제정·공포하여 영리병원 도입을 위한 제도적 절차를 마련하였다. 2009년, 외국인 환자 유치업자 허가제도를 도입하였고, 의료법인 부대사업 범위를 넓혔다. 2012년에는 의료기관 명칭에 외국어 병행 표기를 허용하였다.

박근혜 정부(2013. 2~2017. 3)는 의료민영화정책을 추진하였다. 정책 내용은 비영리병원의 영리자회사 허용과 신의료기술규제 완화 등이었다. 2014년 상급종합병원의 외국인 환자유치 병상 수 기준과 외국인 환자유치업자 등록요건을 완화하고, 경제적 이익 등의 취득 범위를 확대하였다.

문재인 정부는 2017년 5월, 의료의 공공성과 보장성 강화, 예방적 건강관리 지원을 정책과제로 발표하였다. 이는 의료민영화를 추진했던 이전의 정부와 차별화된 것이었다. 건강보험료 부과체계를 개편하여 저소득 가구의 재난적 의료비 부담을 줄이고자 했다. 하지만 선택진료비 폐지로 상급종합병원으로의 환자 쏠림 현상이 가속화했다.

2018년 제주도는 국내 첫 영리병원인 녹지국제병원에 조건부 개설허가를 내줬다. 하지만 병원 측은 내국인 진료 불가 항목을 인정하지 않고 행정소송을 제기하였다. 이러한 과정에서 "개설신고나 개설허가를 한 날로부터 3개월(90일) 이내에 정당한 사유 없이 업무를 시작하지 아니한 때 개설허가를 취소할 수 있다"는 의료법에 근거하여 개원이 무산되었다.

구강보건법에 따른 공중구강보건사업의 전개(2000~2009)

2000년 보건의료기본법과 함께 산하 구강보건법이 발효되면서 보건복지부 구강보건과를 중심으로 공중구강보건사업이 활발하게 전개되었다. 국가 차원의 첫 조사로 국민구강건강실태조사가 시작되었고, 이후 3년마다 실시하고 있다. 2000년부터 시군구 보건소에 치과진료실과는 별도로 구강보건실이 설치되었고, 2006년부터는 이를 확대한 구강보건센터 설치 사업이 시작되었다. 이들 조직은 지역사회구강보건사업의 중추적인 역할을 담당하고 있다. 1999년부터 초등학교에 학교구강보건실을, 2001년에는 장애인학교에 구강보건실을 설치하기 시작하였다. 2001년 정부에서는 2010년까지 달성할 구강보건정책목표를 제시하였고, 이는 매 10년을 주기로 정책목표를 제시하는 형태로 이어져 2020년 구강건강증진목표 설정으로 이어졌다. 2002년 치아홈메우기사업(치면열구전색사업)을 국가구강보건사업으로 전개하기 시작하였다. 이 사업은 2009년 치면열구전색이 국민건강보험 요양급여에 포함됨에 따라 국비 지원이 중단되었다. 2005년 노인불소도포·스케일링 사업을, 2006년 노인 및 영유아 대상 구강검사와 구강보건교육사업을 진행하기 시작하였다. 이처럼 1990~2009년 시기 구강보건발전의 기본방향은 구강보건의료자원의 분포를 균등히 하고, 효율적으로 활용하며, 공공 구강의료 부분을 확충하는 것이었다. 제도적 정비와 활발한 구강보건사업은 2000년대에 들어 아동의 치아우식이 현저히 감소하는 추세를 만들어 냈다. 특히, 전통적으로

Episode 치과의사, 노동자와 한마음이 되다, 일반검진에서 구강검진 지키기

구강검진이 건강검진의 검사항목으로 자리잡은 것은 1995년이다. 그러나 부적절한 구강검진 체계, 낮은 검진수가, 검진 후 사후조치의 결여, 낮은 수검률 등의 문제가 끊임없이 제기되고 있다. 2020년 현재에도 구강검진 수검률은 30%에 불과하다.

2000년대 이후 의약분업의 여파로 국민건강보험의 재정이 악화하자, 보건복지부는 2002년 재정건전화 정책의 하나로 건강검진에서 심전도검사와 함께 구강검사를 제외하겠다는 발표를 했다. 대한치과의사협회 등이 반대성명서를 발표하는 등 치과계가 반발하였으나 정부는 이를 관철하려 하였다. 이에 보건의료단체연합 민주노총 등으로 구성된 건강진단 개악 저지를 위한 공동투쟁위원회가 결성되어 강력한 저지 투쟁이 전개되었고, 정부는 기존의 방침을 철회하였다. 치과의사, 노동자 그리고 관련 단체가 한마음이 되어 구강보건 관련정책을 변화시켰다는 점에서 시사하는 바가 많은 사건이었다.

도시지역 아동보다 농어촌지역 아동의 구강건강상태가 나빴는데, 보건소의 예방사업이 활발해짐에 따라 농어촌 지역 아동의 구강건강상태가 좋아진 것으로 나타났다.

과천집회와 중앙구강보건행정조직의 해체

2007년 보건복지부(유시민 장관, 2006. 2~2007. 5)는 전면적인 의료법 전부 개정안(2007. 1. 25)을 발표하였다. 민간보험회사의 유인알선 할인 허용과 병원 내 다른 의사의 의원개설과 전속 진료(프리랜서) 허용, 유사의료행위 인정과 의료법인의 부대사업 확대 등이 의료민영화를 위한 조항으로 포함되었다.

2월 11일에 열린 의료법 개악 저지 과천집회에는 치과의사 700여 명과 의사, 한의사, 간호조무사, 전공의, 의·치대생 등 3만여 명이 참석했다. 3월 15일 보건복지부의 의료법 개정 공청회가 열렸는데, 치과의사는 반대 견해를 내세워 참여하지 않았다.

그에 대한 보복성 행정조치로 구강보건과는 2007년 3월 17일 해제되어 생활위생팀과 통합되었다. 1997년 치과계와 시민단체의 노력으로 부활했던 구강보건과의 폐지로 한국 12세 아동의 치아우식증은 1인당 우식경험치아수가 2018년 1.84개에서 더 감소하지 않고 있다. 이는 OECD 가입국가의 평균보다 높은 수치이다.

중앙 구강보건행정조직의 부재는 공중구강보건정책의 약화를 가져왔다. 또한, 구강생활건강과, 구강가족건강과 등 다른 분야의 업무를 동시에 맡는 조직의 업무로 넘어가 중요도가 낮아지는 결과를 초래했다. 중앙정부의 전담부서의 해체의 직접적 원인은 2007년 의료법 개정과 관련된 갈등이었지만, 근본적인 원인은 구강보건행정을 국민의 구강건강증진을 위한 행정으로 보지 않고 치과계와 관련된 행정으로 보는 편협함이었다.

구강보건행정 전담부서의 예산은 중앙행정부처 과 단위 예산 수준으로는 매우 미흡했으며, 그나마 대부분이 건강증진기금에서 충당되었다. 또한, 과장의 임기가 평균 8개월 정도밖에 되지 않았다는 것은 정부가 얼마나 구강보건행정전담부서를 소홀히 했는지 여실히 보여주고 있다.

건강보험의 출범과 낮은 치과 보장성에 대한 불만(2000~2010)

2000년 초, 의약분업으로 인한 건강보험재정의 악화로 건강보험 급여를 적용하기로 예정되었던 치아불소도포와 스케일링의 급여화 시행이 유보되었다. 국민이 지출하는 진료비 중 건강보험 급여가 차지하는 비율을 의미하는 건강보험보장률은, 2000년대 중반 의과 분야는 60%를 상회하였으나 치과 분야는 40% 미만으로 낮았다. 즉 치과의 본인 부담 비중이 의과에 비해 높았다.

그렇다고 치과에 더 많은 수익이 가는 것은 아니었다. 2006년 건강보험심사평가원의 「상대가치점수개정연구보고서」에 의하면 의과의 원가보전율은 약 73%, 치과는 약 62.1%에 그친 것으로 나타났다. 저수가를 개선해야 함을 의미한다. 대표적인 예로 한국의 근관치료나 난발치(치아가 깊이 매복되거나 신경에 근접해 빼기 어려운 발치)의 보험수가는 미국의 1/13, 독일의 1/4 수준이다. 즉, 치료 술식의 적정 보상이 이루어지지 못하고 있다. 2009년, 대한치과의사협회는 상대가치점수 개정에 참여하여 디지털 X-ray 장비와 콘빔CT, 수술용 블레이드와 버, NI-Ti 파일의 별도 보상이 가능해지도록 노력하였다.

저수가에 낮은 보장율로 전체 건강보험 요양급여비용에서 치과가 차지하는 급여비용의 비율은 2001년 5.2%에서 2010년 3.16%로 감소하였다. 그런데도 2011년도 보험급여와 비급여를 합친 치과 외래진료비는 7조 원을 상회하여 전체 국민 의료비의 7.8%를 차지하였다. 치과외래진료비 중에는 임플란트, 보철치료 등 비급여 진료 항목이 많아 비싸다는 여론이 들끓었다. 특히, 보철 급여화를 향한 국민의 요구가 높았다. 치과분야 건강보험의 중요성이 증대되어 감에 따라, 치과계도 올바른 건강보험 청구와 부적절한 청구금액 삭감에 적극적으로 대처하는 교육을 강화하였다.

치과의사 수 증가와 경영주도형 네트워크 치과의 증가

1997년 국산 임플란트가 출시하면서 2000년대 이후 임플란트의 대중화를 이끌었다. 2003년 대법원은 '의사가 다른 의사의 명의로 의료기관을 중복 개설하여 경영에만 관여한 것은 1인 1개소 법(30조 2항 1호) 위반사항이 아니다'라는 판례(2003도256)를 선고했다. 저가 임플란트 시술을 광고하는 경영주도형 네트워크 치과들이 늘어났다. 2008년 서브프라임 모기지 사태로 불거진 금융위기는 수도권 지역의 경쟁을 심화하였다. 치과의사는 80% 이상이 1인이 운영하는 동네 치과 형태로 근무한다. 그런데 2010년 치과의사의 수는 1980년보다 7배 증가하여, 여타 의료인 중 가장 높은 증가율을 보였다. 경영 불안은 잦은 개·폐업이라는 결과로 이어졌다. 2009년, 치의학전문대학원 첫 졸업생이 배출되면서 취업난에 부딪쳤다. 같은 해, 경영지원(Management Service Organization, MSO) 회사를 설립한 치과의사가 여러 개의 치과 지점을 실소유하고, 여러 치과의사를 고용해 지점의 원장으로 임명하고 관리하는 형식의 치과 네트워크가 등장하면서 사회적 파장이 일어나게 되었다.

동네 치과와 경영주도형 1인 실소유 네트워크 치과 간의 공방

1992년 개원한 성신치과가 1999년 유디치과로 개칭하고 대표원장 1인이 경영지원회사 '(주)유디'를 설립해 120여 개의 네트워크 치과 지점을 실소유하거나 수익을 나누는 경영을 하였다. (주)유디는 '반값 임플란트', '스케일링 0원'을 내세운 공격적인 마케팅과 할인, 치과의사와 종사자를 대상으로 한 인센티브 활용 등의 전략으로 급격하게 지점을 확장하였다. 주변 개원가는 유디치과의 급격한 확장과 공격적 경영전략을 경계하였으며, 대한치과의사협회가 유디치과의 운영을 견제하는 정책을 펴는 것으로 이어졌다.

갈등이 격화하면서 (주)유디와 대한치과의사협회(치협) 간 언론을 통한 폭로와 법정 다툼으로 이어졌다. PD수첩 '의술인가, 상술인가(2011. 8. 16 방영)' 등의 언론보도를 통해 일부 네트워크 치과에서 비보험 진료에 인센티브를 제공하고 무자격자가 진단을 하거나, 임플란트에 편중된 과잉진료를 하고 무허가 임플란트나 베릴륨 포함 금속, 미인가 치아미백제 등을 사용한다는 내용이 보도되었다.

치협은 이러한 경영방식이 치과계에 물의를 일으키고 국민 건강에 위해를 끼칠 수 있다고 판단하여 2011년, 편법 경영주도형 치과를 검찰에 고발하였다. 수사를 통하여 대표원장 1인이 국내 120여 개의 네트워크 치과 지점과 일대일 동업 계약을 체결하고 수익을 나누거나 실소유하고 있다는 사실이 밝혀졌다. 1951년 국민의료법 제정 이후 우리나라는 의료법상 의사 1인이 1개 의료기관만을 설립할 수 있고, 비의료인은 의료시장에 투자 등의 형태로 참여할 수 없다. 하지만 경영주도회사를 운영한다는 이유로 의료인이 1개를 초과한 의료기관을 소유하고 경영에 참여할 수 없도록 2011년 양승조 의원의 발의로 2012년 강화된 '1인 1개소 법(의료법 제33조제8항)'과, '다른 의료인의 면허 대여 금지(의료법 제4조제2항)' 조항이 신설되었다.

이에 대해 (주)유디는 '환자를 위한 저렴한 수가 고수를 치협이 방해'라는 일간지 광고를 게재하고, 김세영 치협 회장을 상대로 명예훼손, 업무

그림 1 1인 1개소 법 사수 1인 시위에 나선 대한치과의사협회 전 김철수 회장(『한의신문』, 2017. 7. 14)

방해, 정보통신망이용촉진 및 정보보호에 관한 법률 위반 소송을 벌였으나, 법원은 전부 무혐의로 판결하였다(2012). 하지만 2012년 5월, 공정거래위원회에서 유디치과 구인광고를 게재한 모 치과 일간지 수취 거부 등을 이유로 치협에 5억 원의 과징금을 부과하였다.

2012년 11월 차기 대통령 선거 후보인 박근혜는 '의료민영화 찬성'과 '65세 어르신 임플란트 보험 적용'을 선거공약으로 내세웠고, 대한민국어버이연합이 적극 지지하였다. 2012년, 우리나라 임플란트 보급 현황은 1만 명당 225개로 세계 1위였다. 2013년 검찰은 22개의 유디 지점을 설립자가 실질적으로 운영하고 있다는 혐의를 두었지만, (주)유디는 2013년 이후 각 지점이 독립채산제로 운영되는 합법적인 네트워크 병원 시스템을 구축했다고 주장하였다. 2014년, (주)유디 및 관련 네트워크 병·의원은 1인 1개소 법(의료인이 어떠한 명목으로도 둘 이상의 의료기관을 개설하거나 운영할 수 없다)에 대한 위헌법률심판과 헌법소원심판을 청구하였고, 2016년 3월 헌법재판소에서 공개 변론 후 계류되었다.

한편 문재인 정부(2017. 5~)는 의료민영화로부터 의료의 공공성 강화로 정책을 전환하였다. 2019년 8월 29일 헌법재판소는 1인 1개소 법에 관해 합헌 결정을 내렸다. 이와 함께 의료법 제4조 제2항(의료인은 다른 의료인의 명의로 의료기관을 개설하거나 운영할 수 없다)에 대한 위헌소원은 헌법소원 청구를 각하했다. 헌재는 의료행위 주체와 운영 주체가 다를 경우 과도한 영리 추구로 나갈 우려가 크다며 의료의 공공성이 국민건강을 보호하는 역할을 한다고 강조하였다. 소수의 의료인이 의료시장을 독과점하는 것은 물론 의료 양극화를 방지하기 위한 취지이다. 치협은 불법 네트워크 치과 및 사무장병원 실태 파악 및 자진 신고를 권유하였다. 건강보험공단도 2018년 대법원이 1인 1개소 법을 위반했더라도 의료인이 수행한 요양급여비용 환수처분은 부적법하다고 판결한 것이 경영주도회사(MSO)를 악용한 1인 1개소 법 추가 위반 사례를 발생시킬 수 있음을 우려해 보완 입법을 추진했다.

치과보장성 강화를 위한 정책, 보험, 학술단체의 노력

구강보건관련 조례 제정

미국에서 시작된 금융위기가 진정되면서, 사회복지와 공중보건을 강화하고 건강보험적용을 확대해야 한다는 요구가 높아졌다. 2010년 이후 보건복지부 및 광역지방자치단체에 구강보건사업위원회가 설치되고, 한국건강증진개발원이 창립되어 구강보건과 관련된 정책과 활동을 펼치기 시작했다.

공중보건 영역에서 주된 활동은 구강검진 체계의 구축, 생애주기별 구강건강관리, 사업장 근로자, 장애인과 전신질환 환자의 구강건강관리 등과 같은 구체적 대상을 상대로 한 예방 프로그램의 개발 및 시행이었다.

지방자치제가 발달하고 구강건강의 중요성이 부각됨에 따라 지방자치단체에서 구강보건관련조례를 제정하기 시작하였다. 2018년 기준으로 광역지방자치단체의 조례는 전라북도 노인 구강보건사업 지원 조례(2015), 경상북도 구강보건사업 지원 조례(2012), 부산광역시 구강건강 증진 조례(2015), 부산광역시 아동 치과주치의 의료지원에 관한 조례(2017)가 있다. 기초자치단체에서는 광명시 저소득층 아동 치과주치의 의료지원 조례(2016)처럼 치과주치의 제도와 관련된 조례 제정이 많았다.

건강보험의 치과 보장성 확장과 관련 분과학회 활동

예방 관련 보장성의 확장(2009년 이후)

건강보험 제1차 중기(2009~2013)보장성 계획의 실행 시작 년도인 2009년 12월에 '치아홈메우기'가 급여화되면서 치과 보장성 강화의 물꼬가 열리기 시작하였다. 치아홈메우기 급여화는 국내 최초로 치료가 아닌 1차 예방 항목이 급여화된 획기적인 사건이었다. 보철 급여화는 재정 부담이 크고, 보철 치료를 낳는 치아우식증부터 예방해야 한다는 명분과 함께 보건소가 주도하던 치아홈메우기사업의 효과가 국민구강건강실태조사를 통해 확인됨에 따라 치아홈메우기가 급여화된 것이다. 치아홈메우기는 2013년 5월 만 18세 이하로 급여 대상자가 확대되고, 급여 대상 치아도 제1대 구치에서 제2대 구치까지 확대되었다.

보철 관련 보장성 확장(2012년 이후)

2012년 12월 대선을 앞두고 노인 유권자를 참작한 정치적 고려가 결합하여 2012년 7월에 만 75세 이상의 레진상 완전틀니의 보험급여가 시행

그림 2 2009년 노인틀니, 건강보험적용 촉구대회가 열린 탑골공원(『국민뉴스』, 2011. 8. 11)

그림 3 틀니의 날 홍보 포스터(2019년 판본) (대한치과보철학회)

되었다. 2013년 7월에는 만 75세 이상 노인의 부분틀니가 급여화되었다. 박근혜 후보는 2012년말 대선공약으로 노인 임플란트의 급여화를 제시하였다. 대통령 취임 후 2014년 7월에 만 75세 이상 부분적으로 치아가 없는 노인에게 2개까지의 임플란트 급여화를 시행하였다. 2015년에는 레진상에 국한되었던 완전틀니 급여화를 금속상까지 확대하면서, 완전틀니, 부분틀니 및 임플란트와 같은 3차 예방 급여의 대상 연령도 만 75세에서 만 70세로 하향하였다. 2016년도 7월에는 급여 대상 연령을 만 70세에서 만 65세로 더 하향하였다. 65세 이상을 노인으로 정의하는 바, 노인틀니와 노인 임플란트는 연령 구분에 맞는 급여 체계를 달성하였다.

대한치과보철학회의 틀니의 날

대한치과보철학회는 정부가 보장성 강화를 위해 틀니에 건강보험을 적용한 것을 기념하여 2016년 7월 1일을 '틀니의 날'로 제정하였다. 틀니에 대한 국민 관심을 증대시킴과 동시에 보철치료와 치아 관리의 중요성을 고취하였다.

치석제거 급여화

2013년도에는 치석제거 급여화가 시행되었다. 이전에는 치주병 치료의 전 단계만 치석제거의 급여가 인정되어서, 치석제거 후에는 반드시 잇몸 소파나 잇몸 판막 수술을 해야만 하였다. 그러나 치주병 예방의 중요성이 강조되면서 2013년 7월에 만 20세 이상에서 1년에 한 번만 후속 치주치료 없는 치석제거의 급여가 인정되었다. 그러나 이 치석제거는 치은염이 존재해야만 인정되고 순수한 예방목적의 치석제거는 인정되지 않아서 1차 예방이라기보다 2차 예방적 급여로 보아야 한다. 2017년에는 대상 나이를 만 20세 이상에서 만 19세 이상으로 1년 하향하였다. 이로써 2010년대 중반까지의 보장성 확대는 아동·청소년 대상의 치아홈메우기, 성인 대상의 치석제거, 노인 대상의 틀니와 임플란트라는 부분적인 생애주기별 치과 분야의 급여 확대를 달성하였다.

3대 구강병: 한국인이 가장 많이 치료받는 치은염과 치주질환(풍치)

잇몸이 붓고 양치질할 때 피가 나는 치은염, 치주인대와 치조골까지 염증이 진행된 치주질환은 현재 우리나라 청소년의 1/3과 40대 이상 성인의 85%가 앓는 만성염증성 질환이다. 이러한 잇몸병은 구석기시대부터 줄곧 한국인의 '앓던 이가 빠지게 하는' 주된 요인이었다. 치주질환의 원인은 세균성 피막인 치태와 치석이다. 치태는 구강 내 500여 종의 세균과 그 대사물질이 침과 섞여 치아와 잇몸 표면을 덮는 막으로, 칫솔질로 제거하지 않으면 석회화하여 치석이 된다.

우리나라 15세 학생의 치석보유율은 1972년에는 59%였다가 구강위생

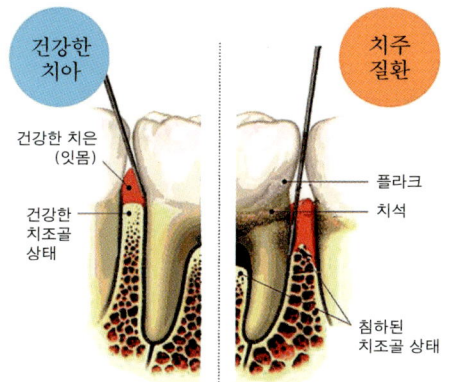

그림 4 치주질환 모식도
(https://www.donga.com/news/lt/article/all/20180326/89293278/1)

에 대한 인식이 개선되면서 1995년도에 36%로 감소했지만, 2015년 33%에서 정체된 상태다. 치주질환 치료는 1998년 치과의사들의 60% 이상이 '치주치료 보험희망의'로 등록하면서 의료보험 적용 범위가 확대되었다. 2011년부터 환자 수와 다빈도상병 통계가 감기에 이어 2위를 차지하다가, 2013년 예방적 스케일링이 건강보험에 적용되면서 2019년에는 감기를 제치고 환자 수와 외래 치료빈도, 요양급여비가 1위인 질환이 되었다. 즉 현재 한국인들에게 치은염과 치주질환은 감기처럼 걸렸을 때 치료를 받는 것이 아니라, 통증이 없어도 일상적으로 꾸준히 관리하는 만성질환이 되었다.

세계보건기구와 세계치과의사연맹은 치주질환을 비감염성 만성질환으로 정의하여 전신 건강과 함께 관리하도록 하였다. 치주질환의 다른 만성질환인 당뇨병과 심혈관계질환 등과 같이 유전적 요인이나 호르몬 변화, 흡연, 스트레스, 영양결핍 등을 위험요인으로 공유한다. 현재 치과계는 전신 건강과 관계된 치주질환의 원인에 관한 미생물학과 면역학 등의 기초분야 연구와 빅데이터를 활용한 임상 진료, 3D 프린트를 이용한 골결손부 치료 및 골이식재 개발 등이 다양하게 이루어지고 있다.

그림 5 잇몸의 날 행사(대한치주학회)   그림 6 3월 24일 잇몸의 날 포스터(대한치주학회의 잇몸의 날 앰블럼 소개)

대한치주과학회가 세계 최초로 제정한 '잇몸의 날'

대한치주과학회는 2009년 3월 24일 세계 최초로 '잇몸의 날'을 제정하여 공표하였다. '잇몸의 날'은 치주병 세균이 구강 내에서 재발하는 주기인 3개월, 잇(2)몸을 사(4)랑하자는 의미인 24를 결합, 3월 24일을 잇몸의 날로 정하였다.

2010년에는 3월 17일부터 31일까지 "잇몸 건강 캠페인 주간"으로 지정하고 전국 14곳의 수련지정 기관, 교육기관, 지부를 통하여 대국민 건강 강좌와 무료검진을 실시하였다. 또한, KBS TV 생로병사의 비밀에 '성인 90% 소리 없는 고통 치주병' 편을 방송하였다. 2012년에는 경기도 광주시 성분도복지관 장애원생의 구강검진을 한 통계자료를 발표하여 장애인 구강건강관리 방안에 대한 공론화 기틀을 마련하였다. 이후 잇몸의 날 "장애인을 위한 사랑의 스케일링 행사"도 (주)동국제약과 함께 하고 있다. 또한 "보건소와 함께 하는 잇몸의 날 대국민 홍보 사업"을 매년 확대하면서, 기자간담회를 통해 대국민 메시지로 치주병 관련 정보를 계속 제공하고 있다. 2014년에는 "치주병의 유전 요인 관련성", 2016년 "치주병과 생활습관 병", 2017년 "임플란트 시술 전 치주병 치료가 우선" 등 새로운 연구자료와 강연을 제공하고 있다.

임플란트가 대중화되면서 임플란트 주위염 관리와 치주성형 및 골유도 재생술에 관한 연구와 시술이 강조되고 있다. 하지만 경우에 따라 보존 가능한 치아도 발치 후 임플란트를 식립하는 패러다임으로 치료개념이 변화되고 있다.

보존과 구강외과 관련 보장성의 확장

2010년대 말경에는 보존 관련 2차 예방의 급여 확대가 시행되었다. 아말감충전은 의료보험 초기부터 급여항목이었으나, 광중합레진과 광중합 글래스아이오노머는 비급여대상이었다. 틀니의 필요성을 줄이기 위해서는 예방과 조기 충전이 중요하다는 명분에 따라 2019년 1월을 기하여 만 12세 이하의 광중합형 복합레진충전이 급여화되었다.

더불어 특정 취약대상자에 대한 급여항목으로 2019년 3월부터 '구순구개열 환자의 치과 교정 및 악정형치료'가 급여항목으로 포함되었다. 치과분야 건강보장성 확대의 필요성과 추세를 감안할 때, 치과 분야의 보장성 확대는 필연적이다. 다만 급여항목으로 새로이 포함될 항목의 종류와 진입의 순서 및 시점이 문제일 따름이다. 향후 이러한 확장전략에서 치과계가 끌려갈 것인지, 바람직한 전략을 주도하며 정부와 국민을 설득하며 견인할 것인지 관건이 된다. 앞으로는 건강보험청구뿐만 아니라 건강보험정책 전반에 관한 준비와 대처의 중요성이 더욱 강조될 것이다.

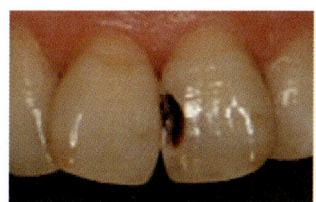 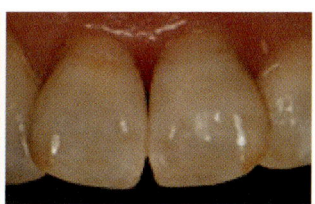

그림 7 초기충치(좌)에 복합레진충전을 한 사례(우)(서울대학교 치의학박물관)

Episode   구순구개열, 구강악안면외과, 치과교정과, 소아치과 전문의와 함께

구순구개열은 선천성기형 중 가장 흔한 기형으로 입술과 잇몸, 입천장이 갈라진 채로 태어나는 질환이며, 1,000명 중 약 2명이 이러한 질환을 가지고 태어난다. 구순구개열은 기형의 복잡성 때문에 평균 5회 이상의 수술을 해야 안면부의 정상 성장이 가능하다.

이 환자는 출생 후 악정형장치치료를 시작으로, 생후 3~5개월에 1차 입술-코 수술, 12~18개월에는 입천장 수술을 받는다. 4~6세에는 입술과 코의 수정 수술, 8~12세에는 갈라진 잇몸에 뼈 이식수술을 받고, 치아교정 치료를 받는다. 성장이 완료된 환자는 대부분 위턱뼈가 작고 아래턱이 나오는데, 악교정수술(양악수술)을 통해 이를 치료한다. 구순구개열 치료는 기능적인 부분과 심미적인 부분을 동시에 고려해야 하며, 입술과 잇몸, 입천장 코와 턱뼈 등 악안면부의 구조는 매우 복잡하므로 전문적인 치료를 위해서는 구강악안면외과, 치과교정과, 소아치과 전문의의 협진을 통해 치료를 받아야 한다.

신생아의 출생이 많은 베트남은 고엽제의 영향으로 구순구개열 환아가 많아 한국을 비롯하여 미국, 일본, 유럽의 의사들이 구순구개열 봉사를 하고 있다. 베트남 환자들은 그중에서도 선진화된 수술 기법과 섬세한 손을 가진 한국 구강악안면외과의사의 치료를 선호한다.

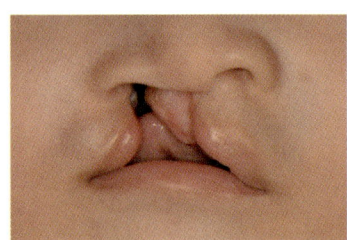

그림 8   구개구순열 환자

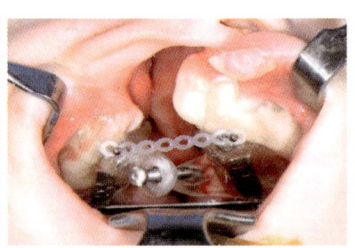

그림 9   악정형장치(Latham장치)

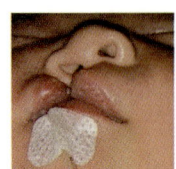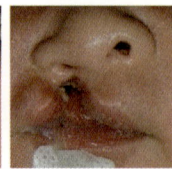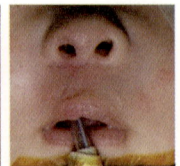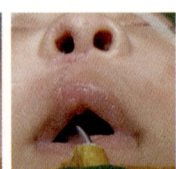

그림 10   1차 입술-코 수술(연세대학교 치과대학병원 구강악안면외과)

민간치과보험의 도입과 확장

건강보험을 보완하는 형태의 민간보험은 의과 분야에서 1980년대부터 등장하였다. 치과 분야에는 2008년 라이나 생명이 최초로 상품을 출시하였고, 에이스 화재도 진입하였다. 2012년 말 기준으로 2개의 생명보험사와 7개의 손해보험사가 상품을 판매하였다. 2013년 치과의료정책연구소의 보고서는 민간치과보험의 문제점을 다음과 같이 지적하였다. 우선 보장범위가 보철에 집중된 저가상품이 많고, 보험료 산정의 객관적 근거가 부족하며, 정보 부족에 따라 소비자의 선택권이 제한되고, 감독과 규제가 전무하다. 실제로 2008년 이후 홈쇼핑과 전화 상담만으로 보험에 가입하면서 약관을 숙지하지 못한 가입자의 민원이 증가하여, 치협이 민간보험사에 시정을 요청하는 일이 벌어졌다. 그래도 민간보험은 확장세를 유지하여, 치과 민간보험가입자 수가 2016년 12월 297만 건에서 2019년 440만 건으로 49.2% 늘어난 것으로 보고되었다.

구강보건행정전담부서의 부활

2019년 보건복지부에 구강정책과가 설치되면서 중앙 구강보건행정 전담부서가 부활하였다. 구강보건행태, 구강병 위험요인, 빅데이터를 이용한 국민구강건강실태 파악, 구강건강불평등, 구강건강관련 삶의 질, 학교치과주치의, 공공구강보건의료의 확대 등의 주요 이슈로 구강정책과가 맡아야 할 과제가 많아졌다. 구강보건연구원의 설립도 구강보건법 제정 이후 주요한 과제였다. 구강정책과는 2019년부터 구강보건법에 따라 구강보건사업평가를 시행하는 등 의욕을 보이고 있다.

Episode   구강보건행정전담조직이 필요한 이유는?

세계보건기구는 구강건강은 전신건강에 절대적으로 필요하고 서로 연관되어 있으며 삶의 질을 결정하는 중요한 구성요소라고 천명한 바 있다. 그래서 미국 일본 등 많은 선진국은 구강보건행정전담부서를 중앙정부뿐만 아니라 지방정부에도 두고 있다. 이처럼 국가는 인간의 기본권으로서의 구강건강권을 보장해주어야 한다.

그러나 우리나라는 중앙정부의 구강전담행정조직마저도 신설·축소·해체를 거듭해왔다. 광복 후 미 군정청이 1945년 위생국에 치무과를 설치하였고, 1946년에는 보건후생부 치의무국으로 확대한 바 있다. 대한민국 정부는 1948년 보건국 산하에 치무계를 설치하였다. 1975년 구강보건 전담부서를 폐지한 후 1997년 보건국 산하에 구강보건과를 다시 설치하였다. 이 전담부서가 없는 22년간 치아우식증은 무려 5배가 증가하였다. 구강보건 전담부서의 존재가 국민의 구강건강상태를 좌우한 것이다. 구강보건 전담부서를 설치하고 10년이 지난 2007년 처음으로 우식이 줄었다는 것이 이를 방증한다.

정부가 구강건강에 적극적으로 개입해야 할 필요성으로 '국민의 구강건강수준이 낮다, 구강병은 소수가 아니라 국민 모두의 문제이다, 국민의 구강건강문제로 삶의 질이 저하되고 있다, 구강건강 수준의 계층간 격차가 확대되고 있다, 국민이 자신의 구강건강에 대한 염려 수준이 높고, 구강건강이 중요하다고 인식하고 있다, 구강병으로 인한 경제적 손실이 막대하다'는 점 등이 제시되고 있다. 구강보건행정은 전문성이 필요하다. 한방 분야의 경우, 보건복지부에 정책관을 따로 두어 한방정책을 기획, 조정하고 있으며, 정신보건이 전체보건의 한 분야임에도 불구하고 별도의 부서를 가지고 있다는 점을 상기할 필요가 있다.

Episode 역사적인 사건의 유해의 식별

최근 인권이 확장되면서 신원미상의 죽음이나 역사적인 사건과 관련된 유해의 개인식별도 중요해지고 있다. 사후 인체에서는 혈액이 사라지고, 세포가 썩고, 70년 이상 지나면 골조직까지 풍화된다. 하지만 치아 바깥쪽 법랑질의 특징은 남아서 DNA를 분해하는 해로운 환경인 습기와 고온, 곰팡이나 세균의 작용 등에 대한 저항력을 높여준다. 따라서 70년 이상 지난 사체의 개인식별에는 치아법랑질의 DNA를 자주 이용하고 있다. 6·25 전사자나 1980년 광주항쟁 당시 희생당한 유해가 발굴되었을 때 유해의 유전자와 생존 유가족의 유전자를 비교하는 검사는 개인식별에 결정적인 역할을 하였다. 또 발굴된 유해의 악안면골을 생존 사진 위에 겹치는 슈퍼임포즈 감정법과 구강조직의 석회화 정도에 따른 연령추정법 등은 유해의 개별식별력을 높이는 데 중요한 역할을 하고 있다.

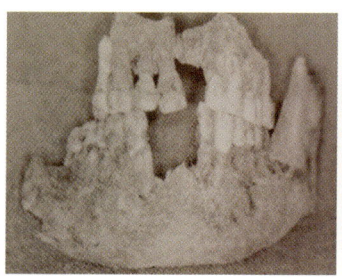  

그림 11 6·25 전사자 유해의 상하악 잔존골과 생존시 사진을 슈퍼임포즈한 사진(김종열, 『법치의학』, 지성출판사, 2005, 695~696쪽)

그림 12 제주도 4·3사건 희생자의 집단 매장지에서 유골 수습을 시행하는 국과수 법의관(『치의신보』, 2015. 1. 30)

요약

세계무역기구(WTO)의 의료시장개방 요구에 대한 한국정부의 의료영리화 정책을 폈다. 치과의사들이 보건복지부의 의료법 개정안(2007. 1. 25)에 반대한 것에 대한 보복행정조치로 구강보건팀이 해체(2007. 3. 17) 되었다. 2000년에 출범한 건강보험은 재정을 안정화하고 2002년(1차 국민건강증진종합계획)부터 단계적으로 보장강화를 추진하였다. 건강보험의 치과보장성은 2009년 이후에야 높아졌으나 2011년까지 건강보험급여 수준과 비율, 수가도 낮았다. 현재 노인 임플란트와 틀니에 단계적 보상강화가 일부 진행되고 있다. 예방과 평생관리를 하고자 하는 동기가 국민과 의료진 간에 형성될 수 있는 방향으로 급여 우선순위를 고려하여 보험 적용범위가 넓혀져야 한다. 중앙구강보건 행정조직의 부재로 치아우식증과 치주질환이 개선되지 못하자 치과의사들의 노력으로, 2019년 구강정책과로 부활하였다. 국가와 지방자치단체 차원의 구강병 예방과 검진, 치과의료 이용의 불평등 완화를 위한 아동 및 청소년치과주치의 사업과, 장애인구강진료센터 사업 확장, 치과의료산업의 육성 등이 더욱 강력하게 전개되어야 한다. 더불어 소수 의료인의 독과점을 막기 위해 2019년 8월 29일 1인 1개소 법은 합헌 판결이 났다.

쟁점과 토론

파노라마 영상을 이용한 구강검진

　의과의 건강검진에 비해 현저히 낮은 수검률을 보이는 국가 구강검진의 실효성을 높이기 위한 방안이 활발히 논의되고 있다. 현재 의과 항목의 일반 건강검진은 수검률이 90%에 이르고 있으나 구강검진의 경우 30%에 못 미치고 있는 실정이다.

　파노라마 검사는 치과에서 일반 환자의 구강을 검진할 때 널리 쓰이고 있는 검사법으로, 치아를 포함한 윗턱, 아래턱, 안면 구조를 한 장의 영상으로 보여주는 촬영술이다. 현재의 구강검진에서는 치과의사가 수검자의 입 안을 눈으로 보는 시진만 포함돼 있어 치아, 잇몸뼈, 턱뼈 등에 생긴 다양한 질환을 조기에 발견하지 못할 수 있는 한계가 있고, 구강검진 수검률이 낮은 것은 무엇보다 구강검진의 만족도가 낮은 것이 가장 큰 원인으로 꼽히고 있다. 따라서, 파노라마 촬영을 통해 검진의 정확도를 높이고 치아우식증이나 치주질환에 대한 검진 및 상담을 강화하는 것이 그 대안으로 논의되고 있다. 특히 치아우식증과 치주질환은 다빈도 질환이면서 조기에 발견하여 치료가 가능하다는 점에서 주기적인 검진이 필요한 중요한 건강 문제에 해당하며, 파노라마 촬영을 통해 그 진단 정확도를 높이고 국가구강검진의 실효성을 현격히 높일 수 있을 것으로 기대된다. 또한, 파노라마 1회 촬영 시 발생하는 유효선량의 경우 일반건강검진 시 통상적으로 촬영하는 흉부방사선 사진 유효선량의 1/3보다 적은 수치이고, 자연방사선일수로는 3.3일 정

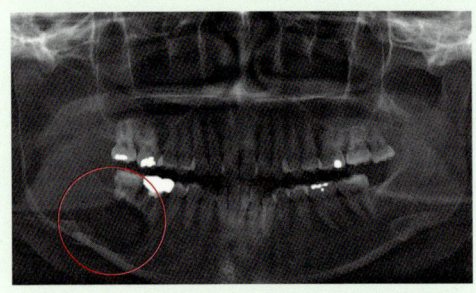

그림 13 임신 5개월 된 26세 여성의 파노라마 방사선영상 왼쪽(오른쪽 아래턱) 어두운 병소는 양성종양으로 가진단되어, 출산 후 해당 병소를 제거하는 수술로 치료하였음 (서울대학교 치과병원 영상치의학과 제공)

도에 해당되어 연간 1인당 받게 되는 자연방사선량의 1/100보다 적은 양으로서, 타 방사선 검사보다 상대적으로 안전하다. 그럼에도 추가적으로 방사선에 노출된다는 위험 및 정부가 부담하게 되는 구강검진비용의 증가 등으로 인해 비용대비 효과를 놓고 토론이 아직도 진행되는 실정이다.

구강질환은 치매 등 다른 질환까지 유발한다는 연구결과가 계속적으로 보고되고 있으며, 파노라마 검사를 통해 구강질환을 조기 발견하고 치료한다면 국민의 의료비 지출 절감 효과까지 거둘 수 있을 것으로 기대할 수 있다. 만 40세 생애전환기 구강검진 수검자만을 우선 대상으로 하여 파노라마 구강검진을 시행한 후에 차츰 그 대상을 확대하는 방향도 논의 중인데, 그와 더불어 구강검진을 일반건강검진과 같이 법적으로 강제해야할지 그 필요성을 놓고 계속적인 논쟁이 이루어지고 있다.

한국의 병의·원들은 영리추구 기관인가, 공공성을 지니는가?

한국의 건강보험은 전국민 강제가입, 단일보험, 당연지정제 체계로 전국민 의료서비스 확대에 크게 이바지했다. 의료서비스 대부분은 민간의료인이 제공하는데 보험재정과 수가는 공적으로 통제하므로 국내 모든 의료기관은 상업성과 공공성을 공유한다. 약 40여 년간 건강보험의 저수가, 저부담, 저보장 체계가 지속하면서 의료인이 희생하거나 비보험 진료에 매진하는 형식으로 수익 구조를 만들도록 강요하는 측면도 있었다. 그 해결책으로 보험수가를 현실화하는 방안이 제기되어 왔다. 하지만 재정 확충의 급속한 확대에 한계가 있는 국민건강보험공단이 현재 항목의 수가산정 체계를 변경하여 급여를 확대하기는 어렵다. 2004년 한국의 건강보장성은 OECD 평균인 85%에 한참 못 미치는 수준이었으며, 치과 분야는 40%로 특히 낮았다.

의료기관은 공공성을 부여받으나, 자본주의 사회에서 의료기관을 운영하는 것은 포기할 수 없는 목표다. 두 목표는 충돌하므로 이를 조율하기 위해선 문제 해결을 위한 논의 과정이 필요하다. 과연 의료 영리법인이 허용되면 국내 의료제도가 붕괴할 것인가? 의료 영리법인이 허용될 경우 그동안 국내 제도가 유지해 온 높은 의료접근성과 핵심 부문의 낮은 비용 부담이라는 강점이 허물어질 가능성이 제기되어 왔다. 하지만 의료 영리법인이 허용될 경우 국내 제도가 급속도로 붕괴할 것이라는 증거 또한 확보되지 못하였다. 따라서, 관련 제도 도입은 신중한 증거 수집과 논의를 바탕으로 진행되어야 한다.

11

치과의료 갈등과 보건의료법의 변화
(2000~2020)

21세기 들어 우리나라에 서구의 의료법과 제도들이 도입될 때부터 쌓여 온 여러 문제가 사회적 갈등이나 사건으로 드러나 여론화되고, 의료법도 44차례나 제·개정되었다. 시대적 상황에 따라 한국의 의료법 체계의 특징과 해법의 추이를 파악하고, 치과의료체계의 변화에 어떤 영향을 끼쳤는지 살펴보자.

보건의료기본법 제정과 의료법

우리나라에서 의료법을 입법해 온 과정은 시기별로 보편적 의료보장을 높이기 위한 각종 법을 규율하여, 의료를 효율적으로 공급하려는 발전 행정적 요소가 우세하다. 1980년대에는 건강보험 확대를 위한 입법과 농어촌보건의료를 위한 특별조치법(1980. 10. 27)을 통한 공중보건의 제도가 시행되었다. 1990년대에는 건강상의 안전에 대한 국민적 관심이 증가하여 1994년 사고 발생 시 국가가 피해를 보상하도록 전염병 예방법을 개정하고, 응급의료법도 제정하였다. 1995년 국민건강증진법을 제정하여 지역사회에서 만성퇴행성 질환에 대한 예방과 관리를 하도록 했다. 21세기 들어 급변하는 사회 환경의 변화와 의료 지식과 기술의 발전에 따라 2000년에서 2019년 6월까지 44회 일부 개정되었다. 2000년 보건의료기본법이 제정되어 국민의 건강권을 보장하고, 국민 보건상의 안전을 기하고 환자의 권리를 보호하기 위해 의료인과 의료기관들에 대한 법적 규제가 강화되었다. 반면 의료산업화를 위해 의료광고와 해외환자 유치, 의료법인의 부대 사업 증진 등 영리적인 요소들은 합법화되었다.

보편적 의료보장 관련 기본법 제정

2000년 보건의료기본법이 제정되었다. 보건의료법은 '건강이 국민의 기본권'임을 밝히고, 누구나 재정적 어려움 없이 양질의 필수 건강서비스를 받을 수 있도록 국가가 보편적 의료보장을 실현하기 위한 법이다. 보건의료에 관한 국민의 권리·의무와 국가 및 지방자치단체의 책임을 정하고 보건의료의 수요 및 공급에 관한 기본적인 사항을 규정하였다. 각종 보건의료에 관한 법률 제·개정은 보건의료기본법에 부합해야 한다. 또 국가와 지방자치단체는 보건의약관계법규를 체계화하고 보건의료정책에 대해 국민의 의견을 수렴하며, 각 부처의 보건활동을 종합하며, 보건의료통계와 정보, 자원, 지식과 기술 등을 관리해야 한다. 이에 따라 보건의료 문제가 정치적 쟁점으로 부상하는 빈도가 높아졌다.

환자의 알권리, 정보관리권 및 자기결정권(선택권)의 강화

2008년 환자 진료기록 열람, 복사권과 관련하여 개정이 있었는데, 환자의 알권리 및 정보관리권 등 권리 보장을 위하여 서류발급의 편의성이 확대되는 추세이며, 국가기관 등이 건강보험청구, 수사, 재판 등의 사유로 열람할 수 있는 사유를 나열하였다. 내밀 정보인 진료기록 보호가 중요한 문제로 대두되었고, 2011년 개인정보보호법 제정 이후 진료기록은 개인정보보호법의 적용 대상이기도 하여 더 두텁게 보호되게 되었다. 그간 알권리를 지나치게 제한한다는 비판이 있었던 성감별금지 의무와 관련하여, 2009년 헌법재판소의 헌법불합치결정으로 임신 후반기인 32주 후부터 태아성별 고지가 가능해졌다. 2012년 환자권리 게시 의무를 부과하였다.

의료사고피해구제 및 의료분쟁조정 등에 관한 법률 제정

2012년 법률제정에 따라 의료분쟁의 조정 및 중재제도(대안적 분쟁해결제도, ADR)가 도입되고 한국의료분쟁조정중재원(KMEDI)이 설립되었다. 의사에 대한 분쟁을 해결하는 절차로서의 조정제도는 형사적 합의사항을 포함하여 환자의 권리구제의 실효성을 높이는 것을 목적으로 하나 의료인에게는 경제적 부담과 분쟁 자체로 인한 부담이 증가하는 측면이 있다.

하지만 신속하고 저렴하며 공정한 절차를 보장함으로써 의사와 환자 간의 이익 균형을 맞춰주는 규범조화적 타협이 이루어진 것으로 평가할 수 있다. 2016년 이 법이 개정되어 사망이나 1개월 이상의 의식불명의 경우에는 조정 혹은 중재절차가 자동개시 되도록 범위가 확대되었다. 한편 오랫동안 논쟁거리가 되었던 의사의 설명의무의 법적 근거 확보 논의에 관하여 중대한 결과가 초래될 사항에 한정(사람의 생명, 신체에 중대한 위해를 발생하게 할 우려가 있는 수술, 수혈, 전신마취를 하는 경우 발생 가능한 증상 진단명, 필요성, 후유증, 부작용, 환자준수사항 등 설명하고 서면 동의받을 의무)하여 설명 및 동의 의무를 규정하여 규범조화적 타협이 이루어진 것으로 평가할 수 있다.

의료인에 관한 법적 규제의 증가

의료인 면허자격 요건은 엄격해졌다. 당대에 외국대학에서 수학하여 국내 의료인 자격을 취득하려는 자가 증가하여, 2003년 외국의사면허 소지자에 대한 의료인 면허 예비시험제도를 도입하였다. 2012년에는 의료인면허응시자격을 정부가 인정한 평가인증기구로부터 인증받은 대학 졸업자로 정하였다. 이에 비교하여 면허결격(취소)사유는 완화되었다. 1973년 의료법은 '법령 위반하여 금고 이상의 형을 받은 사람'을 결격사유로 규정했으나 2000년에는 '의료관련법령을 위반'한 것으로 위반 법령의 범위를 좁혔다. 2007년 다수의 의료인 배출로 개원환경이 어려워지자 파산 선고받고 복권되지 않은 자가 삭제되었다. 2008년 정신질환자의 결격사유도 전문가 의료인으로 적합하다고 인정하는 사람은 허용하는 방식으로 완화되었다.

한편, 2013년 의료인의 성범죄에 대한 사회적 경각심이 고조되었고, 아동·청소년의성보호에관한법률에 성범죄 의료인에 대한 의료기관 취업제한 제도가 도입되었다. 최초 법률 규정에 대한 헌법재판소의 위헌 결정 이후 개정을 거쳐 형사 판결과 동시에 취업제한 처분을 내리는 현재 규정으로 개정되었다. 세부적으로도 진료기록, 관련 서류 작성에 관하여, 2012년 진료기록부 거짓 작성이나 고의로 사실과 다르게 추가기재나 수정을 금지하고, 2018년 의료인 등이 진료기록부 등(전자의무기록을 포함)에 추가기재·수정을 한 경우 진료기록부 등 원본과 추가기재·수정을 한 수정본을 함께 보존하도록 명시하였고, 2013년 진료기록부 상세 기록 항목 나열하였으며, 2016년 환자에게 수술 등에 관한 설명 및 서면 동의를 받는 방식이 개선되었다. 종래 사회문제였던 의약품, 의료기기 거래상 리베이트를 금지하는 제도가 확립되어, 2010년 의약품 및 의료기기 거래에서 리베이트를 제공한 자와 수수한 자를 모두 처벌하고 경제적 이익은 몰수하는 규정(의료법, 의료기기법, 약사법)을 제정하고, 2013년 행정처분기준을 강화하였다.

의료기관에 대한 법적 규율의 강화

의료의 내용과 제공 방식이 다양해지고, 의료보장제도가 확산, 안정되면서 의료기관에 대한 법적 규율도 증가하였다. 의료기관 건강보험 재정 보호를 위한 요양기관 규제가 본격화되어 2003년 진료비용을 허위로 청구하는 행위에 대한 행정처분 기준을 강화하였다. 헌법재판소의 헌법불합치 결정에 따라 2009년 복수종별 면허자의 의료기관 개설과 다른 직종 의료인 협진을 허용하는 제도가 도입되었다. 2009년 비급여 진료비용에 대한 고지의무를 부과하였다. 의료기관을 통한 교차감염이 사회문제로 대두되면서, 2010년 환자처치 기구 및 물품 소독의무를 제도화하였으며, 2016년에는 일회용 주사 관련 용품 재사용금지 의무가 신설되었다. 의료인과 의료기관의 신고의무도 정비되어 2011년 의료인 실태와 취업

상황 신고의무를 부과하였고, 2017년 의료인 명찰 패용이 의무화되었고, 2018년 공중보건의사와 병역판정검사전담의 등의 의료기관 고용을 금지하였으며, 2019년 의료인이나 의료기관 종사자 감염 예방 정기교육이 의무화되었다. 2019년 의료기관 해킹 사고 등에 대응하기 위한 진료정도 침해사고시 통지의무를 부과하였다. 한편 의료기관 내 의료인 폭행으로부터 의료인과 진료환경을 보호하기 위하여, 2016년 의료인 및 의료기관 종사자, 진료받는 사람에 대한 폭행 또는 협박시 형사적 제재를 강화하였다.

의료의 질 제고 정책의 확산

2003년 의료기관 평가제도를 도입하였으며, 2010년 의료기관 인증제도로 전환하고, 병원급 의료기관 인증 기준 및 방법, 인증취소 등에 대한 규정(인증 결과 정보를 인터넷 홈페이지 등에 공개하도록 함으로써 소비자의 알 권리와 선택권을 강화)을 제정하였다, 2007년 신의료기술(치료법, 검사법 등 의료행위)의 안전성과 임상적 유용성 평가를 위하여 신의료기술평가제를 도입하였다. 도입 당시에는 건강보험심사평가원에서 신의료기술을 평가하다가, 2010년 한국보건의료연구원(NECA)으로 이관하였다.

자율규제 제도의 도입

전문가 단체는 성장하였고, 의료윤리 위반 사안이 증가하여 사회문제로 대두되는 일이 발생하여, 자율징계제도의 필요성이 대두되었다. 변호사 단체 수준의 자율징계 제도를 요청하였으나, 공인회계사 단체 수준의 제도가 도입되었다. 2012년 윤리위원회 구성 및 운영을 구체적으로 규정하고, 의료인단체 중앙회에 품위손상행위 의료인의 자격정지처분 요구권을 부여하였는데, 이는 일부 비도덕적 행위 유형에 한정하여 중앙정부 등에 징계 요구를 하는 수준이다.

원격의료와 환자기록 공유 확산과 논쟁의 시작

2003년 전자처방전의 발부 및 원격의료서비스의 제공을 허용하였으며, 2008년 전자서명 방식에 기반한 전자의무기록을 도입하였고, 2008년 원격지 의사간 통신을 기반으로 한 느슨한 수준의 원격진료 제도를 도입하였다.

치과전문의와 의료광고 관련 법

치과전문의제도의 시행과 치과의료전달체계의 합리적 조절의 좌절

치과전문의제도는 치의학 분야별 전문화나 질병별 특화를 통해 환자에게 편익을 제공하고 의료의 질을 향상시킬 수 있는 제도이다. 하지만 1963년 세계치과의사연맹(FDI)에서는 세계치과의사의 90% 이상이 개원을 통해 지역주민들의 1차 진료를 담당하며, 일반의들이 구강병 대부분을 포괄적으로 다룰 수 있어서, 소수의 치과전문의제도를 통해 치과의료의 적정을 기하고자 다음과 같은 원칙을 제정한 바 있다. 그 요지는 치과전문의는 전문과목만 표방하고 환자에게 전문분야에 한정된 진료를 한 후 환자를 의뢰한 치과의사에게 돌려보내야 한다는 것이다. 하지만 우리나라에서는 치과전문의가 1962년 의료법으로만 제정된 이후로 임의수련자만 양산하다가 1998년 헌법재판소가 '치과전문의자격시험미실시'에 대한 청구인들에 대한 진정입법부작위를 주소로 한 위헌판결(헌재 98.7.16, 96헌마246)을 내림에 따라, 치과전문의제도의 실시가 순차적으로 이루어졌다.

2001년 대한치과의사협회 대의원총회에서는 1963년 세계치과의사연맹에서 주창한 '치과전문의의 정의'에 따라 전문의 8% 이하 유지를 골자로 한 '소수전문의'와 관련된 3개 원칙으로 기존 임의수련자의 기득권 포기, 1차 진료기관의 전문과목 표방금지, 전문과목과 시행 시기에 대해 합의하였다. 2003년 치과의사전문의의 수련 및 자격인정 등에 관한 규정이 공포됨에 따라 기존의 수련병원 중 16개의 수련기관을 중심으로 수련이 시작되고, 2008년 제1회 치과전문의자격시험이 시행되었다. 2011년 의료법 제77조 제3항은 '전문과목을 표시한 치과의원은 해당 전문과목 환자만을 진료할 수 있다'고 규정하였다. 그러나 헌법재판소는 그 조항을 '국민의 알 권리와 치과의사전문의들의 직업 자유와 평등권을 침해한다'고 보아 위헌으로 판결(헌재 2015.5.28, 2013헌마799)하여 해당 규정은 삭제되었다. 같은 해 헌법재판소의 판결에 따라 외국 수련자를 포함한 기수련자에게 치과전문의사험자격이 부여되었다.

한편 대한치과의사협회 대의원총회에서 포괄적인 치과의료를 제공할 수 있는 과목으로 '통합치의학과' 시행이 가결되었다. 그에 따라 2016년 12월 5일 치과의사전문의의 수련 및 자격 인정 등에 관한 규정(일부개정)에 의거 '통합치의학과' 전문과목이 신설되었다. 2018년에는 '통합치의학과 경과조치'가 합헌으로 판결되어, 치과전문의도 의과전문의와 같이 다수전문의 제도의 길을 가게 되었다.

한국 치과전문의제도의 정착 과정은 자국의 현실과 괴리된 채 선진국이나 의과의 선례에 따라 제정된 의료법의 폐해와 한국의 치과의료전달체계가 장기적인 정부의 정책과 전문가 내부의 합의를 통해 합리적으로 조율되기보다는 이해 당사자들의 법정 공방을 통해 헌법재판소가 판결하는 구조적인 틀 안에서 수렴되고 있음을 보여주고 있다.

의료광고의 허용과 규제의 역사

의료광고란 의료기관 또는 의료인이 의료서비스와 의료인에 관한 내용을 신문, 방송 등의 경로로 소비자에게 알리는 것으로, 사람들은 의료광고를 병원 마케팅의 필수 요소라고 생각하여 당연한 것으로 받아들여지고 있다. 쟁점은 광고 규제 여부에 있다. 과연, 의료광고를 규제해야 하는가? 규제는 환자에게 도움이 되는가, 아니면 오히려 환자에게 방해가 되는가? 국내에선 의료광고가 오랫동안 규제 대상이었다. 최근 잠시 규제가 풀렸다가 다시 도입되었는데, 이 과정을 통해 위 질문을 생각해 보도록 하자.

1951년 국민의료법이 탄생하면서, 전문과목을 표방하는 것 이외의 의료광고는 모두 금지했다. 이것을 포지티브 방식이라고 부르는데, 규제가 허용 범위를 정하는 것을 의미한다. 이후 1965년, 1973년, 2002년, 2003년 의료법이 개정되면서, 광고 허용 범위는 조금씩 늘어났다. 예컨대, 1973년 개정 의료법은 의료인 성명, 성별, 면허 종류, 의료기관 명칭, 위치 등에 관한 매체 광고를 허용하였다. 2002년 의료법은 의료인의 경력 광고를 추가로 허용하였고, 2003년 의료법 시행규칙은 인터넷 홈페이지 주소, 의료인의 환자 수에 대한 배치 비율 및 인원수, 의료기관의 평가 결과를 추가로 광고할 수 있도록 허용하는 방식으로, 원칙적 금지, 예외적 일부 허용 방식으로 의료광고를 규제하였다.

그러다가 2005년 헌법재판소에서 특정 의료기관이나 특정 의료인의 기능 진료방법·조산방법이나 약효 등에 관한 광고를 금지하는 것이 위헌이라는 결정(헌재 2005. 10. 27, 2003헌가3)을 내렸다. 그 이유로는 그동안의 의료광고 규제가 표현의 자유와 직업수행의 자유를 침해하기 때문이라는 것이다. 이후, 2007년 개정 의료법은 네거티브 방식을 채택하게 된다. 이 방법은 허용되지 아니하는 의료광고를 열거하고 의료광고 사전심의제도를 도입하였다. 그 내용으로 소비자에게 피해를 줄 수 있는 허위·과장광고와 몇 가지 금지유형을 열거하고 의료광고 사전심의제도를 도입하였다. 의료인 단체 중앙회에 설치된 의료광고심의위원회에서 의료광고의 사전심의제를 도입하였다. 이 규제 조항은 2015년 헌법재판소에 의해 다시 뒤집히게 된다. 각 의사협회가 의료광고 사전심의를 시행하고 있었으나, 보건복지부의 위탁을 받아 시행하고 있고 지원, 감독 등이 가능하여 그만큼 행정력의 영향 하에 놓여 검열금지원칙에 반한다고 판단한 것이다. 그렇다면, 결국 당시 시행되고 있던 사전심의는 정부에 의한 검열이라는 것이 헌법재판소의 결정(헌재 2015. 12. 23, 2015헌바75)이었다. 따라서 사전심의제도는 일단 폐지되었고, 의료법 개정안 논의가 시작되었다.

2018년 개정 의료법은 의료인 단체 중앙회 산하 기구 혹은 민간의료광고 자율심의조직을 설치하도록 하고, 이들 조직의 사전심의를 받아야 광고를 내보낼 수 있도록 함으로써 의료광고 사전심의제도는 부활하였다. 규제의 근거는 의료소비자와 의료공급자 모두를 보호하기 위함이다. 의료광고는 국민 건강권과 환자 자기결정권을 저해할 수 있으므로, 적절한 규제는 의료소비자를 보호한다. 또한, 의료광고는 의료직 내 경쟁을 유발하고 과도한 광고 행위로 의료 질이 하락할 수 있으며, 타 의료인, 의료단체 비방으로 인해 전문직 신뢰를 저해할 수 있다는 점에서 문제 광고를 차단하여 의료공급자 또한 보호할 수 있다고 보았다. 광고 매체와 금지유형도 지속해서 개정되고 있다.

의·치·한의학 간 분쟁 및 협력

의·치·한의학 분쟁

의사와 한의사는 해방 이후 지속적인 갈등을 내보였으며, 쉽게 봉합되지 않고 있다. 그에 비해 최근까지 치과가 의과나 한의과와 갈등을 드러내어, 이것이 사회적 쟁점이 되는 경우는 거의 없었다고 해도 과언이 아니다. 치과의사가 의사, 한의사와 원만히 협력해 왔다는 의미는 아니다. 오히려, 조선말 전래한 서양 치의학이 일제강점기를 거쳐 제도로 확립되는 과정 중, 해방공간에서 치의학은 의학과 수렴과 갈등 사이에서 고민했다. 결국, 의학과 치의학은 별도 영역으로 굳어졌으나 두 영역은 대등하지 않았다. 의학이 상위에 있으며 더 포괄적인 진료를 수행한다며 치의학을 그 하부영역으로 여기는 상황이 확립된 것이다.

그러나 이런 상황은 최근 급변하고 있다. 대표적인 사례로 구강악안면외과가 발전하면서 이비인후과와 빚은 영역 충돌이 있다. 두 분야는 겹치는 진료영역을 놓고 충돌을 빚었으나, 각자 자신의 범위를 정당화할 근거를 확보한 상황이었기에 더 큰 분쟁으로까지 이어지진 않았다. 하지만, 2010년 들어 치과는 의과, 한의과와 진료영역을 놓고 법적 분쟁을 벌였다. 의과와는 보톡스 사례가, 한의과와 벌인 분쟁으로는 구강내장치 사례가 있다. 이런 갈등 상황을 어떻게 다루어야 할 것인가?

치과의사 – 의사 갈등: 미간 보톡스 시술

2011년 10월 7일, 한 치과의사가 보톡스 시술법을 이용하여 눈가와 미간의 주름 치료를 한 것이 면허된 것 이외의 의료행위라는 내용으로 기소되었다. 법원 1심, 2심은 눈가와 미간이 치과의사의 진료 범위인 치아 주위 및 악안면 부분 시술에 해당하지 아니하다는 사유로 의료법 위반을 판

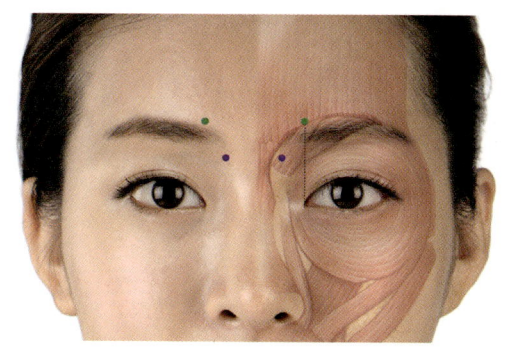

그림 1 미간 보톡스 자입점(연세대학교 해부학교실 김희진 교수 제공)

정, 피고인에게 유죄를 인정했다. 그러나, 2016년 7월 21일 대법원은 "환자의 안면부인 눈가와 미간에 보톡스를 시술한 피고인의 행위가 치과의사에게 면허된 것 이외의 의료행위가 아니다"라고 보고 원심을 파기하였다. 이 사례에서 가장 큰 쟁점은 의료법 제27조 제1항이 언급하고 있는 '면허된 의료행위'의 내용과 범위에 있다. 눈가와 미간 부위 치료가 치과의사 면허 범위에 속하는가? 그렇다면, 여기에서 '면허된 것 이외의 의료행위'를 판단하는 기준은 무엇인가? 의료법상 의료행위란 의학적 전문지식을 기초로 한 경험과 그 수행으로 정의된다. 그렇다면, 눈가와 미간 부위를 치료하는 것은 전문적 지식에 기초한 행위인가? 여기에 더하여, 진료 범위를 정함에 있어 의료법은 시대적 상황에 맞는 합리적인 법 해석을 요청한다. 그렇다면, 고려해야 할 시대적인 상황은 무엇인가?

대법원판결에서 중요하게 다뤄진 부분은 구강악안면외과 전공 영역의 확립이다. 1994년 구강악안면외과로 명칭을 변경한 해당 전공은, 전공의 수련 교과과정을 결정하는 데 있어 안면 부위의 수술 및 처치를 전공 분야 진료영역에 속하는 것으로 결정하였으며 이 내용을 교육함을 규정하였다. 즉, 구강악안면외과 수련 과정에 안면미용성형에 관한 내용이 포함되어 있으므로, 눈가와 미간 보톡스 시술은 치과에 속하는 구강악안면외과의 전문적인 지식에 기초한 치료라고 말할 수 있다. 이에 더하여 대법원 다수의견은 의학과 치의학이 학문적인 원리가 같으므로, 치의학에서 충분한 교육과 수련이 이뤄지고 있다면 시술을 막을 근거가 부족하다고 보았다.

미간 보톡스 시술을 놓고 벌어진 치과의사와 의사 간 갈등은 두 전문직의 진료영역 설정이 중심 쟁점이었다. 결과적으로, 각 영역의 배타성을 주장하는 규범적 의견보다 해당 분야에서 교육이 이뤄지고 있다면 해당 진료를 충분히 수행할 수 있다고 보는 실증적 의견이 힘을 얻었다. 치과의사는 안면, 미간 보톡스 시술을 허가받게 되었으나, 이는 치의학에서 배타적으로 시행하던 처치나 방법 등을 다른 영역이 자신의 전문성을 가지고 수행하는 경우 막을 방법이 없음을 시사하게 되었다.

치과의사-한의사 갈등: 구강내장치 사용

대한치과의사협회는 2013년 9월, 1999년부터 2013년까지 환자를 대상으로 턱관절 장애와 관련된 기능적 뇌척주요법을 시행해 온 한의원 원장을 의료법 위반으로 고발하였다. 1심은 치료행위 및 장치 사용을 정당한 것으로 판결하였으며, 2, 3심은 모두 원심 확정판결을 내렸다. 판결은 기능적 뇌척주요법이 신의료기술로 등재되지 않았음에도 홈페이지에서 이를 광고한 것만을 한의사의 잘못으로 인정하였다.

핵심 논점은 보톡스 사례와 달리, 의료 장치 사용 가능성을 결정하는 요인은 무엇인가라는 질문에 있다. 특정 전문직 내에서 의료 장치 사용 여부는 임상적 안정성과 유효성을 중심으로 판단한다. 의료윤리는 환자나 해당 전문직, 사회에 장치 사용이 위해를 끼칠 가능성이 있는지를 묻는다. 그러나, 이런 고려사항이 두 가지 별개의 전문직 사이에 적용 가능한가? 특히, 치의학과 한의학과 같이 두 영역이 상호 배타적인 것으로 여겨져 온 경우에 위 기준을 어떻게 적용할 것인가?

앞서 살펴본 안면·미간 보톡스 사례와는 달리 구강내장치는 한의과대학의 표준 교육과정에 속해있지 않았다. 그러나, 치의학에서도 표준화된 진료 기준을 설정하지 않은 상태였다. 따라서, 다수 의료인이 진료할 수 있는 영역을 특정 의료 영역으로 제한하는 것이 의학 발전을 저해할 수 있음을 근거로 판결은 한의학의 구강내장치 사용을 허용하였다. 그렇다면 여기에서 질문을 던져야 한다. 의학 발전을 추동하는 것은 경쟁인가, 아니면 전문가적 배타성인가?

대한안면통증구강내과학회의 턱관절의 날

1978년 창립된 구강내과학회는 2007년 대한안면통증구강내과학회로 학회 명칭을 변경하였다. 턱관절장애란 턱관절 디스크와 인대 및 주위 근육에 문제가 생긴 것이다. 원인으로 오랫동안 입을 벌리고 있거나, 이 악물기, 이갈이, 스트레스와 불안 등의 심리적 원인에 의해 생긴다. 최근 5년간 턱관절장애가 24% 증가하자, 2018년 대한안면통증구강내과학회는 11월 9일을 '턱관절의 날'로 정하게 되었다. 11월 9일로 정한 것은 숫자 119를 빌린 것으로 턱관절질환이 2000년대 들어 심하게 증가하는 데다 진단과 치료 등이 시급하기 때문이다. 세계 인구의 절반이 턱관절 장애와 관련이 되어 있는데, 턱관절의 중요성과 안전한 생활습관 관리 및 치료의 필요성을 국민에게 알리기 위해서 다양한 활동을 펼쳐 나가기로 했다. 학회는 2016년부터 매년 서울시민 구강보건의 날 행사에 참

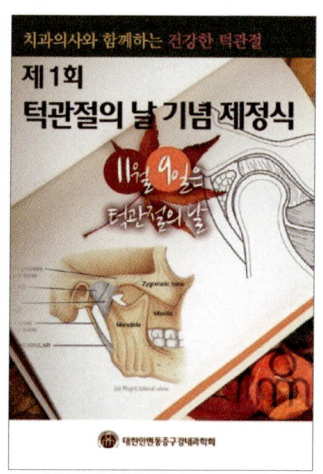

그림 2 턱관절의 날 포스터(대한안면통증구강내과학회)

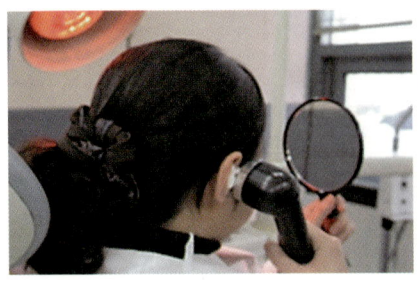
그림 3 턱관절 증상시 시행하는 물리치료(전문가가 알려주는 어린이와 청소년의 치아이야기)

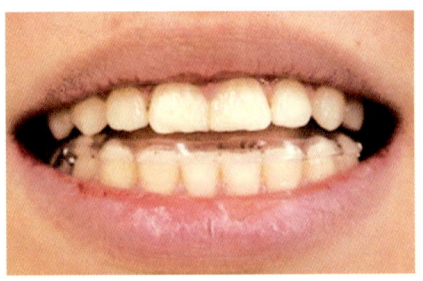
그림 4 턱관절 증상을 치료하는 교합장치(전문가가 알려주는 어린이와 청소년의 치아이야기)

여하여 시민 대상의 턱관절장애, 이갈이 및 코골이 상담 부스를 운영하고 있다. 국민 안전을 위해 2014년에는 국군의무사령부와 '코골이 및 이갈이 장병 치료사업'에 대한 업무협약(MOU)를 체결하였고, 2018년에는 소방공무원들의 건강과 원활한 업무 수행을 위하여, 이갈이 및 턱관절질환의 구강내장치 치료사업을 재능 기부 형식으로 제공하여 큰 호응을 얻었다.

요약

우리나라의 의료법은 치과의료체계의 하부구조가 갖추어지기 전에 시행령이 공포되어 무자격자 의료행위에 대한 처벌은 전국민의료보험이 실시될 때까지 법적 구속력이 미약했고, 치과전문의제도는 법적 근거가 마련된 후 58년이 지나 시행되었다. 성문법을 골간으로 하면서 점차 판례법을 도입하였고, 헌법에 국민의 건강권, 보건권(1980~), 행복추구권(1980~), 평등권 등이 보강되면서 이를 최고법으로 의료법을 해석하여 재개정되고 있다. 2000년 제정된 보건의료기본법과 같이 정부가 각종 의료제도를 직접 규율하여 의료공급의 효율성을 꾀하고, 시기별로 정책목표가 되는 특정 인구나 특정 질환에 대한 건강관리, 사회보장 및 보건의료 재원 조달의 확대와 개편, 지식과 기술과 관련된 규정과 법률들이 제정되는 등 복지국가적 접근도 이루어져 왔다. 그러나 21세기 의료법과 비영리원칙은 자본주의경제 현실에서 도전받고 있으며, 건강보험 보장성 강화와 맞물려 언론이나 명분에 의해 의료인에게 강제되는 법률조항이 늘어나 건강보험 관련 재원 조달에 대한 책임과 의료인의 자율규제 권한 부여 등에서 형평성이 요구된다. 전문직 간의 분쟁이나 의료광고나 병·의원 경영에 관한 사항은 법원의 사법적 해석에 따라 의미가 확정되는 상황에 도달해 있다. 미래는 인터넷 기반 기술의 발전이 의료인-환자 중심 의료체계에 변화를 가져올 가능성이 크고 이에 대한 입법 수요가 증가할 것이다.

쟁점과 토론

보편적 의료보장을 위하여 어떠한 법적 규율을 필요로 하는가?

의료보험을 비롯한 보편적 의료보장을 위한 사회보장제도가 필요한 이유는 다면적이다. 법률적 관점에서는 생존권적 기본권을 보장하기 위함이고, 경제적 관점에서는 소득재분배를 기대하는 것이며, 사회적 관점에서는 질병이나 사고의 사회 구조적 문제점을 인정하여 국민의 건강 수준을 향상할 수 있도록 제도와 여건을 만들고 보완하고자 하는 것이자, 정치적 관점에서는 국민적 연대를 추구하기 위한 것이다.

2000년 구강보건법 제정·공포(법률 제6163호)를 통한 보건복지부 차원의 시행사업들도 건강보험 급여화되는 절차를 밟았다. 2002년 시기별로 정책목표가 되는 취약층 인구나 암과 같은 특정 질환에 대한 건강관리, 생애주기별 관리가 부각되었다. 2005년 참여정부는 핵심 공약사업인 공공보건의료 확충을 위해 국가중앙의료원(신설), 국립대병원, 지역거점병원, 보건소로 이어지는 공공보건의료 전달·연계체계를 제시하였다.

한편 2011년 의료사고 피해구제 및 의료분쟁조정법이 제정되고, 2016년 개정되었다. 사회보장 및 보건의료 재원 조달의 확대와 개편, 지식과 기술과 관련된 규정과 법률들이 제정되는 등 복지국가적 접근도 이루어져 왔다. 당대의 건강 문제에 기반을 두어 보편적 의료보장을 위하여 필요한 기능에 국한하여 의료법을 규율할 수 있다고 할 수도 있을 것이다. 하지만 가장 중요한 것은 의료보장을 위한 국가 및 지방자치단체의 책임 있는 재정 조달과 지원이다. 정치인들의 선심성 공약으로 보건의료인들에게만 책임과 복종을 강요해서는 안 된다. 영국이나 독일처럼 의사 파업은 세계적인 현상이고, 세계의사회(WMA)도 의사의 노동쟁의적인 활동을 의사단체가 취할 수 있는 권리로 보고 있다. 의료인들의 노동 가치를 인정하고, 자율성을 어느 선까지 인정해주고 논의를 거쳐 정책을 입안해야 한다. 평소에 재난을 대비해 보건건강부분에 투여할 재정비축과 투명한 관리가 필수적이다.

치과의료법을
독립시킬 필요가 있을까?

    현재의 의료법은 치과 영역을 전체 의료체계의 틀의 한 구성 요소로만 다루고 있어 치과 영역의 독자성이 충분히 구현되지는 못하는 측면이 있다. 따라서 독자적인 치과의료법을 만들어 시행하는 국가들도 있다. 그러나 의료도 시대에 따라 변화하는 것이라 치과 분야도 사회역사적 자장 속에서 전개되는 의료체계라는 보다 확장된 관점에서 바라보는 것이 문제해결의 실마리를 찾는 데 도움이 될 수도 있을 것이다. 최근에는 의료법이 의사와 환자 간의 관계만을 규율하는 것이 아니라, 의료공급의 사회화 등 관련 사회제도를 포괄하여 전개되는 방향으로 범위가 확대되고 있다. 또한, 의료와 관련한 사회문제에 대응하기 위하여 타 법률에서 의료 관련 문제를 규율하는 사례가 증가하고 있다. 이러한 법적 변화에 유연하게 대처하기 위해서는 시대 정신의 변화와 더불어 각종 사회 경제 심리의 문제에 관한 관심도 넓혀야 할 것이다.

의료인 중앙단체의
자율징계제도를 어떻게 보아야 하나?

　이제까지 우리나라 정부와 국회는 새로운 의료문제가 발생하면 입법을 통하여 금지규범을 만들고 위반행위자는 형사처벌과 행정처분을 가하는 방식으로 대응해왔다. 현재의 법 위반행위자에 대한 사후적 제재 방식은 의료윤리 수준의 유지와 제고에는 부정적일 가능성이 크고, 새로운 현상에 대응하기에도 비효율적이다. 행정청 중심의 법위반행위자에 대한 제재 중심 방식보다는 자율규제 윤리체계로 전환하는 것도 필요하다. 제재 중심의 의료체계는 타율적이며, 법적 다툼이 있을 때 시간이 걸리고 정신적인 고통이 많이 부가된다. 그에 비해 의료인들의 자율규제체계는 적절한 해결에 주목하고, 환자에 대한 최선의 치료와 회복을 위해 전문적이고도 직접적인 도움을 줄 수 있어 합리적인 측면이 있다.

　현재 주요 의료인단체중앙회에서는 윤리위원회 강화, 면허관리 역할 확대 등을 원하고 있다. 역할 범위가 미미한 윤리위원회의 역할을 강화하고, 의료인의 면허관리 권한을 강화하고, 면허신고제도와 진전된 면허관리 기능을 확보하며, 현재 시범사업 중인 지역의사회 기반의 동료평가제를 활성화하고 법제화할 것을 요청하는 상황이다. 법정단체인 주요 의료인 단체의 권한과 의무가 어느 정도까지 인정돼야 하는지는 입법 정책의 문제이다. 의료인단체중앙회에 설치된 윤리위원회가 징계권한을 확대하기 위해서는 입법적 정비가 필요할 것이고, 중앙부처 및 지방자치단체 등 기존의 감시, 감독

체계와의 역할 조정이 필요할 것으로 보인다. 동료평가제는 아직 시범사업 단계에 있어 구체적인 평가를 하기 어려우나, 입법화가 이루어지지 않았다는 점, 동료평가가 지역사회 내부에서 이루어진다는 점, 징계권한을 가진 중앙정부의 최종적 심급이 유보되어 있다는 점, 윤리위원회와 담당의 문제가 발생할 수 있다는 점을 고려하여, 운영 결과에 대한 객관적 평가와 문제점을 보완한 정비가 필요할 것이다. 한편, 이러한 의료인단체 중앙회들의 기획은 대체로 면허관리제도와 징계에 관한 모든 권한을 의료인단체중앙회가 보유하는 것을 전제로 하는 것으로 보인다. 하지만 환자의 권리와 이해관계 및 사회 전체의 이익이 충분히 반영되어야 한다는 관점도 고려해야 한다. 따라서 면허관리제도와 징계 권한을 공급자인 의료인단체중앙회가 모두 가질 것인지, 중립적 구성 원리에 따라 설립된 별도의 면허관리기구가 합법적 지위와 운영권을 지니고 분담하여야 할 것인지에 관한 논의가 선행되어야 할 것이다. 자율징계는 단순히 의료인의 이익을 도모하는 수단으로 사유 되어서는 안 될 것이고, 국민의 기본권인 건강권의 보장 및 환자의 복리 증진이라는 관점에서 한국 사회에 타당한 방식을 창안하여야 할 것이다. 의료인의 윤리와 면허관리 등을 포함한 의료 정책 전반에 정부, 의료계, 시민이 참여하는 거버넌스를 구성하는 방안도 함께 논의해 볼 필요가 있다.

인터넷의 발전으로 대면 중심 의료체계가 변화하는 상황에서 어떠한 규범이 필요한가?

우리나라의 경우 원격진료제도는 2008년 원격지 의사간 통신을 기반으로 한 느슨한 수준의 제도를 도입하였다. 원격의료의 책임은 원칙적으로 원격지의사에게 있다. 그러나, 원격의료의 객체인 현지의료인이 의사, 치과의사, 한의사라면 그 책임이 특별한 사정이 없는 경우 현지의사에게 있다. 한편, 2012년 헌법재판소는 "직접 진찰한 의료인이 '대면하여 진료한'으로 해석되는 이외에 달리 해석될 여지가 없고, 결국 이 사건 법률조항은 의료인의 '대면진료의무'와 '진단서 등의 발급 주체' 양자를 모두 규율하고 있다" (헌법재판소 전원합의부 2012. 3. 29, 2010헌바83)라고 해석했지만, 2013년 대법원은 "의료법 조항은 스스로 진찰을 하지 않고 처방전을 발급하는 행위를 금지하는 규정일 뿐 대면 진찰을 하지 않았거나 충분한 진찰을 하지 않은 상태에서 처방전을 발급하는 행위 일반을 금지하는 조항이 아니다" (대법원 2013. 4. 1., 2010도1388)라고 해석하고 있다. 이 판결은 의사 환자간 비대면 진료의 적법성에 관한 논의의 불씨가 되고 있다. 문제는 이러한 흐름이 인터넷 기술을 이용한 의사, 환자간 비대면 진료를 가능하게 할 수 있는지에 관한 것이나, 현행 의료법은 진료 전반에 걸쳐서 의사와 환자의 대면 진료의 전제 하에 규율되었다고 볼 수 있으며, 별도의 입법적 조치 없이 해석의 확장으로 원격의료를 규율할 수 있는지는 의문이 있다. 2016년 환자의 동의 시 진료정보 기록을 다른 의료기관과 공유할 수 있도록 허용하였다.

그러나 2020년 코로나바이러스감염증-19를 계기로 보건복지부가 시범사업으로 운영하던 원격의료를 한시적으로 허용하여 인정 범위를 넓히는 등 새로운 입법 조치로 이어지는 것에 관한 찬반 논의가 이어지고 있다.

인터넷 기반 기술의 발전이 의료인-환자 대면 중심 의료체계에 변화를 가져올 가능성이 증대된 상황에서 현재의 대면 중심의 의료법으로는 대응이 어려울 것이다. 인터넷 기반 기술을 활용하여 의료체계에 진입하려는 여하한 움직임도 국민의 기본권인 건강권의 보장 및 환자의 복리 증진이라는 궤도를 넘어설 수 없다는 규범적 한계에서 논의를 출발해야 한다.

12

최신 치의학계의 추이와 국제교류

20세기 초반, 우리나라에 현대 치의학이 전해진 이후 한국 치의학은 눈부신 발전을 이루었다. 한국 사회의 발전도 두드러져 경제력 향상과 함께 1980년대 이후 국민의 교육 수준이 급격히 높아졌으며, 사회 민주화와 복지 수준은 2000년대 이후에도 향상을 거듭하고 있다. 현재 한국은 세계 최고의 초고속 인터넷 통신망이 전국적으로 보급되어 있으며, 인구의 고령화가 진행되는 상황에서도 '한류열풍'을 불러일으킬 정도로 문화적 역동성이 높다. 치과계도 한국 사회의 역동성을 반영하여 치의학술과 임상, 국민보건의 발전을 꾀해야 할 때다. 이를 위해 최신 치의학의 추이와 그와 관련된 학술 및 국민보건활동에 대해 소개하고, 한국 치과계가 국제사회와 상호교류하는 내용과 공헌하는 바에 대해 살펴본다.

최신 치의학 추이와 사회공헌

한국의 치과의사는 치의학 진흥과 학회 발전을 도모하는 연합체 성격의 '대한치의학회'를 2002년에 설립하고, 2017년 비영리 사단법인 대한치의학회(Korean Academy of Dental Science, KADS)로 등록하였다. 치의학 관련 35개 학회는 회원 수와 학술활동과 사회공헌 측면에서 급속하게 성장하였다. 학술 내용도 한국 사회의 변화를 반영하여 노인치과학과 장애인치과학, 스포츠치과학, 심미치과학, 마취학, 치과수면학회 등으로 다양해졌다. 외국 학회와의 교류도 활발하여 아시아뿐 아니라 세계에서 선도적인 위상을 차지하였다. 일부 학술지는 SCI(E)급으로 발전하였다. 그만큼 국민보건에서 치의학이 차지하는 책임과 치과에 대한 국민의 기대도 비례하여 높아졌다고 볼 수 있다.

노인치과학의 부상

한국은 급격한 노령화를 겪고 있는 나라다. 한국에서 65세 이상의 노인 인구는 1960년에는 전체 인구의 2.9%였다. 2000년에는 7%로 증가해 세계의 평균인 6.9%와 비슷한 고령화 사회에 진입하였다. 2017년 14%인 고령사회가 되었고, 2026년에는 20%가 넘는 초고령 사회로, 2050년에는 세계에서 가장 고령자 비율이 높은 국가가 될 것으로 예측된다. 이렇게 급격한 고령화의 원인으로 1955년에서 1963년 사이에 태어난 베이비붐 세대의 진입과 출산율 감소, 기대수명의 증가를 들 수 있다. 이에 치과대학과 치의학전문대학원에서는 2002년부터 노인치의학 과목을 개설하였다. 2004년 창립된 대한노년치의학회는 앞서 고령화를 겪은 일본, 미국, 유럽의 국가들과 학술 및 정책 교류를 강화하고 있다.

한국 노인의 전신건강과 구강건강의 특징은 다음과 같다. 2017년 기준 한국 노인의 89.5%가 만성질환으로 여러 가지 약물을 복용하고 있다. 즉 한국의 노인은 만성질환의 증가로 전신 건강이 취약하며, 만성질환으로 복용한 약물의 부작용으로 인해 구강 건강도 더 나빠진다. 여러 약물의 부작용으로 침 분비가 적어지고 미각이 약화되면 구강건조증과 구취가 유발되며, 이로 인해 치아우식증과 치주질환에 걸릴 확률이 높아진다. 2014년 국민건강영양조사 결과를 살펴보면 노인들은 19~64세의 성인보다 치아우식증이 2배나 많고 치주질환은 1.7배 많아 치아 상실도 증가하며 그로 인한 건강보험이용률도 가장 높다.

한편 노인의 치아 상실과 근력감소는 저작능력을 떨어뜨려, 뇌혈류감소로 치매가 증가하고 심혈관 건강에도 영향을 끼치며, 영양 섭취의 부족으로 면역력도 떨어뜨려 감염에도 취약해진다. 성인의 자연치아수는 보통 28~32개이다. 하지만 현재 한국 노인의 절반가량은 씹는데 불편감을 호소하고 있으며, 노인이 지닌 현존 자연치아수는 2008년 15.7개에서 2015년 17.5개로 점차 늘어나고 있으나 여전히 20개 미만이다. 2013년 이후 틀니와 임플란트에 단계적으로 건강보험과 의료급여가 적용되고 본인부담금도 줄어들어 소비자들의 만족도는 높아졌으나, 아직도 빈곤층의 이용률이 낮은 불평등이 존재하고 있다.

한국 노인의 상대적 빈곤율은 2016년에 46.5%로 노인 10명 중 4.6명 가량이 빈곤층이었다. 이 수치는 경제협력개발기구(OECD)에 가입한 유럽 28개국보다 압도적으로 높고 미국보다는 약간 높은 수치이다. 85세 이상의 인구는 2012년 0.9%에서 2017년 1.2%로 증가했다. 하지만 한국인의 기대수명과 건강수명은 대략 17년 이상 차이가 나고 있다. 이러한 문

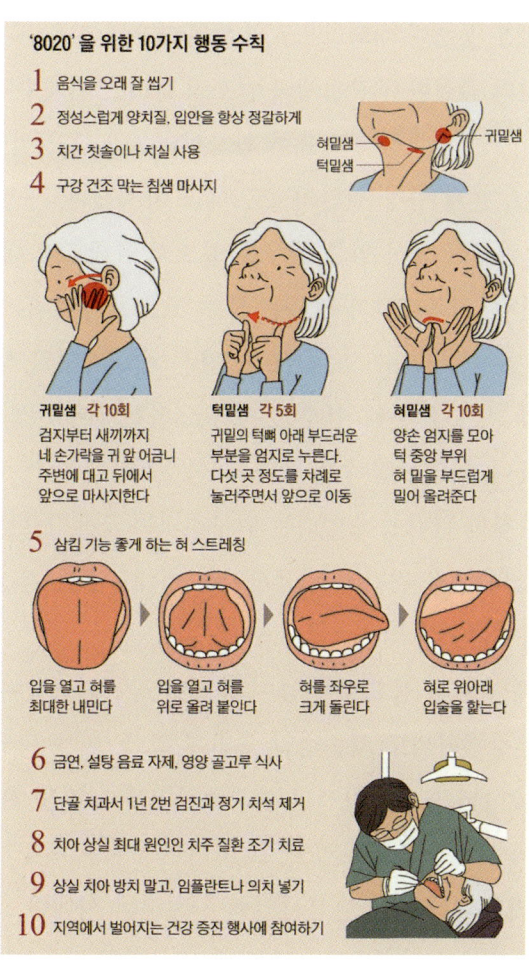

그림 1 '8020'을 위한 10가지 행동수칙(http://image.chosun.com/sitedata/image/201902/12/2019021200214_0.jpg)

제를 해결하기 위해 보건복지부는 2016년 세운 국민건강증진종합계획(Health Plan 2020)에서 건강수명 연장과 건강형평성 향상을 주요 목표로 제시하였다. 또한, 구강병을 만성 퇴행성 질환으로 보아 구강병 예방과 구강불평등 완화를 통해 20개 이상의 자연치아를 지닌 노인이 60% 이상이 되는 것을 목표로 하고 있다. 20개 이상의 치아로 잘 씹으면 건강수명이 증가하여, 노년에도 웃으며 대화함으로써 삶의 의욕과 질을 유지할 수 있다.

더불어 노년의 적절한 구강위생과 연조직 관리는 기대수명연장에도 도움이 된다. 2019년 통계청이 발표한 한국인의 3대 사망 원인은 암, 심장질환, 폐렴으로 전체 사망 원인의 45.9%를 차지했다. 구강위생이 나쁘면 구강 내 병원균이 전신 염증 반응을 일으켜 암세포에 대한 방어 기능을 떨어뜨리거나, 치주질환과 관계된 침 속 효소들이 호흡기 환경을 바꿔 병원균이 침투를 쉽게 할 수 있다. 또한, 잔존 치아 개수가 적으면 구강 내 병원균이 아래 기도를 통해 쉽게 호흡기로 침투되어 만성폐쇄성폐질환(CDPD)를 4배나 더 일으킬 수도 있다. 치아우식증과 특히 치주질환은 심혈관질환과 밀접한 관련성이 있다는 연구결과는 국제적으로 확인되었다. 따라서 노인들의 구강 건강과 위생관리는 기대수명과 건강수명 연장에 필수적인 항목이다.

하지만 치매나 중풍 등으로 거동이 불편한 장기요양급여자나 말기 환자들은 구강건강관리에도 의존적일 수밖에 없다. 이들을 위해 대한노년치의학회는 2014년 노인요양시설 치과촉탁의제 도입을 위한 연구와 그에 대한 교육과 시범사업을 하였고, 2016년부터 관련 제도가 시행되었다. 2019년에는 지역사회 통합 돌봄사업에 참여하여 치매나 쇠약한 노인을 위한 구강건강관리와 치과진료 매뉴얼을 발간하였다. 이들이 통증과 감염 없이 먹고 마시며, 특히 말기 환자가 안모를 유지하며 원활하게 의사소통을 하며 존엄하게 임종을 맞이할 수 있도록 노인치과학 분야의 확장과 발전이 요구되고 있다.

장애인치과진료의 확대

우리나라에서 보건복지부에 등록된 장애인 수는 2000년에 98만여 명에서 2019년 261만 명으로 매년 증가하는 추세이다. 사고와 노령으로 인한 후천적 장애가 늘고 있기 때문이다. 장애인의 경우 구강병 발생률은 일반인과 비슷하다. 하지만 신체 행동 및 정신의 지체와 경제적인 어려움 등으로 치료 시기를 놓쳐 악화한 경우가 많다.

국내 최초로 문을 연 서초 장애인 치과는 1996년부터 서초구 보건소에서 장소를 제공하고 기창덕을 비롯한 치과의사들의 자원봉사로 지속해왔다. 장애인 구강보건 분야의 최초의 비영리단체인 스마일재단은 2003년에 설립되어 저소득 중증장애인의 치과진료비 지원 및 이동 진료와 교육 사업을 하고 있다. 장애인의 구강 상태를 직접 검진하고, 구강암과 얼굴기형환자, 보철 분야의 진료까지 여러 치과의료기관과 연계하여 지원하고 있다. 대한장애인치과학회는 2004년 창립하였고, 세계장애인치과학회와 함께 학술 및 교육 활동을 하고 있다.

그림 2 2019년 8월 개소한 서울대치과병원 중앙장애인구강진료센터(서울대학교치과병원)

한편 서울시를 비롯한 각 도 치과의사회에서는 정부와 지역자치단체장과의 간담회를 통해 장애인 치과병원설립의 필요성을 촉구해왔다. 2005년 서울특별시립장애인치과병원 설립을 시작으로 2019년까지 9개 권역과 중앙 장애인구강진료센터가 설립되었다. 이들은 국비와 지방비로 지역의 대학병원에서 위탁 경영하는 형식으로 운영되고 있다. 장애인 진료에는 신체 보호장치와 진정 및 전신마취 등의 장비와 기술뿐 아니라 갑작스러운 사고에 대비할 수 있도록 타과와의 협력과 보조 인력의 추가 투입이 필요하다. 장애인 진료에 대한 보상과 지원제도가 지속해서 발전되어야 할 이유이다.

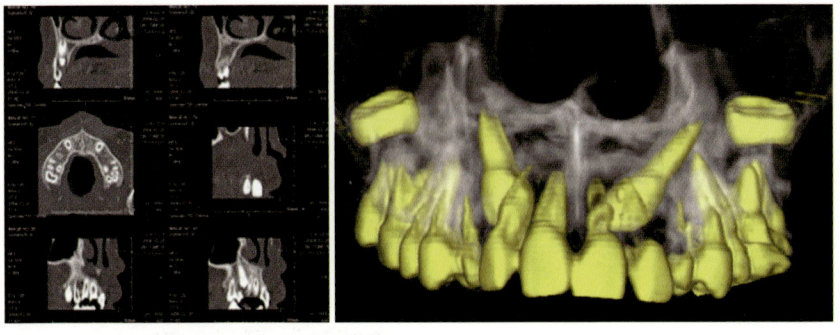

그림 3 CT 영상을 이용하여, 윗 턱의 양쪽 송곳니가 앞니 치아들의 뿌리를 흡수시키고 있는 소견을 3차원적으로 재구성하여 보다 정확히 관찰할 수 있다. (서울대학교 치과병원 영상치의학과 허경회 교수)

콘빔 컴퓨터단층촬영 장치와 자기공명 영상치의학

X선의 발견 이후 130년 동안 영상치의학은 새로운 영상기기와 디지털영상시스템의 개발과 도입으로 빠르게 발전해 온 분야이다. 불과 20여 년 전만 해도 치과의원에서는 방사선 필름과 현상 과정을 이용하여 방사선영상을 채득했다. 그러나, 디지털영상시스템이 도입되면서 이제는 치과에서 필름과 현상액을 찾아보기 어렵게 되었다. 1990년대에 치과에서 사용하기 쉬운 콘빔 컴퓨터단층촬영 검사(Cone Beam Computed Tomography, 이하 콘빔 CT)가 개발된 이래 2000년대에 들어 치과병·의원에 콘빔 CT가 설치가 보편화되었다. 2017년 12월 말 기준 우리나라에 콘빔 CT 총 9930대가 보급되어, 보급률이 세계적으로 높은 편이다. 치과의료기기 산업은 우리나라의 의료기기 수출 분야에서 높은 비중을 차지하고 있는데, 콘빔 CT는 수출 분야의 2~3 위를 차지할 정도로 경쟁력을 갖추고 있다. 콘빔 CT로 획득한 3차원 영상은 치과 전 분야에서 유용하게 사용되고 있다.

자기공명(magnetic resonance, MR) 영상은 해상도 높은 3차원 정보 제공을 통해 턱관절장애 환자들의 진단을 위해 사용되던 전통적인 턱관절조영술이나, 침샘조영술을 대체하고 있다.

영상치의학은 모든 치의학 임상 분야와 밀접한 관련이 있다. 다양한 종류의 영상들은 진단의 정확성, 치료계획의 수립, 치료를 위한 다양한 기구의 제작, 치료의 완성도 평가, 치료 후 계속 평가 등에 있어서 계속하여 유용하게 활용될 것이다.

구강질환의 진단과 검사

20세기까지 치과 분야는 육안으로 쉽게 볼 수 있는 구강 특성상 방사선 검사를 제외한 다른 검사가 소홀했으며, 직접적인 치료 위주의 진료가 발달해왔다. 하지만 구강 건강은 신체의 거울로서 전신질환의 징후를 나타내는 지표 역할을 해왔다. 구강 병변은 인간면역결핍 바이러스(HIV) 감염의 첫 번째 표지가 되기도 하며, C형 간염 바이러스(HCV) 감염과 함께 타액(침) 검사를 통해 감염 여부를 진단할 수 있다. 21세기 들어 치과계에서는 눈에 보이는 3대 구강병뿐 아니라 신경손상과 만성 통증, 구강암, 교합압 이상 등에도 새로운 진단기술을 활용하여 객관적인 데이터에 근거한 조기 진단과 효과적인 임상 진료를 하려는 움직임이 활발해졌다.

대한진단검사치의학회는 2017년 각종 구강병에 대한 다양한 진단 검사기술을 개발하고 활용을 촉진하기 위해 발족했다. 구강조직 고유의 환경과 역할을 고려해 특성화된 진단방법과 장비를 개발하기도 하고, 대학병원의 의과 영역에서 주로 행해지는 혈액 검사나 만성 통증을 진단하는 방법들을 도입하기도 했다. 아래에 소개하는 구강병 진단기술과 검사방법의 발달은 구강병의 정확한 진단과 치료를 가능하게 하고, 환자 맞춤형 치과 진료를 촉진하여 점차 개인치과의원에서도 활용될 것으로 보인다.

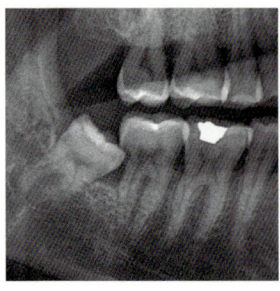
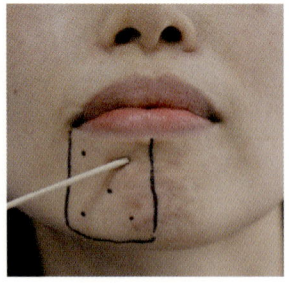

그림 4 사랑니 발치 후 감각저하가 발생한 30대 남자 사례
(http://www.dentalarirang.com/news/articleView.html?idxno=21139)

그림 5 레벨A 자극위치 재현 검사
(http://www.dentalarirang.com/news/articleView.html?idxno=21139)

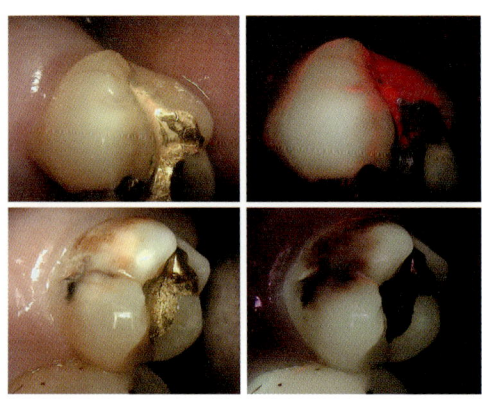

그림 6 씹는 면 뒤쪽 치태와 깨진 선(좌)과 형광검사에 붉게 나타난 치태와 깨진 선(우)(윤홍철 제공)

그림 7 뺨쪽 면 충치(좌)와 형광검사에 보랏빛으로 비친 충치(우)(윤홍철 제공)

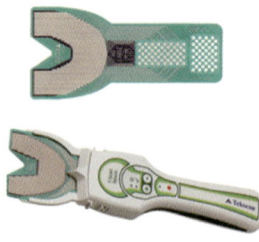
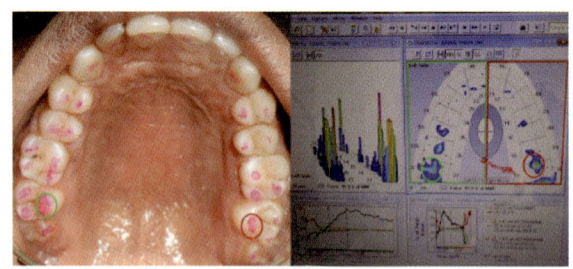

그림 8 T 스캔 기구
(http://www.dentalarirang.com/news/articleView.html?idxno =22688)

그림 9 붉게 찍힌 교합점과 분석 소프트웨어
(https://www.sciencedirect.com/science/article/abs/pii/S0377123714001750)

치과 치료에 의한 신경 손상 진단

발치나 임플란트와 같은 수술 후에 신경 손상이 발생할 수 있다. 일단 신경 손상이 의심되면 감각이 변하는 위치를 선으로 표시해 감각 이상 부위의 크기와 변화를 관찰해야 한다. 감각 저하나 이상 감각이 발생한 경우에는 레벨 A, B, C 검사를 시행한다. 레벨 A 검사는 방향 식별, 두 점 식별, 자극 위치 재현검사로 이루어져 있다. 레벨 B는 접촉 역치 검사, 레벨 C는 통각 역치 검사다. 이러한 단계별 검사를 통해 신경 손상 부위와 정도를 객관적으로 진단할 수 있다. 검사 결과에 따라 약물복용과 물리치료를 하면서 회복을 유도할 수 있고, 수술할 수도 있다.

형광을 이용한 치과 진단(치아우식, 크랙 병소) 검사

형광은 어떤 물체에 빛을 쪼여주었을 때, 그 물체가 빛을 흡수하고 나서 다른 파장대의 빛을 발산하는 현상이다. 큐레이(Q-ray) 장비를 통해 구강 내에서 맨눈으로 확인하기 어려운 다양한 초기 병소를 특정 세균이 발산하는 형광의 변화로 탐지할 수 있다. 초기 충치는 X-ray 상보다 명확하고 어둡게, 금이 간 치아(crack) 사이에 낀 세균막이나 치태는 붉게 보이게 하여 환자가 진단 결과를 이해하기도 쉽다.

저작기능 측정을 위한 교합검사

환자의 저작(씹는) 기능을 측정하기 위해 특수 제작된 껌이나 왁스를 씹어 보게 하는 방법이 있다. 최근에는 디지털 센서를 이용해 씹는 상태를 측정하는 T-scan이나 압력측정필름인 프리스케일(Prescale) 등의 장비를 활용하면 환자의 교합 상태를 보다 객관적으로 분석할 수 있다. T-scan은 1초에 100회의 속도로 교합점의 형태, 표면 넓이, 각 치아 접촉점의 상대적인 강도 등을 분석할 수 있다. Prescale 시스템으로는 교합 접촉 면적과 압력 분포를 측정할 수 있다.

바이오마커를 활용한 치주질환의 진단과 검사

치주염은 병원성 세균에 의해 치아 주위조직이 점진적으로 파괴되는 만성염증성 질환이다. 전통적 진단방법으로 치은열구의 탐침이나 치과 방사선 촬영 등이 이용됐다. 최근에는 치은열구액과 타액(침) 내 바이오마커(biomarker)를 이용한 진단방법도 활용되고 있다. 바이오마커는 치주염 활성 정도를 나타내는 생체변화 유기물로 그 종류가 다양하다. 그 중 치주병원균이나 특정 병원균에 대한 숙주의 면역-염증 반응 매개체, 타액 내 효소와 단백질, 환자의 연조직 파괴나 골조직 개조를 나타내는 바이오마커들이 활용된다.

현재 응용되는 바이오마커를 이용한 치주병원균의 탐지를 위하여 DNA probe를 이용하는 장비, neutral protease라고 하는 치은열구액 내 효소를 탐지하는 제품, IL-1의 유전자 다형성(gene polymorphism)을 살펴 치주질환에 대한 개개인의 위험도를 예측 및 평가하는 제품 등이 실제로 이용되고 있다.

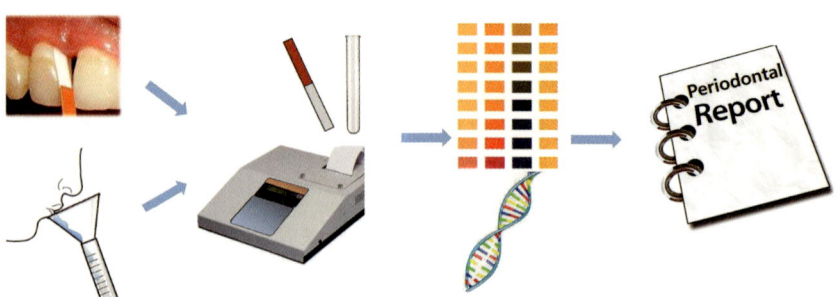

그림 10 치은열구액이나 타액을 이용한 Point-of-Care Test 치주질환 진단 과정
(http://www.dentalarirang.com/news/articleView.html?idxno=22119)

구강악안면 부위의 만성 통증

만성 통증은 말초신경계에 국한되지 않고, 말초신경계나 중추신경계의 손상 또는 기능 장애에서 비롯된다. 만성 통증의 상태를 진단하기 위해, 환자의 주관적 통증평가척도(visual analogue scale, VAS)나 맥길 통증 설문지(McGill Pain Questionnaire)가 사용된다. 만약 만성 통증이 신경계 손상이나 기능 장애에 의한 신경병변성통증(neuropathic pain)이라면 증세는 지속적인 감각 장애나 통각 과민, 가려움, 저림, 무감각, 타는 듯한 느낌, 바늘로 찌르는 듯한 느낌을 호소한다. 이러한 환자는 기능적 촬영법이나 검사를 하는 것이 진단에 도움이 된다. 예를 들어, 서모그래피(thermography)로 피부 표면의 온도를 측정하여, 자율신경계의 활성 여부를 신체 부위별로 나타낼 수 있고, 적외선 체열 진단검사(Digital Infrared Thermal Imaging System, DITI)로 통증 부위나 근육, 관절 부위의 미세한 체열 변화를 컬러 영상으로 나타낼 수 있다.

정량적 감각기능 검사(Quantitative sensory test; QST)를 통해서는 외부 자극에 대한 지각, 통각에 대한 역치 등을 정확하게 검사할 수 있다. 이를 통해, 통각 과민, 이질통 등의 신경학적 증상이 있는 환자의 감각기능, 신경계 질환이 발생할 위험이 있는 환자의 감각기능을 평가하고, 어느 만큼

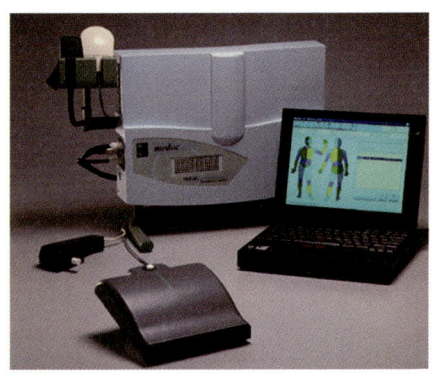

그림 11 정량적 감각기능 검사(McGraw-Hill Medical)

의 이상이 있는지 정량화 할 수 있다.

기능적 자기공명영상(functional magnetic resonance imaging, fMRI)은 뇌의 각 영역의 활성과 통증 양상의 관계를 추정할 수 있는 기법으로, 만성 통증 환자에서 행해지는 가장 최신의 기능적 뇌 영상법(brain imaging)이다. 기능적 자기공명영상의 활용이 구강악안면 영역의 구강작열감증후군, 신경통, 그리고 복합부위통증증후군 등을 동반한 만성 통증 환자의 진단에 유용하다고 보고된 바 있다.

구강암과 흡연

입 안(구강)에 생기는 암을 구강암이라고 한다. 주로 혀와 구강저(입안 바닥)에 생기며, 구강암이 커지면서 덩어리나 궤양을 형성할 수 있다. 구강암은 악성도가 높아 환자의 예후가 좋지 않으며 전이가 쉽게 일어나 치료하기 힘든 질환 중 하나이다.

구강암의 원인에는 흡연, 음주 외에도 방사선, 자외선, 사람유두종바이러스(HPV), 엡스타인 바 바이러스(EBV), 사람면역결핍바이러스(HIV), 캔디다 알비칸스(곰팡이의 일종), 매독균 등의 감염, 잘 맞지 않는 틀니나 뾰족한 치아, 불량한 구강위생 등에 의한 만성 자극 등이 있다. 최근 10년간 우리나라 구강암의 발생률은 1.55배 증가하였으며, 그 원인으로는 흡연과 음주가 강력하게 의심된다. 담배는 흡연할 때 연기가 발생하는 담배(시가, 파이프)와 무연담배(코담배, 씹는 담배), 전자형 담배를 막론하고 모두 구강암의 원인이 된다. 구강암의 경우 전자담배가 구강암 유발 물질을 더 많이 포함하고 있다는 연구결과가 발표되기도 하였다. 흡연자의 구강암 발생 위험은 비흡연자보다 약 7~10배 더 높으며, 흡연 기간이 길고 흡연량이 많을수록 구강암 발생률이 증가한다. 음주의 경우 구강암 발생과의 관계가 아직 확실하지 않으나, 흡연과 음주를 함께 하는 경우 흡연과

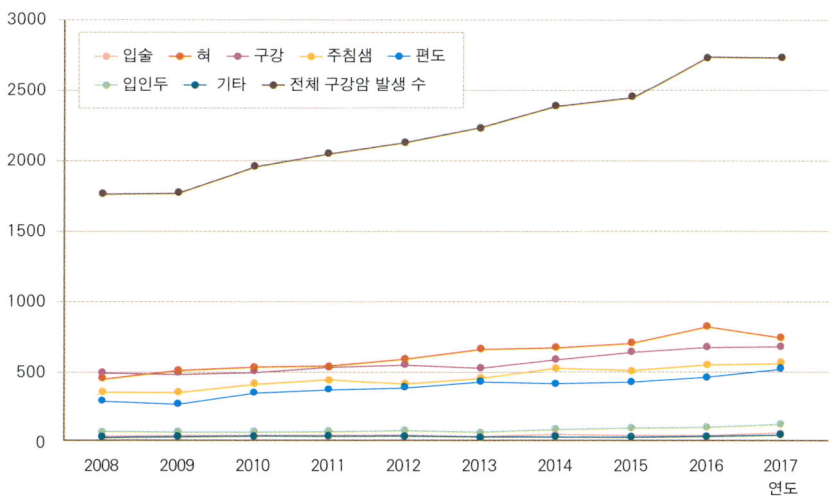

그림 12 최근 10년간 구강암 유병률 변화(암등록사업 연례보고서, 2008~2017년도, 국립암센터 발간, 부산대학교 치의학전문대학원 구강병리학교실 유미현 교수 제공)

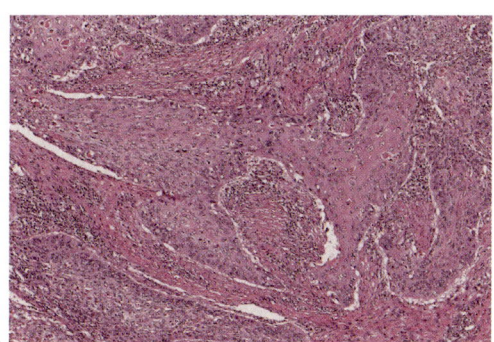

그림 13 구강에 발생한 편평세포암종 (유미현 교수 제공)

음주의 상승효과가 나타나, 구강암 발생률이 30배 이상 증가한다.

구강암을 진단하기 위해 먼저 의심되는 부위를 눈으로 관찰하는 시진과 양손으로 만져보는 촉진을 한다. 구강암 확진을 위해서는 의심 부위의 조직을 채취해서 현미경으로 검사하여 진단하는 조직생검검사(biopsy)를 한다(그림 13). 입안은 맨눈으로 잘 관찰할 수 있어, 내시경이나 복잡한 기구를 사용한 검사를 할 필요가 없는 경우가 많다. 조직 생검 검사를 해서 암으로 진단되면, 암종의 크기와 확산 정도, 근처의 림프절 침범 여부, 우리 몸의 다른 부위로 전이되었는지(원격전이) 여부 등을 알기 위해 컴퓨터단층촬영 검사(CT), 자기공명영상 검사(MRI), 양전자단층촬영 검사(PET-CT) 등을 시행한다. 양전자단층촬영 검사는 원격전이나 재발을 진단하는 데 도움이 된다. 그 외 파노라마 촬영, 치근단 사진 촬영, 핵의학 검사(뼈 스캔), 복부 초음파 검사 등을 추가로 시행하는 때도 있다.

구강암이 진행될수록 환자 예후가 나빠지기 때문에, 암 발생 초기에 발견하여 진단하는 것이 가장 좋으며, 구강암을 예방하는 것이 무엇보다 중요하다. 연세대학교 치과대학 구강종양연구소(소장 연세대학교 치과대학 차인호 교수)는 1997년 설립되어 구강암 영역의 다양한 연구를 진행하고 있으며, 암 예방의 임상화에 최종 목표를 두고 있다. 2005년 한국연구재단 지원 중점연구소로 선정되었으며, 구강암이 많이 발생하는 스리랑카 지역에 관련 학술을 전수하며 구강암 치료사업에 일조하고 있다.

정부의 기초치의학 지원과 국립치의학연구원 설립의 필요성

1990년대 이전에는 정부의 연구지원사업이 단편적 과제에 국한되었다. 그러나 교육부 주관의 한국연구재단에서 1999년부터 전일제 대학원생을 지원하는 다년도 장기지원사업인 BK 프로젝트(현재 4단계 BK 21 사업 2020~)를 시작하면서, 21세기 인재양성의 기반을 다지기 위한 정부의 대형 연구 지원시스템의 시대가 문을 열게 되었다. BK 프로젝트는 기초치의학을 연구하는 전일제 대학원생에게 학자금을 지원하였으며, 우수한 대학원생과 BK 연구교수를 채용하여 치의학교육 시스템 개선과 안정적인 연구를 지속할 수 있는 중요한 발판으로 작용하였다.

또한, 2003년 과학기술부 주관의 한국과학재단이 주도한 기초의과학연구지원센터(Medical Research Center, MRC)사업이 시작되면서 전국의 치과대학과 치의학전문대학원에서는 MRC 사업을 수주하여 현재까지 활발한 연구 활동을 하고 있다. MRC 사업은 BK 프로젝트와 함께 기초치의학 연구지원과 연구인력 양성에 중요한 역할을 하고 있다.

현재 11개의 치과대학과 치의학전문대학원에서는 다양한 연구소를 설립하여 순수 기초치의학 발전과 함께 임상 분야와의 중개연구에도 박차를 가하고 있다. 기초-임상 융합 연구의 주요 분야로는 첨단생체공학을 응용한 바이오 치아, 생체적합재료 분야의 연구와 함께 줄기세포 연구, 구강암 연구 등이 떠오르고 있다. 기초와 임상 연계 연구 분야로는 감염과 세균학·병리학·면역학·줄기세포, 나노기술, 임상치료와 재생 분야, 골 유도재생술, 임플란트와 주위 질환 관리 등을 연구하고 있다.

그러나 전체 의료기기 시장에서 치과 품목이 차지하는 비율이 최소 수준임에도, 치의학 연구·개발(Research and development, R&D)에 대한 통일된 지원과 정책이 미비하다. 치과 바이오산업 발전과 이에 따른 기초연구 지원과 정책 수립을 위한 국립치의학연구원의 설립이 꼭 필요한 상황이다.

대한치과마취과학회의 심폐소생술 연수회

대한치과마취과학회는 2002년부터 치과 치료 시 발생할 수 있는 응급상황을 관리하기 위해 심폐소생술 연수회를 개최해왔다. 치과의사들에게

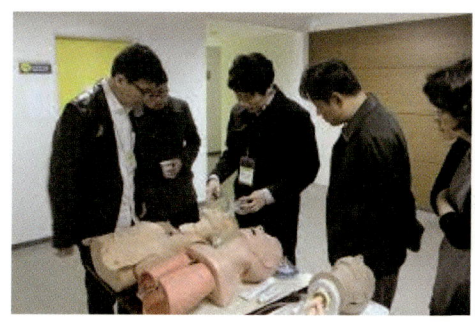

그림 14 경구흡입진정연수회
(대한치과마취과학회 홈페이지)

는 미국심장협회에서 제작한 기본소생술(Basic Life Support, BLS)과 전문심장소생술(Advanced Cardiovascular Life Support, ACLS), 소아전문소생술(Pediatric Advanced Life Support)을 교육하고 있다. 최근에는 대한심폐소생협회와 함께 치과전문소생술(Dental Advanced Life Support, DALS)을 개발하여 일반인들을 대상으로도 교육을 진행하고 있다.

대한스포츠치의학회의 마우스가드 보급과 북한선수지원

1988년 서울 올림픽과 2002년 월드컵을 성공적으로 개최한 이후 스포츠를 즐기거나 직업으로 하는 사람들이 늘어났다. 스포츠치의학은 스포츠를 통한 구강악안면 외상의 예방과 치료 및 운동선수와 국민의 운동능력 향상에 이바지하는 것을 목적으로 하는 학문이다. 대한스포츠치의학회는 2003년에 창립되었고, 스포츠의학회와 스포츠한의학회과 협력하여 학술 및 스포츠 외상예방 교육, 국가대표 선수촌 치과진료 봉사활동을 하고 있다. 2018년에는 평창 동계올림픽과 패럴림픽에서 스포츠 닥터로서 참여하여 응급치과진료와 마우스가드(mouthguard)제작뿐 아니라 진료차량에서 북한아이스하키 주장 진옥 선수를 북측 보위부 요원이 지켜보는 가운데 치료하기도 했다. 코리아국제배드민턴 선수권 대회에서는 도핑방지 업무를 수행하였다.

대한스포츠치의학회는 축구와 농구, 태권도와 같은 접촉성 운동뿐 아니라 자전거를 탈 때도 치과의사가

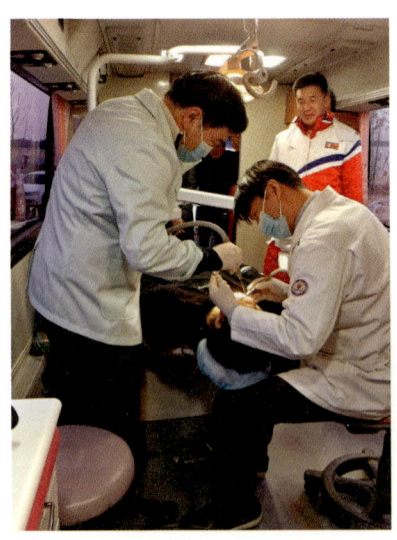

그림 15 평창올림픽 때 북한 선수 치료 장면
(대한스포츠치의학회)

인물탐구 '소록도의 슈바이처' 치과의사 오동찬

'소록도의 슈바이처'로 불리는 치과의사가 있다. 그는 음지에서 묵묵히 희생과 헌신을 통해 우리 사회에 기여한 공로로 2000년 대한치과의사협회 치과의료봉사상, 2008년 한빛 대상, 2010년 국무총리 표창, 2012년 KBS 감동대상 '나눔상', 2014년 제3회 '윤광열 치과의료봉사상', 2014년 제2회 '성천상'과 2017년 청룡봉사상을 수상한 바 있고, 2015년에는 광주 MBC '전남 광주 희망인물'로 선정되기도 하였다. 특히 그는 2014년 중외학술복지재단의 성천상과 함께 받은 상금 1억원 전액을 아프리카 기아대책본부에 기부하기도 하였다. 그 주인공이 바로 국립소록도병원 치과의사 오동찬이다.

그림 16 소록도병원에서 한센인들과 함께(오동찬 제공)

그는 1994년 조선대 치과대학을 졸업하고 1995년부터 국립소록도병원 공중보건의로 근무한 후, 1998년 이후로는 보건직 공무원(2020년 현재 의무서기관)으로서 소록도 한센인들의 치과 진료는 물론 그들의 마음의 상처까지도 위로하며 생활해오고 있다. 그는 한센병 후유증으로 고생하는 환자들을 위해 직접 '아랫입술 재건 수술법'을 국내 최초로 개발해 400여 명의 한센인에게 입술을 되찾아 줬다. 2007년도에는 소록도병원의 유일한 의사로 병원장 직무대리, 의료부장, 진료과장 등을 도맡았다.

> 한센인들에 대한 일반인들의 편견 때문에 일반 병원에서 진료를 잘 해주지 않아서 힘들었다. 병원의 모든 업무를 홀로 처리해야 한다는 것보다 일반인의 한센인에 대한 편견이 가장 힘들었다. 현재 대한민국은 한센병 완치 국가로 분류되어 있다. 한때 병을 앓은 흔적만 있는 사람들이 소록도에 살고 있는 것이므로 이제는 한센병 환자 취급이나 이들에 대한 편견이 사라지길 바란다.

그는 소록도 주민뿐만 아니라 외국인 노동자와 이주여성을 위해서도 무료 진료 봉사를 하였다. 특히 2005년부터는 매년 휴가 기간에 경비를 사비로 충당하면서 캄보디아, 필리핀, 베트남, 몽골 등 해외 한센인 마을을 찾아가 의료 봉사활동을 하면서 소외받는 한센인들의 건강과 삶의 질 향상을 위해서도 이바지하고 있다. 그는 향후 여건이 허락하면 외국에 나가 한센병으로 고통받는 사람을 보다 더 적극적으로 도와줄 방안을 모색하고 있다.

제작한 맞춤형 마우스가드를 끼도록 추천하고 있다. 운동할 때 치아에 마우스가드를 장착하면 외상으로부터 입술과 뺨 부위의 찰과상뿐 아니라 치아파절 등을 예방할 수 있으며 전신적인 민첩성도 향상되기 때문이다.

대한치과교정학회의 '바른이 봉사회' 활동

대한치과교정학회는 2003년부터 청소년치아교정지원사업을 시행하다가, 2009년 대한치과교정학진흥원을 창립하고, 2012년 사단법인 바른이봉사회를 설립하였다. 삼성꿈장학재단과의 협력관계를 맺음으로써, 치아교정에 대한 대국민 홍보 사업, 청소년치아교정 지원사업, 외국인 유학생 지원사업, 장학사업, 연구지원사업을 보다 짜임새있게 진행해오고 있다.

지금까지 약 1,300여 명의 청소년들에게 무료로 치아교정 치료를 지원하였다. 외국인 유학생에 대한 지원은 대한민국의 국가적 위상을 높이고, 미래에 민간 외교 및 학문전파의 초석이 될 것으로 기대한다. 한국쓰리엠과 (주)휴비트가 장학사업에 후원에 동참하고 있다. 대국민 홍보 활동의 하나로서 2013년 제정된 바른이의 날은 5월 마지막 주 일요일이며 국민에게 올바른 치아교정에 대하여 홍보하고자 미소 리본 캠페인을 진행해오고 있다.

그림 17 사단법인 바른이봉사회 로고
(바른이봉사회 홈페이지)

그림 18 바른이의 날 미소리본 캠페인 로고
(대한치과교정학회)

한국 치의학의 국제교류(교육, 학술, 산업)

21세기의 뚜렷한 특징 중 하나는 과학과 정보기술의 발전으로 야기된 세계화라고 할 수 있는데. 치의학 분야도 예외는 아니다. 한국은 해방 후 국제 치과기구에 가입하여 교류를 시작하였고 점차 선진 교육제도, 치과진료 체계와 학술 연구 및 산업발전을 공고히 하였다. 1980년대부터 국제 치과사회의 발전 방향에 협력하면서 활발하게 교류하여, 2000년대에는 지도적 역할을 이어가고 있다. 한국전쟁을 겪은 지 70년이 지나는 동안 고령사회에 진입하여 3세대 이상의 역사적 경험을 공유하면서, 치의학계도 과거 한국에 도움을 주었던 국가들뿐 아니라 현재 어려움을 겪고 있는 나라들과도 적극적으로 교류하면서 도움의 손길을 보내고 있다.

한국 치의학과 국제사회의 교류

2020년 현재 대부분의 국내 치의학 학술대회를 아시아·태평양 지역과 미국·유럽 등의 국가를 포함하는 국제학술대회로 개최하고 있다. 더불어 다양한 치의학분과학회들이 국제학술대회를 국내에서 개최하거나 주도하고 있다. 2002년부터 한국인 대표단이 참가하기 시작한 국제표준화기구 치과분야 관련분야 ISO TC 106(International Organization Standard Technical Commitee) 총회는 2013년에는 국내에서 개최하였고, 현재는 한국인 3인이 working group 의장을 맡아 국제 표준화 주체로서 활발히 활동 중이다.

국내 11개 치과대학·치의학전문대학원은 전 세계 70여 개의 치과대학과 학술교류협정 또는 자매결연을 맺고 있다. 교수와 학생 간 상호교류와 학교 간 공동학술대회 등도 개최하고 있다. 일부는 공동연구-공동 박사학위 프로그램을 시행하고 있다. 아울러, 해외 치과대학에서의 단기 현장학습, 익스턴쉽 프로그램도 지속적으로 시행되고 있다. 학교별 30~40여 명 재학생이 1~2주간 동안 미국, 캐나다, 일본, 중국, 호주, 뉴질랜드, 태국 등의 치과대학으로 파견되고 있다. 이 프로그램을 통하여 우리나라 학생들이 국제적 안목을 습득하며 이를 통한 새로운 리더십의 배양을 기대하고 있다.

일반 치과의사들도 다수가 해외에 진출하고 있다. 2016년부터 시행되고 있는 KOICA 글로벌 협력의료진 - 치과의사 파견 제도를 통해 개발도상국 의료기관에 파견되어 글로벌 봉사활동에 참여하고 있다. 이 밖에도 해외진출을 위해 중국, 베트남, 싱가포르, 사우디아라비아, 쿠웨이트 등에서 치과의사면허를 취득한 후 현지 병원운영 및 여러 가지 협력 활동에 참여하고 있다.

외국인 치과대학생 유학 및 치과의사 연수 지원

한국 치의학 교육의 국제화를 목적으로 여러 대학에서 해외 치과 의료인을 위한 전문의 및 대학원과정 수련 프로그램을 시행하고 있으며, 학교별로 유럽, 중국, 동남아 등의 학생을 유치하기 위해 해외 유학생 유치 및 지원제도를 확립하고 있다. 정부 차원에서는 과거 미국이 그러했듯이, 한국국제협력단(KOICA) 주관으로 중국, 페루, 사우디아라비아 등 해외 치과의사와 교수를 초청하여 연수프로그램을 운영하고 있다. 이 프로그램은 글로벌 네트워크 구축을 통해 안정적인 보건의료협력 채널을 확보하기 위한 것이다. 이 밖에도 학교, 종합병원, 제조업체, 지역치과의사회 등 다양한 민간주도의 초청 연수 프로그램을 운영하고 있다. 카자흐스탄, 필리핀, 베트남, 태국, 몽골, 캄보디아, 라오스, 방글라데시에서 많은 치과의료인들이 참여해 오고 있다.

한국치과산업의 국제화

임플란트와 치과용 영상장비를 주요 품목으로 하는 한국의 치과재료 산업은 2010년 이후 매년 가파른 성장세를 기록하고 있다. 수입이 수출을 초과하는 일반 의료기기의 추세와는 반대로, 2016년 기준 수출량이 수입량을 거의 두 배 이상으로 초과하는 성과를 이루고 있다. 특히, 한국 치과 임플란트 산업의 세계진출은 괄목한 만한 성장을 이루고 있는데 2012년 국내 시장의 97.2%를 차지하여 내수시장을 평정하였다. 현재 치과 임플란트의 경우 전체 의료기기 시장 중 단일 품목 생산액 1위, 수출품목에서는 2위를 차지하고 있으며 매년 수출액이 20% 가량 성장하고 있다. 2019년 10월 30일에는 국회 정무위원회 장병완 의원이 '치의학 연구 개발 및 산업화 촉진' 법안을 발의하여 향후 지속적인 치과산업의 발전이 기대되고 있다. 이 효과로 인해 이제는 한국이 임플란트를 수입하는 국가에서 수출하는 국가로 위상을 바꾸고 되었고, 세계 시장을 선도하고 있다.

한국치의학의 국제리더십

돌이켜 보면, 눈부시게 발전한 한국 치의학의 현주소는 국제 교류와 협력을 통해 이루어졌다고 해도 과언이 아니다. 따라서 한국은 글로벌 리더의 일원으로서 아시아 등 다른 지역의 치의학과 구강 보건체계 발전을 견인해 나가야 할 책임을 지고 있다고 볼 수 있다. 이를 위해 민·관분야에서 다양한 준비와 활동이 필요한데, 지속적이며 능률적인 국제교류를 도모하려는 방안 모색이 필요하다. 현재, 국제치과교류학회에서는 많은 경험을 쌓은 치과 의료인을 중심으로 인맥 기반의 글로벌 봉사활동 참여 등을 격려하고 있으며, 한국보건산업진흥원 등은 외국 치과의사를 위한 정보 교류 및 개발에 참여하고 있다. 지역치과의사회와 외국치과의사회 간의 교류를 촉진하여 국제교류 활동을 촉진하는 것이 절실하며, 기존에 해 온

대로 FDI, WHO 등 국제 구강보건기구와 국제치의학 학회의 리더십 참여에 더욱 적극적일 필요가 있다. 이 밖에도 통일치의학협력센터에서는 미래의 남·북한 간 치의학 교류를 준비하기 위해 현재 필요한 연구를 수행하고 있다.

요약

20세기 초반, 우리나라에 현대 치의학이 전해진 이후 한국 치의학은 눈부신 발전을 이루었다. 21세기 현재 한국 사회의 발전과 국민들의 구강보건향상 욕구에 발맞춰 학술 및 진료 영역의 확대와 국민건강과 복지향상을 위한 홍보와 교육, 봉사활동에 박차를 가하였다. 국제적으로도 치과학술과 교육, 연구, 진료, 산업 분야에서 세계 최고 수준의 역량을 갖추고 있으며, 향후 국제치과사회를 선도하기 위해 모든 자원과 노력을 집중하고 있다.

13

치의학과 미래

치의학은 의학과 과학, 기술과 예술이 매우 밀접하게 연관된 학문이다. 그만큼 치과 분야의 진단과 치료는 4차례에 걸친 산업혁명이 이룩한 산업기술과 재료의 발달, 유통의 변화에 발맞춰 역동적으로 발전해왔다. 게다가 치과 분야는 미세한 감각과 기능을 재현하는 외과적 술식이 발달하여, 4차 산업혁명 이후에도 치과 의료인의 수요는 크게 줄지 않으리라고 예측된다. 하지만 미래 사회의 치과의료서비스는 과거와는 다른 환자의 고통과 대중의 욕구에 대응할 역량을 갖춰야 한다.

본 장에서는 먼저 4차 산업혁명과 치의학의 변화를 살펴본다. 비대면 네트워크와 인공지능을 활용한 치의학 교육과 의료서비스의 실태와 방향을 탐지한다. 디지털 치의학 분야에서는 디지털 장비의 활용이 임플란트 및 보철, 구강외과 분야의 진단과 진료에 어떤 영향을 끼치는지 구체적으로 살펴볼 것이다.

구강보건 리더십에서는 미래를 예측하고 준비하기 위해 치의학 역시를 배우고, 교육을 혁신할 방향을 알아본다. 생태와 사람 중심의 가치를 실현하기 위해 치과의료인이 갖춰야 할 역량과 치과의료인이 대중과 대등한 위치에서 비전과 전략을 공유하고 연대해야 하는 이유와 방법을 살펴볼 것이다.

4차 산업혁명과 치의학의 변화

치의학 분야의 진료기구와 기계는 18세기 이전에는 주로 시술자들이 고안하여 수공으로 제작하였다. 18세기 중반 이후인 1차 산업혁명 시기에는 열이나 힘을 가해 기계적으로 작동하는 주조기와 족답 엔진을 개발하였다. 19세기 말 2차 산업혁명 시기에는 전기 센서를 부착한 치과 유닛 체어와 공기의 압력으로 회전하는 고속엔진을 개발하여 생산력을 높였다. 치과의사는 진료업무를 치과기공사 및 치과위생사와 분업함으로써 일의 효율과 서비스의 질도 향상했다. 20세기 후반 컴퓨터를 활용한 3차 산업혁명으로 디지털 정보 처리 기술을 활용하게 되면서 이전보다 작업 방식이 쉽고 빠르게 자동화되었다. 정보전달과 통계처리도 빠르고 제품의 불량률도 적어졌다. 21세기 초반 4차 산업이 시작되면서 치과를 포함한 의료 분야는 의학 지식정보와 기술의 생산과 의료 전반에 패러다임 전환의 시대를 맞이하고 있다. 이 장에서는 4차 산업혁명이 치과의료에서 활용될 수 있는 영역과 최근 임상에서 활용하는 디지털 치의학의 개념과 작업 과정을 살펴보고자 한다. 이를 통해, 과연 4차 혁명이 치의학과 치과 의료를 어떻게 변화시키며, 삶의 질을 향상할 수 있는지 생각해 보자.

4차 산업혁명의 치의학적 활용

4차 산업혁명은 핵심 기술들이 융합되어 탄생한 초연결 사회를 말한다. 이것은 2016년 세계경제포럼(World Economic Forum)의 창시자인 클라우스 슈바프의 책에서 처음 기술되었다. 그동안 디지털과 물리공학, 생물학 분야에서 발달해 온 여러 핵심 기술들이 융합되어 모든 사물과 실제 생활을 초연결하고 초지능화하는 기술혁신이 이루어지기 시작했음을 선언한 것이다. 디지털 기술로는 데이터 분석, 인공지능, 사물 인터넷을 들 수 있다. 물리학 기술로는 로봇 공학, 무인 운송 수단, 3D 프린팅, 나노 기술이 있다. 생물학 기술로는 유전공학이나 바이오프린팅 같은 분야가 있다. 스마트 의료와 같이 사물 인터넷을 통하여 생산 기기와 생체정보와 의료정보 간 상호 소통 체계를 구축하고 전체 생산 과정의 최적화가 구축되었다. 이것은 산업계와 시장을 변화시키고 있으며, 치의학 분야에서도 큰 변화를 일으키고 있다.

원격치과의료

원격치과의료(Teledentistry)란 원격의료체계나 방법을 활용한 치과의료이다. 서로 떨어진 공간에서 컴퓨터, 화상통신, 커뮤니케이션 기술 등을 활용하여, 치과의료 관련 정보나 기술을 제공하거나 진단, 진료, 상담, 교육과 같은 의료서비스를 수행 또는 지원하는 것을 말한다. 원격치과의료의 효용성은 각국의 기술 및 보건의료상황에 따라 다를 수 있다. 한국은 대면 진료 중심의 병·의원에 빠르고 쉽게 접근할 수 있는 상황이라서, 진단과 치료과정이 안전하지 못할 수 있는 원격의료가 부적절하다는 대한의사협회 등의 주장이 있다.

한편 국제사회에서는 원격치과의료의 활성화 가능성에 주목하고 있다. 미국치과의사협회는 2015년부터 원격의료의 정의, 환자권리, 진료의 질 확보, 감독 기능, 면허, 보상, 기술적 고려점 등에 대한 정책자료를 제시하고 있다. 한국에서 원격치과의료가 발전할 가능성은 코로나바이러스감염증-19와 같은 언택트(untact) 요구 상황, 환자의 편의와 선호, 진료의 질 유지나 향상가능성, 환자와 치과의사 모두의 비용효과성 등에 의해 결정되게 될 것이다. 그러나, 4차 산업혁명의 국제적 추세와 일반인들의 선호도를 감안할 때에 현재와 다른 서비스제공의 형태가 요구될 가능성은 매우 크다고 볼 수 있다.

클라우드 컴퓨팅

환자와 관련된 모든 정보 데이터를 치과 컴퓨터의 하드 드라이브에 저장하는 대신 '클라우드(Cloud)'라고 알려진 온라인 네트워크상에 디지털로 저장하는 것을 말한다. 언제 어디서나 인터넷을 통해 쉽게 접근할 수 있고, 환자의 디지털 정보 데이터 저장을 중앙 집중화하여 데이터의 빠짐이나 분산이 없으며, 정전이나 기타 재해에도 안전하게 보관할 수 있다. 또한. 데이터 백업 및 소프트웨어 업데이트가 자동화되므로 비용이 절감된다.

인공지능

인공지능(Artificial intelligence, AI)은 인간의 학습 능력, 추론 능력, 자연 언어의 이해 능력 등을 컴퓨터 프로그램으로 실현한 기술을 말한다. 치의학 인공지능은 의미 있는 데이터 패턴을 인식하고 빅데이터의 사용과 클라우드 컴퓨팅 능력 등을 보유했다. 시스템에 입력된 정보와 알고리즘 및 통계분석에 따라 초기 진단 및 치료계획을 세우고, 단계별 의사 결정이나 예후를 예측하면서 치료과정을 모니터링하는 데도 도움을 주고 있다. 최근 유닛 체어에도 인공지능이 응용되어 음성 명령으로 작동되는 것도 있다. 유닛 체어가 환자 개개인의 체중, 활력 징후, 불안 등을 감지하고, 변이가 발견되면 술자에게 경고할 수 있는 날이 머지않았다. 영상치의학의 자동진단 분야에서는 빅 테이터와 딥러닝(deep learning)에서 선형 연산을 활용하여 시각 이미지를 분석하는 컨볼루션 신경망(convolutional

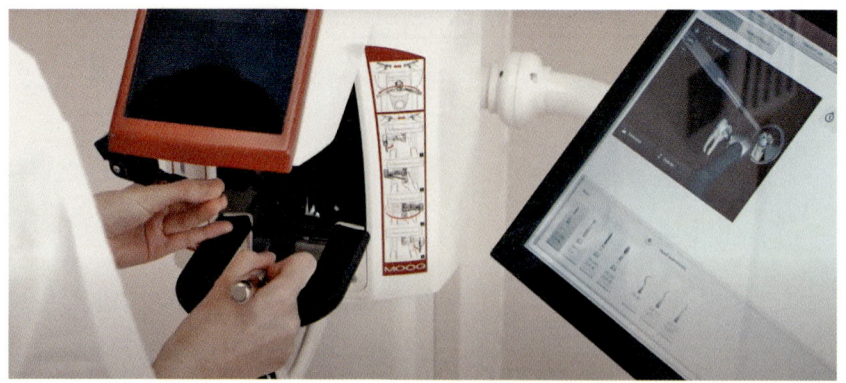

그림 1 가상현실교육프로그램(Simondont webpage, https://www.simodontdentaltrainer.com/product-presentation)

neural network)이 활발하게 연구되고 있다. 이미 상용화된 제품이 출시되고 있는 등 조만간 치의학의 다양한 분야에 적용될 것으로 기대된다.

증강현실과 가상현실

증강 현실과 가상현실(Augmented reality and virtual reality)이 최근 한국의 치과 교육계에도 도입되고 있다. 치과대학 학생들에 대한 교육과정 동안 환자에게 가해지는 위험한 요소를 제거하는 환경을 만들어 준다. 또한, 통합의학 언어시스템(Unified Medical Language System, UMLS)과 같은 지능형 과외 시스템과 인공지능이 통합되면서, 임상 전 단계 동안 가상 환자가 학생에게 제공하는 피드백 품질이 크게 개선되고 있다. 상호 작용의 환경으로 학생은 자신의 결과물을 평가하고, 이를 이상적인 것과 비교할 수 있어 수준 높은 훈련 환경을 만들어 주어, 기존의 시뮬레이터 장치보다 더 빠른 속도로 역량에 기반을 둔 기술 수준을 달성하게 하고 있다.

디지털 치의학

디지털 치의학은 컴퓨터를 활용하거나 디지털 방식으로 제어되는 구성 요소를 통합하는 치과 기술 또는 장치로 정의할 수 있다. 치의학 분야도 디지털화되면서 비용과 시간이 절감되고, 작업의 정확성이 향상되었으며, 치료 결과에 대한 예측 가능성도 커지고 있다.

전자의무기록의 디지털화

치의학의 디지털화에 가장 큰 영향을 미친 것 중의 하나가 바로 전자의무기록(Electronic Medical Record, EMR) 시스템이다. 이 시스템은 과거 종이에 하는 의무 기록과는 달리 보관과 관리가 편리하며, 종이 쾌도를 보관하는데 필요한 비용도 크게 절감할 수 있다. 사진이나 방사선 사진과 같은 영상 데이터도 삽입할 수 있으며, 보험 청구 프로그램과 연동되어 있어 편리하다. 1991년 미국의학회가 컴퓨터 기반 환자 기록(Computer-based patient records)이라는 보고서를 작성함으로써 의무기록의 전산화가 본격적으로 논의되기 시작하였다. 우리나라에서는 2000년대 초 대학병원에서 도입되어 부분적으로 활용되기 시작하였다. 2015년도 현재 전자의무기록 보급률은 71.3%이며, 이중 상급 종합병원에서는 100%, 종합병원에서는 90.6%, 병원은 75.9%, 의원의 경우 61.4%가 도입되었다.

3D 프린터

3D 프린터는 기존 일반적으로 사용하던 2D 프린터에 앞, 뒤, 높이 또는 깊이를 더해 공간의 사물을 출력하는 것으로 1984년에 미국의 척 헐(Chuck Hull)이 처음 소개했다. 3D 프린터는 효율성과 경제성, 접근성, 재현성, 속도, 정확성을 인정받아 치의학의 여러 분야에 사용되고 있다.

현재 보철용 모형과 교정용 모형, 임시 치아, 인상용 트레이, 의치상 베이스, 주조용 모형, 서지컬 가이드, 투명 교정장치 제작에 활발히 활용되고 있으며, 양악수술이나 악안면 수술을 위한 두개골 모형 제작에도 사용되고 있다. 이 외에도 스프린트, 이갈이 및 코골이 장치의 디자인에도 사용된다. 또한, 방사선 사진, MRI 또는 CT 파일을 표준 테셀레이션 언어(Standard Tessellation Language, 이하 STL) 파일로 변환하는 것이 가능해지면서 간단하거나 복잡한 형태의 맞춤형 임플란트 제작도 가능해졌다. 가장 혁신적인 응용 분야는 바이오프린팅으로 살아있는 조직과 심지어 장기까지도 연속적인 얇은 세포층으로 만들 수 있다. 향후 병적 또는 우발적 이유로 인해 손실된 경조직과 연조직을 재건하는데에도 사용될 것이다.

캐드/캠

치의학에서 캐드/캠(CAD/CAM, Computer Aided Design/Computer Aided Manufacture)은 1971년 프랑스 듀레(Duret)의 연구로부터 시작되었다. 전통적인 아날로그 보철물 제작과정을 완전히 디지털화한 시기는 구강 스캐너를 이용한 4세대 시스템에서 완성되었다. 우리나라에서는 2000년대부터 해외를 통해 캐드/캠에 대한 정보가 들어오기 시작했으며, 외국 제품 일부가 국내에 수입되기 시작하였다. 이때는 치과보다는 치과기공소를 중심으로 관심을 가져 캐드/캠 시스템이 도입되기 시작하였는데, 초창기에는 장비가 크고, 고가여서 경제적 효용성이 낮았다. 2010년부터 활발히 보급되기 시작하였다. 2020년 국내 치과기공소는 약 60%에 근접한 캐드/캠 보급률을 이루고 있는 것으로 추정된다.

디지털 치과 임플란트, 틀니, 구강외과 시술

구강 스캐너

구강 스캐너(Intraoral Scanner)의 등장은 보철 분야를 혁신할 수 있게 했다. 디지털 인상은 환자의 입안에 인상재가 담긴 트레이를 넣고 본 뜨기를 하는 것보다 환자의 불편감도 적고, 빠르고 정확하다. 석고 모형 제작 같은 기공 과정을 생략하여,

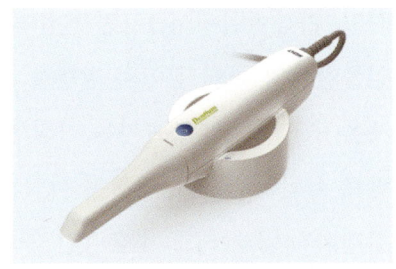

그림 2 구강 스캐너의 예 i-500(덴티움 홈페이지)

오류도 대폭 줄여준다. 구강 스캐너는 캡쳐에서 동영상 방식으로, 흑백 저장에서 컬러 저장으로, 크기는 점차 작게, 속도는 점차 빠르게 변화하였다. 최근에는 인공지능이 치과의사가 디지털 인상 채득하는 과정을 이상적으로 안내해 준다.

캐드/캠

치과 임플란트를 시술하기 전에 캐드/캠을 통해 가상의 보철 치료계획을 세우고, 수술 전에 맞춤형 지대주와 크라운 등의 보철물을 제작한 후 시술 후 바로 보철물을 장착하는 것은 가능하다. 또 환자가 원하는 가상 미소 디자인을 기초로. 디지털 3차원 워크플로우에 2차원 미소 설계를 통합하는 등 다양한 변이가 가능하다. 디지털 얼굴 스캔과 미소 디자인을 통합하고, 구강 내 스캐너를 사용한 3차원 진단 후속 조치와 같은 새로운 기술도 있다.

인공지능 소프트웨어

디지털 치과 임플란트용 인공지능 소프트웨어는 콘빔 CT를 통해 얻은 3차원 입체 영상을 바탕으로 환자의 해부학적 정보와 골질과 골양을 분석하고, 가상현실에서 3차원 시뮬레이션으로 수술 전 세부사항을 점검하고 임플란트의 식립 깊이와 방향을 조절하여 최적의 임플란트 식립 계획을 세울 수 있게 한다. 술자는 가상현실에서 여러 술식을 체험해본 후, 임플란트 식립 계획을 조정하여 서지컬 가이드에 옮길 수 있다. 또한, 잇몸을 절개하지 않는 최소 침습적인 수술이 가능하여 술 후 부작용을 최소화하며, 임플란트 시술 후 바로 보철물까지 장착할 수 있게 한다.

디지털 치과 임플란트의 워크플로우

치과 임플란트에서도 컴퓨터를 기반으로 한 발전과 제조 기술의 혁신이 작업 절차를 바꾸고 있다. 구강 스캐너 또는 모델 스캐너를 이용한 디지털 인상 채득, 소프트웨어를 이용한 보철물의 설계, 밀링 머신을 이용한 보철물 제작과 같은 일련의 디지털 워크플로우(Workflow)를 의미한다. 전통적인 워크플로우는 수작업을 통해 치아 배열을 한 후 방사선 사

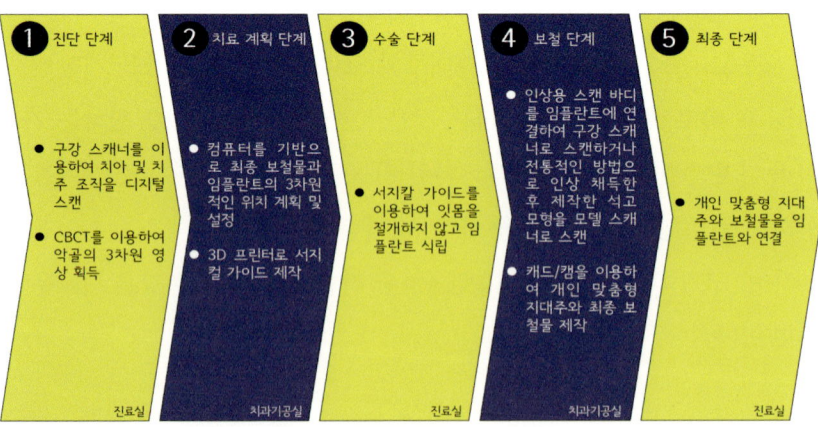

그림 3 디지털 치과 임플란트의 업무 절차 도해(김성훈 치과보철과 치과의원 제공)

진용 템플레이트와 수술용 템플레이트를 제작하는 것이다. 그러나, 디지털 워크플로우에서는 모니터 상에 가상적으로 설계된 보철 셋업 위에 디지털로 임플란트 서지컬 가이드를 제작할 수 있으며, 과정도 훨씬 단순하고 정확해졌다. 임플란트에서의 디지털 워크플로우는 다음과 같다.

과정 1: 진단 단계

치아와 치아가 빠진 부분을 구강 스캐너로 스캔하여 고해상도의 STL 파일을 생성한다. 또한, 콘빔 CT를 이용하여 환자 악골의 3차원 영상 의료용 디지털 영상 및 통신 표준(Digital Imaging and Communications in Medicine, 이하 DICOM) 파일로 취득한다.

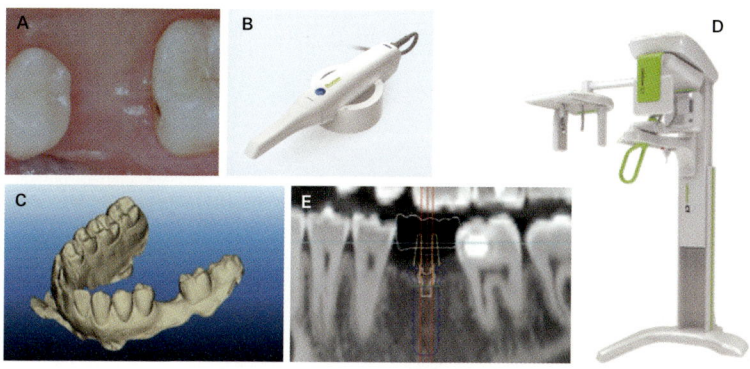

그림 4 치아(A)를 구강 스캐너(B)로 스캔한 사진(C). 콘빔 CT(D)로 만든 3차원 영상(E)
(Digital implant dentistry – a workflow in five steps. Tim Joda and Daniel Buser [Switzerland])

과정 2: 치료계획 단계

STL 파일과 DICOM 파일을 임플란트 진단용 소프트웨어로 전송하여, 보철물을 가상적으로 설계하고 이 보철물과 개인의 악골 상태에 적합한 임플란트의 위치를 3차원적으로 설정하고 수술을 위한 서지컬 가이드를 설계한다. 설계가 끝나면 3D 프린터를 이용하여 서지컬 가이드를 제작한다.

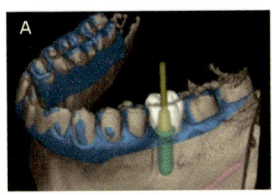 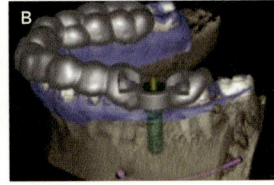 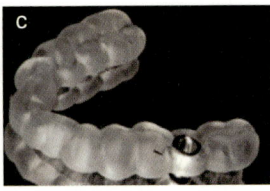

그림 5 (A) 3차원적 임플란트 위치 설정, (B) 가상 서지컬 가이드 제작, (C) 3D 프린터를 통한 서지컬 가이드 제작(Digital implant dentistry - a workflow in five steps. Tim Joda and Daniel Buser [Switzerland])

과정 3: 수술 단계

임플란트 식립 전 서지컬 가이드를 입안에 적합해서 정확한지 검사한다. 임플란트 식립할 때는 서지컬 가이드에 적합한 전용 드릴을 이용한다. 수술할 부분에 마취하고, 잇몸을 절개하지 않은 상태에서 전용 드릴을 차례대로 사용하여 뼛속에 구멍을 형성한다. 계획한 지름과 길이의 임플란트를 최종 식립한다.

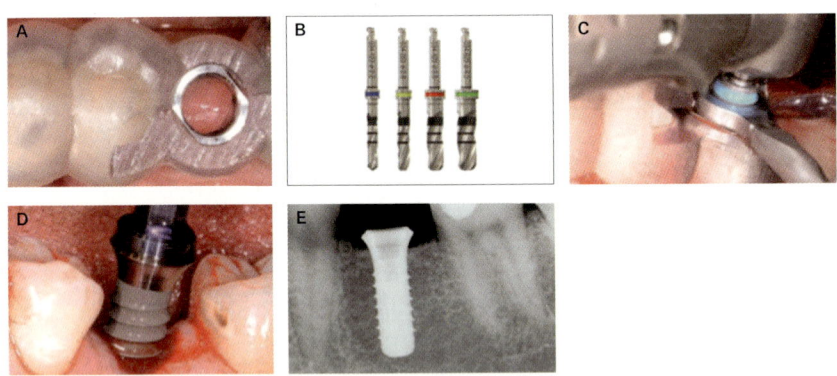

그림 6 (A) 서지컬 가이드 위치, (B) 전용 드릴, (C) 뼈에 구멍 생성, (D, E) 임플란트 식립 (Digital implant dentistry - a workflow in five steps. Tim Joda and Daniel Buser [Switzerland])

과정 4: 보철 단계

인상용 스캔 바디를 임플란트에 연결하여 구강 스캐너를 이용하여 광

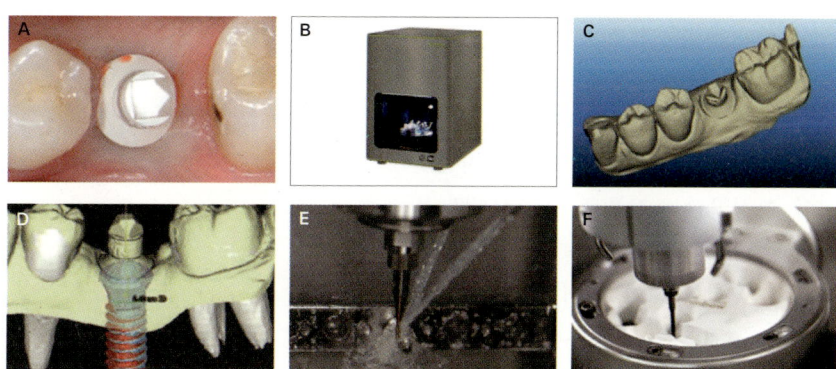

그림 7 (A) 인상용 스캔 바디. (B) 모델 스캐너, (C) 생성된 STL 파일, (D) 최종 수정, (E) CAD/CAM 장비, (F) 보철물 설계, 제작(Digital implant dentistry – a workflow in five steps. Tim Joda and Daniel Buser [Switzerland])

학 인상을 채득한다. 인상용 스캔 바디가 없으면 전통적인 방법으로 고무 인상재를 이용하여 인상을 채득하고 석고 모형을 만든다. 제작된 석고 모형은 치과기공실에서 모델 스캐너로 스캔하여 STL 파일로 만든다. 구강 스캐너 또는 모델 스캐너로 생성된 STL 파일을 보철물 설계용 소프트웨어로 전송한다. 진단 단계에서 계획한 임플란트의 위치와 비교하여 최종 수정한다. CAD/CAM 장비를 이용하여 환자의 석고 모형이 없는 상태에서 티타늄 지대주와 지르코니아 보철물을 설계하고 제작한다.

과정 5: 최종 단계

최종 보철물을 최소한의 조정을 통하여 임플란트에 장착한다. 이렇게 제작되어 환자에게 연결된 보철물은 추후 정기적인 콘빔 CT를 이용하여 3차원 영상을 획득한 후 서로 중첩하여 시간에 따른 주변 조직의 변화를 살펴볼 수도 있다.

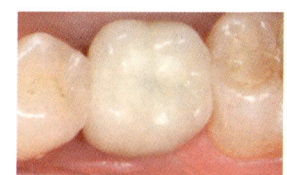

그림 8 최종 보철물 장착(Digital implant dentistry – a workflow in five steps. Tim Joda and Daniel Buser [Switzerland])

Episode 디지털화 함으로 진료 스트레스 감소

치과기공소에서 제작하는 기공물의 수준은 치과기공사의 손재주에 따라 천차만별이다. 부정확한 보철물로 인해 환자와 분쟁이 발생하면, 그에 따른 치과의사의 스트레스가 엄청나다. 치과기공소에 지속해서 요구하여 기공물의 수준이 높아졌다 할지라도 시간이 지나면 또다시 같은 문제점이 반복되기도 한다. 그러나 구강 스캐너를 사용하면 석고 모형이 필요 없다. 또한,

그림 9 석고 모형 위에서 손으로 보철물을 제작하는 과정

CAD/CAM 장비는 보철물의 형태를 자유자재로 변형하여 치료자가 원하는 형태로 제작할 수 있어 속이 시원하고, 거의 일정한 수준의 보철물 제작이 가능하다. 이러한 이유로 부정확한 보철물로 인한 진료 스트레스가 거의 사라졌다는 것이 대부분의 사용 후기이다. 치과기공소 내 치과기공사의 취업과 이직이 많은 가운데 손으로 제작하는 보철물(<그림 9>)의 불규칙한 결과물보다는 CAD/CAM 장비(<그림 7-E>)로 빠르게 제작되고 균일한 양질의 보철물로 인한 진료 수준의 향상은 많은 치과의사의 디지털 장비 구매를 유도하고 있다.

그러나 디지털 시스템 도입 후 최종 결과물을 치료자가 원하는 수준으로 얻는데 상당한 시간이 필요하므로 많은 노력과 열정이 필요하다. 디지털 장비나 소프트웨어가 모든 문제를 자동으로 해결해 주는 것이 아니므로 이에 대한 임상적인 기술도 발전시켜 나가야 한다. 그렇지 않으면 마치 운전을 잘 못하는 사람이 아주 비싼 고급 외제 승용차를 구매하여 세워두는 것과 마찬가지라고 한다. 그래서 어떤 치과의사는 구매 후 수개월 동안 집에 새벽에 들어갔다거나, 사용 방법을 독학으로 힘들게 습득했다며 과거를 회상하면 눈물이 난다는 이야기도 한다. 그런데도, 사용자 대부분은 시간이 지날수록 조금씩 재미가 붙기 시작하면서 진료 스트레스를 줄여주는 디지털 매력에 푹 빠져 산다고 말한다.

전통적 틀니의 장비와 디지털 틀니의 워크플로우

전통적인 틀니의 제작과정과 2020년 현재 디지털 기술을 이용한 방법을 비교하면 다음과 같다. 먼저, 전통적 방식은 치조제와 치아의 형태에 맞게 선정한 트레이(tray)의 내부에 인상재를 담아서 환자의 구강에 넣어 인상을 채득하며, 이를 기반으로 인공 잇몸부에 대한 모형을 제작한다. 이와 달리 디지털 기술인 구강스캐너로 스캐닝하면 인상 채득을 생략할 수 있다. 대신 환자의 구강 내부를 디지털 정보로 만든 후, 소프트웨어 상에서 획득된 이미지를 기반으로 틀니를 설계한다. 다음 과정은 전통적인 방식으로는 기공소에서 파라핀 왁스에 인공치아를 배열하는 시적 의치의 제작인데, 이 또한 디지털화되었다. 틀니의 제작 또한 전통적으로 사용해온 왁스소부법(lost-wax technique)을 통한 주조나 도재치아축성, 시

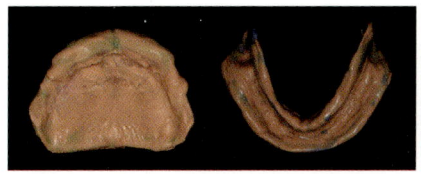

그림 10 내원 초기 디지털 스캐닝을 이용한 인상 채득(경희대학교치과병원 보철과)

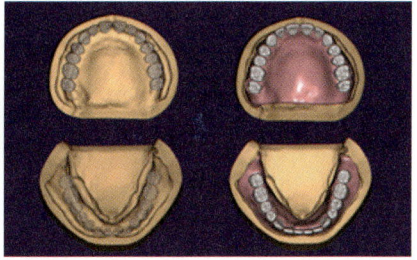

그림 11 틀니 제작을 위한 인상 채득과 디지털 상악잇몸부 모형(Fernando Zarone et al. Materials 2020, 13(3), 515)

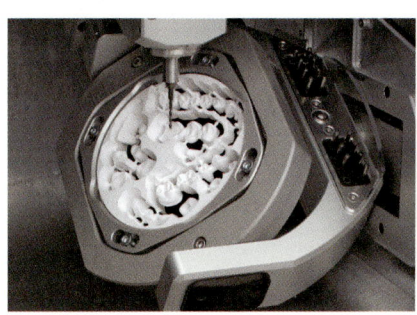

그림 12 밀링기계에서 보철물제작
(https://www.medicalexpo.com/prod/zirkonzahn/product-74646-793644.html)

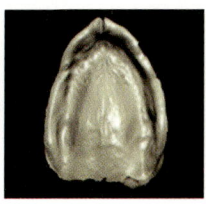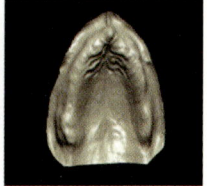

그림 13 컴퓨터소프트웨어 상 틀니설계
(경희대학교치과병원 보철과)

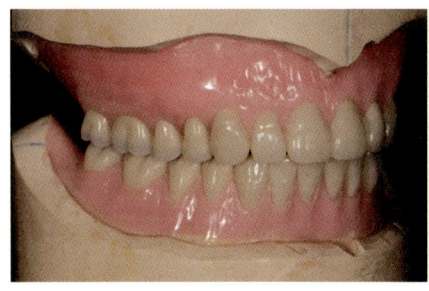

그림 14 디지털 CAD software를 이용해 제작한 틀니(경희대학교치과병원 보철과)

적의치 등의 기공사 의존적인 방식에서 벗어나 디지털 장비들을 활용해 보다 더 일관된 결과물을 얻을 수 있게 되었다. 치과기공사의 수작업으로 진행되었던 시적 의치 제작이 이제는 디지털 기술로 가능해진 것이다. 이렇듯 틀니 제작의 디지털화는 기공사의 능력에 따라 결과가 달라지던 과거의 방법과 달리, 예측 가능한 기공물의 제작을 가능하게 하였다.

구강악안면외과수술 – 3D 진단, 가상수술, Robotic, Navigation, 인공지능을 망라한 미래수술

세계 의료와 헬스케어 산업의 첨단 기술 혁명과 함께 구강악안면외과 수술 영역에서도 첨단기술이 적용되고 있다. 3D 프린팅, 가상현실(VR), 인공지능(AI)등 최근 몇 년 사이에 크게 주목받는 신기술들이 사람의 생명을 살리고 수명을 늘리는 새로운 길을 제시하고 있기 때문이다.

구강악안면외과 수술은 악안면외상, 악안면기형, 두경부 종양 등 다양한 질환과 장애에 적용되어 왔다. 악안면 영역의 복잡성, 특수성과 술자의 경험에 전적으로 의존하던 과거의 전통적인 수술법으로 인해 어려움을 겪던 과거에 비교해, 최근 컴퓨터 기술의 비약적인 발달과 함께 가상 모의 수술 및 진단, 네비게이션 수술 등이 가능하게 되었고, 이로 인하여 구강악안면외과 의사들은 수술의 정밀성과 안정성을 확보할 수 있게 되었다.

가상 수술 진단 및 계획에 따른 맞춤형 재건

가상 수술 진단 및 계획은 수술 개요 중 특히 상악동 및 하치조 신경과 같은 구강악안면외과 의사에게 중요한 해부학적 구조에 관한 상세한 정보를 제공할 수 있으므로 구강악안면외과 수술에서 일상적인 절차로 변모되고 있다. 평면적 데이터가 재구성된 3차원 데이터로 기하학적 측정, 골밀도 분석, 절단 경로 결정, 드릴링 궤적 설계, 골절단 시뮬레이션 및 골편의 위치 조정 등 수술 전 계획을 수행할 수 있다.

예를 들어, 술자는 CT 촬영으로 2D dicom data를 얻어 단면을 3차원으로 재구성하여 3D프린팅을 한다. 이로써, 3차원적으로 재구성한 실제 환자의 술부에 모의 수술을 사전에 시행할 수 있어 수술 시간은 짧아지고 오진과 출혈, 의료사고의 위험이 낮아지며 환자의 고통을 최소화 할 수 있게 된다. 일례로 환자의 안면골과 종아리뼈가 기존에 촬영한 CT를 통하여 3차원적으로 재구성되며, 종양과 중요 혈관과 같은 중요한 해부학적 구조물에 대한 분절화 작업이 이루어진다. 이 데이터들을 기반으로 모의 수술상에서 최소 침습적인 종양의 절제, 맞춤형 재건이 이루어질 수 있다.

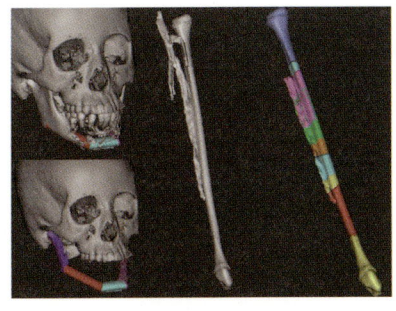

그림 15 구강악안면외과의 3D 진단
(연세대학교 치과대학병원 구강악안면외과)

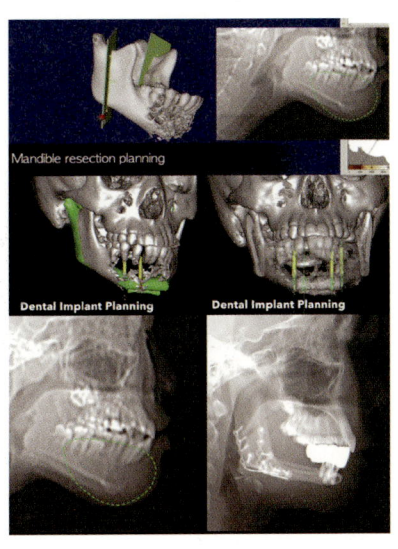

그림 16 가상수술 및 네비게이션을 이용한 악성종양절제와 하악골재건 및 임플란트 첨단수술
(연세대학교 치과대학병원 구강악안면외과)

증강현실/가상현실(AR/VR) 기기의 도입

증강현실(AR) 기기를 사용할 때 실물과 컴퓨터상에서 생성된 가상의 물체가 함께 표시된다. 많은 연구자가 AR에 기반을 둔 수술 항법 시스템 개발에 주력하고 있는데, 구강악안면외과 분야에서도 몇 가지 선행 연구(pilot study)가 보고되고 있다. 예를 들어, 바다 알리(Badiali) 연구진은 수술 의사가 머리에 착용할 수 있는 증강 현실 정보 제공시스템을 소개한 바 있다. AR 지원 상태에서 진행한 턱 교정 수술에서 절단된 상악골의 위치를 조정하는 동안 가상수술 계획이 실제 환자에게 중첩되었고, 수술에 큰 도움이 되었다. 바히(Vigh)와 연구진은 AR 헤드에 장착된 디스플레이 또는 모니터를 시각화 장치로 사용하여 구강 내 임플란트를 식립하였는데, 정밀도가 네비게이션 시스템(수술 전 항법 시스템)과 크게 다르지 않음을 입증했다. 하지만 어디까지나 시뮬레이션의 세계이기 때문에 실제 임상에 적용하기 위해서는 정확성과 안정성에 대한 검증이 필수적이며, 하드웨어 장치도 더욱 편리하게 착용할 수 있도록 개선할 필요가 있다.

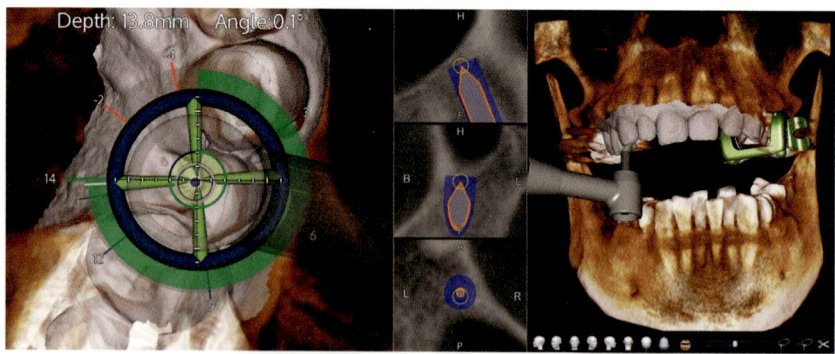

그림 17 The use of a head-mounted display in oral implantology: a feasibility study Vigh, B., M ller, S., Ristow, O. et al. The use of a head-mounted display in oral implantology: a feasibility study(Int J CARS 9, 71-78(2014). https://doi.org/10.1007/s11548-013-0912-9)

네비게이션 수술

네비게이션(수술 전 항법)시스템은 수술 전 계획을 실제 수술 현장에 정확하게 구현하기 위해 1990년대부터 구강악안면외과 영역에서 활용되고 있다. 2D 및 3D 영상 렌더링(Rendering)의 대화형 안내에 따라 중요한 구조를 손상하지 않고 수술을 할 수 있다. 추적 시스템은 네비게이션 센서의 특성에 따라 3가지 범주인 적외선(광학 활성 및 수동), 전자기, 초음파로 분류할 수 있다. 이 중 적외선 추적 장치가 0.1~0.4mm의 범위에서 기술적 정밀도가 높아 가장 많이 사용된다. 하지만 네비게이션 하에서도 술자의 실수는 발생할 수 있다. 실제 임상에 광범위하게 적용하기 위해서는 더 높은 정확도가 요구되므로 추가적인 개발과 검증이 필요하다.

외과용 로봇

외과용 로봇은 외과 의사들의 복잡한 수술 절차를 돕기 위해 많은 연구가 진행되는 영역이다. 대부분은 복강경 수술이나 내시경 수술 분야에 응용되고 있다. 최근 구강악안면외과 영역에서도 로봇 수술 시스템을 도입하여 두경부 암 치료에 사용되는 수술 기법의 변화가 생겼다. 현재 경구(입으로 들어가는) 로봇 수술(Trans-oral robotic surgery, TORS), 로봇 보조 경부곽청술(RAND)을 통해 일차 종양과 경부 임파절 절제에 모두 적용할 수 있게 되었으며, 향후 보다 다양한 구강악안면외과 수술에의 적용이 이루어질 전망이다.

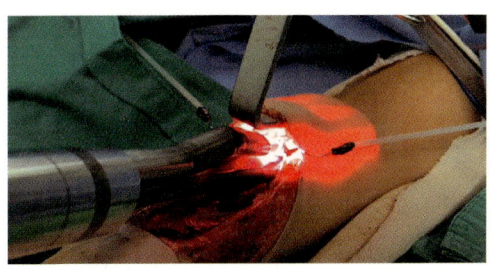

그림 18 구강악안면외과의 로봇을 이용한 전완요골피판 첨단수술(연세대학교 치과대학병원 구강악안면외과)

인공지능

의료 분야에서의 인공지능은 기존 자원 소모에 대한 부담을 덜어주고, 의사와 환자의 교류 시간을 유연하게 조절하며, 맞춤형 치료법 개발에 도움을 줄 것이다. 의료 데이터에 대한 해석은 의료 전문가에 의해 이루어지고 있는데. 사람에 의한 이미지 해석의 주관성, 이미지의 복잡성, 서로 다른 해석자에 걸친 다양성, 피로 등으로 인해 제한적인 면이 있다. 다른 분야에서 딥러닝(deep learning)이 많은 성공 사례를 보인 후. 의료 영상 및 데이터에 대한 인공지능 딥러닝의 적용 연구가 이루어지고 있으며 진단을 비롯한 실제 임상에서의 적용이 기대되고 있다. 구강악안면외과 분야의 연구에서도 인공지능으로 구강암의 예후인자 예측, 파노라마 사진을 기반으로 한 종양의 유무와 분류 예측에 대한 유의미한 연구결과가 발표된 바 있다. VR×AR 기술과 3D printing, 그리고 AI의 만남을 통해 구강악안면외과학은 퀀텀 점프를 앞두고 있다.

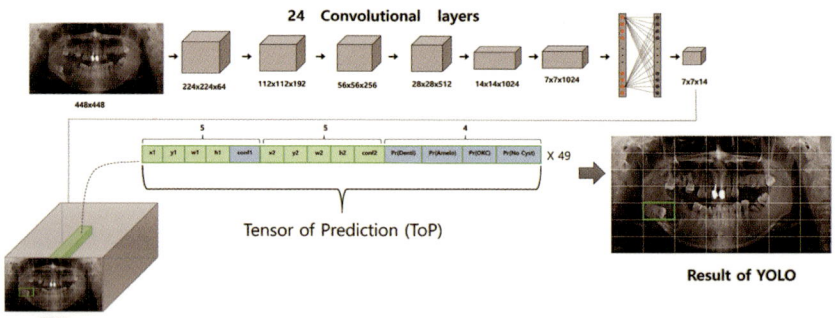

그림 19 파노라마 방사선 사진에서 악골 낭종과 종양을 진단하는 딥러닝 모식도(Deep Learning for Automated Detection of Cyst and Tumors of the Jaw in Panoramic Radiographs. J. Clin. Med. 2020, 9,1839.)

미래

분명히, 다음 수년 동안 치의학에 진정으로 영향을 미치는 인공지능의 응용이 빠르게 확산될 것이다. 10년에서 15년 후에는 인공지능 기반 기술의 활용이 보편화 될 것이다. 향후, 우리는 골 손실과 골밀도 변화를 조기에 발견할 수 있게 하며, 잇몸병의 진단 및 치료계획을 세우는 데 도움을 주는 심층 학습 영상 분석 도구의 출현을 예측할 수 있다. 또한, 임플란트 치의학에서 임플란트 주위염의 발견과 조기 치료가 가능할 것이다. 치과 교정학에서는 치아 이동을 위한 보다 정교한 예측 모델은 디지털 치료계획을 발전시킬 것이다.

바이오프린팅 분야의 발전으로 손실된 경조직과 연조직을 재건하는 데 사용될 것이다. 심층 학습 영상 분석을 구강암에 적용해서 암의 조기 발견과 생명을 구할 수 있는 보다 정확한 진단을 할 수 있다. 또한, 임상 의사 결정을 위한 더 많은 데이터 포인트를 제공함으로써 우리를 더 나은 치과의사로 업그레이드 해줄 것이 확실하다. 이처럼, 급속히 변화되는 환경에 적응하지 않거나 치의학 분야에 도입되는 4차 산업 혁명의 기술을 받아들이지 않는다면 경쟁에서 뒤처질 것이다. 그리고 또 다른 미래 혁명에 대한 준비에도 최선을 다해야 할 것이다.

치의학의 미래와 구강보건 리더십

치의학은 역사와 문화의 흐름 속에서 끊임없이 진화해 왔고 진화해 갈 실천 영역이다. 치의학의 미래가 될 변화의 흐름을 제대로 읽어내기 위해서는 어떻게 해야 할까? 먼저 치과의 역사를 이해해야 안목이 생긴다. 현재의 치과의료가 당면한 문제를 풀기 위해서, 새로운 시선으로 바라보고

그림 20 치의학의 미래와 구강보건리더십 유튜브(https://www.youtube.com/watch?v=9FbcS_e1_4E)

접근하는 것이 필요하다. 미래를 준비하기 위한 사고의 전환과 교육의 변화, 구강보건 리더십에 대해 우리는 같이 생각하고 답해야 한다.

치과의사의 변화, 내가 흐르지 않으면 시간도 흐르지 않는다.

모든 역사가 그렇듯이 치의학의 역사와 현실에도 절대적 필연과 완전한 우연은 없다. 그러나 지나온 길을 되돌아보면 앞으로 나아갈 길을 얼마간 예측할 수 있듯이, 치의학의 역사를 성찰하면 미래를 내다보며 준비할 통찰을 얻을 수 있다. 학문과 제도로서의 치의학은 길게는 300년, 짧게는 100년 전에 이발업과 외과로부터 분리 독립되었다. 물론 우리가 지금 치과 의술이라고 부를 수 있는 행위가 역사에 기록된 시기는 이보다 훨씬 앞서지만, 학문과 제도로서의 치의학과 치과의사의 뿌리는 그다지 깊지 않다는 말이다. 치의학의 미래를 설계하려면 반드시 이렇게 취약한 뿌리를 분석하고 성찰해야 한다.

치의학은 유럽에서 그 과학적 토대가 형성되었으나 미국으로 건너가 상업적으로 성공한 다음 제도로 정착된 학문이며 제도다. 이후 전 세계 많은 나라에 이식되기에 이른다. 하지만 이와는 조금 다른 길을 걸은 역사도 있다. 소련을 중심으로 한 구공산권 국가들은 치의학을 의학의 한 분과로 취급해 구강학(stomatology)이라 불렀다. 분리 독립의 원산지인 미국에서조차 치의학이 다시 의학의 본류에 합류해야 한다는 구강학 운동이 있었던 사실에 비춰 볼 때, 그리고 아직도 일부 치과대학이 의과와의 혼합이라는 지향을 버리지 않고 있는 것을 볼 때, 분리 독립의 과학적 정당성이 그다지 확고하지는 않은 것으로 보인다. 치의학의 미래를 설계함에 있어 의학 본류와의 관계를 재설정하는 작업이 꼭 필요한 이유다.

치의학의 역사는 치과의사라는 직업의 역사이기도 하다. 그래서 근대 치의학의 역사가 독립된 교과서와 잡지의 발간과 함께 치과의사를 길러내는 독립된 치과대학으로부터 시작하는 것이다. 여기서 학문과 직업은 분리되지 않는다. 치과의사라는 직업이 분리 독립된 것은 치의학이라는 학문의 성격이 의학과 크게 달라서라기보다는 그런 직업을 가지는 것이 여러 가지로 유리했기 때문이라고 보는 것이 합리적이다. 1928년에 발표된 가이스 보고서는, 북미 모든 의과대학의 교육과정을 조사한 플렉스너 보고서(1910)의 선례를 따라 과학을 치의학의 필수적 기초로 삼기 위해 기획된 것이었다. 학문이 분리되고 거기에 합당한 직업이 만들어진 것이 아니라, 직업이 분리되고 그것을 합리화하기 위한 학문의 구조가 형성된 것이다. 치의학과 치과의사의 역사를 질병 관리체계의 진보와 발전으로만 보는 역사관으로는 이렇게 복잡한 상호 작용을 보기 어렵다. 상업적 이익을 얻으려는 인간의 기본적 욕망을 배제하고는 치의학의 역사를 이해할 수 없다는 것이다. 치과의료윤리와 관련된 사례 대부분은 이런 욕망을 중심으로 전개되고 있음을 어렵지 않게 확인할 수 있다. 자본주의 체계가 유지되는 한 치과의료가 이런 욕망의 구조에서 벗어날 가능성도 거의 없어 보인다. 따라서 상업적 욕망은 우리가 미래를 설계할 때도 중요한 고려사항이 되어야 한다. 욕망을 무조건 긍정하자는 것이 아니라 그 동력을 긍정적 방향으로 이끌 수 있어야 한다는 것이다.

결국, 이 모든 역사적 과정의 배후에는 세상을 살아가는 인간의 삶과 욕망과 노력이 있음을 알 수 있다. 그러니 치의학이라는 학문과 치과의사라는 직업의 미래를 생각할 때에도, 그 학문과 직업의 주체인 우리와 우리가 돌보는 환자들의 고통과 욕망과 삶이 그 중심에 있어야 한다. 인간을 잃어버린 학문과 직업은 공허할 것이기 때문이다. 따라서 인간에 대한 배움인 인문학은 합리적 이성으로 만들어진 학문과 직업을 꾸미는 장식품이 아니라 학문과 직업을 아우르는 가치와 의미 그리고 조직 원리가 되어야 한다. 우리가 미래를 상상하거나 설계할 때도 이런 원칙은 지켜져야 한다. 하지만 여기서 인간을 고정된 실체로 여겨서는 아무것도 할 수 있는 것이 없다. 200년 전의 치의학이 지금의 그것과 다르듯이, 100년 전의 치과의사라는 직업 조직도 지금과는 크게 달랐다. 마찬가지로 200년 전이나 100년 전에 살았던 치과의사와 환자의 삶은 지금과 다를 수밖에 없다. 미래 또한 그렇다. 역사를 공부한다는 것은 그 삶의 흐름을 파악하고 새로운 흐름을 만들어내는 것이기도 하다. 아불류시불류(我不流時不流), 내가 흐르지 않으면 시간도 흐르지 않는다.

치의학술과 시장의 변화, 흐름과 막힘

과거를 통해 현재를 아는 것은 미래를 준비하는 것이기도 하다. 하지만 현재에 만족하여 그 현실을 문제로 인식하지 못한다면 지금과 다른 미래는 없을 것이다. 우리 대학의 문제가 무엇이냐는 질문에 대한 어떤 치과대학생의 답변이 정확히 핵심은 짚고 있다. "문제를 문제라고 말하면 그것이 문제가 되는 것이 바로 우리들의 문제입니다!"

미래를 준비하기 위해서는 먼저 문제를 문제로 인식하는 것에서 시작해야 한다. 그것은 미래로의 흐름이 어디에서 막혀 있는지를 아는 것이다. 현재를 문제로 인식한다는 것은 과거와는 다른 관점과 시선으로 현실을 바라보는 것이다. 의학과 치의학 교육의 개혁에서 그렇게도 비판적 사유

(critical thinking)를 강조하는 것도 그 때문이다. 하지만 이 말을 뒤집으면, 현실을 바꾸기가 그만큼 어렵다는 말이 된다. 치의학의 역사에서 다양한 이해 당사자들 사이의 갈등에서 빚어진 스캔들을 읽어내지 않고, 성공한 직업전문화(professionalization)의 서사만을 읽는다면 변해야 할 이유가 전혀 없기 때문이다. 미래를 준비하는 것은 새로운 시선으로 문제를 바라보는 것이며 지금까지와는 다른 서사의 주인공이 되는 것이다.

20세기 최고의 천재과학자 아인슈타인은 "어떤 문제에 대한 해결책은 그 문제를 만든 사유 양식 속에 머무르는 한 절대 나오지 않는다"라고 했다. 고전물리학의 사유 양식 속에서는 상대성 이론이 나올 수 없었을 것이다. 지금의 치의학과 치과의사는 시장을 떠돌던 돌팔이에서 과학의 권위를 입은 전문직으로 성장하는 데 성공했다. 하지만 그런 성공의 서사가 미래에도 그대로 이어질 것이란 보장은 없다. 직업전문화를 이끈 사유의 양식은 인간의 이성을 중심으로 하는 합리성이지만, 지금은 알파고가 이세돌을 이기는 초합리성의 시대이기 때문이다. 그러므로 미래로의 흐름을 가로막는 것이 무엇인지 찾아내기 위해서는 먼저 합리성이라는 강력한 사유의 틀에서 잠시나마 벗어날 필요가 있다.

기계적 환원과 생태적 전환

전 세계를 강타한 코로나바이러스감염증-19(이하 코로나 19)는 기계적 합리성에 매몰되어 있던 삶의 규범을 크게 바꿔야 한다는 주장에 힘을 실어주고 있다. 이 질병을 일으키는 바이러스는 공격과 방어, 항원과 항체라는 단순 면역의 구도로 설명할 수 없는 복잡한 생태적 지위를 가지고 있기 때문이다. 이제 전 세계 누구라도 코로나로부터 완전히 자유로울 수 없다. 과거의 틀로 보면 국경을 틀어막고 이동을 제한하는 것이 문제에 대한 답이었겠지만, 아마존 열대우림에까지 역병이 퍼진 만큼 온 세상이 연결된 지금, 완벽한 폐쇄와 통제는 가능하지도 효율적이지도 않다. 이제 우리는 코로나와 벽을 쌓고 그것과 맞서 싸우기보다는 코로나와 함께 살아갈 새로운 생태적 규범을 찾는 중이다.

언제고 다시 대유행이 있을 수 있다는 경고가 있기는 하지만, 한국의 방역은 세계인이 부러워할 만큼 성공적인 것으로 평가받는다. 이 전략은 국경을 봉쇄하거나 강제적으로 이동을 제한하지 않으면서도, 가용한 모든 자원을 동원하여 의심 사례를 검사하고 이동 경로를 추적하며 감염자를 치료하는 것이다. 완전히 차단하는 벽(壁)이 아닌 선택적으로 통과시키는 막(膜)의 전략이다.

지금까지 성공적으로 통용되었던 치의학의 사유 양식은 기계론이다. 구강 기능의 대부분은 손상된 경조직의 본래 형태를 수복함으로써 되찾을 수 있었다. 치아우식과 잇몸병에 관한 연구도, 산(acid)을 분비하여 치아를 녹이거나 잇몸에 염증을 일으키는 특정 세균을 찾고 그것들이 병을 일으키는 생화학적 메커니즘을 밝히는 데 집중되었다. 미시적 메커니즘에 치중하다 보니 구강이라는 신체 기관을 수많은 미생물이 공생하는 생태계로 바라보는 거시적 관점을 가지기가 무척 어려웠다.

코로나 19의 유행에 따른 경험은 우리 인간과 바이러스를 포함한 모든 생명이 거대한 연결망에 속한 작은 매듭들에 불과하다는 자각을 불러일으켰다. 물론 오래전부터 인체의 기능을 기계적 메커니즘이 아닌 복잡계 과학으로 설명하려는 시도도 있었고, 구강과 위장관에 존재하는 거대한 미생물의 집합(microbiome)을 통해 건강과 질병을 설명하려는 노력도 진행 중이었다. 코로나의 경험을 통해 이러한 노력이 탄력을 받게 될 것으로 보인다. 치의학 분야에서도 우리는 기계적 환원론에 매몰되었던 구강과학을 복잡계 과학과 생태학 쪽으로 추동해 갈 동력을 얻게 되었다.

이 사태를 처음부터 생태적 관점으로 접근한 스웨덴의 사례를 참고할 수 있다. 스웨덴이 많은 희생이 따를 수밖에 없는 집단면역 전략을 실천할 수 있었던 것은 여론의 높은 지지가 있었기 때문이라고 한다. 국민의 사유를 지배하는 문법 속에 생태라는 틀이 이미 자리잡고 있었던 것이다.

21세기 초부터 스웨덴의 말뫼 치과대학이 추진하고 있는 교육개혁의 중심 의제가 구강생태계(oral ecosystem)라는 사실도 스웨덴 사람들의 생태적 사유 문법과 무관하지 않아 보인다. 이 구도에 따르면 분자, 세포, 조직, 기관, 개체, 공동체, 사회, 생태계는 각 조직 수준들 사이를 잇는 복잡한 역동적 평형을 이루고 있다. 구강이라는 기관도 타액, 음식, 구강 미생물, 치아 표면, 구강 점막 등의 역동적 균형 상태다. 이렇게 다양한 수준들 사이의 복잡한 역동적 균형에 초점을 맞춰 연구하다 보면 기계적 환원이 아닌 역동적 균형의 생태적 연결망을 중심으로 한 새로운 구강의학이 탄생할 수도 있을 것이다.

합리적 이성에서 복잡계와 인공지능으로

합리적 이성이 지배한 근대는 기계의 문명이다. 천체의 움직임과 역사의 발전단계에서 인체의 구조와 기능에 이르기까지 모든 현상이 기계의 작동원리에 비추어 설명되었다. 더 복잡한 기계가 발명되자 그 원형도 달라졌다. 근대 초기에는 시계가 그리고 지금은 비행기처럼 복잡한 기계와 복잡한 논리적 연산을 수행하는 컴퓨터가 사물을 이해하는 척도가 되었다. 여기까지는 복잡하기는 하지만 논리적으로 분해하고 단순 요소로 환원할 수 있는 수준이었다.

그러나 논리적으로 그 원인과 결과의 관계를 정확히 계산할 수 없는 시스템에 대한 수학적 모델이 제시되면서 이런 기계적 환원에 대한 절대적 신뢰는 조금씩 무너지기 시작한다. 이른바 복잡계 과학이다. 여기서는 일대일 대응이 아닌 복잡하게 얽히고 설킨 상호관계가 기본이다. 부분 속에 전체가 담긴 프랙탈 구조(fractality), 결정이 아닌 경향의 인과관계인 끌개(attractor), 하위 수준에서 솟아오르는 전혀 새로운 상위 수준의 속성인 창발(emergence), 외부의 원인이 없이도 스스로 질서를 찾아가는 자기 조직화(self organization) 등 복잡계의 특성은 기계적 환원으로는 설명할 수 없는 것들이다. 그리고 점차 인간을 비롯한 생명을 이해하는 데는 기계적 환원이 아닌 복잡계 과학이 더 적합하다는 인식이 싹트기 시작했다. 위에서 언급한 스웨덴 말뫼 치과대학의 교육개혁이 복잡계 과학을 표방하고 있는 것도 그래서이다.

컴퓨터의 계산능력과 더불어 자료의 저장과 처리능력이 폭발적으로 증가하자 기계에는 있을 수 없다고 믿었던 지능이라는 속성이 창발했다. 기계지능 또는 인공지능이다. 인공지능은 일종의 블랙박스다. 입력된 자료들이 처리되는 논리적 흐름을 우리가 파악할 수 없다는 말이다. 입력된 자료는 여러 단계를 거치는데 하위 단계에서 처리되면서 창발한 속성이 다음 단계에 입력된다. 이렇게 여러 층을 거치면 입력 단계에는 없던 새로운 사물의 속성을 얻을 수 있는데 그것이 인공지능이다. 인공지능은 입력자료들을 처리하면서 스스로 배운다. '알파고'는 사람들이 두었던 엄청난 양의 기보를 학습해서 이세돌을 이겼지만, 다음 해에 개발된 '알파고 제로'는 기보도 없이 바둑의 규칙만으로 학습한 결과 알파고를 이겼다고 한다.

아직은 여러 가지 한계가 있지만, IBM의 인공지능 왓슨은 임상자료를 학습해 암을 진단하는 데 상당히 효과적이라고 한다. 조직표본과 방사선 영상을 읽어 질병을 진단하는 패턴 인지 기술은 이미 임상에서 활용될 정도로 발전되었다. 치과용 파노라마 사진과 CT 영상을 인공지능으로 처리해 임플란트 등의 치료에 도움을 받을 수도 있다.

스마트폰을 이용해 구강병을 진단하고 그 경과를 추적하며 그 결과를 취합해 재구성한다면 구강병 관리의 전혀 새로운 지평이 열릴 수도 있다. 이런 변화는 구강병의 관리 차원을 넘어 치과의사라는 직업 자체의 성격을 크게 변화시키는 혁명적 계기가 될 수도 있다.

미래를 예측해 그 미래에 필요한 것을 미리 준비한다는 태도는 합리적인 것 같지만, 복잡계와 인공지능의 시대를 살아가는 데 적합한 태도는 아니다. 미래를 준비하는 유일한 길은 그 미래를 스스로 만들어 내는 것이라는 피터 드러커의 말을 심각하게 되새겨 보아야 할 때다. 눈앞의 이해관계에 일희일비하는 태도는 합리적 이성의 시대에는 유효한 생존 전략이었을지 모르지만, 복잡계의 이성과 인공지능이 지배하는 미래에는 퇴행을 낳는 심각한 문제가 될 수도 있다. 과거의 성공에 집착한 자세로는 미래를 열 수 없다. 미래를 향해 열린 자유로운 상상이 필요하다.

기초와 임상의 괴리

현재 치과대학 교육의 형식과 내용은 자유로운 상상과는 거리가 멀다. 기초와 임상으로 구분된 대학과 병원의 조직은 기초 학문과 임상 활동의 실천적 연결을 가로막고 있다. 이 체계는 의학을 응용과학으로 규정하면서 입학생의 과학 학위를 요구했던 1910년 플렉스너 보고서와 이것을 치과에 이식한 1928년 가이스 보고서를 그대로 따르는 것이다. 기계적 환원과 합리적 이성에 따르면 임상 활동은 기초 과학 지식을 실제 상황에 그대로 적용하는 것이었다. 따라서 기초와 임상을 구분해도 그 둘은 논리적으로 연결되므로 문제가 없다.

기초와 임상으로 구분된 의학과 치의학의 체계는 기계적 환원과 합리적 이성에 대한 굳건한 믿음 없이는 성립할 수 없다. 이 체계는 100년 가까이 아주 잘 작동했고, 20세기는 질병과 죽음의 공포에서 인류를 구한 의학의 성과가 가장 빛나는 시기로 평가된다. 치의학은 성공적으로 독자 영역을 개척했는데, 그 성공의 이면에는 의학의 전문직화 과정(professionalization)을 벤치마킹한 전략이 있다.

치의학은 의학의 교육 시스템을 모방해 기초치의학과 임상치의학의 이원화 체계를 구축했다. 생체재료학을 제외한 기초치의학은 모두 의학의 분류체계를 따랐다. 그리하여 해부학, 생리학, 생화학, 약리학, 병리학, 미생물학 등 기초의학에 구강이나 치과를 붙인 교실 체계가 만들어졌다. 그런 학문의 분류체계는 급변하는 기초의학의 연구 경향을 대변할 수 없었지만, 일단 구축된 벽을 허물기가 너무 어려웠다.

한편 의학의 본류는 지식이 아닌 경험과 증거를 강조하는 방향으로의 거대한 전환을 시작했다. 실험 연구를 통해 밝혀진 생화학적 메커니즘으로 건강과 질병을 설명하던 의학은, 이제 점차 실제 상황에 적용했을 때의 결과로 확인된 증거와 환자의 경험 쪽으로 그 중심이 이동하고 있다. 실제 상황에서의 문제에 집중하다 보니 기초의학을 그렇게 분류하는 것이 별 의미가 없어졌다. 온종일 앉아서 지식을 전달받는 강의식 교육이 아니라, 학생 스스로 문제를 찾아 해결하는 문제풀이식 교육이 대세가 되고 있다.

치의학 분야에서도 교육개혁의 목소리는 있었다. 1995년 미국 의학연구소(Institute of Medicine)는 『갈림길에 선 치의학 교육: 도전과 변화(Dental Education at the Crossroads: Challenges and Change)』라는 보고서를 발간한다. 10년 동안 6개의 치과대학이 문을 닫는 등 위기감이 고조되던 시점이었다. 1928년의 가이스 보고서가 희망의 보고서라면 이 보고서는 위기의 보고서인 셈이다. 이 보고서는 치의학과 치과의료와 치의학 교육의 진화 과정을 일별한 뒤, 대중의 구강 건강 상태를 기반으로 새롭게 설정된 구강 건강의 목표에 맞춰 치의학 교육을 개혁해야 한다고 주장한다. 특히 치의학 연구가 임상과 괴리된 문제를 지적하면서 대학교(university)와의 유대를 강화해야 한다고 주장한다.

가이스 보고서와는 달리 이 보고서의 처방들은 제대로 검토되지도 실천되지도 않았다. 마침 임플란트 시술이 대중화되면서 치과의료 수요가 많이 증가하여 위기감이 완화되었기 때문이 아닐까 생각한다. 하지만 그렇다고 위기가 사라진 건 아니다. 문제를 문제로 인식하지 못한다면 더 큰 문제일 뿐이다.

시장의 힘에서 과학 기술을 통한 신뢰로

과학과 기술이 의학과 치의학의 대상인 몸에 대한 앎의 틀을 바꾼다면 시장은 그 앎을 생산하고 유통해 삶을 가능하게 하는 틀이다. 과학과 기술은 새로운 시장을 만들기도 하지만 이윤을 추구하는 시장의 속성이 과학 기술의 형식과 내용을 규정하기도 한다. 치의학은 출발부터 시장의 영향을 강하게 받은 분야이다. 유럽에서 과학적 기초를 닦은 치의학은 미국에서 상업적으로 성공한 다음에야 의과로부터 분리 독립할 수 있었다. 치의학은 과학과 시장의 산물이다. 시장의 강력한 영향 속에서 성장한 것은 의학도 마찬가지다. 하지만 의학에는 낙태와 연명치료 등 시장 외의 이슈들이 많았던 반면 치의학에서는 시장의 영향이 더 두드러졌을 뿐이다.

치의학 윤리의 역사에 유독 특허와 광고, 환자 의뢰에 따른 대가 등 동업자 사이의 이해관계에 관한 내용이 많은 것도 그래서이다. 초기 치과 의료윤리의 목표는 자율성이나 정의와 같은 추상적 가치보다는 공정한 경쟁이었다. 우리나라의 법에서도 의료서비스는 일종의 상품이다. 그래서 비보험 치료에 대한 수가 담합은 불법이다. 자유 경쟁이 보장되어야 하기 때문이다. 하지만 치료 대부분을 차지하는 보험 수가는 고정되어 있다. 국민건강을 보장하고 위험과 편익을 공평하게 분배해야 하기 때문이다. 인간적 가치를 다루기 때문에 일반 상품과는 다른 유통의 원리가 적용되어야 한다. 상업적 가치와 인간적 가치는 논리적으로 모순인 것 같지만 현실에서는 자연스럽게 뒤섞인다. 의료 시장은 경쟁과 협동, 공익과 사익이 어우러지는 공간이다. 그래서 의술은 인술(仁術)인 동시에 상술(商術)이라고 하는 것이다. 자본주의 사회에서 둘 중 하나를 버린다면 의술로 존재할 수조차 없기 때문이다.

환자와의 관계도 그렇다. 환자는 직간접으로 치료 서비스의 대가를 일부 또는 전부 부담한다. 의사와 환자의 관계는 서비스를 구매한다는 점에서 상업적 관계인 것이다. 하지만 구매 여부를 결정하는 과정이 완전히 공평하고 합리적일 수는 없다. 의사가 판매하는 서비스는 고도의 전문성으로 포장되어 있어 환자가 투명하게 파악할 수 있는 것이 아니기 때문이다. 여기서 과잉진료가 발생한다. 과잉진료는 환자의 편익보다 의사의 이익이 앞서는 결정에 따르는 행위다. 그 과정에 환자의 몸과 돈이 불필요하게 소모된다. 문제는 그 결정이 전문성의 이름으로 합리화될 가능성이 무척 크다는 것이다. 환자와 의사의 관계에서 강조하는 신뢰는 그 전문성에 따른 판단을 믿고 따르는 것이다. 의료서비스는 신뢰라는 가치와 건강이라는 가치가 사회제도와 돈을 매개로 교환되는 상품이다. 인문적 가치와 상업적 가치의 혼합이다.

이렇게 이질적인 가치를 섞어서 판단하고 실천하려면 명확한 지침이 필요하다. 영국 치과의사회는 그 지침을 이렇게 정리한다. "치과의사에 대한 환자의 신뢰가 정당함을 끊임없이 증명하라!" 그렇다면 다음 질문은 "그것을 어떻게 증명할 수 있는가?"가 되어야 할 것이다. 아직은 공상에 지나지 않지만, 그 답을 첨단 과학 기술에서 찾을 수도 있다. IT 기술을 활용해 전문가들이 공익을 대변하는 그룹과 함께 각종 센서와 사물인터넷을 활용해 진료 현장을 모니터링하는 것이다. 과잉진료의 우려가 있는 치료계획을 세울 때 전문가 그룹과 함께 판단하고 평가를 받을 수 있는 플랫폼이 구축되어 운영된다면 환자가 치과의사에게 가지는 신뢰가 정당하다는 증거가 될 것이다.

끔찍한 감시사회가 될 것을 우려하는 목소리도 클 것이고, 전문직의 자율성을 포기하여 합리성의 노예가 될 것이라는 비판도 있을 것이다. 충분히 귀담아들어야 할 비판이다. 하지만 거리마다 폐쇄회로 TV가 설치된 이후 크게 줄어든 범죄와 코로나 사태를 극복하는 데 활용된 IT 기술을 생각해 균형을 맞출 수는 있을 것이다.

기계적 환원과 합리적 이성이 지배하던 20세기식 사유 양식으로는 신뢰라는 인간적 가치와 과잉진료를 둘러싼 경제적 가치를 첨단 과학 기술을 통해 조율할 수 있다는 생각 자체를 떠올릴 수 없었을 것이다. 하지만 이제 우리는 어떤 이질적인 것도 녹여낼 문화적 용광로를 가지게 되었다. 첨단 과학 기술을 통해 신뢰 위기를 극복할 수 있다는 생각 자체가 미래의 표식이다. 18세기 이후의 계몽주의에서는 합리적 이성만이 윤리적 판단의 보루였지만, 첨단 정보과학의 시대인 21세기 이후에는 많은 양의 투명한 정보와 그 처리 결과가 새로운 삶의 규범이 될지도 모른다.

인공지능 등 첨단 과학이 의학에 도입되면 의사들이 일자리를 잃게 될 것이라고 걱정하는 사람이 많다. 하지만 반대로 생각하는 사람도 적지 않다. 의료 영상을 읽어내고 검사 결과를 해석하는 등의 일을 인공지능이 대신해 준다면 인간 의사는 오히려 인간적으로 환자에 더 가까이 다가갈 여유를 갖게 된다는 것이다. 아직은 어떤 가능성이 더 큰지, 미래 의료의 모습이 구체적으로 어떨지 알기 어렵지만, 적어도 지금까지와는 전혀 다른 문법의 삶이 열릴 것만은 확실한 것 같다.

치의학 교육의 변화, 미래를 향해 흐르기

미래는 나에게 다가오는 것이 아니다. 미래의 성격을 먼저 규정하고 그것을 어떻게 맞아야 할지를 고민하는 태도로는 시간과 함께 흐를 수 없다.

미래는 지금까지 나와 함께 흘러온 시간의 연장이므로 그 흐름을 벗어난 초연한 상태로는 미래를 향해 흐를 수 없다. 과거의 연장인 현재의 관점에서 즉 시간의 흐름 속에서 미래를 개척할 수 있을 뿐이다. 그 흐름을 가로막는 과거의 관성 속에서도 미래를 향해 흐르기 위한 몇 가지 전략을 제시해 본다.

뒤섞기(Blending)

첫 번째 전략은 뒤섞기(blending)다. 과학이란 말 자체에 나누기(科)의 뜻이 포함되어 있다는 점에 비추어 보면 말도 안 되는 주장일 수 있다. 하지만 미래를 과거의 틀 속에 넣을 수 있다면 진정한 미래가 아니다. 과학이란 말의 뜻도 변하고 있다. 과학으로 번역된 사이언스(science)의 본래 뜻은 앎(scientia)이다. 과학을 탄생시킨 근대의 앎은 불변의 객관적 진실을 내 속에 담는 것이었지만, 탈근대시대에는 주체 속에 체화(體化)된 삶과 일체화된 세상의 존재 양태가 되었다. 불변의 객관적 진실과 자유로운 주체인 자아의 이분법은 이제 설득력이 없다.

근대의 문법에 따르면 과학은 객관적 진실을 추구하고 인문학은 자유롭고 변화무쌍한 가치와 의미를 구가하는 앎과 삶의 독자적 영역이다. 이런 구분이 문과(文科)가 무과(武科)로 구분되었던 전통의 과거시험 체계와 결합해 문과(文科)와 이과(理科)라는 기형적 이분법을 낳았다. 이제 이런 이분법은 공식적으로는 교육 현장에서 사라졌지만, 아직도 우리의 무의식을 강력하게 지배하는 사유의 문법으로 남아있다. 그래서 치의학은 이과에 경제학은 문과에 속한다고 믿는다. 하지만 치과의사가 치료하는 환자는 가치와 의미로 채색된 삶을 사는 인간이며, 이과의 대표적 학문인 수학을 모르는 경제학자는 경제학자라 할 수도 없다. 유럽과 미국의 의과대학과 치과대학은 학부에서 생물학과 같은 과학이 아닌 예술, 법학, 문학,

철학, 역사 등을 공부한 학생을 선발하여 본 전공인 의학이나 치의학과 혼합할 수 있도록 하는 실험을 성공적으로 수행하고 있다. 동양과 서양, 전통과 현대, 첨단기술과 문화를 섞어 세계인이 열광하는 음악과 드라마와 영화를 만든 우리지만, 의학을 포함한 전문직 교육에서만은 이런 뒤섞기가 금기시되는 것 같아 안타깝다.

수십 년 전에 기초의학을 본떠 만든 기초치의학의 분류체계에는 어떤 변화도 없다. 교육과 연구의 흐름을 따라 조직과 역량을 개편하고 재배치하기보다는 구축된 구조에 맞춰 가르치고 연구하는 경향이 짙다. 벽을 허물고 함께 흘러가야 한다는 당위성은 인정하지만, 변화에 따르는 불편을 감수할 용기를 내지는 못한다. 그 불편보다 더 큰 만족에 이를 수 있다는 확신이 없어서이다. 기초치의학의 존재가치에 대한 보다 근본적인 철학적 사유가 필요하다. 기초치의학과 각 분과학문은 "무엇을 가르치고 무엇을 연구하여 국민 구강 보건에 어떻게 이바지할 것인가?"라는 질문을 중심으로 재편되어야 한다.

기초치의학과 임상치의학 사이의 괴리도 심각하다. 지식과 현실, 앎과 삶, 배움과 실천을 뒤섞어 하나의 흐름으로 엮어낼 서사가 없기 때문이다. 인문학적 성찰이 필요하다. 지식과 앎과 배움을 '꾸미는' 인문학이 아니라, 현실과 삶과 실천을 지식과 앎과 배움의 맥락에서 조망하여 가치와 '의미를 찾는' 인문학 말이다. 여기서는 배움과 치유의 주체인 학생과 환자가 중심이 되어야 한다. 무엇을 가르칠 것인가도 중요하지만, 그렇게 배운 것들을 어떻게 조직해 어떻게 실천할지는 더 중요하다. 그 실천이 환자의 삶에 어떤 과정을 통해 어떤 영향을 미치는지도 중요한 고려사항이 되어야 한다. 몸을 고친다고 바로 삶이 치유되지는 않는다. 사람에 대한 이해와 인문학적 성찰이 필요한 이유다. 인문학은 나누기보다는 새로운 흐름을 만든다. 생명도 학문도 섞여야 산다.

뒤집어 배우기

세상에 대한 앎과 삶의 문법이 이렇게 변하면 배움의 문법 또한 달라질 수밖에 없다. 이제 누구도 선험적으로 주어진 진리나 추상적 지식에 맞춰 살지 않는다. 나는 진리를 위해 살기보다는 매일매일 부딪치는 삶의 문제를 풀면서 진리에 접근한다. 삶에 뿌리박지 않은 앎은 공허하다.

근대 의학은 해부학과 생리학에서 출발한다. 형이상학적 이론과 불확실한 경험에 의존하던 고대 의학에서 벗어나 몸의 구조와 기능에 대한 객관적이고 재현 가능한 진실에서 새로운 출발점을 찾은 것이다. 질병은 그런 구조와 기능의 정상 범위를 벗어난 것으로 여겨졌다. 19세기까지는 거시적 구조와 기능이, 20세기 이후에는 현미경적 구조와 생화학적 메커니즘이 밝혀졌다. 몸은 기계이고 질병은 그 기계의 고장이라는 암묵적 전제가 의학을 지배했다. 기초의학과 임상의학의 이분법도 이런 전제에서 출발한 것이다. 20세기 의학개혁을 이끈 의학의 플렉스너 보고서와 치의학의 가이스 보고서는 그 전제를 제도화하는 데 이바지했다.

20세기 말에 이르면서 이런 전제에 대한 회의가 싹트기 시작한다. 우리가 해부학과 생리학이 구성한 메커니즘에 따라 질병을 앓지는 않는다는 것을 알게 된 것이다. 과학으로 구성된 질병의 메커니즘과 실제 환자의 질병 경험 사이에는 극복하기 어려운 틈이 있었다. 이 틈을 메우기 위해 고안된 것이 증거기반의학(Evidence Based Medicine)이다. 증거기반의학은, 메커니즘이 예측한 결과와 실제 환자의 경험이 일치하는 정도를 통계적으로 구축된 자료를 통해 밝히려는 운동이다. 그 결과에 따라 어떤 치료법은 보존되고 다른 치료법은 버려진다. 적어도 임상의학은 메커니즘에서 통계로, 정밀과학에서 범위의 과학으로 변하고 있다. 여기서 증거란 과학적 인과관계에 따라 예측된 것과 임상적 결과의 일치 정도이다. 여전히 환자의 주관적 경험은 주요 변수가 아니다.

문제바탕학습(Problem Based Learning)은 과학적 사실과 임상 현상 사이의 틈을 메우기 위해 고안된 교육 방법이다. 건강과 질병을 정의하고 그것을 기준으로 환자의 상태를 객관적으로 평가해 치료계획을 세우기 보다는, 환자가 호소하고 있는 몸과 삶의 문제에서 출발해 그것을 해결해 가는 과정에서 실천적으로 배우는 것이다. 추상적 이론이 아닌 구체적 사례에서 출발하고, 의사가 아닌 환자의 관점에서, 교수가 아닌 학생이 직접 그 문제의 해결책을 찾는 것이다. 여기서 배움은 지식을 전달받는 것이 아니라 문제해결 과정을 직접 경험하는 동안 이루어진다. 우리나라에서도 일부 치과대학과 대부분의 의과대학이 이 방법을 전면적으로 또는 부분적으로 도입해 시행하고 있다.

학교는 임상에서 흔히 만나는 사례를 선정해 소그룹의 학생들에게 제시한다. 학생들은 어떤 전제도 없이 환자의 문제에서 출발해 상식적 추론을 해 나간다. 추론이 잘 진행된다고 판단한 교수는 다음 단계의 단서를 제공해 문제해결 과정을 유도한다. 학생은 최종 진단에 도달하고 치료계획을 세운다. 문제해결 과정에 필요한 지식은 학생들 스스로 찾아서 사례와 연결해 가며 공부한다.

지식을 전달할 때도 모든 내용을 일일이 언급하는 강의 형식은 이제 대세가 아니다. 주제의 대강을 설명하는 동영상을 시청한 다음 소그룹으로 모인 학생들끼리 구체적 내용을 채워 넣는 수업방식이 훨씬 효과적이라는 증거가 쌓이고 있다. 이른바 거꾸로 교실(flipped learning)이다. 이제는 화이트보드와 파워포인트와 교수보다 인터넷과 스마트폰, 그리고 동료 학습자가 훨씬 중요한 배움의 동반자가 되고 있다. 중요한 것은 가르침의 형식과 내용과 방법이 아니라 학생이 배울 수 있는 조건과 환경을 부여해 주는 것이다. 이미 생산된 지식과 그것을 소유한 교수가 아닌, 실제 문제의 당사자인 환자와 그 문제해결의 주체인 학생으로 교육의 중심이 움직이고 있다. 지식이 아닌 문제고 가르침이 아닌 배움이다.

새로운 틀 짜기

　배움의 형식이 달라지면 앎의 내용도 달라진다. 배움의 경험을 통해 학습자 자신이 변하기 때문이다. 여기서 배움은 정보의 습득이 아니라 새로운 깨달음이고 수행 능력의 형성과정이다. 이렇게 배움의 틀을 바꾸려면 지식 위주로 구성되었던 앎의 내용도 새로운 질서로 조직해야 한다. 구태의연한 지식의 틀은 새로운 형식과 내용의 배움을 방해할 것이기 때문이다.

　세계 여러 나라 치과대학의 교육과정을 살펴보았지만, 한국처럼 세분된 교실 구조로 되어 있는 곳은 없었다. 아예 기초치의학 교실이 없는 곳도 있고, 현재 연구가 활발한 분야만 설치된 곳도 있으며, 크게 생물학 분야, 공학 분야, 인문사회 분야로 묶은 곳도 있다. 더 일반적으로는 기초와 임상을 구분하지 않고 주제별로 묶은 곳이 많다.

　유럽과 미국의 치과대학은 임상실천을 중심으로 한 주제별로 여러 분야의 전문가가 협동하여 가르치지만, 한국과 일본은 전통적 학문 분류체계에 따른 전문가가 개별적으로 맡은 과목을 교육하고 있는 것을 알 수 있다. 심지어 자신이 가르치는 내용을 개인의 지적 재산으로 여겨 비밀로 하려는 경우도 있다. 이런 체계에서는 어떤 창의적 미래도 있을 수 없다. 음악과 영화와 드라마 등에서는 이질적 문화가 창조적으로 융합되어 세계적 명성을 얻고 있지만, 치의학 교육에서만은 무척 후진적 태도를 벗어나지 못하고 있는 것 같아 안타깝다.

　위 사례들을 참고로 전통 학문의 벽이 높은 우리의 현실을 참작하여 새로운 치의학교육의 틀을 다음과 같이 제시한다. 지금까지 이어온 교실 체계를 유지한 채로 여러 분야의 협업을 통해 교육의 새로운 틀(Reframing)을 고안한다면, 이질적인 것들의 혼합으로 인해 새로운 연구 주제가 떠오를 것이고, 그렇게 가르치고 연구하다 보면 자연스레 미래를 이끄는 선구가 될 수 있을 것이다. 물론 이것은 단지 토론을 위해 제시된 초안에 불과하다. 최소한 토론만이라도 시작했으면 좋겠다.

몸의 구조와 기능 – 해부학, 생리학, 유전학, 생화학, 면역학
질병과 치유 – 병리학, 약리학, 미생물학, 내과 총론, 외과 총론
악구강계 – 구강외과, 구강내과(TMJ), 교정, 영상치의학, 보철, 생리학
우식학 – 미생물학, 보존, 소아치과, 예방치과
연조직 질환 – 치주, 구강내과, 미생물학, 병리학
수복치과 – 보존, 보철, 임플란트, 생체재료
인문사회치의학 – 지역사회 구강보건, 의사학, 의료윤리, 의료인문학

교육과 함께 꼭 필요한 것이 치과의사의 교육과 면허의 기준을 정하고 관리하여 치과의사의 학술 수준과 윤리의식과 태도를 보장하는 독립 규제기관이다. 지금처럼 보건복지부 관료의 통제를 받는 시스템으로는 복잡한 미래를 헤쳐나갈 수 없다. 그렇다고 무조건 정부를 배제한 자율통제권을 요구할 수도 없다. 우리는 유럽과 미국의 치과의사와는 달리 자율통제를 통해 전문직업의 지위를 확보한 역사적 경험도 없고, 대중의 신뢰를 충분히 확보했다고 보기도 어렵기 때문이다. 자율과 타율이 섞인 중간 형태가 대안이 될 수 있다. 미국과 유럽처럼 반관반민의 위원회를 조직하여 치과대학의 교육과 면허에 관한 모든 사항을 관장하게 하는 것이다. 영국의 일반치과위원회(General Dental Council)와 미국의 각 주에 설치된 주치과위원회(State Dental Council)를 참조할 수 있다. 물론 이런 개혁을 위해서는 반드시 의료법을 개정해야 한다. 의료인 대중의 동의를 얻기가

쉬운 것도 아니다. 하지만 학술의 발전과 임상실천을 위해 꼭 필요한 신뢰 자산을 확보하여 미래로 나아가려면 반드시 시작해야 할 토론이다.

구강보건 리더십

치의학은 인간의 기본 욕구를 충족시키기 위해 고안된 앎(지식)과 함(실천)의 체계이다. 따라서 당대의 세계관과 사회구조의 영향을 받을 수밖에 없다. 구강병으로 인한 민중의 고통과 그것을 해결하려는 의지와 노력이 당대의 사회구조와 문화 속에서 구조화된 것이 치의학이고 치과의사라는 직업이다. 지금의 치의학은 구강병의 유병률이 최고조에 달했고, 의학에 기계적 환원론에 입각한 과학이 도입되었으며, 자본주의가 꽃을 피우던 19세기에 유럽에서 싹트고 미국에서 완성된 구강병의 관리체계다. 치의학과 치과의사라는 학문과 직업이 지금과 같은 전문직의 지위를 가지게 된 것도 그런 사회문화적 맥락에서이다.

21세기가 1/5이나 지난 지금 구강병에 대한 지식과 그것이 조직되고 기능하는 사회와 문화는 크게 달라졌다. 치의학을 구성하는 과학은 구성 '요소'를 중시하는 기계적 환원을 넘어 그것들이 모였을 때 '창발'되는 새로운 속성에 주목하는 복잡 과학으로 이행하고 있다. 구강은 음식물을 부수는 맷돌의 이미지를 벗고 수많은 미생물과 음식물과 구강조직이 어울려 균형과 조화를 이루는 생태계의 이미지를 얻게 되었다. 세계는 극단적 자본주의인 신자유주의의 광풍에서 벗어나려고 꿈틀대고 있다. 특히 코로나 19라는 초유의 사태는 이른바 뉴노멀의 도래를 예고하고 있다. 기본소득이 도입되면서 단순 상품이던 노동이 고유의 가치 창조라는 역할을 얻게 되었고, 한계생산비용이 크게 줄면서 경쟁 대신 공유 경제를 말하는 사람도 많아졌다. 단순-환원-기계-경쟁에서 복잡-창발-생태-협동으로의 이행이다. 이제 이런 흐름에 주목하면서 치의학교육잡지

(Journal of Dental Education)에 실린 리더십 관련 연구를 토대로 미래 리더십에 필요한 특성을 짚어보자.

첫째, 미래에 관한 비전과 열망을 공유할 수 있어야 한다. 치의학의 미래를 말하려면 적어도 우리 모두가 과거를 알고 현재를 거쳐 미래로 흐르는 이런 흐름을 활용해야 한다. 그 흐름의 방향을 읽지 못하고 과거의 관성에만 빠져있다면 이 흐름에서 소외될 것이다. 치의학 교육에서 역사가 꼭 필요한 이유가 바로 이것이다. 과거를 알고 그 흐름 속에서 미래를 상상하며 공유하고 소통하여 공통의 비전과 지향을 찾아내는 것이 치의학과 구강보건 리더십의 출발점이어야 한다.

둘째, 치의학과 치과의사가 공유하는 경험을 중히 여겨야 한다는 것이다. 한국의 치과의사는 유럽과 미국의 치과의사와는 많이 다른 집단적 경험이 있다. 한국의 치과의사는 자생적으로 생성된 것이 아니라 정치 권력에 의해 갑자기 만들어진 직업이다. 구강 보건정책에서도 아주 오랫동안 권위적 정부의 정책을 수행하는 집행기관의 역할에 머물렀다. 자율통제의 경험이 없어 면허와 징계 등 자신들의 지위와 관련된 권한 모두를 정부가 가지게 되었다. 21세기 들어 이런 타율적 상황을 타개하기 위해 자율징계권을 가져야 한다는 주장이 힘을 얻고 있지만, 그 실현을 위해서는 먼저 타율적 통제에 익숙한 역사 경험의 무게를 극복해야만 한다.

셋째, 역사적 흐름과 경험을 반영한 미래의 비전을 실현하기 위한 전략적 선택이 있어야 한다. 이런 전략은 치의학교육 속에 구체적으로 반영되어야 하는데, 교육의 목적과 목표, 교육을 통해 구현하려는 중심 가치, 교육의 결과 갖추게 될 핵심 역량 등이 선택되고, 구성원들 사이에 공유되며, 교육과정 속에 녹아들어야 한다.

부산대학교 치의학전문대학원 교육의 중심가치는 ① 역량(Competency), ② 진정성(Integrity), ③ 책무(Accountability) 세 가지다. 과학적 능력과 인간적 도리와 사회적 역할이 통합된 전문직업인의 모습이다. 이 가치는 ① 역량 있는 과학자(Scientist), ② 공감하는 학습자(Learner), ③ 책임지는 지도자(Leader)라는 교육목표가 되고, ① 비판적 사고 역량, ② 직업전문성과 윤리 역량, ③ 의사소통과 대인관계 역량, ④ 생의과학 역량, ⑤ 포괄적 치료계획 역량, ⑥ 구강건강의 구축과 유지관리 역량, ⑦ 지역사회 건강증진 역량이라는 일곱 가지 핵심 역량이 된다. 이렇게 설정된 전략은 모든 교육과 정책의 지향점인 동시에 가이드 라인이므로, 모든 구성원이 숙지하고 참조할 수 있도록 교육해야 한다. 또한, 이 전략들은 수행 결과에 비추어 수정되고 보완될 수 있어야 한다.

넷째는, 미래로 가는 흐름을 막는 부정적 힘과 싸우기보다는 그 흐름을 만들어내는 긍정적 힘을 활용하고 만들어 내라는 것이다. 서로 싸우고 부딪쳐 소모되는 힘이 아니라 서로의 흐름을 도와 함께 흐르는 힘이 되자는 것이다. 기류를 타고 활공하는 독수리나 조류를 이용해 목적지로 흘러가는 고대의 항해술이 본보기가 될 수 있다. 치과계에는 치과의사 말고도 치위생사, 기공사, 재료상 등 이해당사자도 있고, 서비스의 수혜자인 환자와 국민도 있으며, 정책 담당자도 있다. 이 모든 당사자가 추구하는 가치와 입장과 이해관계가 같을 수는 없다. 경우에 따라서는 대립과 투쟁으로 문제를 해결할 수도 있겠지만, 기본적으로는 그 가치와 이해관계를 하나의 흐름으로 묶어낼 수 있어야 한다. 이런 원리는 직종과 이해당사자 사이뿐 아니라 병원과 대학 등 조직의 운영에서도 똑같이 적용된다. 경쟁이 아닌 협동의 리더십이다.

다섯째는 외부인의 시각과 역량을 적극적으로 활용하라는 것이다. 치과의사를 비롯한 전문직(Profession)은 지식인이 대중을 선도하던 시대에 형성된 직업조직이다. 전문직은 해당 분야의 지식과 실천의 도구를 독점했고, 대중은 그들이 그 지식과 도구를 공익을 위해 사용할 것이라 믿

Episode 치의학교육의 혁신 사례

스웨덴의 말뫼 치과대학과 노르웨이의 트롬소 치과대학은, 기계적 메커니즘이 아닌 복잡계 과학에 기반한 생태적 맥락에서 구강에 접근하는 교육 시스템을 개발했다. 이 모델에서 구강은 복잡-적응계(complex adaptive system)다. 복잡적응계는 다음 네 가지 원리를 따른다.

프랙탈(fractality)은 먼지 속에도 우주가 들어있다는 불교의 가르침과 통하는 원리로 세포, 조직, 기관, 개체, 사회 등 서로 다른 조직 수준에 같은 구조와 패턴이 반복되는 원리다. 따라서 조직 수준 사이에는 기계적 영향이 아닌 유기적 조화의 관계가 성립한다.

끌개(attractor)는 정확한 인과관계에 따르는 미세 결정이 아닌 전반적 추세로서의 생명 현상을 설명하는 데 유용하다. 구강 생태계의 관점에서 단 것을 향한 욕구를 끌개로 이해하고 연구하면 설탕 소비라는 변수에만 초점을 맞추는 것보다 훨씬 풍성한 통찰을 얻을 수 있다. 어떤 치료행위는 그 결과를 미세 결정하지는 않지만, 거시적으로는 예측할 수 있다.

창발(emergence)은 하위 조직 수준에는 없던 속성이 상위 수준에서 나타나는 현상이다. 구강 미생물이 항생제 내성을 진화시키는 현상이 대표적이다. 치료의 결과 전혀 예상하지 못했던 현상이 생겼다면 그것도 창발에 비추어 해석해 볼 필요가 있다.

자기조직화(self-organization)는 개방계에서 외부의 자극 없이도 내부적 역동으로 새로운 구조와 패턴이 나타나는 현상이다. 따라서 어떤 창발도 내재적 자기조직화 없이는 그 시스템에서 살아남거나 적응하지 못한다. 심한 치주염 이후 상피막이 생겨 치유되면서 치아가 탈락하는 것이 자기조직화의 좋은 예이다.

이 교육 시스템이 당장 커다란 변화를 끌어내지는 못할 것이다. 하지만 가이스 보고서 이후 처음 시도된 패러다임의 전환이란 점에서 예의주시할 만한 기획이며, 지금까지 아무런 의심 없이 받아들였던 기계적 환원의 사유 양식에 작은 균열을 낼 수는 있을 것이다. "어제와 똑같이 살면서 다른 미래를 기대하는 것은 정신병 초기 증세"라는 아인슈타인의 경고를 곱씹어볼 필요가 있다.

어 의심치 않았다. 전문직은 독점적 지식과 신뢰에 바탕을 둔 과학과 도덕의 권위가 제도화한 것이다. 하지만 21세기는 모든 지식과 정보가 투명하게 공개되는 시대이다. 과잉진료 등으로 전문직에 대한 신뢰가 무너지고 있기도 하다. 이제 전문직의 권위는 독점적 지식이 아닌 상호 신뢰에 바탕을 둔 합의로부터 나와야 한다. 내부를 단속하여 외부의 위협에 대응하는 폐쇄적 조직문화로는 21세기를 살 수 없다. 내부의 문제를 보는 외부인의 '다른' 시선이 필요하다. 현재 시행되고 있는 치의학교육에 대한 인증평가에 교육학 전문가와 환자의 입장을 대변하는 외부인을 참여시킬 수도 있고, 치의학교육 전반에 관한 조사와 연구를 통해 새로운 방향을 설정할 수도 있다. 치과의사의 교육과 면허를 관리하는 중립적 기구를 설치하는 제도 개혁에 관해서도 논의가 시작되면 좋겠다.

요약

4차 산업혁명으로 대변되는 오늘날, 치의학 분야도 큰 변화가 일어나고 있다. 코로나바이러스 감염증-19와 같은 비대면 시기에 화상회의나 수업이 광범위하게 진행되고 있고, 일부 해외국가는 원격 치과의료를 활용하고 있다. 디지털 치의학은 디지털 또는 컴퓨터로 제어되는 구성요소를 통합하는 치과 기술 또는 장치를 의미하는 것이다. 전자의무기록, 콘빔 CT, CAD/CAM 시스템, 교정 진단과 치료 예측, 임플란트 가이드 시스템, 임플란트 3차원 시뮬레이션 등에 폭넓게 이용되고 있다. 환자 데이터의 클라우드 컴퓨팅, 3D 프린트로 보철, 교정, 임플란트 부분의 장치 제작, 바이오프린팅으로 손실된 조직의 재건, 환자의 사진을 전 세계적으로 비교하는 빅데이터 처리 기술, 가상 보철물 제작이 가능한 증강 현실과 치과의 불안을 줄여줄 수 있는 가상현실, 영상치의학과 교정 분야, 악교정 수술, 임플란트에서의 인공지능 등 치의학 여러 임상 부분에 효과적으로 응용되고 있다. 또한, 증강 현실과 가상현실이 치과 교육계에도 널리 사용되어 임상 전단계 교육에도 많은 도움을 주고 있다. 4차 산업혁명이 치과계의 더 많은 부분에 깊은 영향을 미쳐 인공지능 기반 기술의 활용이 더 보편화 될 미래에 대한 준비에 최선을 다해야 한다.

치의학의 미래를 준비하는 유일한 길은 변화의 흐름 속에서 현재를 충실히 살아내는 것이다. 변화의 흐름을 읽어내는 안목은 역사에 대한 이해로부터 싹튼다. 치의학과 치과의사의 역사를 질병 관리체계의 진보와 발전으로만 보는 역사관이 아니라 상업적 이익을 얻으려는 개인의 욕망도 인정하고 긍정적으로 끌어내는 역사관이 필요하다. 이를 위해서는 현재의 문제를 비판적으로 파악해내고, 다양한 갈등과 스캔들 속에 숨어있는 이해당사자들의 욕망과 이질적인 가치들을 섞어서 판단하고 실천할 명확한 윤리 지침을 지켜야 한다. 그 지침은 바로 치과의사에 대한 환자의 신뢰가 정당함을 끊임없이 증명하는 것이다. 역량을 갖춘 치과의사란 과학적 능력과 인간적 도리와 사회적 역할이 통합된 전문직업인의 모습이다.

미래의 구강보건 리더십은 100년 전에 만들어진 교육의 틀을 깨고 현재의 문제를 이해하고 해결하면서 새로운 시대의 비전을 준비하고 제안하고 실천해보는 형식과 내용의 교육 속에서 획득될 수 있을 것이다.

쟁점과 토론

언제 디지털화할 것인가?

치과의 다양한 분야에서 적용되는 디지털 기술은 매년 획기적으로 발전하고, 새로운 제품이 전 세계적으로 많이 출시되고 있다. 임플란트와 보철 분야를 디지털화하는데 콘빔 CT, 구강 스캐너, 모델 스캐너, CAD 소프트웨어, CAM 밀링 장비, CAM 소프트웨어, 소성로, 3D 프린터 등 여러 장비와 설치할 공간과 운영 인력이 필요하다. 치과의 디지털화 여부에 대한 상반된 시각이 있다. 현재의 환경에서 치과 개원 비용도 많이 드는데, 디지털 장비까지 어느 정도 갖추려면 경제적인 부담이 가중되는 것이 현실이다. 또한, 디지털 기기를 최대한 활용하고 원활하게 운영하는 데 필요한 러닝 커브가 있어 기기를 잘 다루지 못하는 사람에겐 또 다른 스트레스가 될 수 있다. 그리고 기존 치과에서의 가장 큰 고민은 어떤 시스템을 선택하고, 이를 어떻게 조합하여 진료에 효과적으로 이용해야 하는지와 투자한 비용에 대한 효율성 즉 비용대비 효용성에 대한 것이다. 그래서 임플란트나 보철치료를 하는데 전통적인 방식에 익숙하고 별문제가 없는데 왜 굳이 큰 비용을 들여 디지털 장비를 사들여야 하나 하는 시각이 있다. 또 다른 시각은 많은 비용과 시간이 소요될 지라도 디지털화는 세계적인 추세이므로 이런 흐름에 맞추어야 한다는 것이다. 어떻게 할 것이며 만약 디지털화한다면 언제 할 것인가?

14

대한민국의
치의학박물관

치의학박물관(Museum of Dentistry)은 치의학의 발달 과정을 알 수 있도록 다양한 치과 유물, 기구와 재료, 사진 등을 전시하는 박물관이다. 주로 치과대학이나 치과계 사람들이 관심을 두는 전문박물관이다. 그와 비교해, 치과박물관(Dental Museum)은 치아 또는 치과 치료와 관련된 모든 것을 전시해, 더 많은 이들의 호기심과 관심을 끌고 있다. 세계 곳곳에는 국립 및 사설 치과박물관이 있다. 이들은 치과와 관련된 역사, 인물과 지역, 문화예술, 과학, 산업기술 등을 특화하거나 체계적으로 정리하여 운영하고 있다.

현재 대한민국에는 5곳의 치의학박물관과 치의학역사관이 있다. 관련 정책이나 예산 부족에도 뜻있는 기관과 사람의 기증과 노력 속에 꾸준히 명맥을 유지하고 있다. 하지만 치의학박물관의 관람과 체험을 원하는 많은 어린이와 학생, 일반인의 수요를 만족시키지는 못하고 있다.

치의학박물관은 치과계만 아니라 일반인이, 단순히 관람만 하는 곳이 아니라 교육과 체험을 할 수 있는 치과박물관으로 변신해 나가야 한다. 치과박물관 체험은 사람들의 마음을 움직이고, 뜻을 실천하게 하는 힘을 갖고 있기 때문이다. 치의학박물관에 교육과 문화적 기능을 첨가하여 구강 건강관리 방법을 배우고 익히는 공간으로 꾸며진다면 새로운 형태의 구강보건 교육 장소가 될 수 있다. 따라서 본 장에서는 대한민국의 치의학박물관 실태를 파악하고 앞으로의 발전 방향에 대해 고찰하기로 한다.

서울대학교 치의학박물관

서울대학교 치의학대학원 1층에 있는 치의학박물관은 2001년에 개관하였다. 우리나라에 서양 치의학이 소개되면서 사용한 치과 유물 총 6000여 점을 소장하고 있다. 박물관 운영의 목적은 치의학 관련 유물을 발굴하여 전시함으로써 치과의료인과 학생, 일반인에게 치의학 역사 교육을 하는 장소로 활용하기 위해서이다. 많은 사람이 구강 보건에 관심을 갖도록 다양한 시도를 하여, 치과계 종사자뿐 아니라 일반인과 학생들도 단체 관람을 할 정도로 인기가 많았다. 2003년 치의학박물관의 소장품을 자세하게 설명하는 도록(한국 근·현대 치의학의 역사박물전)을 발간했다. 2017년에는 서울대학교 치의학대학원의 역사인 『경성치과의학교의 시간과 공간 이야기』를 발간하였다.

치의학박물관 홈페이지(http://www.dentmuseum.or.kr/)에도 박물관전시실에 관한 설명이 상세하게 소개되어 있다.

그림 1 서울대학교 치의학박물관 내 어린이 치과박물관

그림 2 1940년대 치과진료실
(서울대학교 치의학박물관)

연세대학교 치의학박물관

연세대학교 치의학박물관은 2006년 치과대학 1층에 35평 규모로 개관하였다. 개관 취지는 1915년 선교치과의사 쉐플리(W. J. Sheiffley)가 세브란스 연합의학교에 한국 최초의 치과학 교실을 설립하고, 연세대학교 치과대학으로 발전해 온 90여 년의 발자취를 되돌아보기 위해서였다.

치의학박물관은 4개의 전시실(한국의 근대 치의학 도입, 세계의 치의학사, 연세 치의학의 발자취, 연세치의학의 미래비전)로 구성되어 있다. 1931년 서울역에 신축한 세브란스 치과센터의 현판 옆문을 열고 들어서면, 세계 및 한국의 치의학사를 연표로 만든 게시물이 진열되어 있다. 치의학 유물은 한국사의 흐름에 따라 종류별로 전시했다.

연세치의학 100주년인 2015년에는 초대 치과 과장 쉐플리가 진료하는 사진을 실제 크기로 재현한 마네킹 인형과 치과 유닛 체어를 제작하여 치과대학 로비에 전시하였다. 또한 박선욱 동문이 30년간 수집하여 기증한 세계 여러 나라의 치과 우표들이, 박물관 입구 유리 진열장에 전시되어 관

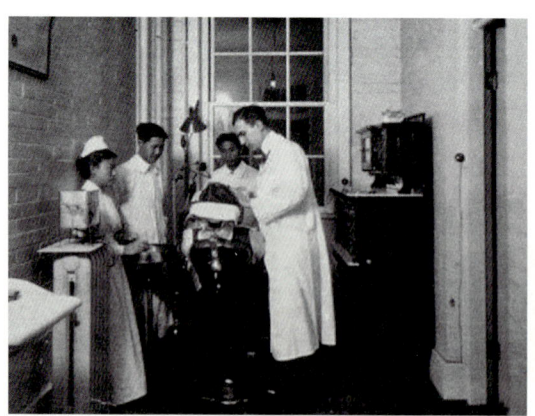

그림 3 1915년 한국 최초의 치과학 교실 초대과장 쉐플리
(연세대학교 치과대학)

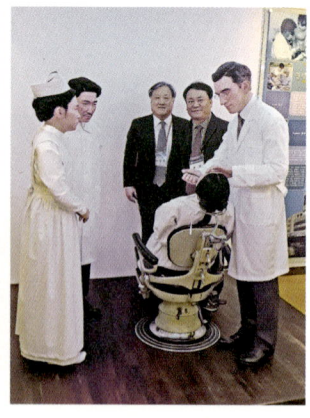

그림 4 실물 크기로 재현한 쉐플리
(권훈 제공)

람객을 맞이한다.

연세대학교 치의학박물관 입구에는 '역사와 마주 서서 미래를'이라는 문구가 쓰여 있다. 아무리 작은 박물관이라 하더라도 매년 유지·관리비용이 필요한데, 연세대학교 치의학박물관은 잘 관리되고 있는 것으로 보인다.

조선대학교 치의학박물관

조선대학교 치의학박물관은 2011년 3월에 치과대학 1층 로비에 개관하였다. '역사를 안고 미래를 열어가는 조선치대'라는 슬로건으로 출발한 치의학박물관은 13개의 진열장에 치의학 관련 유물 330여 점을 전시하고 있다. 쭉 돌아보면 치의학의 변화를 눈으로 확인할 수 있다. 한편 권훈 원장이 15년간 모은 치과와 관련된 다양한 수집품들도 진열했는데, 치과계 종사자뿐만 아니라 일반인도 주목할 만한 물건들이다.

조선대학교 치의학박물관에는 5명의 동문이 각각 기증한 조각 및 부조상이 진열되어 있다. 한국인 최초로 치과의사면허를 취득한 함석태(1889~?)의 흉상, 현대 치의학의 아버지로 칭송을 받는 피에르 포샤르(1678~1761)의 부조상, 과학적 치의학의 선구자 밀러(Willoughby Miller, 1853~1907)의 흉상, 치의학 교육의 선구자인 헤이든(Horace Hayden, 1769~1844)과 해리스(Chapin Harris, 1806~1860)의 부조상, 치과 환자와 치과의사의 수호성인 아

그림 5 조선대학교 치과대학 교정에 세워진 아폴로니아(Apollonia) 동상 (조선대학교 치의학박물관 제공)

폴로니아(Apollonia) 동상 그리고 롬바우츠(Theodoor Rombouts, 1597~1637)의 치과 명화 발치사(The Tooth Puller, 1625~30)의 모사(模寫)가 있다. 그리고 2019년 5월에는 치호(齒湖)미술관이 치과대학 1층 치의학박물관 옆 로비에 개관하였다. 방문객에게는 치과의 명화를 감상하면서 치의학의 역사를 배울 좋은 기회가 될 것이다.

그림 6 설명 화가 주성범이 모사한 The Tooth Puller모사 (권훈 제공)

전남대학교 치의학역사관

전남대학교 치의학역사관은 1999년 2월 임종성 원장(임금 치과)이 부친이신 임맹기 원장(송정동 임치과)의 뜻에 따라 치의학적으로 역사적 가치가 있는 기자재를 전남대학교 치과대학에 기증함으로써 탄생할 수 있

그림 7 전남대학교 치의학역사관 전시 모습 (권훈 제공)

였다. 1946년 치과의사 면허를 취득한 임맹기 원장은 광주에서 치과를 경영하다 은퇴 후 소중하게 보관하던 치과기자재를 아들 임종성에게 물려주었다. 임종성 원장 역시 은퇴를 앞둔 치과를 직접 수소문해 찾아가서 역사적으로 의미 있는 치과기자재와 유물을 사비로 구매하기도 하였다.

그 결과 전국 최초로 치의학역사관이 2000년 9월 전남대학교 치과대학 개교 20주년 기념으로 당시 광주광역시 학동 소재 전남대학교 치과대학 1~2층에 개관하였다. 2008년에는 용봉동 전남대학교 치과병원 및 치의학전문대학원으로 확장·이전하게 되었다. 이처럼 박물관은 열정적인 수집가의 기증 없이는 쉽게 탄생할 수 없고, 확장될 수도 없다.

경기도 치과의사회 치의학역사관

경기도 치과의사회관 2층에 위치한 치의학역사관은 2004년 3월에 개관하였다. 치의학역사관은 3개의 전시관으로 구성되어 있으며, 1800년대에서 1940년대까지의 치과 유닛 체어들과 1905년 제작된 치과 기구 캐비닛, 치과용 X-ray 기계 등 300여 점의 치과 유물을 전시했다. 1946년 조선치과의사회 창립총회 회의록과 경기도 치과의사회 관련 자료도 잘 보존하고 있다. 치의학역사관이 탄생할 수 있었던 배경에는 40여 명의 회원들의 기증과 치과관련 단체의 아낌없는 후원이 있었다. 초기에는 치과의사뿐만 아니라 치과대학 학생들과 일반인들에게 개방되어 2년 동안 1300여 명의 인원이 역사관을 방문하였다.

그러나 치의학역사관에 지속적인 관심과 재정적 지원이 뒷받침되지 못하여 최근에는 역사관을 찾는 발길이 뚝 끊긴 상태다. 경기도 치과의사회는 운영상의 어려움과 활용도가 낮다는 이유로 치의학역사관을 폐관하는 것도 고려하고 있다. 하지만 치의학역사관 입구에 적혀 있는 "역사의 자료는 흘러간 골동품이 아니라 과거의 희생과 고통이 담긴 살아있는 정신이다."라는 문구는 치의학 역사를 정리·보존하고, 치과계가 지나온 발자취를 조명함으로써, 미래 치의학의 방향을 생각하게 하는 박물관의 역할을 역설하고 있다.

부록

치과사학 연표

부록 | 치과사학 연표

한국		세계	
B.C. 700,000	평양 검은 모루 동굴에서 한반도 최초 인류 화석 발견	B.C. 7000	인더스문명의 돌화살촉으로 치면에 와동 판 흔적 발견
B.C. 2333	단군, 고조선 건국, 석침 사용	B.C. 5000	바빌로니아 설화에 치통의 원인이 '치수'모양의 '치아벌레'라 함
B.C. 300~100	부산 조도섬과 사천 늑도 유적에서 인위적 발치 흔적 발견	B.C. 2700	중국은 침술로 치통 치료
A.D. 19	유리 이사금 잇금이 많아 임금이 됨	B.C. 2660	이집트 헤지레(Hesy-Ra)가 치아를 치료하는 위대한 의사라 적힌 고분 발견, 파피루스에 하악골 골절 정복 등 구강외과 기록
100~300	한반도산 인삼, 오미자, 세신이 우수하다는 기록	B.C. 1750	함무라비 법전 200조는 치아상해형법을 기록
381~395	불설주치경(佛說呪齒經)전래	B.C. 1700~1550	이집트 에베르(Ebers) 파피루스에 치아질환 치료법 기록
300~	아성(牙城), 아포(牙浦) 지명사용	B.C. 900~300	마야문명의 보석인레이가 박힌 치아 발견
300~500	김해 예안리 인골 유적에서 천두술과 편두 발견	B.C. 800	인도의 삼히타(Sushruta Samhita)가 전두 피판을 이용한 코 재건
459	백제에서 고구려 의사 덕래를 일본으로 파견, 승려들이 치목사용	B.C. 600	페니키아,에트루리아의 금철사로 상아치아를 고정한 브릿지 발견
600~641	익산 쌍릉 유적에서 백제 무왕의 부인의 어금니 발견	B.C. 460~322	히포크라테스는 치아우식증, 치석, 턱관절 탈구, 발치겸자 언급. 히포크라테스 선서
		500~1000	유럽 수도원 의학, 민간의학은 사혈, 침술, 자극술 사용
		600	온두라스 지역 조개껍질 임플란트 발견
		659	중국 당나라 신수본초에 수은합금을 써서 치아충전을 한 기록

370　한국 치과의 역사

	한국		세계
692	통일신라, '의학'설립, 당, 일본과 공통된 의학교과목 교육	865~1013	이슬람 지역 라제스(Rhazes)는 치아우식와동에 유향수지 수복 아부카시스(Abulcasis)는 스케일링 기구 개발 이븐 시나(Ibn Sina)는 의학정전 집필
717	의박사가 의생 교육, 약박사, 산박사 존재	1258	프랑스 이발사길드 조직, 외과의사와 이발사(사혈, 발치) 분업
960	고려 성왕이 의학 과거제도(잡과)도입	1575	파레(Ambrose Paré)가 언청이수술, 코눈부위 보철, 발치기구 개발
963	서민의료는 '제위보', 빈민의료는 동서대비원이 담당	1640	리비에르(Lazare Riviere)는 정향기름(유지놀성분)으로 치수진정
1058	'주후방'에 소금을 잇몸 위에 얹어 고름 짜내는 처방 소개	1664	뢰벤후크(Leeuenhoek)가 현미경을 개발하여 구강나선균과 간균기술
1134	고려사에 치아상해보상 내용 실림	1684	퓨만(Purmann)이 의치 제작과정을 처음 기술
1236	향약구급방 편찬(이갈이, 치병, 잇몸병, 구강병의 치료와 예방법 기록)	1500~1800	목제의치가 유럽 귀족층에서 서민에게 퍼짐, 일본에서도 200여 개의 목제의치 발견
1241	동국이상국집에 이규보가 시로 치통 호소	1687	알렌(Charles Allen)은 치수보호와 치아보존에 대해 저술
1279	일본인 문집 사석집에 '치취당인:이를 뽑는 한국인'이란 글귀 실림 조선왕조실록에 의녀와, 치통 치료자에 관한 기록 남음		
1406	의녀제도 실시		
1433	향약집성방 편찬(치아충전에 송지, 건지용, 사향, 낭탕자 사용, 고치법 기록)		
1477	의방유취(왁스로 충치와동충전법이 소개됨, 비소가 치수실활과 치주염에 쓰임)		
1610	허준 동의보감 완성하고 1613년 간행, 악관절탈구치료, 순설성형기록		
1645	소현세자가 중국에서 주제군징을 가져와 인체생리설을 소개		
1712~1791	안정복의 '어용국전'은 구강의 조직을 의인화한 소설		
1761	이익이 성호사설에 '서국의'에서 해부학과 생리학 소개.	1728	프랑스의 피에르 포샤드(Pierre Fauchard)가 최초의 치의학교과서인 『Le Chirurgien Dentiste(치과의사)』집필
1866	최한기는 신기천험에 뇌척수신경과 서양의사 시험제도 언급		
1885	제중원 설립. 선교의사가 치과치료	1746	무통(Mouton), 근관에 포스트를 박은 금관 개발
1877	부산의 제생의원 외과에서 치과치료	1756	파프(Pfaff)는 왁스와 석고로 인상을 떠서 틀니의 적합도를 높임

	한국		세계
1893. 7	일본인 치과의사 노다 오지(野田應治) 제물포에 개원	1771	영국 존 헌터(John Hunter)가 닭 벼슬에 치아 임플란트 실험
1900	대한제국 의사규칙 제정	1780년대	프랑스, 독일, 미국에서 근대 의료법 제정
1901	제중원 의학생 발치 교육 기록	1790	존 그린우드(John Greenwood)가 조지워싱턴의 스프링 틀니 제작
1902. 9	일본인 입치사 개업	1791	프랑스 드보(Nicolas Dubois)가 도재치로 첫 번째 특허획득
1903	고종이 미국인 치과의사 소어즈(James Souers)에게 보철치료 받음	1803	미국의 토마스 퍼시벌(Thomas percival)이 '의료윤리' 지음
1907	한국인 입치사 최승룡 종로에서 개업	1819	영국의 벨(Charles Bell)이 은아말감을 보고한 후 치료용으로 개발
1909. 10	한대위(D. Edward Hahn) '치의학교 설립안' 기사	1800	영국의 내즈미스(Nasmyth)는 금속캡스프린트로 아래턱 종양 제거
1911	대한의원 외과에 치과 부설	1805	개리엇(G.B. Gariot)이 고정성 국소의치 개발
1912. 1. 16	일본인이 경성치과의사회 설립	1825	독일에서 최초의 치과의사 자격시험 시행
1913. 11. 15	치과의사규칙 공포되고 12월 11일 치과의사규칙 취급수속 제정	1836	스푸너(Spooner)가 Arsenic trioxide를 이용한 치수재활법 개발
1914. 2. 5	함석태 치과의사 면허 제1호로 등록	1839	굳이어(Goodyear)가 가황고무(vulcanized rubber)틀니 개발
1915	함석태 구강외과전문표방 개원	1840	미국에 세계 최초로 볼티모어 치과대학개교, 미국치과의사회 창설, 아말감전쟁
1915. 11. 1	세브란스연합의학교에 쉐프리(W. J. Scheifley)가 치과학 교실을 개설	1844	미국 치과의사 웰즈(Horace Wells)가 아산화질소로 무통 발치
1919. 10	조선치과의학회 설립	1860	이스트래이크(Eastlake) 등 미국인 치과의사가 일본인들을 가르침
1921. 2. 14	검정치과의사를 위한 치과의사시험규칙 공포	1864~	경화고무의치(Vulcanite Denture)특허권 전쟁
1921. 10. 2	조선치과의사회 설립	1866	미국치과의사협회의 윤리규약제정
1921~1941	세브란스 병원 치과는 부츠(J. L. Boots)와 맥안리스(J. A. McAnlis)가 담당	1868~ 1872	S.S. White사, 치과용핸드피스 전기드릴 개발해 출시
1922. 4. 1	경성치과의학교 개교	1869	가렛슨(James E. Garretson)은 '입, 턱, 주위 질환 치과 수술' 교과서 발간
1922	유창선, '전신적 질환의 구강에 미치는 영향' 발표	1871	모리슨(Morrison)이 금관(gold crown)개발
1925	한성치과의사회 설립	1875	미국의 조지 그린(George Green), 전기치과드릴 특허 획득 블랙(G. V. Black), 현대 보존수복학 체계 완성
1928	제1회 '충치예방의 날' 제정, 경성치과전문학교 소공동 4층 교사 준공	1880	킹슬리(Kingsley)가 최초의 교정학 교과서 '구강기형의 치료'발간

한국		
1930		세브란스 서울역 치과병원 준공
1931		만주사변으로 금수출 재금지
1932		학교치과의 제도와 학교치과진료소 설치, 경성치과의학회 창립
1933		치과의사가 매독환자에게 살발산 주사(1927) 한 건 대법원 위법판결 사단법인 일본치과재료규격조사위원회 설립 금대용합금 '산프라치나' 개발, 치과무봉금 관제조기 판매
1934~1936		세브란스 치과장학금으로 이유경 미국 유학
1937~1939		세브란스 치과장학금으로 정보라 미국 유학
1939		일본치과금속공업조합 설립, 금대용 합금인 '스프라' 개발
1937		치과재료 규제, 가격통제령
1938		국가총동원법, 고무통제규칙이 내려지자 아크릴릭 레진 개발
1940		조선치과용품상조합 설립, 모델링 컴파운드 개발
1941		일본치과기계통제조합 설립
1944. 8. 21		조선의료령 제정 공포

세계		
1883		비스마르크, 국가의료보험법안 통과시킴
1885		본윌(Bonwill), 교합의 기하학·수학적 개념발표
1890		밀러(Miller), 치아우식증이 미생물에 의한 것임을 발견
1895		영국 린제이(Lindsay), 첫 번째 여성 치과의사 자격증 획득
1896		뢴트겐(Roentgen)이 x-ray 발견, 오토 발크호프(Otto Walkhoff)가 치과방사선 발명, 에드먼드 켈스(Edmund Kells)가 치과방사선 실용화
1897		앵글(Angle), 미국 치과대학 최초로 교정과 개설
1900		세계치과의사연맹(FDI)창립, 교합기 개발
1903		미국 찰스 랜드(Charles Land), 도재소부성 금관(porcelain jacket crown) 고안, 뮐러(Muhler)가 1909년 실용화
1901~1940		영국의사 윌리엄 헌터(Hunter), 국소감염설 주장 패인리스 파커(Painless Parker)의 상업적 광고와 네트워크 치과 운영
1905		일본 치과의사법 제정, 아인 혼(Alfred Einhorn), 프로케인 마취제 개발
1909		미국치의학교육평의회(Dental Educational Council of America)창립
1914		미국치주과학회의 설립(ADA로 인증, 1947)
1916		최초의 소아치과단체 "National Society of Children's Dentists" 창설
1919		릿터(Ritter)사, 드릴과 압축공기, 물, 조명이 달린 체어 개발
1926		FDI 회의에서 각국 정부에 치과공직책임자를 두기로 결정 미국 가이스 보고서(Gies Report)를 통해 6년제 치과대학 모델 개발
1927		일본 내 건강보험법 시행
1933		일본 치과의사법 개정으로 11개의 치과전문과 명이 폐지되고 치과로 통일됨

한국			세계	
		1944	미국소아치과의사회창설	
1945. 8. 15	광복	1945~	영국 Consultant Oral Surgeon 창설로 구강악안면외과로 발전.	
1945. 9. 24	위생국 치무과 신설	1947	미국 "American Academy of Pedodontics" 창립, 미국치과의사협회에서 자생적으로 출현한 전문분과승인(구강악안면외과, 교정, 소아치과, 치주과, 보철과)	
1945. 11. 1	경성치과대학 개교	1948. 6. 24	제1회 세계보건총회(WHO) 제네바 개최, 미국 국립치의학연구소 설립안 반포	
1945. 12. 9	조선치과의사회 설립	1948. 7	영국의 국가보건서비스(NSH)실시	
1946. 3. 29	보건후생부 치무국 구강위생과, 면허등록과	1949	월시(John Patrick Walsh)가 압축공기 고속치과용드릴 특허 획득, 미국구강병리과 승인	
1946. 5. 1	『조선치계』 발간	1950	미국치과의사협회에서 공중구강보건을 전문과목으로 공인	
1946. 6. 9~15	구강위생강조주간 설정			
1946. 8. 22	국립서울대학교 치과대학 설치			
1946. 9. 5	평양의학대학 개교(치의학과)			
1947. 5. 17	보건사회부 전문직국 치무과			
1947. 5. 19~1949	의치일원화운동			
1947. 5. 18	제1회 조선치과의학회 학술강연회			
1947. 10	김일성대학 개교(의학부 구강의학과)			
1948	북한 보건의료법 제정			
1948. 5. 5	조선구강위생연구소 개소			
1948. 11. 14	사회부 보건국 의무과 치무계			
1949. 3. 31	보건부 의정국 치무과			
1949. 5. 29	대한치과의사회로 개칭			
1950. 3. 31	보건사회부 의정국 의무과 치무계			
1950. 6. 25	6·25 전쟁			
1951. 9. 25	국민의료법 제정공포	1951	WHO 활동에 치과프로그램 포함 FDI불소 사용 지지 결의안 채택	
1952. 4	서울대학교 치과대학에 석사과정 개설(56년 구강외과학 석사 2명 배출)	1955	부노코레(Buonocore)가 산부식 후 아크릴릭 레진의 법랑질 접착강화	

한국		
1952. 3. 16	대한치의학회 국민의료법 의거 법정 단체로 설립	
1954. 11. 30	대한치과의학회지(협회지) 창간	
1955	군진치의학회 설립	
1955. 3	경북대, 전남대 치의학부 신설	
1955. 5	고려식 제1호 유닛승강체어 생산	
1957. 3	경북대, 전남대 치의학부 폐지	
1957	보건소법 제정, 원심주조기(centrifugal casting machine) 수입	
1958. 3. 26	아세아·태평양치과연맹(APDF) 가입	
1959. 1. 13	서울대 치의예과 신설	
1959	38선 치과학회 설립	
1959. 4. 28	대한치과의사협회로 개칭	
1959	대한치과의사협회의 분과학회 인준	
1959. 9. 12	세계치과의사연맹(FDI) 가입	
	초등학교치과설치조례 통과	
1960	대한치과의사협회 낙원동 회관 매입, 서울대학교 치과대학 박사과정 개설	
1960. 4. 19	4·19 혁명	
1961. 4. 2	보건사회부 의정국 치무과	
1961. 5. 16	5·16 군사정변	
1961. 8. 25	보건사회부 의정국 치무과 폐과	
1961	학교보건법 제정	
1961. 10	서울시 10개 초등학교 12,000명 불소도포 사업 시행	
1962. 3. 20	의료법 제정 공포	
1962. 10	제1회 치과의사전문과목표방시험에 응시자 전원 불참	
1961. 10. 2	보건사회부 의정국 의무과내 치무계 설치	
1962. 4. 4	치무담당관실로 변경	

세계		
1957	FDI 로마총회에서 미국인 존 볼던(John Borden)이 고속에어구동핸드피스(high speed air driven handpiece) 소개	
1959	미국국립치의학연구소 연구동 건축	
1960년대	유럽에서 레이저를 구강연조직 치료에 사용	
1963	미국치과의사협회에서 근관치료과를 전문분과로 공인	
1965	독일 지멘스(Siemens)에서 최초로 micromotor handpiece 출시	
1965. 7. 30	미국 메디케어, 메디케이드 시작	
1967	미국 주별 치과의사면허 필기와 실기시험 실시	

한국	
1963. 12. 16	의료보험법 제정공포
1963	의료보조원법제정 (치과위생사·치과기공사)
1964	산재보험 실시
1965	한일국교정상화로 X-ray와 에어터빈 확산. 제1회 의료보조원 국가시험 : 치과기공사탄생 연세의학기술수련원 치과위생사 양성
1966. 12. 8	경희대학교 치과대학 신설
1967. 2. 11	보건사회부 의정국 치무과 부활
1967. 4. 24~28	제5차 아·태치과연맹총회 서울에서 개최
1967. 12. 4	연세대학교 치과대학 신설
1969	보건범죄단속에 관한 특별조치법으로 부정의료업자 단속 강화
1970. 1. 10	보건사회부 치무과 치무담당관으로 개편
1971	치과의사 윤리강령 제정 선포
1972	전문의수련규정(대통령령) 치과전문의 수련제도(10개 과목)시행
1973. 2. 16	의료보조원법이 의료기사법으로 대체됨
1973. 12. 28	조선대 치과대학 및 경북대 치의예과 신설
1975. 12	보건사회부 의정국 치무담당관제 폐지 (치무업무는 의정2과에서 담당)
1977. 1. 12	치과의료문화상 제정
1977. 3. 12	보건사회부 치무가 의정3과로 이관
1977. 7. 1	의료보험실시(500명 이상 사업장)
1977. 10. 5	대한치과의사협회 "설탕 덜먹기" 운동 전개
1978. 10. 27	농어촌보건의료를 위한 특별조치법에 따라 보건소에 치과의사 공중보건의 배치
1978. 10. 7	전남대, 전북대 치의예과 신설
1978. 12.	원광대학교 치의예과 신설
1979. 1. 8	부산대 치의예과 신설
1979. 7. 1	의료보험실시(300인 이상 사업장 근로자)

세계	
1971	독일 요하킴 비홀(Joachim Viohl)의 초기 제안에 따라 FDI는 두 자리 치아표기법을 세계표준으로 도입함

	한국		세계
1979. 9. 22	단국대학교 치의예과 신설(천안분교)		
1980. 7. 30	교육개혁으로 졸업정원제 실시		
1980. 10. 2	전남대, 전북대, 원광대학교 치과대학 신설		
1981. 3. 1	부산대학교 치과대학 신설	1980년대	브레네막(Brånemark)이 치과임플란트 개발, 골유도재생술 도입
1981. 4. 1	보건사회부 치무행정, 의정국 의료제도과 담당	1981	FDI/WHO '2000년 까지 구강건강을 위한 국제적 목표' 선언
1981. 4. 25	대한치과의사협회 창립일을 1921년 10월 2일 조선치과의사회 창립총회일로 제정	1984	헐(Chuck Hull)이 steleolithography (SLA) 방법을 최초로 소개
1981	진해시, 청주시에서 수돗물불소농조조정시범 사업시작	1985	모먼(Mormann) 등이 치과진료실에서 장석형 도재 블록을 밀링하여 인레이를 제작하는 시스템을 개발하였으며 시멘스(Siemens) 사가 CEREC 개발 영상을 여러 기기에서 임상적으로 사용할 수 있는 데이터 포맷인 DICOM 제정
1984	보건소 및 보건지소에 치과위생사 배치	1986	헐(Chuck Hul)이 "stereolithography apparatus'라는 최초의 3D 프린터를 개발한 3D systems 사 설립
1987. 11. 25	의료법 개정으로 진료기관 간 진료기록 송부를 의무화	1987	앤더슨(Andersson)이 Procera system을 개발
1988	국민연금 실시 간호보조원을 의료법에 따라 간호조무사로 변경	1988	3D System 사가 최초로 사용 가능한 3D 프린터인 SLA-250을 소개 Stratasys의 창업자인 스콧 크럼프(Scott Crump)가 Fused Deposition Modeling (FDM) 방법을 개발
1988. 9. 17~10. 2	서울올림픽 개최		
1989. 2. 25	한국치정회 설립		
1989	"전문의의 수련 및 자격 인정 등에 관한 규칙" 입법 예고(보사부)		
1989. 4. 26~30	제14차 아·태치과연맹총회(서울)		
1991	강릉원주대학교 치과대학 설립	1990년대초	상아질 접착제, 미백제 개발됨, 말에 Ni-Ti file의 도입, 근거기반치의학 도입
1994	치위생과 교육기간 3년으로 연장, 과천시민주도 수돗물불소농도조절사업 시작	1994	FDI/WHO '구강건강의 국제년도(International Year of Oral Health' 선언, Siemens 사 CEREC 2 개발
1994. 12. 7	대한치과의사협회회관 이전 (성동구 송정동 81-7)	1996	콘빔 CT가 처음으로 유럽 시장에 나옴

한국	
1995	고용보험실시
1995. 9. 1	국민건강증진법시행령공포, 일반건강진단시 구강검사(1인당 1,500원)
1996. 5. 13	보건(지)소장 치과의사 임용 가능 지역보건법 입법 제정, 사단법인 한국구강보건원 창립
1997. 6. 9	대한치과의사협회 금연운동 전개
1997. 9. 5~9	제85차 세계치과의사연맹(FDI)총회(서울) 개최
1997. 11. 29	보건복지부 보건국 구강보건과 설치 치협 인터넷홈페이지 개설
1998. 6. 16	국제표준화기구(ISO) 치과분야(TC106) 가입
1998. 8. 1	치주치료 희망회원제도실시 (5,051개 치과의원)
1998. 7. 24	국립치과대학병원 독립법인화 정책과제 채택 건의(대 :교육부) 송합병원 치과 폐지 법령개정 반대
1998. 10. 1	고용보험법 개정안 (1인 이상 전 사업장 당연 적용)
1999. 2. 8	국민건강보험법 제정, 시행(2000. 7. 1)
1999	Brain Korea(BK) 연구지원사업 시작, 초등학교 학교구강보건실 설치 시작
1999 10. 28	우리민족 서로 돕기 운동 보건의료협력본부 결성
2000. 1. 12	구강보건법 제정 공포(법률 제6163호) 외국 영주권취득자에 대한 특례시험제도 폐지(법률 제6157호)
2000 5. 29	한국구강보건의료연구원 설립, 국가의 국민구강건강실태조사 시작
2000. 7. 1	국민건강보험공단 출범 기공영역에서 CAD/CAM을 사용
2001	치협 대의원총회에서 치과전문의 관련 3대 원칙 합의
2001	수돗물불소농도조정사업이 36개 정수장에서 443만 명(총인구의 9.4%) 급수 장애인학교에 구강보건실 설치 시작
2002	연세대학교 원주의과대학 4년제 치과위생학부과정 개설

세계	
1997	미국 치과대학 54개(공립 35개, 사립 19개)
1997	아시아소아치과연합회(PDAA) 창설
1998	콘빔 CT가 치과계에 사용
1999	Sirona 사가 CEREC 3와 InLab 개발
2001	FDI 세계 구강보건 격차 해결을 위한 위원회(World Dental Development & Health Promotion Committee) 설치
2002	미국소아치과의사회(ASDC)가 미국소아치과학회(AAPD)로 합병
2003	WHO, FDI, IADR. '2020년 까지 구강건강을 위한 국제적 목표' 선언

	한국
2002. 4	제24차 아·태치과연맹총회 서울개최 및 이기택 회장 당선
2003	전자처방전 발부 및 원격의료서비스제공 허용
2003. 5. 29	서울대학교치과병원설치법 제정
2003. 11. 10	국민건강보험요양급여 기준에 관한 규칙 개정
2003	치과전문의관련 대통령령, 시행규칙 제정 및 시행, 의료기관평가제도 도입 전문대학 치위생과 10개교 400명 신설 또는 증설
2003. 7. 8	대한구순구개열학회 인준
2003~2005	제91차 세계치과의사연맹(FDI)총회 회장 윤흥렬 역임
2004	장애인치아건강잔치 업무를 스마일복지재단에 이관, 치과전문의제도 실시에 따른 전공의 선발(10개 과목)
2005~2007	7개 치과대학이 치의학전문대학원으로 전환 (연세대는 일부 전환)
2005	의료광고금지(구 의료법 제46조 제3항) 위헌 판결
2006. 4. 29	치과의사윤리선언 전문 개정
2007. 2. 11	의료법 전면개정안 반대 과천 궐기대회
2007. 3. 20	보건복지부 구강보건팀 해체 (생활위생팀으로 통합)
2007. 10. 4	학교보건법 개정 : 구강검진의무대상을 초등학교 1, 4학년에서 전 학년으로 확대
2007. 6. 29	국립대학치과병원 설치법 통과
2007. 7. 14	치정회 청산과 치과의료정책연구소 설립
2007. 12. 24	한국치의학평가원설립 인가
2008. 1. 4	치과의료정책연구소 개소, 라이나 생명의 치과민간보험 상품 출시
2008. 1. 10	치과의사전문의시험 실시
2008. 1. 16	재단법인 한국치의학교육평가원 설립 (한국구강보건의료연구원 통합)
2008. 9. 23	치과대학병원 분원설립안 확정
2008. 10	보건복지부 구강·생활위생과로 복원

	세계
2003	구치부 복합레진 간접 수복 장비 Tescera 도입
2004	FDI, WHO 케냐 나이아로비총회에서 구강건강이 기본 인권임을 선언
2005	FDI, WHO '담배냐 구강건강이냐' 발행
2006	FDI,WHO, IADR 불소사용을 기본 인권으로 지정
2008	WHO, FDI는 제1회 '노마(Noma)의 날' 기념식에서 빈곤병에 주목하기로 함

한국	
2009. 4	보건복지부 구강·생활위생과에서 구강생활건강과로 개편
2009. 12	만 14세 이하 치아 홈메우기 건강보험급여화
2011	보건복지부 구강생활건강과에서 구강가족건강과로 바뀜. 대한치과의사협회와 유디 치과네트워크 간 갈등 심화
2012. 2. 1	강화된 1인 1개소 법, 의료인단체중앙회 윤리위원회 구성. 한국의료분쟁조정중재원설립
2013	세계소아치과학회 개최 만 75세 이상 완전 틀니(레진상) 보험급여화
2013. 7	만 20세 이상 전악 치석제거, 만 75세 이상 부분 틀니 보험급여화
2014. 7. 1	만75세 이상 노인 임플란트 건강보험 적용
2015	의료광고사전심의 위헌 판결 전국 177개 초등학교 학교구강보건실 설치
2015. 5	1차 의료기관 전문과목표방금지 및 외국치과의사전문의수료자시험불가 위헌 판결
2016. 7. 1	만65세 이상 완전 틀니, 부분 틀니, 임플란트 보험급여
2016. 7. 21	대법원 치과의사의 안면 보톡스 시술 적법 판결
2017	3개 치의학전문대학원, 8개 치과대학 체제로 전환
2018	통합치의학과신설 의료광고사전심의제 부활 일부 개정
2019. 1	보건복지부 구강정책과 설치
2019	만12세 이하 광중합형 복합레진 충전, 구개구순열환자의 치과교정 및 악정형치료 보험급여화
2019. 7	대한치과의사협회 전문가평가제 시범사업 실시
2019	서울 APDF 개최 김철수 차기회장, 이지나 FDI 이사 및 세계여자치과의사회 부회장선출
2019. 8. 29	1인 1개소 법 합헌 판결
2022	치과의사국가고시에 실기시험 포함

세계	
2011	구치부 복합레진 간접 수복 장비 Tescera 도입
2011	UN이사회는 세계 각국의 주요 건강문제인 구강질환을 비전염성질환의 예방과 조절 범주로 선언
2012	FDI, '비젼 2020 : 구강보건의 미래 구축'발행
2013	최초로 3 Shape 사에서 흑백 버전의 구강스캐너 출시
2014	칼라 버전의 구강 스캐너 출시
2015	WHO, '성인과 소아의 설탕 섭취 지침서' 발행
2015	FDI는 구강질환이 만성질환으로, 치과의사의 전신과 삶의 질에 대한 책임 선언
2016	클라우스 슈밥(Klaus Schwab)이 세계경제포럼에서 4차 산업혁명을 주창

참고문헌

서장
이한수, 『齒科醫史學』, 연세대학교출판부, 1988.
허영선·김상배, 『네트워크 지식국가』, 을유문화사, 2006.

제1강
신재의, 『논문자료집 한국치의학사 연구』, 참윤퍼블리싱, 2005.
기창덕, 『增補韓國齒科醫學史』, 아카데미아, 1996.
이한수, 『韓國齒學史』, 서울대학교출판부, 1988.
이양수 외 11명, 『뼈? 뼈! 고인골, 개인의 삶에서 시대의 문화를 읽다』, 국립김해박물관, 2015.
이병태, 「단군조선시대의 치과의학에 관한 문헌고찰」, 『대한치과의사학회지』, 1988.
김종열, 「韓國先史時代人 人骨의 個人識別-주로 齒牙를 中心으로」, 『대한치과의사협회지』, 1976.
강응천·김덕련·김형규·백성현, 『세계사와 함께 보는 타임라인 한국사』, 다산에듀, 2013.
여인석·이현숙·김성수·신규환·김영수, 『한국의학사』, 역사공간, 2018.
Richard Potts and Christopher Sloan, *What does it mean to be human?*, National Geographic. Washinton D.C. 2010; 배기동 역, 『인간이 된다는 것의 의미』, 주류성, 2013.
Hoffman-Axthelm W., *History of Dentistry*, Quintessence, 1981 ; 『세계치과의학사』, 페릭스 마 아태 이바네즈, 『의학사서설』, 최진환 역, 『의약계사』, 1967.

제2~4강
기창덕, 『韓國近代醫學敎育史』, 아카데미아, 1995.
광주기독병원선교회, 『제중원 편지』 2, (주)피디아이, 2018.
대한치과의사협회, 『대한치과의사협회사』, 2010.
신재의, 『한국근대치의학사』, 참윤출판사, 2004.
신재의, 『한국근대치의학교육사』, 참윤출판사, 2005.
신재의, 『한국치의학사 연구』, 참윤출판사, 2005.

신재의·신유석, 『한국 현대 치의학의 발전』, 참윤출판사, 2015.
신재의·신유섭, 『한국 근대의료의 인식』, 참윤출판사, 2015.
이경록, 「『향약구급방』과 『비예백요방』에 나타난 고려시대 의학지식의 흐름-치과와 안과를 중심으로-」, 『사림(성대사림)』 48권, 2014.
이해준, 「동아일보 기사로 살펴본 최초의 의학, 치의학 영역분쟁」, 『대한치과의사학회지』, 2017.
신규환, 『페스트 제국의 탄생』, 역사공간, 2020.
조영수, 『식민지 조선의 입치사-국가기록원 자료를 중심으로』, 『대한치과의사학회지』, 2008.
조영수, 『일제하 조선의 근대적 치과이업과 식민지배』, 인제대학교 인문의학과 역사학 박사학위논문, 2011.
조선농촌사회위생연구회, 『조선의 농촌위생-경상북도 달리의 사회위생학적조사』, 암파서점, 1940.
서울대학교 치과병원, 『1924~2006 서울대학교 치과병원사』, 2007.
연세대학교 치과대학, 『연세치의학 100년사』, 연세대학교대학출판문화원, 2015.
이주연, 『한국 근·현대 치과의료체계의 형성과 발전』, 혜안, 2006.

제5강

조선치계, 『조선치계사』, 1946.
연세대학교 의과대학 의사학과, 「해방과 세브란스학도대의 활동」, 『延世醫史學』, 6(2), 2002. 12.
김문조, 나의 치과입문, 치의신보 1984. 6. 15~1985. 4. 27(46회)

제6강

대한구강생물학회 홈페이지(www.kaob.or.kr).
대한구강악안면외과학회, 『대한구강악안면외과학회 50년사』, 의치학사, 2009.
대한구강해부학회, 『대한구강해부학회 50년사』, 2013.
대한악안면성형재건외과학회, 『학회40년사』, 의치학사, 2001.
대한예방치과·구강보건학회, 『대한구강보건학회 50년사』, 청해문화사, 2013.
대한소아치과학회, 『대한소아치과학회 50년사』, 2009.
대한치과보철학회, 『대한치과보철학회 60년사』, 2011.
대한치과보존학회, 『대한치과보존학회 50년사 1959~2009』, 2011.
대한치과교정학회, 『대한치과교정학회 50년사』, 2009.
대한치과재료학회, 『대한치과재료학회 50년사』, 대한나래출판사, 2016.
이주연·김명기, 「서울대학교 치의학대학원과 경성치과의학교의 역사적 연속성에 관한 고찰」, 서울대학교 치의학대학원, 2016.
경북대학교 치과대학·치의학전문대학원 홈페이지(https://dental.knu.ac.kr).
경희대학교 치과대학·치의학전문대학원 홈페이지(http://dental.khu.ac.kr).
서울대학교 치의학대학원 홈페이지(https://dentistry.snu.ac.kr).

연세대학교 치과대학 홈페이지(http://dentistry.yonsei.ac.kr).
www.kapdoh.or.kr/html/about/history.php
www.kadm.org/modules/doc/index.php?doc=history&___M_ID=23

제7강
강신택, 「대학졸업 정원제의 변형과정 고찰」, 『행정논총(서울대학교)』, 1986.
전혜숙, 『오바마도 부러워하는 대한민국 국민건강보험』, 밈, 2010.
김병환·윤병준·윤치근 등, 『건강보험의 이론과 실제』, 계축문화사, 2010.
김창엽, 『건강보장의 이론』, 한울, 2009.
이규식, 『의료보장과 의료체계』, 계축문화사, 2004.
이두호·차흥봉·엄영진·배상수·오근식, 『국민의료보장론』, 나남, 1992.
문옥륜, 『한국의료보험론』, 신광출판사, 1991.
김철신·류재인·신보미 등, 『국내외 민간치과보험 현황에 대한 기초자료 조사』, 치과의료정책연구소, 2013.
박형종, 「알마아타 선언 및 세계보건기구권장사항」, 『1차 보건의료』, 한국보건개발연구원, 1978.

제8강
강릉원주대학교 치과대학 홈페이지(http://dentistry.gwnu.ac.kr).
건강형평성 확보를 위한 불소시민연대, 『건강형평성 확보를 위한 불소시민연대 출범식 자료집』, 건강형평성 확보를 위한 불소시민연대, 2013.
구강보건학교재편집위원회, 『공중구강보건학』, 대한나래출판사, 2019.
수돗물불소농도조정사업 30주년기념사업협의회, 『수돗물불소농도조정사업 30주년기념사업협의회 출범식 자료집』, 수돗물불소농도조정사업 30주년기념사업협의회, 2011.
한영철, 『한국의 산업구강보건 약사』, 산업구강보건, 1997.

제9강
교육과학기술부, 『의·치의학 교육제도 개선계획』, 2010.
변기용, 「의학전문대학원 정책 과정에서의 정책오차와 정책오차 수정제약요인 분석: 정책오차 수정실패의 제도화' 현상을 중심으로」, 『교육행정학연구』, 2015.
치의학전문대학원 추진단 교육과정개발 연구부, 『치의학전문대학원 교육과정 개발에 관한 연구 결과보고서』, 교육인적자원부, 2003.
한국보건의료인국가시험원, 『보건의료인 국가시험제도 변천』, 2012.
한국치의학교육평가원, 『한국치의학교육평가원 안내 자료』, 2017.
제임스 윈브랜트 저, 김준혁 옮김, 『치의학의 이 저린 역사, 지식을 만드는 지식』, 2015.
강신익, 「생명의료윤리의 역사와 철학 : 치과의사의 윤리를 중심으로」, 『의사학』, 2002.

강신익, 「치과의사의 전문직업성과 윤리」, 『한국의료윤리학회지』, 2002.
강부월 외, 『치과위생학 개론』, 청구문화사, 1994.
남웅옥 외, 『치과위생학 개론』, 청구문화사, 2007.
용기훈, 『치과의료기관의 치과위생사와 간호조무사의 직무만족도에 대한 연구』, 연세대학교 대학원 석사학위논문, 2015.
권호근, 「치과위생사 업무 영역의 현실과 발전방향」, 『대한치과의사협회지』, 2002.
권소연, 「치과위생사제도 비교를 통한 시간선택제 근무 활성화 방안」, 『치의학의 역사 학생논문집』, 서울대학교 치의학대학원, 2016.
Zillén PA, Mindak M, World dental demographics, Int Dent J, 2000.

제10강

신영전, 『'의료민영화'정책과 이에 대한 사회적 대응의 역사적 맥락과 전개』, 비판과대안을 위한 사회복지학회, 2010.
이상수, 『"우리나라 치과 의료기관의 네트워크 가입 현황 및 만족도 조사"』, 연세대학교 대학원 치의학과 석사학위논문, 2006.
강민홍, 『치협이 의료영리화 반대하는 '4가지 이유'』, 건치, 2014.
류장훈, 「1인 1개소 법은 시대착오적… 의료 첨단화·진료비 합리화 막아」, 『중앙일보』, 2019.
치과의료정책연구원, 『2018 한국 구강보건의료의 현황』, 한국치과연감, 2018.
강희정, 『문제인 정부 2년, 보건정책의 진단과 정책과제』, 한국보건사회연구원 보건정책연구실, 2019.
김준래, 「네트워크병원과 의료기관 복수 개설·운영 금지 제도에 관한 고찰」, 『의료법학』, 2016.
국민건강보험공단, 『일반 병원 및 네트워크 병원 진료행태 비교』, 2016.
이흥수, 「한국산업구강보건 10대 사건」, 『산업구강보건』 2019년 제1호.

제11강

이주연, 「의료법 개정을 통해서 본 국가의 의료통제」, 『의사학』, 2010.
손명세, 『보건의료법제의 변천』, 법제처, 2000.
양승욱·신성수, 『치과의사가 꼭 알아야 할 법률상식』, 명문출판사, 2005.
대한치과의사협회, 「전문치과의 제도 추진 경위」, 『대한치과의사협회지』, 1990.
서울대학교 건강증진기금사업지원단(김명기 등), 『치과의사전문의 인력수급 등에 관한 연구』, 2004.
이상영 외, 『치과의사 전문과목 신설 등 전문의제도 개선방안에 관한 연구』, 『한국보건사회연구원 정책보고서』, 2016.
손국호·강현호·이화연, 「치과전문의제도의 나아갈 방향 모색」, 『대한치과보철학회지』, 2001.
강현호, 「齒科專門醫制度에 대한 法的 考察」, 『성균관법학』, 2000.

박형욱, 「대한의사협회와 자율규제」, 『대한치과의사협회지』, 2016.

김한나 · 김계현 · 이얼, 『의료광고 규제 현황 및 개선방향』, 대한의사협회 의료정책연구소, 2017.

이세정, 「의료광고규제의 개선방안에 관한 연구」, 『법제연구』, 2008.

Lantos GP, Advertising : Looking Glass or Molder of the Masses?, J Pub Pol Market, 1987

Kirkpatrick J., In Defense of Advertising, Upland (CA) : TLJ Books, 2006.

Ventola CL., Direct-to-Consumer Pharmaceutical Advertising : Therapeutic or Toxic?, P&T, 2011

김준혁, 의료광고 사전심의제도에 대한 윤리적 고찰. 생명, 윤리와 정책, 2018

강은정, 「합법 판결은 존중… "안정성 · 유효성은 동의 못해"」, 『치의신보』 2018년 12월 6일(검색: 2019년 6월 25일, http://dailydental.co.kr/mobile/article.html?no=104716).

제12강

The Oral Health Atlas Second Edition, The Challenge of Oral Disease, 세계치과의사연맹(FDI), 2015.

The World Oral Health Report 2003, 세계보건기구(WHO), 2003.

대한치과의사협회 치과의료정책연구원, 『2017 한국치과의료연감』, 2018.

우재만(http://www.dentalarirang.com/news/articleView.html?idxno=21139).

윤홍철 · 김백일(http://www.dentalarirang.com/news/articleView.html?idxno=21812).

박지만(http://www.dentalarirang.com/news/articleView.html?idxno=22688).

김현주(http://www.dentalarirang.com/news/articleView.html?idxno=22119).

이연희(http://www.dentalarirang.com/news/articleView.html?idxno=21400).

제13강

Bhargav A, Sanjairal V, Rosa V, Feng LW, Fuh YH J, Applications of additive manufacturing in dentistry: A review, J Biomed Mater Res B Appl Biomater, 2018.

Burkhari S, Goodacre BJ, AlHelal A, Kattadiyil MT., Richardson PM, Three-dimensional printing in contemporary fixed prosthodontics: a technique article, J Prosthet Dent, 2018.

Jokstad A., Computer-assisted technologies used in oral rehabilitation and the clinical documentation of alleged advantages-a systematic review, J Oral Rehabil, 2017.

Khanna SS, Dhaimade PA, Artificial intelligence: Transforming dentistry today, Indian J Basic Appl Med Res, 2017.

Lin WS, Harris BT, Phasuk K, Llop DR, Morton D, Integrating a facial scan, virtual smile design, and 3D virtual patient for treatment with CAD-CAM ceramic veneers: A clinical report, J Prosthet Dent, 2018.

Raith S, Vogel EP, Anees N, Keul C, Guth JF, Edelhoff D, Fischer H. Artificial neural networks as a powerful numerical tool to classify specific features of a tooth based on 3D scan data. Comput Biol Med, 2017.

Han SJ. The Fourth Industrial Revolution and oral and maxillofacial surgery. J Korean Assoc Oral Maxillofac Surg, 2018.

Zimmermann M, Mehl A. Virtual smile design systems: a current review. Int J Comput Dent, 2015.

Burkhari S, Goodacre BJ, AlHelal A, Kattadiyil MT., Richardson PM. Three-dimensional printing in contemporary fixed prosthodontics: a technique article. J Prosthet Dent, 2018.

Jokstad A. Computer-assisted technologies used in oral rehabilitation and the clinical documentation of alleged advantages-a systematic review. J Oral Rehabil, 2017.

Khanna SS, Dhaimade PA. Artificial intelligence: Transforming dentistry today. Indian J Basic Appl Med Res 2017.

Lin WS, Harris BT, Phasuk K. Llop DR, Morton D. Integrating a facial scan, virtual smile design, and 3D virtual patient for treatment with CAD-CAM ceramic veneers: A clinical report. J Prosthet Dent, 2018.

Raith S, Vogel EP, Anees N, Keul C, Guth JF, Edelhoff D, Fischer H. Artificial neural networks as a powerful numerical tool to classify specific features of a tooth based on 3D scan data. Comput Biol Med, 2017.

Han SJ. The Fourth Industrial Revolution and oral and maxillofacial surgery. J Korean Assoc Oral Maxillofac Surg, 2018.

Zimmermann M, Mehl A. Virtual smile design systems: a current review. Int J Comput Dent, 2015.

Marks A, Mertz E, Leadership Development : A Critical Need in the Dental Safety Net, Center for the Health Professions at the University California, San Francisco, 2012.

Taichman RS et al., Leadership Training for Oral Health Professionals : A Call to Action, Journal of Dental Education, 2012.

저자 소개

저자	집필 분야	약력
이주연	연구책임자, 서장, 총괄	연세대학교 치과대학 치과역사학 겸임교수, 세브란스치과의원 원장
강신익	치의학 역사, 윤리, 미래	부산대학교 치의학전문대학원 의료인문학교실 주임교수
권훈	통일신라–조선, 박물관	조선대학교 치과대학 겸임교수, 미래아동치과 원장
김병옥	석기–삼국시대	조선대학교 치과대학·치의학전문대학원 학(원)장, 치과병원장, 대한치주과학회 부회장, 및 치과의사학교수협의회 2대 회장 역임, 치주과학 교수
김성훈	4차혁명과 디지털치의학	서울대학교 치과병원 치과보철과 과장, 치의학대학원 치과보철과 교수 역임, 김성훈치과의원원장
김준혁	윤리, 영역분쟁, 윤문	연세대학교 치과대학 치의학교육학교실 조교수
김형준	구강악안면외과학	연세대학교 치과대학병원 구강악안면외과 과장 역임, 구강악안면외과학교수, 대한구강악안면외과학회 이사장
류인철	학회, 사회공헌	서울대학교 치과병원장, 대한치주과학회 회장, 서울대학교 치의학박물관 관장 역임, 치의학대학원 치주과학 교수
박덕영	의료(건강)보험	강릉원주대학교 교학부총장, 치과대학 학장, 세계치과의사연맹공중보건위원회위원 역임, 예방치학 교수, 대한치과보험학회회장
박병건	치과대학(원) 교육	전북대학교 치의학전문대학원장, 한국치의학교육학회 회장 역임, 전북대학교 치과대학 구강해부학교수, 한국치의학교육평가원 교육위원장, 치과의사학교수협의회 6대 회장
백장현	치과보철학	경희대학교 치과대학 보철과 교수, 미국보철학전문의
손우성	치과전문의, 치과교정학	부산대학교 치의학전문대학원 학장, 치과진료처장, 치과의사학교수협의회 4·5대 회장 역임, 치과교정학 교수
신재의	일제강점기	대한치과의사협회사 편찬위원장, 서울시치과의사회 편찬위원장, 대한치과의학회회장, 서울대 치과의사학 외래교수 역임
양승욱	의료법, 치과의료법	양승욱 법률사무소 변호사, 한국의료분쟁조정중재원위원, 서울대학교치의학대학원 기관윤리심의위원
유미현	구강병리학, 학회, 치과의료인력	부산대학교 치의학전문대학원 구강병리학교수
유승훈	치과경영, 소아치과학	단국대학교 치과대학 치의예과 학과장, 소아치과과장, 소아치과학교수 역임, 송하유승훈소아치과의원 원장
이석우	국제교류	미국 매릴랜드대학교, 콜롬비아 대학교 치주학 교수 역임, 전남대학교 치의학전문대학원 치주학 및 치의학교육학 교수
이해준	조선말 실학과 개화기	대한치과의사협회 감사, 대한치과의학회 부회장, 이해준치과의원 원장, 서울대학교 치과대학 치주과 외래교수
이흥수	구강보건, 행정	건강사회를 위한 치과의사회 공동대표, (사)한국산업구강보건원 이사장 역임, 원광대학교 치과대학 학장, 예방치학 교수
조영수	대한제국–해방기	대한치과의사협회 치무이사, 대한치과의학회 회장, 치과의사학교수협의회 초대회장 역임, 백상치과의원 원장
허경회	영상치의학	서울대학교 치의학대학원 영상치의학 교수

색인

ㄱ

가상수술 330
가상현실 320
가이스 보고서 343
가황고무틀니 110
갈레노스(Galenos) 44
개면금관(open crown) 97
개인식별 238
건강보험 247
경성치과의학교 108
경성치과전문학교 109
경영주도형 치과 네트워크 196
『고려사(高麗史)』 58
고모리(小森) 95, 96
고속엔진 164, 317
고치법(叩齒法) 63
골 고정원 206
공무원 및 사립학교 교직원 의료보험 181
과외 181, 183
과잉진료 235
광주 113, 134, 168, 169, 178, 182, 190, 261, 309, 367
광주기독병원 113
광중합형 복합레진 257
교모증(Attrision) 31, 32
교육개혁 341, 342, 344
교육개혁안 181, 182, 219
구강검진 116, 134, 198, 245, 251
구강보건 리더십 354
구강보건법 23, 207, 213, 244, 259, 284
구강보건행정 143, 173, 176, 185, 212, 246, 259, 260
구강 생태계(oral ecosystem) 341
구강 스캐너(Intraoral Scanner) 323
구강악안면외과 154, 197, 202, 215, 216, 258, 279, 331, 333
구강암 23, 169, 200, 297, 299, 304, 307, 334,
구강종양연구소 306
구강학(stomatology) 18, 136, 336, 337
구석기시대 30
구취 68, 69, 294
국가보위비상대책위원회 182
국립대학교병원설치법 227, 228
국립서울대학교 설치안(국대안) 134
국립치의학연구원 307
국민건강 133, 176, 251, 314, 345
국민건강보험공단 209, 265
국민건강증진종합계획 262, 295
국민의료법 145, 162, 176, 276
국민의료보험관리공단 209
국민의료보험법 209
국소의치 155, 231
국제교류 188, 205, 311
국제리더십 313
국제표준화기구 188, 311
국채보상운동 201
군진치의학 153, 176
귀금(貴金) 74
귀면와(鬼面瓦) 56
근관치료 156, 172, 190, 203, 247
금 배급 130
금연운동 199, 201, 213
금연 치료 지원 프로그램 200
기초의과학연구지원센터 (Medical Research Center, MRC)사업 306
기초치의학 307, 344, 349, 352
김일성대학 의학부 구강의학과 137
김해 34, 36
끌개(attractor) 357

ㄴ

나기라(柳樂) 108, 109, 130
나무라기(糾問) 윤리 233
네거티브 방식 276

네비게이션 수술 330
네트워크 치과 236, 248, 250
노다(野田應治) 95~97
노인임플란트 253
노인치과학 293
노인틀니 253
뉴스마(Nieusma) 168, 169
늑도 34, 36

ㄷ

담배 200, 201
대한소아치과학회 157, 190
대한악안면성형외과학회 157
대한치과교정학회 157, 310
대한치과기초치의학회 157
대한치과의사학회 157
대한치과의학회 157
대한치의학회 293
대한치주학회 256
『동의보감(東醫寶鑑)』 67, 68, 70
두경부규격촬영고정장치(Cephalometer) 156
뒤섞기(Blending) 348
뒤집어 배우기(Flipped Learning) 350
디지털 틀니 329
딥러닝(deep learning) 319, 334
따지기(彈劾) 윤리 233

ㄹ

러일전쟁 96

ㅁ

만성 비전염성질환(Non Communicable Diseases, NCD) 18
맥안리스(J. A. McAnlis) 109, 111
면허관리기구 288
면허시험 226
문제바탕학습(Problem Based Learning) 225, 351
미세신경재건수술 202
민간치과보험 259
밀러(Willoughby Miller) 16, 365

ㅂ

바른이의 날 310
박명진 130, 135, 155
발치 32, 34~36, 38
발치사(tooth-drawer) 16, 84, 85, 94, 366
배비장전(裵裨將傳) 79
법치의학 167, 171, 190
벽사진경(辟邪進慶) 57
보건의료기본법 269
보라매병원 사건 233
보톡스 278
보편적 의료보장 284
복잡계 357
복합레진 257
부정교합 23, 190, 204, 205, 215
부츠(J. L. Boots) 109, 111, 114
불설주치경(佛說呪齒經) 54
불소도포 247
불아(佛牙) 54
BK 프로젝트 306
비판적 사유(critical thinking) 338
빅데이터 255, 259, 319, 358

ㅅ

4인방 130
사전심의제도 276
4차 산업혁명 18, 317, 319
산업구강보건 198
삶 345
38선 치과학회(38th Parallel Dental Society) 154
상대가치수가 207
상술(商術) 72
상업주의 232, 234
생명윤리 232
생태적 규범 340
서울대학교치과병원설치법 227

선교치과의사 97, 113, 169, 364
선조흔(線條痕) 31
설명의무 271
설탕섭취량 193
세계보건기구(WHO) 18, 72, 255, 260
세계치과의사연맹(FDI) 18, 150, 151, 213, 237, 255, 274
세브란스 병원 치과센터 109
소아치과 204
소어스(James Soues) 94, 95
송지(松脂) 64
수돗물불소농도조정사업 210, 211, 213
쉐플리(W. J. Sheiffley) 106, 364
스마일재단 297
스케일링 38, 70, 113, 245, 247, 249, 255, 256
스포츠치의학 308
승리산 30, 32
신경병변성통증(neuropathic pain) 303
신뢰 359
신석기시대 36
실기시험 85, 227
실학자 77, 79, 80
3D 프린터 321

ㅇ

아성(牙城) 39
아세아태평양치과회의 164
아폴로니아(Apollonia) 365
악착보살(齷齪菩薩) 56
안종서 130, 131, 135
알렌(Horace N. Allen) 93

앎 345
양악수술 202, 215
에어터빈 154, 164, 172
X선 100, 298
MRC 사업 307
『여용국전(女容國傳)』 79
역량(Competency) 62, 66, 226, 349, 355
영상치의학 298, 363
오동찬 309
외과용 로봇 333
외과-치과의 86
우식경험영구치지수 194
우식경험유치지수 175
원가보전율 247
원격의료 274, 289
원격치과의료(Teledentistry) 318
원형절제술 36
유닛 체어 106, 108, 172, 317, 319
유리이사금(儒理尼師今) 42, 43
유승재 189
윤리위원회 187, 273, 287
윤흥렬 151, 200
음양오행설 16, 37, 45
음주 304
의과학자 220, 222, 223
의녀제도(醫女制度) 73
의료광고심의위원회 276
의료보조원법 160
의료보험공단 180
의료보험법 179
의료보험제도 179, 185, 195, 207
의료보험통합 209
의료보호법 181

의료영리화 18, 243, 262
『의방유취(醫方類聚)』 63, 65
의사 파업 233
『의약론』 66
의·치의학전문대학원(의·치전원) 219~223
의·치일원화운동 143
이발외과의(Barber-Surgeon) 16, 84, 94
이사금 42, 43
이양숙 112
이유경 112, 130, 131, 135, 151
이익 77
인공지능(Artificial intelligence, AI) 319, 324, 330, 342, 359
인두법 78
인술(仁術) 71
1인 1개소 법 248~251
임의의료보험 179
입치사(入齒士) 95, 97
입치영업취제규칙 105
입학정원제 184
잇몸의 날 256

ㅈ

자기결정권 270, 277
자기조직화(self-organization) 357
자원기준상대가치체계 208
자율규제 234, 273, 287
자율지표관리제도 208
장덕(張德) 74
장애인구강진료센터 297
저작기능 215, 301
전문가주의(professionalism) 87, 125, 234
전문대학원제도 222

전문직 윤리(professional ethics) 232, 233
전자의무기록(Electronic Medical Record, EMR) 321
절단교합(edge-to-edge bite) 31, 35
정량적 감각기능 검사 (Quantitative sensory test; QST) 303
정보라 114, 130, 135, 151
정약용 77, 78, 80
제중원 93, 98, 113
조도 34, 35
조선구강위생연구소 134
『조선왕조실록(朝鮮王朝實錄)』 76
『조선치계』 131
조선치과의사회 119, 120, 123, 130
존 헌터(John Hunter) 88
졸업정원제 23, 181~184
주술사 30
중개연구 307
증강 현실 320
증거기반의학(Evidence Based Medicine) 350
『증수무원록(增修無愿錄)』 62, 73
지역사회 통합 돌봄사업 296
지치(智齒) 34, 43
직업전문화(professionalization) 339
직장의료보험 181
진료접근성 181
진정성(Integrity) 355

ㅊ

창발(emergence) 357
채색 41
책무(Accountability) 355
처용(處容) 57
철기시대 34, 45
청동기시대 30
『청파극담』 75
초청 연수 프로그램 312
초합리성 339
최금봉(崔錦鳳) 121
최한기 78, 79
충전법 60, 63, 70
치과교정과 156, 205, 258
치과근무 간호조무사 228
치과 금연치료 202
치과기공사 228
치과병원법인 227
치과보조인력 228
치과보존과 155
치과부적(齒科符籍) 81
치과위생사 228
치과의료선교사 168
『치과의료윤리매뉴얼(Dental Ethics Manual)』 237
치과의료전달체계 186, 274
치과의료체계 19
『치과의사(Le Chirugien Dentiste)』 17, 86
치과의사 국가시험 225, 226
치과의사규칙 22, 105
「치과의사 윤리선언」 233
「치과의사 윤리헌장」 234
『치과임상윤리(Dental Ethics at Chairside)』 237
치과 임플란트 307, 313, 323~326
치과전문의 154, 171, 202, 274, 275
치과전문의제도 146, 160, 274, 275, 282
치과주치의 252, 259, 262
치과촉탁의제 296
치과학(dentistry) 18
치면막 세균 175
치석제거 38, 79, 254
치아벌레설 16, 38, 39
치아상해보상(齒牙傷害補償) 58
치아우식증(충치) 16, 246, 260, 263, 294
치아홈메우기 245, 252
치위생윤리 237
치의예과 153, 173, 181, 221, 227
치의학교육제도 224, 226
치의학교육평가원 225
치의학교육학회 225
치의학박물관 363~365
치의학 분과학회 157
치의학역사관 366, 367
치의학전문대학원 19, 23, 99, 219, 220, 224, 227, 239, 248, 307, 355, 367
치주질환 23, 63, 71, 80, 200, 254, 255, 263, 294, 296, 302
치주질환(잇몸병) 23, 63, 80, 190, 200, 254, 255, 263, 294
치주치료 희망회원제도 208
치취당인(齒取唐人) 58
치통 43, 54, 59
치흔 167

ㅋ

캐드/캠(CAD/CAM, Computer Aided Design/ Computer Aided Manufacture) 322
커피 94
컨볼루션 신경망(convolutional neural network) 319
켈룸 리비(J. Kellum Levie) 113, 168
콘빔 컴퓨터단층촬영 검사(콘빔 CT, Cone Beam Computed Tomography) 247, 298, 327
큐레이(Q-ray) 301
클라우드 컴퓨팅(Cloud computing) 319

ㅌ

턱관절의 날 281
턱관절질환 23, 215, 281, 282
통일치의학협력센터 314
통증 29, 31, 38, 39, 43, 70, 147, 203, 255, 281, 299, 303, 304, 390
통합치의학과 275
틀니의 날 253

ㅍ

파노라마 172, 263, 264, 306, 334, 342
편두술 34
포지티브 방식 276
프랙탈(fractality) 357
프랜차이즈 형 네트워크 196
플렉스너 보고서 343
피에르 포샤르(Pierre Fauchard) 17, 22, 86, 365
필기시험 227

ㅎ

한국의료분쟁조정중재원(KMEDI) 270
한국치과산업 313
한국형 덴탈 어시스턴트 제도(Dental Assistant, DA제도, 치과조무사제도) 230
한대위(David Hahn) 97
한성치과의사회 117~119
한지치과의사 143, 152, 162, 166, 181
함석태 107, 115, 117, 365
해리스(Chapin Harris) 365
『향약구급방(鄕藥救急方)』 59, 60
『향약집성방(鄕藥集成方)』 62
허준 67, 70, 71
헤이든(Horace Hayden) 99, 365
헤지-레(Hesi-Re, toother) 44
혐연권 201
호치장군(咂齒將軍) 80
환원 347
흑치상지(黑齒常之) 41
흡연 304
흡연 풍습 201
히포크라테스(Hippocrates) 16, 43, 48, 65, 173, 234